NLP와 LLM
실전 가이드

NLP와 LLM 실전 가이드

기초 수학부터 실전 AI 문제 해결까지

초판 1쇄 발행 2025년 3월 5일

지은이 리오르 가지트, 메이삼 가파리 / **옮긴이** 박조은 / **펴낸이** 전태호
펴낸곳 한빛미디어(주) / **주소** 서울시 서대문구 연희로2길 62 한빛미디어(주) IT출판2부
전화 02-325-5544 / **팩스** 02-336-7124
등록 1999년 6월 24일 제25100-2017-000058호 / **ISBN** 979-11-6921-349-3 93000

책임편집 박지영 / **기획·편집** 안정민 / **교정** 백지선
디자인 표지·내지 최연희 / **전산편집** 백지선
영업마케팅 송경석, 김형진, 장경환, 조유미, 한종진, 이행은, 김선아, 고광일, 성화정, 김한솔 / **제작** 박성우, 김정우

이 책에 대한 의견이나 오탈자 및 잘못된 내용은 출판사 홈페이지나 아래 이메일로 알려 주십시오.
파본은 구매처에서 교환하실 수 있습니다. 책값은 뒤표지에 표시되어 있습니다.

홈페이지 www.hanbit.co.kr / 이메일 ask@hanbit.co.kr

Mastering NLP from Foundations to LLMs

Copyright © Packt Publishing 2024. First published in the English language under the title
'Mastering NLP from Foundations to LLMs – (9781804619186)'

Korean edition copyright © 2025 by Hanbit Media, Inc.

This translation is published and sold by permission of Packt Publishing, which owns or controls
all rights to publish and sell the same.

이 책의 저작권은 Packt Publishing과 한빛미디어(주)에 있습니다.
저작권법에 의해 보호를 받는 저작물이므로 무단 전재와 무단 복제를 금합니다.

지금 하지 않으면 할 수 없는 일이 있습니다.
책으로 펴내고 싶은 아이디어나 원고를 메일(writer@hanbit.co.kr)로 보내주세요.
한빛미디어(주)는 여러분의 소중한 경험과 지식을 기다리고 있습니다.

NLP와 LLM 실전 가이드

기초 수학부터
실전 AI
문제 해결까지

<packt> 한빛미디어

▶▶ 지은이 · 옮긴이 소개

지은이 리오르 가지트 Lior Gazit

머신러닝 분야에서 검증된 성공 사례를 가진 전문가로, 머신러닝을 통해 비즈니스 성장을 견인하는 팀을 구성하고 이끈 경험이 있습니다. 자연어 처리 전문가로서 혁신적인 머신러닝 파이프라인과 제품을 성공적으로 개발했습니다.

석사 학위를 취득하였으며, 동료 평가를 거친 학술지와 학회에 다수의 연구 결과를 발표했습니다. 금융 분야 머신러닝 그룹의 수석 디렉터이자 신생 스타트업의 수석 머신러닝 자문위원으로서 업계에서 풍부한 지식과 경험을 바탕으로 존경받는 리더로 자리매김하고 있습니다. 머신러닝에 대한 열정과 영감을 바탕으로 조직에 긍정적인 변화와 성장을 이끌어내기 위해 전념하고 있습니다.

지은이 메이삼 가파리 Meysam Ghaffari

자연어 처리와 딥러닝에 강점을 가진 수석 데이터 과학자입니다. 현재 MSKCC에서 근무하며 의료 문제를 해결하기 위한 머신러닝과 자연어 처리 모델의 개발과 최적화에 전념하고 있습니다. 머신러닝 분야에서 9년 이상, 자연어 처리와 딥러닝 분야에서 4년 이상의 실무 경험을 보유하고 있습니다. 플로리다 주립대학교에서 컴퓨터 과학 박사 학위를, 이스파한 공과대학교에서 컴퓨터 과학-인공지능 석사 학위를, 이란 과학기술대학교에서 컴퓨터 과학 학사 학위를 취득했습니다. MSKCC에 합류하기 전에는 위스콘신-매디슨 대학교에서 박사후 연구원으로 근무했습니다.

옮긴이 박조은 joeunpark@gmail.com

'오늘코드' 유튜브 채널을 운영하고 있으며, 파이썬 분야의 마이크로소프트 MVP로 활동하고 있습니다. 웹과 백엔드 개발자로 게임과 광고 회사에서 주로 근무했으며, 다양한 도메인의 기업에서 강의와 프로젝트를 진행했습니다. 또한 다수의 대학교와 교육기관에서 강의를 진행하고 있습니다. 『모두의 한국어 텍스트 분석 with 파이썬』(길벗, 2023)의 공저자이기도 합니다.

▶▶ 옮긴이의 말

유난히 무더웠던 지난여름, 종종 가족과 함께 카페에 가서 이 책을 번역하던 기억이 떠오릅니다. 한 해에 하나씩 인생 버킷리스트를 달성하는 목표를 가지고 있었는데, 이번에 이 책을 번역하며 또 하나의 목표를 이루게 되었습니다. 인생 첫 미국 파이콘에 참석하고, 피츠버그에서 집으로 돌아오는 비행기를 기다리던 공항에서 이 책의 번역 제안 메일을 받았던 순간이 아직도 생생합니다. 비행기를 타고 가며 인터넷이 연결되면 빨리 회신을 보내야겠다고 들떠 있던 기억이 납니다.

생성형 AI 시대 이후로 대규모 언어 모델 활용에 관한 관심이 뜨겁습니다. 저는 PC통신부터 인터넷, 모바일, 알파고 시대를 거쳐 왔지만, 자연어를 활용해 다양한 작업을 이렇게 빠르게 처리하게 될 것이라고는 상상도 못 했습니다. 그런데 이제는 자고 일어나면 새로운 소식이 쏟아지는 시대에 살고 있습니다.

프레임워크나 라이브러리의 추상화가 진행되면서, 이전 세대의 개발자들은 코드 밑바닥까지 이해하지 못한 채 모듈화된 코드 조각을 연결해 개발하는 패러다임을 걱정하기도 했습니다. 알파고가 주목받던 시기만 해도 수학, 통계, 프로그래밍 지식을 두루 갖춘 사람이 데이터를 잘 다루리라 생각했지만, 이제는 AI 서비스를 얼마나 잘 활용하느냐가 생산성을 결정짓는 시대가 되었습니다. 프로그래밍을 잘하기 위해서는 컴퓨터의 기본 원리를 이해해야 한다는 원칙을 가졌던 과거 개발자들처럼, 생성형 AI와 관련된 모델을 개선하거나 효과적으로 활용하기 위해 언어 모델의 기본 원리를 이해하는 것이 큰 도움이 됩니다.

이 책은 수학과 통계 기초부터 머신러닝, 딥러닝, 트랜스포머, GPT, RAG, 랭체인, 에이전트, 양자 컴퓨팅까지 방대한 내용을 다루고 있습니다. 이제 막 대규모 언어 모델로 자연어 처리에 관심이 생긴 분들에게는 이 거대한 흐름의 주요 키워드를 이해하는 데 도움이 될 것이며, 이미 익숙한 분들에게는 전반적인 내용을 정리하고 전망을 살펴볼 기회를 제공할 것입니다.

이번 번역 과정이 쉽지만은 않았습니다. 인생 첫 골절로 수술을 받고 몇 달간 치료와 재활을 거치는 동안 어려운 순간이 많았지만, 이 책이 오히려 위로가 되었고 덕분에 성장할 수 있었습니다. 끝으로 번역하는 동안 옆에서 응원해 준 가족과 친구, 그리고 안정민 편집자님께 감사를 전합니다.

박조은

▶▶ 이 책에 대하여

이 책은 자연어 처리(NLP) 기술에 대해 깊이 있는 내용을 다루며, 머신러닝의 수학적 기초부터 시작해 대규모 언어 모델(LLM)과 인공지능 응용 프로그램 같은 고급 주제까지 포괄적으로 설명합니다. 학습 과정에서 머신러닝과 자연어 처리 알고리즘을 이해하고 구현하는 데 필수적인 선형대수, 최적화, 확률, 통계 등의 기초 개념을 체계적으로 익히게 될 것입니다. 또한 머신러닝의 일반적인 기술을 배우고 이를 자연어 처리와 어떻게 접목할 수 있는지도 알아봅니다.

전반부에서는 텍스트 데이터를 효과적으로 분석하기 위해 데이터를 정제하고 준비하는 전처리 방법을 배우고, 이어서 텍스트의 내용을 바탕으로 레이블이나 카테고리를 할당하는 텍스트 분류 작업을 다룰 것입니다.

후반부에서는 대규모 언어 모델의 이론, 설계, 응용과 같은 심화 주제를 살펴보고, 자연어 처리 분야의 미래 전망과 전문가들의 의견을 통해 향후 트렌드도 조명합니다. 더불어 실무 역량을 강화할 수 있도록 실제와 유사한 비즈니스 문제를 해결해 보는 실습도 포함되어 있습니다.

대상 독자

이 책은 딥러닝 및 머신러닝 연구자, 실무 중심의 자연어 처리 전문가, 머신러닝 및 자연어 처리 교육자, 그리고 STEM(과학, 기술, 공학, 수학) 분야를 공부하는 학생들을 포함한 기술 분야 종사자들을 대상으로 합니다. 프로젝트에서 텍스트 데이터를 다루는 전문가나 이미 자연어 처리 분야에서 활동 중인 사람들에게도 유용한 정보를 제공합니다. 머신러닝 기본 지식과 파이썬 활용 능력이 있다면, 이 책의 내용을 더 쉽게 이해하고 활용할 수 있습니다.

구성

1장 자연어 처리 개요 살펴보기

이 책이 다루는 주제와 내용을 설명하며, 누구를 대상으로 하는지 알려줍니다. 이 장에서는 이 책이 자신의 학습 목적에 적합한지 판단할 수 있도록 도와줍니다.

2장 머신러닝과 자연어 처리를 위한 선형대수, 확률, 통계 마스터하기

이 장은 세 부분으로 구성됩니다. 첫 번째 부분에서는 책 전반에서 필요한 선형대수의 기본 개념을 다룹니다. 두 번째 부분에서는 통계의 기초를 살펴보고, 마지막 부분에서는 기본적인 통계 추정 방법을 소개합니다.

3장 자연어 처리에서 머신러닝 잠재력 발휘하기

머신러닝을 활용해 자연어 처리 문제를 해결하는 다양한 개념과 방법을 다룹니다. 특성 선택과 분류 기술, 학습/테스트/검증 데이터 분리, 불균형 데이터 처리 방법 등 머신러닝 문제의 일반적인 측면을 설명합니다. 또한 자연어 처리에서 사용되는 머신러닝 모델의 성능 평가 지표를 다루며, 이론뿐 아니라 코드 구현 방법도 함께 소개합니다.

4장 자연어 처리 성능을 위한 텍스트 전처리 과정 최적화

현실 세계의 문제를 해결하는 데 필요한 다양한 텍스트 전처리 단계를 다룹니다. 각 상황에 적합한 전처리 단계를 설명하며, 완전한 파이썬 파이프라인을 제시하고 이를 검토합니다.

5장 텍스트 분류 강화: 전통적인 머신러닝 기법 활용하기

텍스트 분류를 수행하는 방법을 이론과 구현을 통해 설명합니다. 실제 사례 연구로 활용할 포괄적인 파이썬 노트북도 제공합니다.

6장 텍스트 분류의 재해석: 딥러닝 언어 모델 깊게 탐구하기

딥러닝 신경망을 활용해 해결할 수 있는 다양한 문제를 소개합니다. 이러한 문제를 효율적으로 해결하는 방법을 학습하며, 관련 이론과 구현 방법을 설명합니다. 사례 연구로 활용할 포괄적인 파이썬 노트북도 제공합니다.

▶▶ 이 책에 대하여

7장 대규모 언어 모델 이해하기

대규모 언어 모델의 개발과 사용 동기를 설명하며, 생성 과정에서 직면한 도전 과제를 살펴봅니다. 최신 모델 설계를 통해 대규모 언어 모델의 이론적 기초와 실제 응용을 종합적으로 이해할 수 있습니다.

8장 대규모 언어 모델의 잠재력을 끌어내는 RAG 활용 방법

API 기반 및 오픈 소스 대규모 언어 모델 애플리케이션 설정 방법을 안내하며, 랭체인을 활용한 프롬프트 엔지니어링과 RAG 통합을 다룹니다. 또한 실무적인 코드 구현 사례도 함께 살펴봅니다.

9장 대규모 언어 모델이 주도하는 고급 응용 프로그램 및 혁신의 최전선

RAG를 활용해 대규모 언어 모델 성능을 향상하는 방법을 비롯해 자동화된 웹 소스 검색, 프롬프트 압축, API 비용 절감, 다중 에이전트 대규모 언어 모델 팀 협업 등 고급 기술을 다룹니다. 실용적인 사례를 해결하는 다양한 파이썬 노트북을 통해 실습합니다.

10장 대규모 언어 모델과 인공지능이 주도하는 과거, 현재, 미래 트렌드 분석

대규모 언어 모델과 인공지능이 기술, 문화, 사회에 미친 변화를 탐구하며, 주요 트렌드, 계산 기술의 발전, 대규모 데이터셋의 중요성, 대규모 언어 모델의 발전과 목적, 사회적 영향 등을 살펴봅니다.

11장 세계적 전문가들이 바라본 산업의 현재와 미래

법률, 연구, 경영 등 다양한 분야의 전문가들과의 대화를 통해 자연어 처리와 대규모 언어 모델의 미래 트렌드를 심층적으로 분석합니다. 도전 과제와 기회, 전문 분야와 윤리적 고려 사항에서의 대규모 언어 모델의 역할도 함께 살펴봅니다.

일러두기

이 책에 포함된 모든 코드는 주피터 노트북 형식으로 제공됩니다. 코드는 파이썬 3.10 이상 버전에서 작성되었습니다. 이 책에서 다루는 소프트웨어 및 하드웨어 요구 사항은 다음과 같습니다.

요구 사항

다음 중 하나의 방법으로 파이썬 환경에 접근할 수 있어야 합니다.

- 구글 코랩 사용(권장): 모든 브라우저와 기기에서 무료로 간편하게 접근할 수 있습니다.
- 로컬 또는 클라우드 개발 환경: 파이썬 환경에서 공개 패키지를 설치하고 오픈AI API에 접근할 수 있어야 합니다.

컴퓨팅 리소스 요구 사항은 다음과 같습니다.

- 구글 코랩은 무료 GPU 인스턴스를 제공하므로, 추가적인 설정 없이 사용할 수 있습니다.
- 로컬 또는 클라우드 환경을 사용하는 경우: GPU가 필요한 코드 예제가 포함되어 있으므로, 해당 환경에 GPU가 준비되어 있어야 합니다.

일부 고급 대규모 언어 모델 솔루션을 실행하려면 오픈AI 계정을 생성하고 API 키를 사용해야 합니다.

코드를 직접 입력하거나 책의 깃허브 저장소에서 가져오는 것을 권장합니다. 이는 코드 복사 및 붙여넣기 과정에서 발생할 수 있는 오류를 방지하는 데 도움이 됩니다.

▶▶ 이 책에 대하여

예제 코드

깃허브 저장소[1]에서 다운받을 수 있으며 각 장의 폴더에 있는 파일을 열면 코랩으로 실습할 수 있는 링크가 있습니다.

	주피터 노트북 파일명
4장	Ch4_NER_and_POS.ipynb Ch4_Preprocessing_Pipeline.ipynb
5장	Ch5_Text_Classification_Traditional_ML.ipynb
6장	Ch6_Text_Classification_DL.ipynb
8장	Ch8_Setting_Up_Close_Source_and_Open_Source_LLMs.ipynb Ch8_Setting_Up_LangChain_Configurations_and_Pipeline.ipynb
9장	Ch9_Advanced_LangChain_Configurations_and_Pipeline.ipynb Ch9_Advanced_Methods_with_Chains.ipynb Ch9_Completing_a_Complex_Analysis_with_a_Team_of_LLM_Agents.ipynb Ch9_RAGLlamaIndex_Prompt_Compression.ipynb Ch9_Retrieve_Content_from_a_YouTube_Video_and_Summarize.ipynb

QR 코드

도서 소개와 일부 실습이 있는 장에 대한 강의 영상을 제공합니다.[2]

---

1 옮긴이_ https://github.com/corazzon/Mastering-NLP-from-Foundations-to-LLMs
2 옮긴이_ https://bit.ly/hb-nlp-llm-guide

▶▶ 추천의 글

자연어 처리 기술은 인간과 기계, 즉 서로 완전히 다른 본질을 지닌 두 존재가 어떻게 진정한 소통을 이룰 수 있는가에 대한 근본적인 질문에서 출발합니다. 오랜 시간에 걸쳐 진화한 인간의 언어는 불규칙성과 섬세한 의미 차이, 다양한 차원의 추상적 개념을 포함하고 있습니다. 반면 컴퓨터는 최신 기술로도 검증할 수 있는 논리적 규칙에 기반한 수학적 모델로 작동합니다. 그러나 디지털화가 가속화되면서, 컴퓨터가 인간 언어의 본질적 의미를 이해하는 문제는 피할 수 없는 도전 과제가 되었습니다.

리오르 가지트와 메이삼 가파리가 함께 쓴 이 책은 자연어 처리 기술의 주요 과제를 해결하기 위한 상세한 가이드가 될 것입니다. 텍스트 처리 기초부터 고급 자연어 처리까지 폭넓게 다루며, 최신 기술의 핵심 과제에 대한 실용적인 접근법을 제공합니다. 자연어 처리와 대규모 언어 모델의 복잡한 영역을 깊이 탐구하며, 기본 개념에서부터 최신 인공지능 기술의 정점에 이르기까지 체계적으로 설명합니다.

이 책에는 금융 시장에서 빠르게 변화하는 환경을 경험한 가지트와 의료 분야에서 혁신적인 자연어 처리를 연구한 가파리의 전문성이 집약되어 있습니다. 그 결과, 기술적 심도와 실용성이 조화를 이룬 독창적인 작품이 탄생했습니다.

두 저자의 전문성이 융합되어 정보의 깊이와 실용적 통찰력이 돋보이는 책이 완성되었습니다. 머신러닝을 통한 비즈니스 성장을 중시하는 가지트의 관점과 머신러닝을 사회적 가치에 활용하려는 가파리의 인본주의적 접근이 어우러져, 내용을 한층 더 풍부하게 만들고 있습니다.

가지트와 가파리는 자연어 처리의 복잡한 알고리즘을 지탱하는 필수적인 수학 및 통계적 기초를 단단히 다져 나갑니다. 이들은 기초 원리부터 고도화된 응용까지 점진적으로 학습해 나가는 교육 방법론을 채택하여, 명확한 학습 방향을 제시합니다.

내용이 심화되면서 머신러닝 모델의 설계 측면을 깊이 있게 다루며, 독자들은 모델의 구축과 적용 과정에서 적합성과 일반화 사이의 섬세한 균형을 배우게 됩니다. 또한 텍스트 전처리 전반을 다루며, 토큰화에서 정교한 개체명 인식에 이르기까지 자연어 처리 작업에 필수적인 데이터 전처리 도구들을 습득할 수 있습니다.

▶▶ 추천의 글

이 책의 핵심이라고 할 수 있는 대규모 언어 모델 부분에서는 이론적 토대와 개발상의 어려움, 그리고 이를 극복해 온 다양한 성과를 상세히 설명합니다. 이를 통해 오늘날 가장 강력한 기술로 평가받는 대규모 언어 모델이 향할 미래를 조망합니다. 또한 대규모 언어 모델을 설정하고 활용하는 구체적 방법을 제시하여, 독자들이 고급 모델을 실무에 적용하는 데 따르는 부담을 덜어 줍니다.

이어지는 미래 전망 부분에서는 RAG나 랭체인 같은 첨단 기술이 구현하는 기능과 가능성을 살펴봅니다. 이를 통해, 인공지능은 점차 복잡한 작업마저도 자동화해 나갈 새로운 시대를 그려 봅니다. 이는 단순히 지식 전달을 넘어 독자들에게 깊은 영감을 주며, 대규모 언어 모델이 성능 향상과 혁신을 이끌어낼 수 있는 잠재력을 보여 줍니다.

마지막으로 다양한 업계 전문가와의 인터뷰를 통해 실제 사례와 다양한 관점을 제공합니다. 이를 통해 이 책에서 다룬 지식과 통찰이 더 풍부하게 전달됩니다.

이 책은 자연어 처리와 초거대 언어 모델이 몰고 올 변화의 물결 속에서, 기술 전문가가 미래의 주역으로 나아갈 수 있는 구체적인 청사진을 제시합니다. 이 거대한 흐름에 동참하고자 하는 모든 분께 필독서로 추천합니다.

아샤 삭세나 Asha Saxena
기업가, 교수, 인공지능 전략가

▶▶ 목차

지은이·옮긴이 소개 · 4
옮긴이의 말 · 5
이 책에 대하여 · 6
추천의 글 · 11

CHAPTER 1 자연어 처리 개요 살펴보기

1.1 이 책의 대상 · 26
1.2 자연어 처리란? · 26
　　1.2.1 자연어 처리의 역사와 발전 · 26
1.3 컴퓨터 연산을 위한 자연어 처리 기본 접근 전략 · 28
1.4 성공적인 시너지 효과: 자연어 처리와 머신러닝의 만남 · · · · · · · · · · · · · · · · 31
1.5 자연어 처리의 수학 및 통계 · 32
　　1.5.1 언어 모델의 이해: 챗GPT 사례를 중심으로 · 35
1.6 요약 · 36
1.7 질문과 답변 · 37

CHAPTER 2 머신러닝과 자연어 처리를 위한 선형대수, 확률, 통계 마스터하기

2.1 선형대수학 입문 · 40
　　2.1.1 행렬과 벡터의 기본 연산 · 43
　　2.1.2 행렬 정의 · 44
2.2 고윳값과 고유 벡터 · 46
　　2.2.1 고유 벡터를 찾는 수치적 방법 · 47

▶▶ 목차

    2.2.2 고윳값 분해 ···················· 47
    2.2.3 특잇값 분해 ···················· 48
2.3 머신러닝을 위한 기본 확률 ···················· 50
    2.3.1 통계적으로 독립적 ···················· 51
    2.3.2 이산 확률 변수와 분포 ···················· 52
    2.3.3 확률 밀도 함수 ···················· 53
    2.3.4 베이지안 추정 ···················· 60
2.4 요약 ···················· 61
2.5 더 알아보기 ···················· 61

CHAPTER 3 자연어 처리에서 머신러닝 잠재력 발휘하기

3.1 기술 요구 사항 ···················· 66
3.2 데이터 탐색 ···················· 66
    3.2.1 데이터 시각화 ···················· 67
    3.2.2 데이터 정제 ···················· 68
    3.2.3 특성 선택 ···················· 74
    3.2.4 특성 공학 ···················· 83
3.3 일반적인 머신러닝 모델 ···················· 89
    3.3.1 선형 회귀 ···················· 89
    3.3.2 로지스틱 회귀 ···················· 90
    3.3.3 결정 트리 ···················· 92
    3.3.4 랜덤 포레스트 ···················· 93
    3.3.5 서포트 벡터 머신 ···················· 96
    3.3.6 인공 신경망과 트랜스포머 ···················· 97
3.4 모델 과소적합과 과대적합 ···················· 100

3.5 데이터 분할 · **105**

3.6 하이퍼파라미터 튜닝 · **108**

3.7 앙상블 모델 · **110**

    3.7.1 배깅 · **110**

    3.7.2 부스팅 · **111**

    3.7.3 스태킹 · **113**

    3.7.4 랜덤 포레스트 · **114**

    3.7.5 그레이디언트 부스팅 · **114**

3.8 불균형 데이터 다루기 · **116**

    3.8.1 SMOTE · **117**

    3.8.2 니어미스 알고리즘 · **118**

    3.8.3 비용 민감 학습 · **119**

    3.8.4 데이터 증강 · **120**

3.9 상관 계수 다루기 · **121**

3.10 요약 · **122**

CHAPTER 4 자연어 처리 성능을 위한 텍스트 전처리 과정 최적화

4.1 기술 요구 사항 · **126**

4.2 자연어 처리에서 소문자 변환 · **126**

4.3 특수 문자와 구두점 제거 · **127**

    4.3.1 불용어 제거 · **127**

4.4 개체명 인식 · **130**

4.5 품사 태깅 · **133**

    4.5.1 규칙 기반 방법 · **134**

    4.5.2 통계적 방법 · **135**

    4.5.3 딥러닝 기반 접근법 · **136**

▶▶ 목차

4.5.4 정규 표현식 ········· 137
4.5.5 토큰화 ········· 142
4.6 전처리 파이프라인 설명 ········· 144
4.6.1 개체명 인식 및 품사 태깅을 위한 코드 ········· 145
4.7 요약 ········· 146

CHAPTER 5 텍스트 분류 강화: 전통적인 머신러닝 기법 활용하기

5.1 기술 요구 사항 ········· 148
5.2 텍스트 분류의 유형 ········· 149
5.2.1 지도 학습 ········· 149
5.2.2 비지도 학습 ········· 151
5.2.3 준지도 학습 ········· 152
5.2.4 원-핫 인코딩 벡터 표현을 이용한 문장 분류 ········· 154
5.3 TF-IDF를 활용한 텍스트 분류 ········· 158
5.4 Word2Vec을 활용한 텍스트 분류 ········· 161
5.4.1 Word2Vec ········· 161
5.4.2 Word2Vec을 활용한 텍스트 분류 ········· 163
5.4.3 모델 평가 ········· 164
5.4.4 과대적합과 과소적합 ········· 167
5.4.5 하이퍼파라미터 튜닝 ········· 169
5.4.6 응용 텍스트 분류의 추가 주제 ········· 170
5.5 토픽 모델링: 비지도 텍스트 분류의 특정 사례 ········· 172
5.5.1 LDA ········· 172
5.5.2 자연어 처리 텍스트 분류를 위한 실제 머신러닝 시스템 설계 ········· 175
5.5.3 머신러닝 솔루션 구현 ········· 178

- **5.6** 주피터 노트북을 활용한 자연어 처리 분류를 위한 머신러닝 시스템 설계 검토 ········· **180**
  - 5.6.1 비즈니스 목표 ········· **180**
  - 5.6.2 기술적 목표 ········· **180**
  - 5.6.3 파이프라인 ········· **181**
  - 5.6.4 코드 설정 ········· **181**
  - 5.6.5 특성 선택 ········· **192**
  - 5.6.6 선택한 모델 생성 ········· **193**
- **5.7** 요약 ········· **196**

CHAPTER 6 텍스트 분류의 재해석: 딥러닝 언어 모델 깊게 탐구하기

- **6.1** 기술 요구 사항 ········· **198**
- **6.2** 딥러닝 기본 이해 ········· **199**
  - 6.2.1 신경망 개요 ········· **199**
  - 6.2.2 신경망의 기본 설계 ········· **201**
  - 6.2.3 신경망의 주요 용어 ········· **203**
- **6.3** 다양한 신경망 아키텍처 ········· **207**
- **6.4** 신경망 훈련의 도전 과제 ········· **211**
- **6.5** 언어 모델 ········· **212**
  - 6.5.1 준지도 학습 ········· **214**
  - 6.5.2 비지도 학습 ········· **214**
  - 6.5.3 전이학습 ········· **216**
- **6.6** 트랜스포머 이해하기 ········· **217**
  - 6.6.1 트랜스포머의 아키텍처 ········· **218**
  - 6.6.2 트랜스포머의 응용 ········· **220**
- **6.7** 대규모 언어 모델에 대한 더 깊은 이해 ········· **220**

목차

6.8 언어 모델 훈련의 도전 과제 ··· 221
    6.8.1 언어 모델의 특정 설계 ·· 222

6.9 GPT-3 사용의 도전 과제 ··· 228
    6.9.1 사례: 주피터 노트북에서 자연어 처리 분류를 위한 머신러닝/딥러닝 시스템 설계 ········ 228
    6.9.2 비즈니스 목표 ·· 228
    6.9.3 기술적 목표 ··· 228
    6.9.4 파이프라인 ··· 229

6.10 요약 ·· 235

CHAPTER 7 대규모 언어 모델 이해하기

7.1 기술 요구 사항 ··· 238

7.2 대규모 언어 모델과 기존 언어 모델의 차이 ··· 239
    7.2.1 N-그램 모델 ·· 239
    7.2.2 은닉 마르코프 모델(HMM) ·· 240
    7.2.3 순환 신경망(RNN) ··· 240

7.3 대규모 언어 모델이 주목받는 점 ·· 241

7.4 대규모 언어 모델을 개발하고 활용하는 이유 ··· 241
    7.4.1 향상된 성능 ··· 242
    7.4.2 폭넓은 일반화 능력 ·· 242
    7.4.3 퓨샷 학습 ·· 244
    7.4.4 복잡한 문맥 이해 ··· 245
    7.4.5 다국어 처리 능력 ··· 245
    7.4.6 사람과 유사한 텍스트 생성 ··· 246

7.5 대규모 언어 모델 개발 도전 과제 ··· 247
    7.5.1 데이터의 양 ··· 248

7.5.2 높은 계산 자원 요구 ··· 248

7.5.3 편향의 위험성 ··· 249

7.5.4 모델의 견고성 ··· 249

7.5.5 해석 가능성과 디버깅의 어려움 ······································· 249

7.5.6 환경적 영향 ··· 250

7.6 다양한 대규모 언어 모델의 유형 ·· 251

7.6.1 트랜스포머 모델 ··· 251

7.7 최신 대규모 언어 모델의 설계 사례 ·· 252

7.7.1 GPT-3.5와 챗GPT ··· 252

7.7.2 언어 모델 초기 사전 훈련 ·· 257

7.7.3 보상 모델 훈련 ·· 258

7.7.4 강화 학습을 통한 모델 미세 조정 방법 ································ 260

7.7.5 GPT-4 ··· 263

7.7.6 LLaMA ·· 263

7.7.7 PaLM ··· 264

7.7.8 RLHF를 위한 오픈 소스 도구 ·· 266

7.8 요약 ··· 268

CHAPTER 8 대규모 언어 모델의 잠재력을 끌어내는 RAG 활용 방법

8.1 기술 요구 사항 ·· 271

8.2 대규모 언어 모델 애플리케이션 설정: API 기반의 비공개 소스 모델 ············· 271

8.2.1 원격 대규모 언어 모델 제공자 선택하기 ······························ 272

8.3 프롬프트 엔지니어링과 GPT 초기 설정 ···································· 273

8.3.1 오픈AI의 GPT 모델 실험하기 ·· 275

8.4 대규모 언어 모델 애플리케이션 설정: 로컬 오픈 소스 모델 ···················· 277

8.4.1 오픈 소스와 비공개 소스 간의 차이점에 대한 이해 ···················· 278

목차

8.4.2 허깅페이스 모델 허브에 대해 알아보기	278
8.5 허깅페이스의 대규모 언어 모델을 파이썬으로 활용하기	279
8.6 RAG와 랭체인으로 고급 시스템 설계 탐구	282
8.6.1 랭체인의 설계 개념	283
8.6.2 데이터 소스	283
8.6.3 사전 임베딩되지 않은 데이터	285
8.6.4 체인	286
8.6.5 에이전트	286
8.6.6 장기 메모리 및 이전 대화 참조	288
8.6.7 지속적인 관련성을 유지하기 위한 점진적 업데이트와 자동 모니터링	288
8.7 주피터 노트북에서 간단한 랭체인 설정 검토하기	289
8.7.1 파이썬으로 랭체인 파이프라인 설정하기	290
8.8 클라우드에서의 대규모 언어 모델 활용	293
8.8.1 AWS	294
8.8.2 마이크로소프트 애저	295
8.8.3 GCP	297
8.8.4 클라우드 서비스 결론	298
8.9 요약	298

CHAPTER 9 대규모 언어 모델이 주도하는 고급 응용 프로그램 및 혁신의 최전선

9.1 기술 요구 사항	302
9.2 RAG 및 랭체인으로 대규모 언어 모델 성능 향상: 고급 기능 탐구	303
9.2.1 파이썬으로 랭체인 파이프라인 구축: 대규모 언어 모델 성능 향상 방법	304
9.3 체인을 활용한 고급 방법	307
9.3.1 대규모 언어 모델에게 일반적인 지식 질문하기	307
9.3.2 특정 데이터 형식으로 출력을 제공하도록 대규모 언어 모델에 요청하기	308

9.3.3 이전 대화를 기억하여 맥락에 맞는 적절한 답변을 생성하기 ········· 309
9.4 다양한 웹 소스에서 자동으로 정보 검색하기 ········· 312
9.4.1 유튜브 영상의 콘텐츠를 검색하고 요약하기 ········· 313
9.5 프롬프트 압축과 API 비용 절감 ········· 317
9.5.1 프롬프트 압축 ········· 318
9.5.2 프롬프트 압축 실험 및 트레이드오프 평가 ········· 319
9.6 다중 에이전트: 협력하는 대규모 언어 모델 팀 구성 ········· 327
9.6.1 다중 대규모 언어 모델 에이전트가 동시에 작업할 때의 잠재적 이점 ········· 327
9.6.2 다중 에이전트 팀에 대한 결론적 고찰 ········· 343
9.7 요약 ········· 343

CHAPTER 10 대규모 언어 모델과 인공지능이 주도하는 과거, 현재, 미래 트렌드 분석

10.1 대규모 언어 모델과 인공지능 관련 주요 기술 트렌드 ········· 346
10.1.1 컴퓨팅 파워: 대규모 언어 모델의 핵심 ········· 346
10.1.2 목적: 발전을 위한 기반을 마련 ········· 346
10.1.3 가치: 잠재력과 효율성의 증대 ········· 347
10.1.4 영향: 디지털 상호작용과 통찰의 변화 ········· 347
10.2 자연어 처리에서 컴퓨팅 파워의 미래 ········· 348
10.2.1 기하급수적인 속도 증가 ········· 348
10.2.2 규모의 경제와 비용 효율성 ········· 349
10.2.3 양자 컴퓨팅 ········· 349
10.2.4 에너지 효율성과 지속 가능성 ········· 350
10.2.5 자연어 처리를 위한 특화된 하드웨어 ········· 351
10.2.6 고성능 컴퓨팅의 대중화 ········· 351
10.2.7 클라우드 컴퓨팅: 자연어 처리와 대규모 언어 모델 진화의 촉매제 ········· 351

▶▶ 목차

10.3 대규모 데이터셋과 자연어 처리 및 대규모 언어 모델에 미친 영향 ·············· 352
    10.3.1 목적: 훈련, 벤치마킹, 도메인 전문 지식 ·············· 352
    10.3.2 가치: 강인성, 다양성, 효율성 ·············· 353
    10.3.3 영향: 민주화, 능숙함, 새로운 우려 ·············· 353
    10.3.4 자연어 처리에서 데이터 가용성의 미래 ·············· 354

10.4 대규모 언어 모델의 진화 ·············· 357
    10.4.1 목적: 더 크고 더 나은 대규모 언어 모델의 필요성 ·············· 357
    10.4.2 가치: 대규모 언어 모델의 이점 ·············· 358
    10.4.3 영향: 변화하는 기술 환경 ·············· 358
    10.4.4 대규모 언어 모델 설계의 미래 ·············· 359
    10.4.5 프롬프트 엔지니어링의 부상 ·············· 360

10.5 비즈니스 세계에서의 자연어 처리와 대규모 언어 모델 ·············· 368
    10.5.1 비즈니스 부문 ·············· 370
    10.5.2 고객 상호작용 및 서비스: 초기 수용자 ·············· 373
    10.5.3 인공지능 도입에 따른 변화 관리 ·············· 374

10.6 인공지능과 대규모 언어 모델이 유도한 행동 트렌드(사회적 측면) ·············· 376
    10.6.1 필수적인 개인 비서로서의 발전 ·············· 376
    10.6.2 쉬워지는 의사소통과 언어 장벽 해소 ·············· 377
    10.6.3 인공지능에게 결정을 위임했을 때의 윤리적 문제 ·············· 378
    10.6.4 인공지능 도입에 따른 윤리적 우려와 위험성 확대 ·············· 379

10.7 요약 ·············· 381

CHAPTER 11 세계적 전문가들이 바라본 산업의 현재와 미래

- **11.1** 전문가 소개 · 384
  - 11.1.1 니잔 메켈-보브로브 박사 · 384
  - 11.1.2 데이비드 손태그 박사 · 384
  - 11.1.3 존 D. 할람카 박사 · 385
  - 11.1.4 사비에르 아마트리아인 박사 · 385
  - 11.1.5 멜라니 가슨 박사 · 385
- **11.2** 전문가와의 인터뷰 · 386
  - 11.2.1 니잔 메켈-보브로브 박사와의 질의응답 · 386
  - 11.2.2 데이비드 손태그 박사와의 질의응답 · 390
  - 11.2.3 존 D. 할람카 박사와의 질의응답 · 394
  - 11.2.4 사비에르 아마트리안 박사와의 질의응답 · 400
  - 11.2.5 멜라니 가슨 박사와의 질의응답 · 402
- **11.3** 요약 · 407

부록 · 409
찾아보기 · 417

CHAPTER 1 자연어 처리 개요 살펴보기

이 책은 자연어 처리 프로젝트를 진행하거나 데이터 과학 등 다른 분야에서 자연어 처리 natural language processing(**NLP**)를 활용하려는 전문가들을 위해 작성되었습니다. 이 책의 목적은 머신러닝 machine learning(**ML**)과 딥러닝 deep learning(**DL**)을 포함한 자연어 처리 분야와 그 기반 기술을 소개하는 것입니다. 이 책에서는 자연어 처리에 사용되는 알고리즘을 이해하는 데 필요한 선형대수학, 통계 및 확률, 최적화 이론 등 수학적 기초의 중요성을 강조합니다. 또한 독자들이 내용을 실습하고 실험하며 구현해 볼 수 있도록 파이썬 코드 예제가 함께 제공됩니다.

이 책은 단어의 맥락과 의미 파악, 단어 간 관계 이해, 레이블이 지정된 데이터의 필요성 등 자연어 처리가 직면한 다양한 도전 과제들을 다룹니다. 아울러 BERT나 GPT 같은 사전 학습된 언어 모델과 대규모 텍스트 데이터 활용이 가능해지면서 자연어 처리 성능이 크게 향상되었다는 점도 소개합니다.

이 책은 자연어 처리 분야에 있어 언어 모델이 미치는 영향에 대해 다루면서 여러분의 흥미를 끌 것입니다. 여기에는 자연어 처리 작업에서의 정확도와 효과성 향상, 보다 발전된 자연어 처리 시스템의 개발, 그리고 더 다양하고 많은 사람들에게 이 기술을 활용할 수 있게 되는 내용이 포함됩니다.

이번 장에서는 다음과 같은 주제들을 다룰 예정입니다.

- 자연어 처리란 무엇인가?
- 기계를 이용한 자연어 처리의 초기 전략

- 성공적인 시너지 효과 - 자연어 처리와 머신러닝의 만남
- 자연어 처리에서의 수학과 통계학 개론

1.1 이 책의 대상

이 책은 주로 업무나 프로젝트에서 텍스트 데이터를 전문적으로 다루는 이들을 위한 책입니다. 자연어 처리 분야의 초보자부터 실무자까지 모두 이 책의 독자가 될 수 있으며, 평소에 텍스트 데이터를 직접 다루지 않더라도 관심 있는 독자라면 누구나 이 책의 대상이 될 수 있습니다.

1.2 자연어 처리란?

자연어 처리natural language processing(NLP)는 컴퓨터와 인간 언어 간의 상호작용에 초점을 맞춘 **인공지능**artificial intelligence(AI) 분야입니다. 이는 컴퓨터가 인간의 언어를 이해하고, 해석하고, 생성할 수 있도록 하는 계산 기법을 활용하여, 컴퓨터가 인간의 입력을 자연스럽고 의미 있게 이해하고 응답할 수 있게 해 줍니다.

1.2.1 자연어 처리의 역사와 발전

자연어 처리 역사는 1950년대로 거슬러 올라가는 흥미진진한 여정입니다. 이 분야는 앨런 튜링Alan Turing 같은 선구자들의 중요한 기여로 발전해 왔습니다. 튜링의 획기적인 논문 「컴퓨팅 기계와 지능Computing Machinery and Intelligence」에서 소개된 튜링 테스트는 인공지능과 자연어 처리 분야의 미래 연구를 위한 토대를 마련했습니다.

이 시기는 규칙 기반 시스템을 사용하는 상징적 자연어 처리의 시작을 알렸습니다. 1954년의 조지타운 실험은 이 시대의 대표적인 사례로, 러시아어를 영어로 번역하는 기계 번역 시스템을 개발하려는 야심 찬 시도였습니다. 이 실험에 대한 자세한 내용은 위키피디아의 'Georgetown-IBM experiment(*https://en.wikipedia.org/wiki/Georgetown-IBM_experiment*)' 문서에서 확인할 수 있습니다.

초기에는 낙관적인 전망이 있었지만, 실제로는 예상보다 느리게 이루어졌습니다. 이 과정에서 언어 이해와 생성의 복잡성이 명확히 드러나고, 자연어 처리가 단순히 규칙만으로는 해결하기 어려운 복잡한 문제임이 밝혀졌습니다. 이러한 초기의 도전과 깨달음은 이후 자연어 처리 분야의 발전 방향에 중요한 영향을 미쳤습니다.

1960년대와 1970년대는 초기 자연어 처리 시스템의 발전기였습니다. 이 시기에 개발된 시스템들은 제한된 어휘와 지식 기반을 사용하여 기계가 인간과 유사한 상호작용을 할 수 있는 잠재력을 보여 주었습니다. 또한 실제 세계의 정보를 컴퓨터가 이해할 수 있는 형식으로 구조화하는 데 중요한 역할을 하는 개념적 온톨로지가 등장했습니다. 그러나 규칙 기반 방법의 한계로 인해 1980년대 후반에는 큰 변화가 일어났습니다. 머신러닝의 발전과 컴퓨팅 성능의 비약적 향상에 힘입어 자연어 처리 분야는 통계적 접근법으로 패러다임이 전환되었습니다. 이에 따라 대규모 말뭉치(코퍼스)를 활용한 효과적인 학습이 가능해졌고, 기계 번역을 비롯한 다양한 자연어 처리 작업에서 괄목할 만한 발전을 이루게 되었습니다. 이 패러다임 전환은 단순한 기술적, 방법론적 발전을 넘어 자연어 처리 분야에서 언어학에 대한 접근 방식의 근본적인 변화를 불러왔습니다. 기존에 미리 정의된 엄격한 문법 규칙에서 벗어나, 방대한 양의 실제 텍스트를 통해 기계가 언어를 '인지'하고 이해할 수 있게 하는 말뭉치 언어학 방법을 채택하게 된 것입니다. 이 새로운 접근법은 언어에 대한 더 경험적이고 데이터 중심적인 이해를 반영합니다. 이론적 구조에 의지하기보다는 실제 언어 사용에서 패턴과 의미를 도출함으로써, 보다 섬세하고 유연한 언어 처리 능력을 가능하게 했습니다. 이는 자연어 처리 기술이 실제 인간의 언어 사용에 더 가깝게 다가갈 수 있는 길을 열었습니다.

21세기에 들어서면서 인터넷의 발달로 방대한 양의 데이터가 사용 가능해졌고, 이는 비지도 학습과 준지도 학습 알고리즘 연구를 촉진시켰습니다. 2010년대에 들어서는 신경망 기반 자연어 처리 기술의 등장으로 획기적인 전환점을 맞이하게 되었습니다. 딥러닝 기술이 언어 모델링과 구문 분석에서 전례 없는 정확도를 보이며 주도권을 잡기 시작했습니다. 이 시기는 Word2Vec과 같은 정교한 모델의 개발과 딥러닝의 확산으로 특징지어집니다. 이러한 발전은 자연어 처리 기술을 더욱 자연스럽고 효과적인 인간-컴퓨터 상호작용으로 이끌었습니다. 이러한 발전을 바탕으로 자연어 처리는 현재 인공지능 연구의 최전선에 있으며, 그 역사는 인간 언어의 미묘한 뉘앙스를 이해하고 재현하려는 끊임없는 노력을 반영하고 있습니다.

최근 들어 자연어 처리 기술은 의료, 금융, 소셜 미디어 등 다양한 산업 분야에 적용되고 있습니다. 이를 통해 의사 결정 과정을 자동화하고 인간과 기계 간의 소통을 개선하는 데 큰 역할을 하고 있습니다. 예를 들어, 의료 문서에서 중요 정보를 추출하거나, 고객 피드백을 분석하고, 다국어 문서를 번역하며, 대량의 소셜 미디어 게시물을 효율적으로 검색하는 데 자연어 처리 기술이 활용되고 있습니다. 이러한 발전은 자연어 처리 기술이 단순한 학문적 연구를 넘어 실제 산업과 일상생활에 깊이 침투하고 있음을 보여 줍니다. 앞으로도 자연어 처리 기술은 계속해서 발전하며, 우리의 삶과 업무 수행 방식을 더욱 혁신적으로 변화시킬 것으로 기대됩니다.

1.3 컴퓨터 연산을 위한 자연어 처리 기본 접근 전략

자연어 처리에서 전통적인 접근 방식은 텍스트 전처리로 시작됩니다. 이는 텍스트 준비 과정과 동일한 의미를 가지며, 그 후에 머신러닝 기법들이 적용됩니다. 텍스트 전처리는 자연어 처리와 머신러닝 애플리케이션에서 핵심 단계입니다.

이 과정에서는 원본 텍스트 데이터를 정제하고 변환하여, 머신러닝 알고리즘이 쉽게 이해하고 분석할 수 있는 형태로 만듭니다. 전처리의 주요 목표는 데이터에서 노이즈와 불일치를 제거하고 표준화하는 것입니다. 이를 통해 더욱 고도화된 자연어 처리와 머신러닝 기법을 적용하기에 적합한 상태로 데이터를 준비합니다.

전처리의 큰 장점 중 하나는 머신러닝 알고리즘의 성능을 크게 향상시킬 수 있다는 점입니다. 예를 들어, 'the'나 'is'와 같이 중요한 의미를 담고 있지 않은 흔한 단어들, 즉 불용어를 제거하면 데이터의 차원을 줄일 수 있습니다. 이는 알고리즘이 중요한 패턴을 더 쉽게 식별할 수 있습니다.

다음 문장을 예로 들어 보겠습니다.

I am going to the store to buy some milk and bread.

불용어를 제거한 후, 다음과 같은 결과를 얻습니다.

going store buy milk bread.

이 예시 문장에서 'I', 'am', 'to', 'the', 'some', 'and' 같은 불용어는 문장의 전체적인 의미에 큰 영향을 주지 않으며, 이를 제거하더라도 핵심 의미는 유지됩니다. 그러나 불용어 제거는 신중하게 이루어져야 합니다. 어떤 상황에서는 특정 단어를 제거하는 것이 문제가 되지 않을 수 있지만, 다른 상황에서는 중요한 의미를 잃거나 왜곡할 수 있기 때문입니다. 따라서 불용어 제거는 특정 목적과 맥락에 맞게 조정되어야 합니다.

또한, 단어를 기본형으로 바꾸는 **어간 추출** stemming과 **표제어 추출** lemmatization 기법은 데이터 내 고유 단어의 수를 줄이는 데 도움이 됩니다. 이를 통해 알고리즘이 단어들 간의 관계를 더 쉽게 파악할 수 있게 되는데, 이에 대한 자세한 설명은 이 책의 후반부에서 다룰 예정입니다.

다음 문장을 예로 들어 보겠습니다.

> The boys ran, jumped, and swam quickly.

어간 추출을 적용하면 각 단어의 시제나 파생 접사를 무시하고 어근이나 어간 형태로 축소됩니다. 그 결과는 다음과 같습니다.

> The boy ran, jump, and swam quick.

어간 추출은 텍스트를 기본 형태로 단순화합니다. 이 예시에서 'ran', 'jumped', 'swam'은 각각 'ran', 'jump', 'swam'으로 변환됩니다. 'ran'과 'swam'이 변하지 않은 점에 주목해야 합니다. 이는 어간 추출이 종종 정확한 사전 기본형이 아닌, 어근에 가까운 형태로 단어를 축소하기 때문입니다. 이 과정은 텍스트 데이터의 복잡성을 줄여, 머신러닝 알고리즘이 동일 단어의 변형에 방해받지 않고 패턴을 더 쉽게 인식하고 분석할 수 있게 합니다.

같은 문장을 예로 들어 보겠습니다.

> The boys ran, jumped, and swam quickly.

한편, 표제어 추출을 적용하면 단어의 형태학적 분석을 고려하여 기본형 또는 사전형인 표제어 lemma를 찾아냅니다. 그 결과는 다음과 같습니다.

> The boy run, jump, and swim quickly.

표제어 추출은 'ran', 'jumped', 'swam'을 정확하게 'run', 'jump', 'swim'으로 변환합니다. 이 과정은 각 단어의 품사를 고려하여, 문법적으로나 문맥적으로 적절한 기본형으로의 변환을 보장합니다. 어간 추출과 달리, 표제어 추출은 더 정확한 기본형 변환을 제공하여 처리된 텍스트의 의미와 문맥적 정확성을 유지합니다. 이는 자연어 처리 모델이 언어를 더 효과적으로 이해하고 처리할 수 있게 하여, 데이터셋의 복잡성은 줄이면서도 원문의 본질적 의미를 보존함으로써 모델의 성능을 향상시킵니다.

전처리의 또 다른 두 가지 중요한 측면은 데이터 정규화와 데이터 정제입니다. **데이터 정규화**data normalization는 모든 텍스트를 소문자로 변환하고, 구두점을 제거하며, 데이터 형식을 표준화하는 작업을 포함합니다. 이는 알고리즘이 같은 단어의 다양한 변형을 별개의 개체로 인식하지 않도록 하여 부정확한 결과를 방지하는 데 도움이 됩니다.

데이터 정제data cleaning는 중복되거나 관련 없는 데이터를 제거하고, 데이터의 오류나 불일치를 수정하는 과정입니다. 여기에는 오타 수정, 이상치 제거, 누락된 값 처리 등이 포함될 수 있습니다. 이는 특히 대규모 데이터셋에서 중요한데, 수작업으로 정제하는 것은 시간이 많이 소요되고 오류가 발생하기 쉽기 때문입니다. 자동화된 전처리 도구를 사용하면 오류를 신속하게 식별하고 제거할 수 있어, 분석에 더욱 신뢰할 수 있는 데이터를 확보할 수 있습니다.

[그림 1-1]은 종합적인 전처리 파이프라인을 보여 줍니다.[1] 이 코드 예제에 대해서는 4장에서 자세히 다룰 예정입니다.

결론적으로, 텍스트 전처리는 노이즈와 불일치를 제거하고 데이터를 표준화하여 머신러닝 알고리즘의 성능을 향상하는 데 필수적인 단계입니다. 또한 자연어 처리 작업을 위한 데이터 준비와 데이터 정리에서도 중요한 역할을 합니다. 전처리에 시간과 자원을 투자하면 고품질의 데이터를 확보하고, 이를 통해 고급 자연어 처리 및 머신러닝 방법을 적용하여 더 정확하고 신뢰할 수 있는 결과를 얻을 수 있습니다.

텍스트 데이터가 전처리 과정을 마치면, 일반적으로 다음 단계는 머신러닝 모델을 적용하는 것입니다.

---

1 옮긴이_ 4장에서 다루는 소스 코드 예시는 영문으로 되어 있으나 이해를 돕기 위해 한국어에 맞게 작성되었습니다.

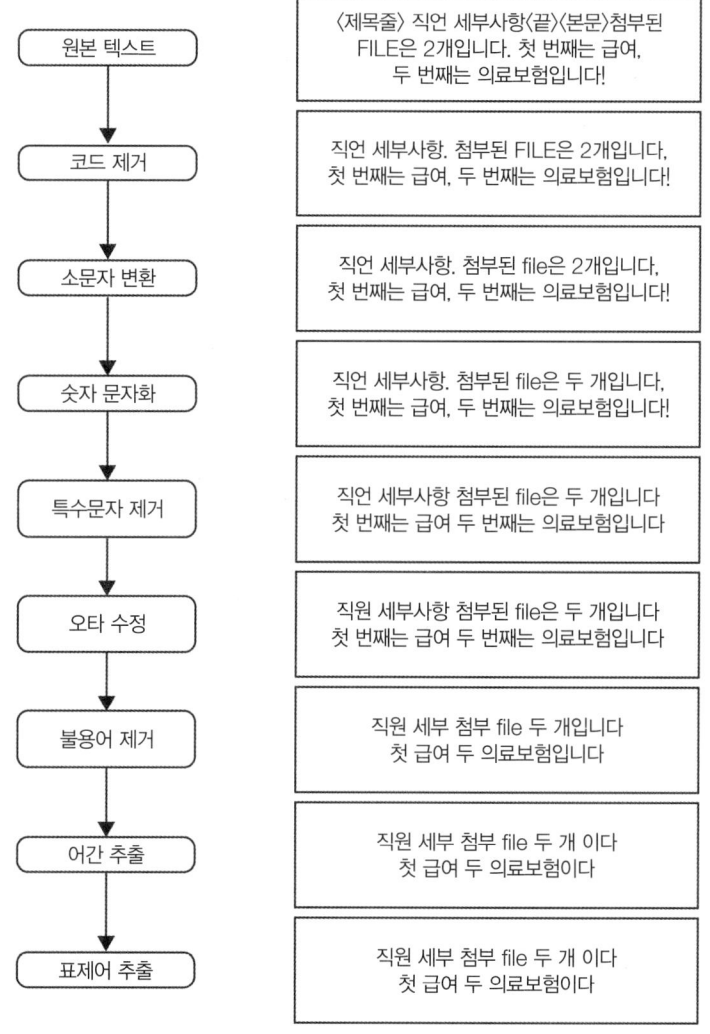

그림 1-1 전처리 전체 파이프라인

1.4 성공적인 시너지 효과: 자연어 처리와 머신러닝의 만남

머신러닝은 인공지능의 하위 분야로, 데이터로부터 학습하는 알고리즘을 훈련시켜 명시적인 프로그래밍 없이도 예측이나 의사결정을 할 수 있게 합니다. 머신러닝은 컴퓨터 비전, 음성 인식, 그리고 자연어 처리 등 다양한 분야의 발전을 주도하고 있습니다.

머신러닝의 구체적인 기술을 더 자세히 살펴보면, 자연어 처리에서 주로 사용되는 기술 중 하나는 **통계적 언어 모델링**statistical language modeling입니다. 이는 대규모 텍스트 코퍼스를 이용해 알고리즘을 훈련시켜 주어진 단어 시퀀스의 확률을 예측하는 방법입니다. 이 기술은 음성 인식, 기계 번역, 텍스트 생성 등 광범위한 응용 분야에서 활용됩니다.

또 다른 핵심 기술은 **딥러닝**deep learning(DL)입니다. 딥러닝은 대량의 데이터로 인공 신경망을 훈련시키는 머신러닝의 하위 분야입니다. **합성곱 신경망**convolutional neural network(CNN)과 **순환 신경망**recurrent neural network(RNN) 같은 딥러닝 모델은 언어 이해, 텍스트 요약, 감정 분석과 같은 자연어 처리 작업에 특히 효과적인 것으로 입증되었습니다.

[그림 1-2]는 인공지능, 머신러닝, 딥러닝, 자연어 처리 간의 관계를 보여 줍니다.

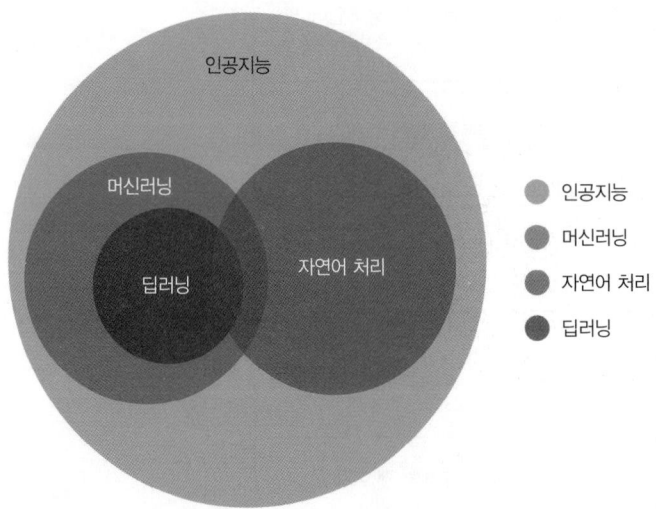

그림 1-2 다양한 분야 간의 관계[2]

1.5 자연어 처리의 수학 및 통계

자연어 처리와 머신러닝의 견고한 기반은 알고리즘의 근간이 되는 수학적 토대입니다. 특히, 주요 기초는 선형대수, 통계 및 확률, 최적화 이론입니다. 2장에서는 이러한 주제들을 이해하

---

2 컬러 이미지는 부록 409쪽 참조

는 데 필요한 핵심 내용을 살펴볼 것입니다. 또한 이 책 전반에 걸쳐 다양한 방법론과 가설의 이론적 기반과 증명을 자세히 다룰 예정입니다.

자연어 처리에서의 도전 과제 중 하나는 인간의 언어로 생성되는 방대한 양의 데이터를 다루는 것입니다. 이는 단어의 의미와 단어 간의 관계뿐만 아니라 문맥을 이해하는 것까지 포함됩니다. 이러한 도전을 해결하기 위해 연구자들은 임베딩과 어텐션 메커니즘과 같은 다양한 기술을 개발했습니다. 임베딩은 단어의 의미를 수치적 형식인 벡터로 표현하여 단어 간의 유사성과 관계를 포착할 수 있게 해 줍니다. 어텐션 메커니즘은 입력 시퀀스의 각 부분에 가중치를 할당하여 모델이 중요한 정보에 집중할 수 있고, 텍스트에서 가장 중요한 부분을 식별하는 데 도움을 줍니다.

자연어 처리에서 또 다른 도전 과제는 레이블이 있는 데이터의 필요성입니다. 대규모 텍스트 코퍼스에 수작업으로 레이블을 달면 비용이 많이 들고 시간이 오래 걸리기 때문입니다. 이 문제를 해결하기 위해 연구자들은 클러스터링, 토픽 모델링, 자기 지도 학습 등 레이블이 없는 데이터에서도 학습할 수 있는 비지도 학습과 준지도 학습 방법을 개발했습니다.

전반적으로 자연어 처리는 빠르게 발전하고 있는 분야로, 우리가 컴퓨터 및 정보와 상호작용을 하는 방식을 변화시킬 잠재력을 가지고 있습니다. 자연어 처리는 챗봇, 언어 번역, 텍스트 요약, 감정 분석 등 다양한 애플리케이션에 활용되고 있습니다. 통계적 언어 모델링과 딥러닝과 같은 머신러닝 기법의 사용은 이러한 시스템을 발전시키는 데 중요한 역할을 해왔습니다. 맥락을 이해하고 레이블이 지정된 데이터의 부족을 다루는 남아있는 과제들은 현재 진행 중인 연구를 통해 해결되고 있습니다.

자연어 처리 분야에서 가장 중요한 발전은 양방향 인코더 표현을 위한 트랜스포머^{bidirectional encoder representations from transformer}(**BERT**)와 생성적 사전 훈련 트랜스포머^{generative pre-trained transformer}(**GPT**) 같은 사전 학습된 언어 모델의 등장입니다. 이러한 모델들은 방대한 양의 텍스트 데이터로 학습되어, 감정 분석이나 기계 번역 같은 특정 작업에 맞춰 미세 조정될 수 있습니다.

BERT와 GPT 모델의 핵심 기술인 트랜스포머는 문장 내 단어들의 맥락을 더 효과적으로 이해할 수 있게 함으로써 자연어 처리 분야에 혁명을 일으켰습니다. 텍스트를 선형적으로 처리하던 이전 방식과 달리, 트랜스포머는 단어들을 병렬로 처리하며 어텐션 메커니즘을 통해 언어의 미묘한 차이를 포착합니다. 이를 통해 각 단어의 상대적 중요도를 파악할 수 있게 되어 각 단어가 다른 단어들과 어떤 관계를 맺는지 파악할 수 있게 되어, 복잡한 언어 패턴과 미묘한 차이를 이해하는 능력이 크게 향상되었습니다. 이는 자연어 처리 응용 프로그램의 정확도와 유창성에 있어 새로운 기준을 제시했습니다. 이러한 발전은 자연어 처리 애플리케이션의 개발을 촉진했으며, 다양한 자연어 처리 작업에서 성능 향상을 끌어냈습니다.

[그림 1-3]은 트랜스포머 구성 요소의 기능적 설계를 자세히 보여 줍니다.

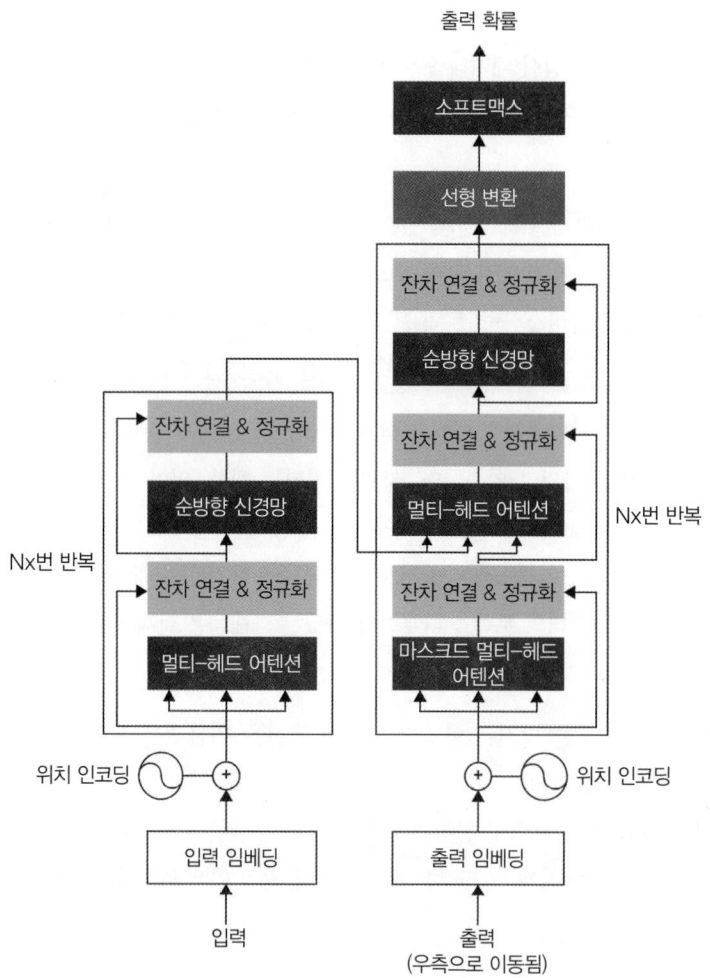

그림 1-3 트랜스포머 모델 아키텍처[3]

---

3 https://arxiv.org/abs/1706.03762

자연어 처리 분야의 또 다른 주목할 만한 진전은 대규모 레이블이 처리된 텍스트 데이터의 가용성이 많이 증가했다는 점입니다. 이에 따라 더욱 정확한 모델을 학습시킬 수 있게 되었습니다. 더불어 비지도 학습과 준지도 학습 기법의 발전으로 인해 적은 양의 레이블된 데이터만으로도 효과적인 모델 훈련이 가능해졌습니다. 이는 자연어 처리 기술을 더 다양한 상황과 분야에 적용할 수 있는 길을 열어 주었습니다.

언어 모델은 자연어 처리 분야에 혁신적인 변화를 불러왔습니다. 특히 언어 모델이 이 분야를 크게 발전시킨 핵심적인 방식 중 하나는 자연어 처리 작업의 정확성과 효과성을 대폭 향상한 것입니다. 예를 들어, 많은 최신 언어 모델들은 방대한 양의 텍스트 데이터를 바탕으로 학습되었습니다. 이를 통해 이 모델들은 인간 언어의 미묘한 뉘앙스와 복잡한 구조를 더욱 정확하게 이해할 수 있게 되었습니다. 이러한 발전은 기계 번역, 텍스트 요약, 감정 분석과 같은 다양한 자연어 처리 작업에서 눈에 띄는 성능 향상으로 이어졌습니다.

언어 모델이 자연어 처리 분야를 바꾼 또 다른 방법은 더 발전되고 정교한 자연어 처리 시스템의 개발을 가능하게 한 것입니다. 예를 들어, GPT와 같은 언어 모델은 인간과 유사한 텍스트를 생성할 수 있어 자연어 생성 및 대화 시스템에 새로운 가능성을 열었습니다. 또 다른 언어 모델인 BERT는 질문 응답, 감정 분석, 개체명 인식과 같은 작업의 성능이 향상되었습니다.

또한 언어 모델은 더 많은 사람들이 이 분야에 접근할 수 있도록 만들어 자연어 처리 분야를 변화시켰습니다. 사전 학습된 언어 모델의 등장으로 개발자들은 이제 대량의 레이블된 데이터나 처음부터 모델을 학습시키는 전문 지식 없이도 특정 작업에 맞게 이러한 모델을 쉽게 미세 조정할 수 있게 되었습니다. 이에 따라 개발자들이 자연어 처리 애플리케이션을 만드는 것이 더 쉬워졌고, 결과적으로 자연어 처리 기술을 기반으로 한 새로운 제품과 서비스가 폭발적으로 증가했습니다.

전반적으로 언어 모델은 기존 자연어 처리 작업의 성능을 향상하고, 더 발전된 자연어 처리 시스템의 개발을 가능하게 하며, 더 많은 사람들이 자연어 처리를 활용할 수 있도록 함으로써 자연어 처리 분야의 발전에 중요한 역할을 했습니다.

1.5.1 언어 모델의 이해: 챗GPT 사례를 중심으로

챗GPT는 GPT 모델의 변형으로, 인간의 글과 구별하기 어려울 정도로 자연스러운 텍스트를 생성하는 능력으로 큰 주목을 받고 있습니다. 이 모델은 챗봇 시스템, 텍스트 요약, 대화 시스템 등 다양한 자연어 생성 작업에 활용될 수 있어 그 잠재력이 무궁무진합니다.

챗GPT의 인기 비결은 높은 품질의 출력, 인간의 글과 거의 구별할 수 없는 텍스트 생성 능력에 있습니다. 이러한 특성은 자연스러운 언어 표현이 필요한 챗봇, 가상 비서, 텍스트 요약 등의 애플리케이션에 매우 적합합니다. 또한, 챗GPT는 방대한 양의 텍스트 데이터로 사전 학습되어 인간 언어의 미묘한 차이와 복잡성을 이해할 수 있습니다.

이는 질의응답이나 감정 분석과 같이 언어에 대한 깊은 이해가 필요한 응용 분야에서 큰 강점을 발휘합니다. 더불어 챗GPT는 적은 양의 작업별 데이터로 미세 조정이 가능해, 다양한 용도에 맞게 유연하게 적용될 수 있습니다. 이 모델은 고객 서비스 챗봇, 가상 비서, 자동 콘텐츠 생성, 텍스트 요약, 대화 시스템, 질의응답, 감정 분석 등 산업계, 연구 분야, 개인 프로젝트에 이르기까지 폭넓게 활용되고 있습니다.

종합하면, 챗GPT가 고품질의 인간다운 텍스트를 생성하고 특정 작업에 맞게 미세 조정될 수 있는 능력 덕분에, 다양한 자연어 생성 애플리케이션에서 널리 선택되고 있습니다.

1.6 요약

이번 장에서는 인공지능의 하위 분야인 자연어 처리에 대해 소개했습니다. 먼저 자연어 처리에 사용되는 알고리즘을 이해하는 데 필요한 선형대수학, 통계학과 확률론, 최적화 이론과 같은 수학적 기초의 중요성을 강조했습니다. 또한 단어의 맥락과 의미 이해, 단어 간 관계 파악, 레이블된 데이터의 필요성 등 자연어 처리가 직면한 과제들도 다루었습니다.

최근 자연어 처리 분야의 발전에 대해서도 논의했는데, 특히 BERT와 GPT 같은 사전 학습된 언어 모델과 대규모 텍스트 데이터의 가용성 증가로 인한 자연어 처리 작업의 성능 향상에 주목했습니다.

텍스트 전처리의 중요성도 강조했으며, 데이터 정제, 정규화, 어간 추출, 표제어 추출 등의 기법이 텍스트 전처리에서 얼마나 중요한지 설명했습니다. 또한 자연어 처리와 머신러닝의 결합이 어떻게 이 분야의 발전을 이끌고 있는지, 그리고 이러한 융합 기술이 작업 자동화와 인간-컴퓨터 상호작용 개선에 있어 점점 더 중요한 도구가 되고 있음을 알아보았습니다. 이 장을 통해 여러분은 자연어 처리, 머신러닝, 딥러닝 기법의 중요성을 이해하게 되었을 것입니다.

또한 사전 학습된 언어 모델을 포함한 자연어 처리의 최근 발전 동향을 파악할 수 있게 되었습니다. 텍스트 전처리의 중요성과 이것이 자연어 처리 작업을 위한 데이터 준비와 정제에서 얼마나 중요한 역할을 하는지도 이해하게 되었을 것입니다.

다음 장에서는 머신러닝의 수학적 기초에 대해 다룰 예정입니다. 이러한 기초 지식은 이 책 전반에 걸쳐 우리에게 도움이 될 것입니다.

1.7 질문과 답변

자연어 처리란 무엇인가요?
- 질문: 인공지능 분야에서 자연어 처리는 어떻게 정의되나요?
- 답변: 자연어 처리는 컴퓨터가 인간의 언어를 이해, 해석하고 생성할 수 있게 하는 인공지능의 하위 분야로, 사람에게 자연스럽고 의미 있는 방식으로 언어를 처리하는 것을 목표로 합니다.

자연어 처리의 초기 전략
- 질문: 자연어 처리에서 전처리의 중요성은 무엇인가요?
- 답변: 불용어 제거, 어간 추출, 원형 복원 등 전처리 과정은 텍스트 데이터를 정제하고 준비하는 데 매우 중요합니다. 이는 자연어 처리 작업에서 머신러닝 알고리즘의 성능을 향상하는 데 필수적입니다.

자연어 처리와 머신러닝의 시너지
- 질문: 머신러닝이 자연어 처리 발전에 어떤 도움을 주나요?
- 답변: 머신러닝, 특히 통계적 언어 모델링과 딥러닝은 자연어 처리의 핵심 동력입니다. 이 기술들은 알고리즘이 대량의 데이터에서 패턴을 학습하고, 문장 구조를 예측하며, 언어 이해와 감정 분석 같은 복잡한 작업을 더욱 정확하게 수행할 수 있게 해 줍니다.

자연어 처리에서의 수학과 통계학 개론
- 질문: 자연어 처리에서 수학적 기초가 필요한 이유는 무엇인가요?
- 답변: 선형대수학, 통계학, 확률론 같은 수학적 기초는 자연어 처리의 근간이 되는 알고리즘을 이해하고 개발하는 데 필수적입니다. 이는 간단한 데이터 전처리부터 복잡한 신경망 모델 설계에 이르기까지 모든 단계에서 중요한 역할을 합니다.

자연어 처리의 발전: 사전 학습된 언어 모델의 역할
- 질문: BERT와 GPT 같은 사전 학습 모델이 자연어 처리에 어떤 영향을 미쳤나요?
- 답변: 방대한 양의 텍스트 데이터로 학습된 사전 학습 모델은 감정 분석이나 기계 번역 같은 특정 작업에 맞춰 미세 조정될 수 있습니다. 이는 자연어 처리 애플리케이션 개발을 크게 단순화하고 작업 성능을 향상했습니다.

언어 모델에서의 트랜스포머 이해하기
- 질문: 트랜스포머가 자연어 처리에서 획기적인 발전으로 여겨지는 이유는 무엇인가요?
- 답변: 트랜스포머는 단어들을 병렬로 처리하고 어텐션 메커니즘을 사용하여 문장 내 단어의 문맥을 이해합니다. 이는 모델이 인간 언어의 복잡성을 처리하는 능력을 크게 향상합니다.

CHAPTER 2 머신러닝과 자연어 처리를 위한 선형대수, 확률, 통계 마스터하기

자연어 처리와 머신러닝은 선형대수학과 확률론 같은 수학적 개념의 도움을 받아 발전한 분야입니다. 이러한 수학적 도구들은 변수 간의 관계를 분석할 수 있게 해 주며, 많은 자연어 처리와 머신러닝 모델의 근간이 됩니다. 이번 장에서는 선형대수학과 확률론의 기본 개념을 소개하고, 이들이 자연어 처리와 머신러닝에서 어떻게 실제로 활용되는지 살펴봅니다.

우선 벡터와 행렬의 기본 개념부터 시작해 주요 연산들을 다룹니다. 또한 앞으로 배울 개념과 모델을 이해하는 데 필요한 통계학의 기초도 함께 설명합니다. 마지막으로 자연어 처리 문제 해결과 변수 간 관계 이해에 중요한 최적화의 기본 원리를 소개합니다.

이 장을 통해 여러분은 선형대수학과 확률론의 탄탄한 기초를 다지게 될 것입니다. 더불어 이러한 수학적 개념들이 자연어 처리와 머신러닝 분야에서 어떻게 핵심적으로 쓰이는지 깊이 이해하게 될 것입니다.

이번 장에서 다룰 주요 내용은 다음과 같습니다.

- 선형대수학 입문
- 고윳값과 고유 벡터
- 머신러닝에 필요한 확률 기초

2.1 선형대수학 입문

먼저 스칼라, 벡터, 행렬의 개념을 알아보겠습니다.

- **스칼라**scalar: 스칼라는 하나의 숫자를 나타냅니다. 머신러닝에서는 주로 실수를 다룹니다. 예를 들어, 자연어 처리에서 특정 단어가 텍스트에 나타난 횟수가 스칼라로 표현될 수 있습니다.
- **벡터**vector: 벡터는 여러 개의 숫자 요소로 이루어진 집합입니다. 각 요소는 항목, 성분, 또는 차원으로 불리며, 이 성분의 개수가 벡터의 차원을 결정합니다. 자연어 처리에서는 벡터가 단어 빈도, 감정 점수 등의 요소들을 포함할 수 있습니다. 자연어 처리와 머신러닝은 선형대수학과 확률론 같은 수학적 분야에서 많은 이점을 얻고 있습니다. 이러한 기초 도구들은 변수 간의 관계를 평가하는 데 도움을 주며, 많은 자연어 처리 및 머신러닝 모델의 핵심을 이룹니다. 예를 들어, 텍스트 문서의 3차원 벡터 표현은 [단어 빈도, 감정 점수, 복잡도]와 같은 실수 배열로 나타낼 수 있습니다.
- **행렬**matrix: 행렬은 행과 열로 구성된 숫자 요소의 직사각형 배열로 생각할 수 있습니다. 행렬의 특정 요소를 찾기 위해서는 해당 요소의 행과 열 번호를 지정해야 합니다. 자연어 처리에서는 데이터 행렬의 행이 서로 다른 텍스트 문서를, 열이 단어 빈도나 감정 점수와 같은 텍스트 속성을 나타낼 수 있습니다. 이러한 행렬의 크기는 $n \times d$로 표현되며, 여기서 n은 행의 수(텍스트 문서의 수), d는 열의 수(속성의 수)를 의미합니다.

다음으로 스칼라, 벡터, 행렬의 기본 연산에 대해 알아보겠습니다.

스칼라, 벡터, 행렬의 기본 연산인 덧셈과 뺄셈은 같은 차원의 벡터들 사이에서 수행할 수 있습니다. 두 벡터가 주어졌다고 가정해 보겠습니다.

$$\mathbf{x} = [x_1, x_2, \ldots, x_n]$$
$$\mathbf{y} = [y_1, y_2, \ldots, y_n]$$

벡터의 뺄셈은 다음과 같이 나타낼 수 있습니다.

$$\mathbf{x} - \mathbf{y} = [x_1 - y_1, x_2 - y_2, \ldots, x_n - y_n]$$

예를 들어, 벡터 $a = [4, 1]$과 $b = [2, 4]$가 있을 때, $a + b = [6, 5]$가 됩니다.

이를 시각화하면 다음 [그림 2-1]과 같습니다.

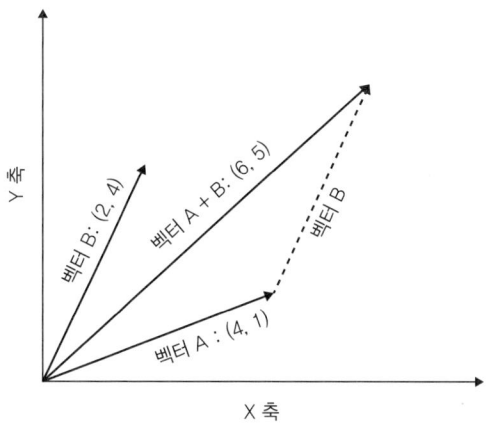

그림 2-1 두 벡터의 덧셈 (a = [4,1]와 b = [2,4])은 a + b = [6,5]를 의미한다.

벡터는 스칼라와 곱하여 크기를 조정할 수 있습니다. 이 연산은 벡터의 각 성분에 스칼라값을 곱하는 방식으로 이루어집니다. 예를 들어, n차원 벡터 $\mathbf{x} = [x_1, x_2, ..., x_n]$을 고려해 봅시다. 이 벡터를 스칼라 a로 크기 조정하는 과정은 다음과 같은 식으로 표현할 수 있습니다.

$$\mathbf{x} = [x_1, x_2, ..., x_n]$$
$$a \cdot \mathbf{x} = [a \cdot x_1, a \cdot x_2, ..., a \cdot x_n]$$

이 연산의 결과는 원래 벡터와 같은 차원을 가지지만, 각 성분이 스칼라 a로 곱해진 새로운 벡터가 됩니다.

벡터 간의 곱셈에는 두 가지 종류가 있습니다. 내적(·)과 외적(×)입니다. 내적은 머신러닝 알고리즘에서 자주 사용되는 연산입니다.

내적은 두 벡터 $\mathbf{x} = [x_1, x_2, ..., x_n]$와 $\mathbf{y} = [y_1, y_2, ..., y_n]$ 사이에 적용할 수 있는 수학적 연산으로, 이 연산은 벡터 간의 유사성을 판단하는 데 자주 활용됩니다. 내적은 두 벡터의 대응하는 성분들을 곱한 후 그 곱들을 모두 더한 값으로 정의됩니다. 벡터 $\mathbf{x}$와 $\mathbf{y}$의 내적은 $\mathbf{x} \cdot \mathbf{y}$로 표기하며, 다음과 같이 정의됩니다.

$$\mathbf{x} \cdot \mathbf{y} = \sum_{i=1}^{n} x_i \cdot y_i$$

여기서 n은 벡터의 차원을 나타냅니다. 내적은 스칼라값이며, 두 벡터 사이의 각도를 계산하거나 한 벡터가 다른 벡터에 얼마나 투영되는지를 측정하는 데 사용됩니다. 또한, 선형 회귀와 신경망을 포함한 다양한 머신러닝 알고리즘에서 중요한 역할을 합니다.

내적은 교환법칙이 성립한다는 점에서, 벡터의 순서가 결과에 영향을 미치지 않습니다. 즉, $x \cdot y = y \cdot x$입니다. 또한, 내적은 스칼라 곱셈의 분배법칙을 유지하므로, 다음과 같은 식이 성립합니다.

$$\mathbf{x} \cdot (\mathbf{y} + \mathbf{z}) = \mathbf{x} \cdot \mathbf{y} + \mathbf{x} \cdot \mathbf{z}$$

벡터와 그 자신과의 내적은 제곱 노름 또는 유클리드 노름으로도 알려져 있습니다. 노름^{norm}은 벡터의 길이를 나타내며, 이는 다음과 같이 계산됩니다.

$$norm(\mathbf{x})^2 = \mathbf{x} \cdot \mathbf{x} = \sum_{i=1}^{n} x_i^2$$

벡터의 정규화는 해당 벡터를 그 노름, 즉 유클리드 노름이나 벡터의 길이로 나누는 과정으로, 이로 인해 길이가 1인 단위 벡터 $\mathbf{x}'$이 생성됩니다. 정규화 과정은 다음과 같이 표현할 수 있습니다.

$$\mathbf{x}' = \frac{\mathbf{x}}{\|\mathbf{x}\|} = \frac{\mathbf{x}}{\sqrt{\mathbf{x} \cdot \mathbf{x}}}$$

여기서 $\mathbf{x}$는 원래의 벡터이고, $\|\mathbf{x}\|$는 그 노름을 나타냅니다. 벡터를 정규화하면, 벡터의 방향은 유지되면서 길이는 1로 설정되므로 서로 다른 공간에서의 벡터를 비교할 때 유용합니다.

두 벡터 $\mathbf{x} = [x_1, x_2, ..., x_n]$와 $\mathbf{y} = [y_1, y_2, ..., y_n]$ 사이의 코사인 유사도는 두 벡터를 단위 길이로 정규화한 후 내적을 통해 계산됩니다. 이는 수학적으로 다음과 같이 표현됩니다.

$$Cos(\mathbf{x}, \mathbf{y}) = \frac{\mathbf{x} \cdot \mathbf{y}}{\|\mathbf{x}\| \cdot \|\mathbf{y}\|} = \frac{\mathbf{x} \cdot \mathbf{y}}{\sqrt{\mathbf{x} \cdot \mathbf{x}} \cdot \sqrt{\mathbf{y} \cdot \mathbf{y}}}$$

여기서 $\|\mathbf{x}\|$와 $\|\mathbf{y}\|$는 각각 벡터 $\mathbf{x}$와 $\mathbf{y}$의 노름을 나타냅니다. 이 코사인 유사도는 두 벡터 사이의 각도 θ의 코사인값과 같습니다.

내적이 0인 벡터들은 서로 직교 orthogonality 한다고 하며, 이는 두 벡터가 0이 아닌 경우 그들 사이의 각도가 90도임을 의미합니다. 0 벡터는 어떤 벡터와도 직교한다고 할 수 있습니다. 각 벡터가 노름 1을 가지고, 쌍마다 직교하는 벡터 집합을 직교 정규 집합이라고 하며, 이는 다양한 수학적 맥락에서 매우 유용합니다. 예를 들어, 직교 좌표계 간의 변환에서는 새로운 좌표가 수정된 방향 집합에 따라 계산됩니다. 이러한 방법은 해석 기하학에서 좌표 변환으로 알려져 있으며 선형대수학에서 널리 활용됩니다.

2.1.1 행렬과 벡터의 기본 연산

전치 행렬 matrix transpose 은 행렬의 행과 열을 서로 맞바꾸는 과정입니다. 이 과정에서는 원래 행렬에서 (i, j) 위치에 있던 요소가 전치된 행렬에서는 (j, i) 위치로 이동하게 됩니다. 따라서, 원래 크기가 $n \times m$이었던 행렬은 전치되면 $m \times n$ 크기의 행렬로 바뀝니다. 행렬 X의 전치는 $\mathbf{X}^T$로 표기됩니다. 아래는 행렬 전치 연산의 예시입니다.

$$\mathbf{X} = \begin{bmatrix} x_{1,1} & x_{1,2} \\ x_{2,1} & x_{2,2} \\ x_{3,1} & x_{3,2} \end{bmatrix}$$

$$\mathbf{X}^T = \begin{bmatrix} x_{1,1} & x_{2,1} & x_{3,1} \\ x_{1,2} & x_{2,2} & x_{3,2} \end{bmatrix}$$

특히, 행렬 $\mathbf{X}^T$의 전치인 $(\mathbf{X}^T)^T$는 원래 행렬 X로 되돌아갑니다. 또한 행벡터는 열벡터로 전치될 수 있으며 그 반대도 가능합니다. 또한 행렬과 벡터에 대해 다음과 같은 성질이 성립합니다.

$$(X+Y)^T = X^T + Y^T$$

또한, 행렬과 벡터의 내적 dot product 은 교환법칙이 성립합니다.

$$\mathbf{X}^T \cdot \mathbf{Y} = \mathbf{Y}^T \cdot \mathbf{X}$$
$$\mathbf{x}^T \cdot \mathbf{y} = \mathbf{y}^T \cdot \mathbf{x}$$

2.1.2 행렬 정의

이번 절에서는 다양한 유형의 행렬 정의에 대해 다룹니다.

- **대칭 행렬**symmetric matrix: 정방 행렬의 한 종류로, 행렬의 전치가 원래 행렬과 동일한 경우를 말합니다. 수학적으로 행렬 X가 대칭 행렬이라면 $\mathbf{X} = \mathbf{X}^T$가 성립합니다. 다음은 대칭 행렬의 예시입니다.

$$\mathbf{X} = \begin{bmatrix} 1 & 2 & 3 \\ 2 & 4 & 5 \\ 3 & 5 & 7 \end{bmatrix}$$

- **직사각 대각 행렬**rectangular diagonal matrix: $m \times n$ 크기의 행렬로, 주대각선 상에만 0이 아닌 값이 있는 행렬을 의미합니다.

- **상(또는 하)삼각 행렬**: 상삼각 행렬upper triangular matrix[1]은 주대각선 아래의 모든 요소가 0인 행렬을 말하며, 하삼각 행렬lower triangular matrix은 주대각선 위의 모든 요소가 0인 행렬을 의미합니다.

행렬식

정사각 행렬의 행렬식determinant은 행렬이 좌표 벡터들과 곱해질 때, d-차원 객체의 부피에 미치는 영향을 나타냅니다. 행렬식, 즉 $\det(A)$는 행렬의 행 또는 열 벡터들로 형성된 평행육면체의 (부호가 있는) 부피를 나타냅니다. 이 해석은 일관되게 적용되며, 행 벡터와 열 벡터가 결정하는 부피는 수학적으로 동일합니다. 대각화 가능한 행렬 A가 좌표 벡터 집합과 상호작용할 때 발생하는 변형은 비등방성 스케일링 anisotropic scaling[2]이라고 합니다. 행렬식은 이 변환의 스케일 요인을 파악하는 데 도움이 됩니다. 정사각 행렬의 행렬식은 그 행렬과의 곱셈으로 이루어지는 선형 변환에 대한 중요한 정보를 담고 있습니다. 특히 행렬식의 부호는 변환이 시스템의 기저 방향에 미치는 영향을 반영합니다.

---

1 옮긴이_ 행렬 변환, 행렬 분해, 상관관계를 시각화할 때 삼각형 윗부분이나 아랫부분을 마스크 처리할 때 등 다양한 곳에 활용됩니다.
2 옮긴이_ 비등방성(비균일) 스케일링(Anisotropic Scaling)이란 객체의 크기를 서로 다른 축에 대해 서로 다른 비율로 조정하는 과정을 의미합니다. 이와 달리 등방성(균일) 스케일링(Isotropic Scaling)은 모든 축에 대해 동일한 비율로 크기를 조정하는 것입니다. 비등방성 스케일링은 형태를 특정 방향으로 늘리거나 줄이기 때문에 다양한 효과를 줄 수 있지만, 왜곡이 발생할 수 있으므로 주의해서 사용해야 합니다.

행렬식을 계산하는 방법은 다음과 같습니다.

1. 1×1 행렬 A의 경우, 그 행렬식은 행렬에 포함된 단일 스칼라값과 동일합니다.
2. 더 큰 행렬의 경우, 열 j를 고정한 다음 해당 열의 요소들을 사용하여 확장하거나, 행 i를 고정하고 그 행을 따라 확장하여 행렬식을 계산할 수 있습니다. 고정하는 것이 행이든 열이든 상관없이, 최종적으로 얻어지는 행렬식의 값은 동일하게 유지됩니다.

j를 1부터 d까지 고정할 때 행렬식은 다음과 같이 계산됩니다.

$$\det(\mathbf{A}) = \sum_{i=1}^{d} (-1)^{i+j} a_{ij} \det(\mathbf{A}_{ij})$$

또는 i를 고정할 때의 행렬식입니다.

$$\det(\mathbf{A}) = \sum_{j=1}^{d} (-1)^{i+j} a_{ij} \det(\mathbf{A}_{ij})$$

다음의 식들을 바탕으로 몇 가지 경우는 쉽게 계산할 수 있음을 알 수 있습니다.

- **대각 행렬**diagonal matrix: 행렬식은 대각 요소들의 곱으로 계산됩니다.
- **삼각 행렬**triangular matrix: 행렬식은 주대각선에 있는 모든 요소들을 곱하여 구합니다. 만약 행렬의 행이나 열 중 모든 성분이 0이라면, 그 행렬식도 0이 됩니다.

예를 들어, 2×2 행렬 $\mathbf{A}$가 다음과 같을 때, 행렬식은 $ad - bc$로 계산됩니다.

$$\mathbf{A} = \begin{bmatrix} a & b \\ c & d \end{bmatrix}$$

3×3 행렬의 경우, $\mathbf{A}$가 다음과 같다면,

$$\mathbf{A} = \begin{bmatrix} a & b & c \\ d & e & f \\ g & h & i \end{bmatrix}$$

행렬식은 다음과 같이 계산됩니다.

$$det|a| = a.det[e\ f,\ h\ i] - d.det[b\ c,\ h\ i] + g.det[b\ c,\ e\ f]$$
$$= a(ei - hf) - d(bi - hc) + g(bf - ec)$$
$$= aei - ahf - dbi + dhc + gbf - gec$$

이제 고윳값과 고유 벡터에 대해 알아보겠습니다.

2.2 고윳값과 고유 벡터

벡터 $\mathbf{x}$가 $d \times d$ 행렬 $\mathbf{A}$에 속할 때, $\mathbf{Ax} = \lambda \mathbf{x}$를 만족하는 경우, $\mathbf{x}$는 행렬 $\mathbf{A}$의 **고유 벡터**eigenvector라고 합니다. 여기서 λ는 행렬에 대응하는 고윳값eigenvalue을 나타냅니다. 이 관계는 행렬 $\mathbf{A}$와 그 고유 벡터 $\mathbf{x}$ 사이의 연관성을 나타내며, 이는 행렬의 '늘어나는 방향'으로 이해할 수 있습니다. 만약 $\mathbf{A}$가 대각화할 수 있는 행렬이라면, 이는 가역 행렬 $\mathbf{V}$와 대각 행렬 Δ로 분해될 수 있으며, 다음과 같은 식이 성립합니다.

$$\mathbf{A} = \mathbf{V} \Delta \mathbf{V}^{-1}$$

여기서 $\mathbf{V}$의 열들은 d개의 고유 벡터로 구성되며, Δ의 대각선 요소들은 각각의 고윳값을 나타냅니다. 선형 변환 $\mathbf{Ax}$는 세 가지 연산으로 시각적으로 이해할 수 있습니다. 먼저, $\mathbf{V}^{-1}$을 곱하여 $\mathbf{x}$의 좌표를 $\mathbf{V}$의 열에 해당하는 비직교 기저에서 계산합니다. 그 다음, $\mathbf{V}^{-1}\mathbf{x}$에 Δ를 곱해 고유 벡터 방향에 따라 좌표를 스케일링합니다. 마지막으로, $\mathbf{V}$를 곱해 좌표를 원래의 기저로 복원하면, d개의 고유 벡터 방향으로 비등방성 스케일링을 수행한 결과가 됩니다.

대각화 가능한 행렬은 d개의 선형 독립적인 방향에 따른 비등방성 스케일링을 포함하는 변환을 나타냅니다. $\mathbf{V}$의 열들이 직교 정규 벡터들로 구성된 경우, $\mathbf{V}^{-1}$은 $\mathbf{V}^T$와 같아지며, 이는 서로 직교하는 방향으로의 스케일링을 의미합니다. 이러한 경우, 행렬 $\mathbf{A}$는 항상 대각화할 수 있으며, $\mathbf{V}$의 열들이 직교 정규 벡터인 경우 $\mathbf{A}$는 대칭성을 나타냅니다. 이는 다음과 같은 관계로 확인할 수 있습니다.

$$\mathbf{A}^T = \mathbf{V} \Delta^T \mathbf{V}^T = \mathbf{V} \Delta \mathbf{V}^T = \mathbf{A}$$

2.2.1 고유 벡터를 찾는 수치적 방법

$d \times d$ 행렬 A의 고유 벡터를 구하는 전통적인 방법은 다음 방정식의 d개의 근 $\lambda_1, ..., \lambda_d$를 찾는 것입니다.

$$\det(A - \lambda I) = 0$$

여기서 일부 근은 중복될 수 있습니다. 다음 단계는 $(A - \lambda I)x = 0$ 형태의 선형 시스템을 풀어 고유 벡터를 구하는 것으로, 이는 주로 가우스 소거법^{Gaussian elimination}을 사용합니다. 그러나 이 방법은 항상 안정적이거나 정확하지 않을 수 있습니다. 다항식 방정식을 풀 때 수치적 불안정성이나 상태 조건이 나빠질 수 있기 때문입니다. 실제로, 공학에서 고차 다항식 방정식을 해결하는 일반적인 기술 중 하나는 원래 다항식과 동일한 특성 다항식을 갖는 동반 행렬^{companion matrix}을 구성한 후, 이 행렬의 고웃값을 구합니다.

2.2.2 고웃값 분해

고웃값 분해^{eigenvalue decomposition}는 고유 분해^{eigen-decomposition} 또는 행렬의 대각화^{diagonalization}로도 알려진 선형대수학과 계산 수학에서 사용되는 강력한 수학적 도구입니다. 고웃값 분해의 목표는 주어진 행렬을 그 행렬의 고유 벡터와 고웃값을 나타내는 행렬의 곱으로 분해하는 것입니다.

행렬 A의 고웃값 분해는 행렬 V와 대각 행렬 D의 곱으로 행렬을 분해하는 것을 의미합니다.

행렬 V는 행렬 A의 고유 벡터들로 이루어진 열들을 가지며, D는 대각선에 해당하는 고웃값을 포함하는 대각 행렬입니다.

고웃값 문제는 A가 정사각 행렬일 때, $Av = \lambda v$를 만족하는 0이 아닌 벡터 v와 스칼라 λ를 찾는 것입니다. 여기서 v는 A의 고유 벡터라고 하며, 스칼라 λ는 행렬 A의 고웃값이라고 합니다. 이 고웃값 문제는 행렬 형태로 $Av = \lambda Iv$로 나타낼 수 있으며, 여기서 I는 단위 행렬[3]입니다.

고웃값을 구하는 과정은 행렬 A의 특성 방정식^{characteristic equation}과 밀접하게 연결되어 있습니다. 이 방정식은 $\det(A - \lambda I) = 0$에서 유도된 다항식 방정식입니다. 특성 방정식을 풀면 고웃값 λ를

---

[3] 옮긴이_ 항등 행렬(unit matrix)이라고도 합니다. 단위 행렬(identity matrix)은 대각선 성분이 모두 1이고, 그 외 나머지 성분이 모두 0인 행렬입니다. 행렬의 곱셈에서 항등원 역할을 합니다.

구할 수 있으며, 이는 이 방정식의 근입니다. 고윳값을 찾은 후에는, 선형 방정식 시스템 $(A - \lambda I)v = 0$을 풀어 고유 벡터를 구할 수 있습니다.

고윳값 분해의 중요한 특성 중 하나는 행렬을 대각화할 수 있다는 점입니다. 즉, 적절한 고유 벡터 행렬을 사용하여 행렬을 대각 형태로 변환할 수 있습니다. 행렬의 대각 형태는 행렬의 대각합trace과 행렬식을 쉽게 계산할 수 있게 해 주기 때문에 유용합니다.

고윳값 분해의 또 다른 중요한 특성은 행렬의 구조에 대한 통찰을 제공한다는 점입니다. 예를 들어, 대칭 행렬의 고윳값은 항상 실수이며, 고유 벡터는 서로 수직으로 직교합니다. 반면에 비대칭 행렬의 경우, 고윳값은 복소수가 될 수 있으며, 고유 벡터가 반드시 직교하지는 않습니다.

고윳값 분해[4]는 수학, 물리학, 공학, 컴퓨터 과학 등 다양한 분야에서 활용됩니다. 수치 해석에서는 고윳값 분해를 사용하여 선형 시스템의 해를 구하거나, 행렬의 고윳값을 계산하고, 고유 벡터를 찾습니다. 물리학에서는 고윳값 분해를 사용하여 시스템의 안정성, 예를 들어 미분 방정식에서 평형점의 안정성을 분석합니다. 공학에서는 기계 시스템의 진동과 같은 시스템의 동역학을 연구하는 데 사용됩니다.

컴퓨터 과학 분야에서도 고윳값 분해는 다양한 영역에서 널리 활용됩니다. 예를 들어, 머신러닝과 데이터 분석에서 고윳값 분해는 중요한 역할을 합니다. 머신러닝에서는 고윳값 분해가 **주성분 분석**principal component analysis(PCA)을 가능하게 하여 대규모 데이터셋의 차원 축소를 수행할 수 있습니다. 데이터 분석에서는 고윳값 분해를 통해 **특잇값 분해**singular value decomposition(SVD)를 계산하여 복잡한 데이터셋을 해석하고 이해하는 데 활용됩니다.

2.2.3 특잇값 분해

단위 노름을 가진 열 벡터 x와 대칭 $d \times d$ 데이터 행렬 A에서 $x^T A x$를 최소화하는 문제는 여러 머신러닝 상황에서 자주 발생하는 전형적인 문제입니다. 이러한 유형의 문제는 주성분 분석, 특잇값 분해, 스펙트럼 클러스터링 등 특성 공학과 차원 축소를 포함하는 응용 분야[5]에서 자주 나타납니다. 이 최적화 문제의 최소화는 다음과 같이 표현할 수 있습니다.

---

[4] 옮긴이_ 자연어 처리에서는 차원 축소, 그래프 기반 분석, 단어 임베딩 등에 활용됩니다.
[5] 옮긴이_ 자연어 처리에서는 토픽 모델링, 차원 축소를 통한 계산 효율성 향상, 텍스트 요약 등에 활용됩니다.

$$\mathbf{x}^T \mathbf{A} \mathbf{x}$$

제약 조건은 다음과 같습니다.

$$\| \mathbf{x} \|^2 = 1$$

최적화 문제는 최대화 또는 최소화 형태로 해결할 수 있습니다. 벡터 $\mathbf{x}$가 단위 벡터여야 한다는 제약 조건은 최적화 문제의 성격을 크게 바꿉니다. 앞 절과 달리, 행렬 $\mathbf{A}$의 양의 준정합성positive semi-definiteness은 해를 결정하는 데 더 이상 중요하지 않습니다. $\mathbf{A}$가 부정형일 때도 벡터 $\mathbf{x}$의 노름에 대한 제약 조건이 명확한 해를 보장하며, 무한대로 커지는 벡터나 0 벡터와 같은 의미 없는 해를 방지합니다. **특잇값 분해**는 직사각형 행렬 $\mathbf{A}$를 세 개의 행렬 $\mathbf{U}, \mathbf{S}, \mathbf{V}^T$로 분해하는 수학적 기법입니다. 여기서 행렬 $\mathbf{A}$는 $n \times p$ 크기의 행렬로 정의됩니다. 특잇값 분해 정리에 따르면, $\mathbf{A}$는 다음과 같이 세 개의 행렬의 곱으로 표현될 수 있습니다.

$$\mathbf{A} = \mathbf{U}_{n \times n} \mathbf{S}_{n \times p} \mathbf{V}^T_{p \times p}$$

여기서 $\mathbf{U}^T \mathbf{U} = \mathbf{I}_{n \times n}$이고, $\mathbf{V}^T \mathbf{V} = \mathbf{I}_{p \times p}$이며, $\mathbf{U}$와 $\mathbf{V}$는 각각 직교 행렬입니다.

행렬 $\mathbf{U}$의 열들은 왼쪽 특이벡터로 알려져 있으며, 행렬 $\mathbf{V}^T$의 행들은 오른쪽 특이벡터입니다. 특잇값을 포함하는 $\mathbf{S}$ 행렬은 $\mathbf{A}$와 같은 크기의 대각 행렬입니다. 특잇값 분해는 원본 데이터를 직교 정규orthonormal 벡터로 정의된 좌표계로 분해합니다. 특잇값 분해 계산은 행렬 $\mathbf{A}\mathbf{A}^T$와 $\mathbf{A}^T \mathbf{A}$의 고윳값과 고유벡터를 식별하는 과정입니다. 행렬 $\mathbf{V}$의 열은 $\mathbf{A}^T \mathbf{A}$의 고유벡터들로 구성되며, 행렬 $\mathbf{U}$의 열은 $\mathbf{A}\mathbf{A}^T$의 고유벡터들로 구성됩니다. $\mathbf{S}$ 행렬의 특잇값들은 $\mathbf{A}\mathbf{A}^T$ 또는 $\mathbf{A}^T \mathbf{A}$의 고윳값에서 제곱근을 취한 값으로, 내림차순으로 정렬됩니다. 이 특잇값은 실수이며, $\mathbf{A}$가 실수 행렬인 경우, $\mathbf{U}$와 $\mathbf{V}$ 역시 실수입니다.

특잇값 분해 계산을 설명하기 위해, 4×2 행렬의 예를 들 수 있습니다. 행렬의 고윳값은 $\mathbf{A}\mathbf{A}^T$와 $\mathbf{A}^T \mathbf{A}$를 계산한 후, 이 행렬들의 고유벡터를 구함으로써 찾을 수 있습니다. $\mathbf{U}$의 열은 $\mathbf{A}\mathbf{A}^T$의 고유벡터들로, $\mathbf{V}$의 열은 $\mathbf{A}^T \mathbf{A}$의 고유벡터들로 형성됩니다. $\mathbf{S}$ 행렬은 $\mathbf{A}\mathbf{A}^T$ 또는 $\mathbf{A}^T \mathbf{A}$의 고윳값에서 제곱근을 취한 값들로 구성됩니다. 고윳값은 특성 방정식을 풀어 구할 수 있습니다.

$$|\mathbf{W} - \lambda \mathbf{I}| = 0$$

여기서 **W**는 행렬, **I**는 단위 행렬, λ는 고윳값입니다. 고유벡터는 고윳값 방정식에서 도출된 방정식 집합을 풀어서 구합니다. 마지막으로, 고유벡터와 특잇값들을 결합하여 최종 행렬 **U**, **S**, **V**^{T}를 얻습니다.

특잇값들은 내림차순으로 정렬되어 있으며, $\lambda_1 > \lambda_2 > ...$과 같이 나타납니다.

이제 머신러닝을 위한 기본 확률론으로 넘어가겠습니다.

2.3 머신러닝을 위한 기본 확률

확률은 어떤 사건이 발생할 가능성에 대한 정보를 제공합니다. 이 분야에서 이해해야 할 몇 가지 주요 용어가 있습니다.

- **시행**trial **또는 실험**experiment: 특정한 결과가 특정한 가능성으로 나타나는 행동을 의미합니다.
- **표본 공간**sample space: 주어진 실험의 모든 가능한 결과를 포함합니다.
- **사건**event: 표본 공간의 비어 있지 않은 부분을 나타냅니다.

따라서 기술적으로 확률은 실험이 수행될 때 특정 사건이 발생할 가능성을 측정하는 수단입니다.

아주 간단한 경우에서, 단일 결과를 가진 사건 A의 확률은 사건 A가 발생할 확률을 모든 가능한 사건이 발생할 확률로 나눈 값과 같습니다. 예를 들어, 공정한 동전을 던질 때, 앞면과 뒷면이 동일한 확률로 나타납니다. 앞면이 나올 확률은 $1/(1+1) = \frac{1}{2}$ 입니다.

사건 A가 n개의 결과를 가지는 경우와 표본 공간 S가 주어졌을 때, 사건 A의 확률은 다음과 같이 계산됩니다.

$$P(A) = \sum_{i=1}^{n} P(E_i)$$

여기서 $E_1, ..., E_n$는 사건 A의 결과들을 나타냅니다. 모든 실험 결과가 동일한 확률을 가지며, 한 번의 선택이 이후의 선택에 영향을 미치지 않는다고 가정할 때(독립적일 때), 다음과 같은 식이 성립합니다.

$$P(A) = \frac{\text{사건 A에 해당하는 결과의 수}}{\text{표본 공간 S에 해당하는 전체 결과의 수}}$$

따라서 확률의 값은 0에서 1 사이에 위치하며, 표본 공간은 모든 가능한 결과를 포함하므로 $P(S)=1$로 나타낼 수 있습니다.

2.3.1 통계적으로 독립적

통계에서 두 사건이 독립적이라는 것은 하나의 사건이 발생해도 다른 사건의 발생 가능성에 영향을 미치지 않는다는 것을 의미합니다. 공식적으로 표현하면, 사건 A와 B가 독립적이라는 것은 $P(A$와 $B) = P(A)P(B)$일 때를 의미합니다. 여기서 $P(A)$와 $P(B)$는 각각 사건 A와 B가 발생할 확률입니다.

통계적 독립성의 개념을 명확히 하기 위해, 다음 예를 생각해 봅시다. 우리는 하나는 공정한 동전(앞면과 뒷면이 나올 확률이 동일한)과 다른 하나는 앞면이 뒷면보다 더 자주 나오는 편향된 동전을 가지고 있습니다. 이 두 동전을 던지는 경우, 두 사건은 통계적으로 독립적입니다. 왜냐하면 한 동전의 결과가 다른 동전이 앞면 또는 뒷면이 나올 확률에 영향을 미치지 않기 때문입니다. 구체적으로 두 동전 모두 앞면이 나올 확률은 각 개별 확률의 곱으로 계산됩니다. $\frac{1}{2} \times \frac{3}{4} = \frac{3}{8}$입니다.

통계적 독립성은 통계학과 확률 이론에서 중요한 개념으로, 머신러닝에서는 데이터셋 내 변수들 간의 관계를 정의하는 데 자주 사용됩니다. 이러한 관계를 이해함으로써, 머신러닝 알고리즘은 패턴을 더 잘 파악하고 보다 정확한 예측을 할 수 있습니다. 다음으로, 다양한 유형의 사건 간의 관계에 대해 알아보겠습니다.

- **여사건**complementary event: 사건 A의 여사건은 A'으로 표시되며, 표본 공간에서 A에 포함되지 않은 모든 가능한 결과들의 확률을 포함합니다. A와 A'은 통계적으로 독립적임을 이해하는 것이 중요합니다.

$$P(A') = 1 - P(A)$$

- **합집합과 교집합**union and intersection: 사건 A의 여사건은 A'으로 표시되며, 표본 공간에서 A에 포함되지 않은 모든 가능한 결과들의 확률을 포함합니다. 중요한 점은 A와 A'은 통계적으로 독립적이라는 것입니다.
- **상호 배타적**mutually exclusive: 두 사건이 공통된 결과를 가지지 않는 경우, 이를 상호 배타적이라고 합니다. 다시 말해, 만약 A와 B가 상호 배타적 사건이라면, $P(A \cap B) = 0$입니다. 이는 확률의 덧셈 규칙에서 도출할 수 있는 결론으로, A와 B는 서로 배타적인 사건이기 때문입니다.

$$P(A \bigcup B) = P(A) + P(B)$$

- **독립적**independent: 두 사건이 독립적이라는 것은 한 사건의 발생이 다른 사건의 발생에 영향을 미치지 않는 경우를 의미합니다. 만약 A와 B가 독립적인 두 사건이라면, 다음의 공식이 성립합니다.

$$P(A \bigcap B) = P(A) \cdot P(B)$$

다음으로 이산 확률 변수, 그 분포, 그리고 이를 사용하여 확률을 계산하는 방법에 대해 알아보겠습니다.

2.3.2 이산 확률 변수와 분포

이산 확률 변수discrete random variable는 유한하거나 셀 수 있는 무한 개수의 가능한 결과를 가질 수 있는 변수를 의미합니다. 이러한 변수의 예로는 동전을 던져 나오는 앞면의 수, 특정 시간 동안 요금소를 통과하는 자동차의 수, 또는 교실 내 금발 학생의 수 등이 있습니다.

이산 확률 변수의 확률 분포는 해당 변수가 가질 수 있는 각 가능한 결과에 특정한 확률을 할당합니다. 예를 들어, 동전 던지기의 경우, 확률 분포는 0(뒷면)과 1(앞면)에 각각 0.5의 확률을 할당합니다. 자동차 톨게이트의 예에서는, 분포가 0대의 차가 지나갈 확률을 0.1, 1대의 차는 0.3, 2대의 차는 0.4, 3대의 차는 0.15, 그리고 4대 이상의 차는 0.05로 할당할 수 있습니다.

이산 확률 변수의 확률 분포는 **확률 질량 함수**probability mass function(PMF)를 통해 그래프로 시각화할 수 있습니다. 이 함수는 변수의 각각 가능한 결과를 해당 결과가 발생할 확률과 연관 지어 나타내며, 일반적으로 막대 그래프나 히스토그램으로 표현됩니다. 각 막대는 특정값에 대한 확률을 나타냅니다.

확률 질량 함수는 두 가지 주요 원칙을 따릅니다.

- 확률 변수의 모든 가능한 값에 대해 음수가 아니어야 합니다.
- 모든 가능한 결과의 확률의 총합은 1이 되어야 합니다.

이산 확률 변수의 기댓값은 그 중심 경향에 대한 통찰을 제공하며, 가능한 결과들의 확률 가중 평균으로 계산됩니다. 이 기댓값은 $E[X]$로 표시되며, 여기서 X는 확률 변수를 나타냅니다.

2.3.3 확률 밀도 함수

확률 밀도 함수probability density function(PDF)는 연속 확률 변수의 분포를 설명하는 도구로, 특정 범위 내에 값이 속할 확률을 계산하는 데 사용됩니다. 간단히 말해, 연속 변수 X가 구간 $[a, b]$ 내의 값을 가질 확률을 결정하는데 도움을 줍니다. 통계적으로는 다음과 같이 나타낼 수 있습니다.

$$P(a < X < b)$$

연속 변수의 경우, 단일값이 발생할 확률은 항상 0입니다. 이는 특정값에 0이 아닌 확률을 할당할 수 있는 이산 변수와는 다릅니다. 따라서 확률 밀도 함수는 단일값 대신 주어진 범위 내에 값이 속할 가능성을 추정하는 방법을 제공합니다.

예를 들어, 확률 밀도 함수를 사용하여 다음에 측정될 IQ 점수가 100에서 120 사이일 확률을 찾을 수 있습니다(그림 2-2).

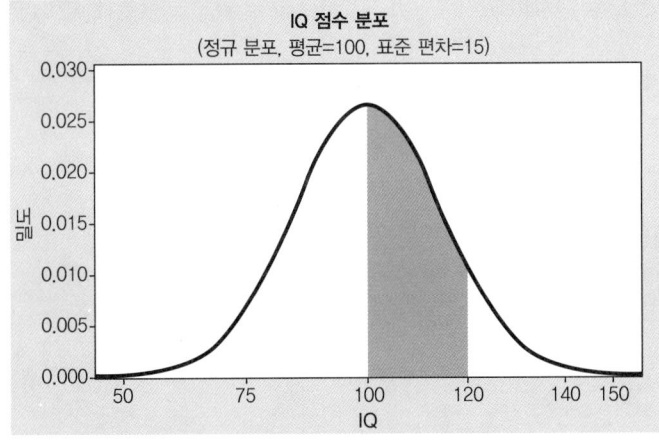

그림 2-2 IQ 100-120에 대한 확률 밀도 함수

이산 확률 변수의 분포는 확률 질량 함수(PMF) 또는 **누적 분포 함수**cumulative distribution function (CDF)를 활용하여 확인할 수 있습니다. 연속 확률 변수의 경우, 주로 누적 분포 함수를 사용하며, 확률 밀도 함수(PDF)는 이와 같은 상황에서 적합하지 않습니다. 이는 연속 변수 X가 a와 b 사이의 모든 실숫값을 가질 수 있기 때문에 $P(X=x)$가 모든 x에 대해 0이 되기 때문입니다. 따라서 연속 확률 변수의 경우 확률 밀도 함수를 정의하게 됩니다. 확률 밀도 함수는 물리학에서 질량 밀도의 개념과 유사하며, 확률의 농도를 나타내며 단위는 길이 당 확률입니다.

누적 분포 함수를 이해하기 위해 연속 확률 변수 X를 분석하고, 다음과 같이 함수 $f_X(x)$를 정의할 수 있습니다.

$$f_X(x) = \lim_{\Delta \to 0^+} \frac{P(x < X \leq (x+\Delta))}{\Delta}$$

이때 극한이 존재해야 합니다.

함수 $f_X(x)$는 주어진 점 x에서의 확률 밀도를 제공합니다. 이는 구간 $(x, x+\Delta]$[6]의 확률을 구간 길이로 나눈 값의 극한과 동일합니다.

연속 확률 변수 X가 절대적으로 연속적인 누적 분포 함수 $F_X(x)$를 가진다고 가정해 봅시다. $F_X(x)$가 x에서 미분 가능하다면, 함수 $f_X(x)$는 X의 확률 밀도 함수로 정의됩니다.

$$f_X(x) = \lim_{\Delta \to 0^+} \frac{F_X(x+\Delta) - F_X(x)}{\Delta} = \frac{dF_X(x)}{dx} = F'_X(x)$$

예를 들어, X가 연속적인 균등 분포 $U(a, b)$를 가진다면, 그 누적 분포 함수는 다음과 같이 주어집니다.

$$f_X(x) = \frac{1}{b-a}, \text{ 단, } a < x < b$$

이 값은 구간 밖의 x에 대해서는 0입니다.

확률 밀도 함수를 적분하여 누적 분포 함수를 구할 수 있습니다.

---

[6] 옮긴이_ $(x, x+\Delta]$는 $a < x \leq b$를 만족하는 모든 실수 x에 대한 값들의 집합을 나타냅니다.

$$F_X(x) = \int_{-\infty}^{x} f_X(u)du$$

또한 다음과 같이 표현할 수 있습니다.

$$P(a < X \leq b) = F_X(b) - F_X(a) = \int_a^b f_X(u)du$$

따라서 확률 밀도 함수를 실수 전체에 대해 적분하면 1이 됩니다.

$$\int_{-\infty}^{\infty} f_X(u)du = 1$$

즉, 확률 밀도 함수 곡선 아래의 면적은 1이어야 하며, 이는 균등 분포에도 해당됩니다. 확률 밀도 함수는 확률의 밀도를 나타내므로 음수일 수 없으며, 1을 초과할 수도 있습니다.

연속 확률 변수 X의 확률 밀도 함수가 $f_X(x)$로 주어졌을 때, $f_X(x)$는 항상 0 이상의 값을 가지며, 전체 적분값은 1과 같은 다음 조건을 만족합니다.

$$f_X(x) \geq 0, \quad \text{모든 실수 } x\text{에 대해}$$
$$\int_{-\infty}^{\infty} f_X(u)du = 1$$

다음으로, 최대 우도법에 대해 다루겠습니다.

최대 우도 추정법

최대 우도법 maximum likelihood 은 확률 분포의 매개변수를 추정하는 데 사용되는 통계적 방법입니다. 이 방법의 목적은 주어진 데이터를 관찰할 가능성을 극대화하는 매개변숫값을 찾아내는 것입니다. 즉, 주어진 데이터를 생성할 가능성이 가장 높은 매개변수를 결정하는 것입니다.

예를 들어, 모집단에서 임의의 표본 $X = \{X_1, ..., X_n\}$을 가정하고, 이 표본이 확률 분포 $f(x|\theta)$를 따른다고 가정해 봅시다. 여기서 θ는 매개변수의 벡터입니다. 매개변수 θ가 주어졌을 때 표본 X를 관찰할 우도 likelihood 는 각 데이터 포인트를 관찰할 확률의 곱으로 정의됩니다.

$$L(\theta | X) = f(X | \theta)$$

독립적이고 동일하게 분포된 관찰값이 주어진 경우, 가능도 함수는 각 관찰값에서 평가된 일변량 밀도 함수의 곱으로 표현될 수 있습니다.

$$L(\theta \mid X) = f(X_1 \mid \theta) f(X_2 \mid \theta) \ldots f(X_n \mid \theta)$$

최대 우도 추정치 maximum likelihood estimate(MLE)는 매개변수 공간에서 가능도 함수를 최대화하는 매개변수 벡터값입니다.

많은 경우, 자연 로그를 취한 가능도 함수, 즉 **로그 우도** log-likelihood를 사용하는 것이 더 편리합니다. 로그 우도의 최댓값은 가능도 함수의 최댓값과 동일한 매개변수 벡터값에서 발생하며, 각 매개변수에 대해 로그 우도의 도함수를 0으로 설정하여 최댓값(또는 최솟값)을 찾기 위한 조건을 얻을 수 있습니다. 로그 우도가 매개변수에 대해 미분 가능하다면, 이러한 조건은 최대 우도 추정치를 도출하기 위해 수치적으로 풀 수 있는 일련의 방정식을 형성합니다. 최대 우도법은 선형 회귀 모델의 성능을 크게 향상시킬 수 있는 경우에 자주 사용됩니다. 선형 회귀 모델을 구축할 때, 최대 우도법은 입력 특징과 목표 변수 간의 관계를 정의하는 계수를 추정하는 데 자주 사용됩니다. 최대 우도법은 주어진 데이터를 관찰할 가능성을 극대화하는 계숫값을 찾아내어 예측의 정확도를 향상시킵니다.

매개변수 θ의 최대 우도 추정치는 가능도 함수를 최대화하는 값입니다. 즉, 최대 우도 추정치는 관찰된 데이터 X가 가장 확률적으로 발생할 가능성을 만들어내는 θ의 값입니다.

최대 우도 추정치를 찾기 위해서는 일반적으로 가능도 함수의 자연 로그를 취합니다. 왜냐하면 곱 자체보다 로그를 사용하는 것이 더 간단하기 때문입니다.

$$\ln L(\theta \mid X) = \ln f(X_1 \mid \theta) + \ln f(X_2 \mid \theta) + \ldots + \ln f(X_n \mid \theta)$$

최대 우도 추정치는 로그 우도 함수의 각 매개변수에 대한 편도함수를 0으로 설정한 다음, 이 방정식을 풀어 매개변수를 구하는 방식으로 결정됩니다.

$$\frac{\partial \ln L(\theta \mid X)}{\partial \theta_1} = 0$$

$$\frac{\partial \ln L(\theta \mid X)}{\partial \theta_2} = 0$$

$$\dots$$

$$\frac{\partial \ln L(\theta \mid X)}{\partial \theta_k} = 0$$

여기서 k는 θ의 매개변수 수를 의미합니다. 최대 우도 추정기의 목표는 다음과 같은 θ를 찾는 것입니다.

$$\theta(x) = \arg\max_\theta L(\theta \mid x)$$

처음 최대 우도 추정치를 구하면, 이를 통해 표본 데이터에 기초해 모집단에 대한 예측을 할 수 있습니다. 최대 우도법은 심리학, 경제학, 공학, 생물학 등 많은 분야에서 널리 사용됩니다. 변수 간의 관계를 이해하고, 관찰된 데이터를 바탕으로 결과를 예측하는 강력한 도구로 활용됩니다. 예를 들어, 최대 우도 추정을 사용하여 단어 예측기를 구축할 수 있습니다.

다음으로, 단어 자동완성 문제를 소개합니다. 이 기능은 사용자가 입력하는 다음 단어를 애플리케이션이 예측하는 기능입니다. **단어 예측**word prediction의 목표는 사용자가 이전에 입력한 내용과 다른 맥락적 요소를 기반으로, 다음에 입력할 가능성이 높은 단어를 예측함으로써 시간을 절약하고 타이핑을 쉽게 만드는 것입니다. 단어 예측은 검색엔진, 텍스트 편집기, 모바일 기기 키보드 등 다양한 애플리케이션에서 다양한 형태로 제공되며, 입력의 정확도를 높이고 시간을 절약하도록 설계되었습니다.

사용자가 입력한 단어 그룹이 주어졌을 때, 다음 단어를 어떻게 제안할 수 있을까요?

만약 사용자가 'The United States of'라고 입력했다면, 다음 단어로 'America'를 추정하는 것은 간단할 것입니다. 하지만 'How are' 다음에 올 단어를 찾는 것은 어떨까요? 여러 가지 다음 단어를 제안할 수 있습니다.

일반적으로, 다음에 올 단어는 하나로 고정되지 않습니다. 따라서 가장 가능성이 높은 단어, 또는 여러 단어를 제안하고 싶을 것입니다. 이 경우, 가능한 다음 단어들의 확률적 표현을 제시하고, 가장 확률이 높은 단어를 다음 단어로 선택하는 것이 중요합니다.

최대 우도 추정기는 정확히 그러한 능력을 제공합니다. 사용자가 입력한 이전 단어를 고려했을 때, 가장 가능성이 높은 단어가 무엇인지 알려줄 수 있습니다.

MLE를 계산하기 위해서는 모든 단어 조합의 확률 함수를 계산해야 합니다. 이는 방대한 텍스트를 처리하고, 각 단어 조합이 몇 번이나 나타나는지를 세는 방식으로 이루어집니다.

다음과 같은 텍스트가 포함된 대규모 자료를 검토한다고 가정해 봅시다.

표 2-1 문서에서의 n-그램 출현 빈도 샘플

	'you'	'they'	'those'	'the'	Any other word
'how are …'	16	14	0	100	10
not 'how are…'	200	100	300	1,000	30,000

예를 들어, 'how are you'라는 문구가 텍스트에서 16번 등장했다고 가정해 봅시다. 'how are'로 시작하는 길이가 3인 시퀀스는 총 140번 나타나며, 이는 다음과 같이 계산됩니다.

$$16 + 14 + 0 + 100 + 10 = 140$$

또한, 'you'로 끝나는 길이가 3인 시퀀스는 총 216번 나타나며, 이는 다음과 같이 계산됩니다.

$$16 + 200 = 216$$

이제 가장 가능성이 높은 다음 단어를 제안하는 공식을 살펴보겠습니다.

일반적인 최대 우도 추정을 적용해 확률 변수 W_3의 값을 찾는 공식은 다음과 같습니다.

$$P(W_3 \mid W_1, W_2)$$

그러나 이 일반적인 공식은 우리가 원하는 용도에 완전히 적합하지 않을 수 있습니다.

다음으로 제안할 공식은 특정한 이점이 있으며, 이는 우리가 다루는 상황에 꼭 맞는 것입니다. 이는 매개변수 추정을 위한 최대 우도 공식으로, 결정론적 매개변수를 추정하는 것을 의미합니다. 이 공식은 다음과 같이 제안합니다.

$$P(W_1, W_2 \mid W_3)$$

W_3은 결정론적 매개변수가 아니지만, 이 공식은 단어 편향을 줄이고 문맥에 어울리는 단어를 강조하며, 단어의 특이성을 반영해 조정함으로써 예측의 정확성을 높이는 데 유리합니다. 이 특성들에 대해서는 결론에서 더 자세히 설명할 것입니다.

이 공식을 더 쉽게 계산할 수 있도록 개선해 봅시다.

$$P(W_1, W_2 \mid W_3) = \frac{P(W_1, W_2, W_3)}{P(W_3)}$$

이 경우, W_1은 'how'이고 W_2는 'are'입니다.

다음 단어에 대한 다섯 가지 후보가 있으며, 각각의 확률을 계산해 보겠습니다.

- P('how', 'are' | 'you') = 16 / (200 + 16) = 16/216 = 2/27
- P('how', 'are' | 'they') = 14 / (100 + 14) = 14/114 = 7/57
- P('how', 'are' | 'those') = 0 / 300 = 0
- P('how', 'are' | 'the') = 100 / (1000 + 100) = 100/1100 = 1/11
- P('how', 'are' | 다른 단어) = 10 / (30,000 + 10) = 10/30010 = 1/3001

이 중에서 확률이 가장 높은 값은 7/57이며, 이 값은 'they'가 다음 단어일 때 구해집니다.

이 최대 우도 추정의 핵심 개념은 사용자가 입력한 단어들에 가장 적합한 다음 단어를 제안하는 것입니다. 그렇다면 왜 처음 두 단어를 기반으로 가장 가능성이 높은 단어를 선택하지 않았는지 의문이 들 수 있습니다. 이는 확률 변수에 대한 기존의 최대 우도 공식을 따랐기 때문입니다. 표를 보면 'how are'라는 단어를 기준으로 가장 빈도가 높은 세 번째 단어는 'the'로, 확률은 100/140입니다. 그러나 이 접근 방식은 'the'라는 단어가 매우 일반적으로 사용된다는 사실을 고려하지 않습니다. 'the'라는 단어의 높은 빈도는 첫 두 단어와의 관계 때문이 아니라 단순히 일반적으로 매우 흔한 단어이기 때문입니다. 우리가 선택한 최대 우도 공식은 이러한 점을 반영한 것입니다.

2.3.4 베이지안 추정

베이지안 추정 Bayesian estimation은 새로운 데이터를 기반으로 관심 대상의 양에 대한 믿음이나 확률을 업데이트하는 통계적 접근법입니다. '베이지안'이라는 용어는 이 개념을 처음 발전시킨 18세기 통계학자 토머스 베이즈Thomas Bayes의 이름에서 유래했으며 그는 베이지안 확률 개념을 처음으로 개발했습니다.

베이지안 추정에서 중요한 역할을 하는 것이 바로 '사전 분포'와 '사후 분포'입니다. 사전 분포는 우리가 처음부터 가지고 있는 믿음, 즉 사건 발생 가능성에 대한 초기 추측이라고 생각하면 됩니다. 반면, 사후 분포는 새로운 데이터를 반영하여 업데이트된 믿음, 즉 새로운 증거를 고려한 최종 결론을 말합니다. 베이지안 접근법은 사전 확률과 새로운 데이터를 결합하여 체계적으로 믿음을 갱신하는 방법을 제공합니다.

사후 확률 분포는 베이즈 정리를 사용하여 계산됩니다. 이 정리는 베이지안 추정의 핵심 방정식으로 다음과 같이 표현됩니다.

$$P(\Theta \mid X) = \frac{P(X \mid \Theta)P(\Theta)}{P(X)}$$

여기서 Θ는 관심 있는 양을, X는 새로운 데이터를, $P(\Theta \mid X)$는 사후 분포를, $P(X \mid \Theta)$는 주어진 매개변숫값에서 데이터가 나올 가능성을, $P(\Theta)$는 사전 분포를, 그리고 $P(X)$는 주변 우도 또는 증거를 나타냅니다.

주변 우도는 다음과 같이 계산합니다.

$$P(X) = \int P(X \mid \Theta)P(\Theta)d\Theta$$

여기서 적분은 Θ의 전체 공간에 걸쳐 이루어집니다. 주변 우도는 사후 분포가 1로 통합되도록 보장하는 정규화 상수로 자주 사용됩니다.

베이지안 추정에서 사전 분포의 선택은 매우 중요합니다. 이는 데이터를 수집하기 전 관심 있는 양에 대한 우리의 신념을 반영합니다. 사전 지식이나 이전 연구를 바탕으로 사전 분포를 선택할 수 있습니다. 만약 사전 지식이 전혀 없는 경우, 균등 분포와 같은 비정보적 사전 분포를 사용할 수 있습니다.

사후 확률 분포가 계산되면 이를 통해 관심 대상의 양에 대한 예측을 할 수 있습니다. 예를 들어 사후 확률 분포의 평균을 점 추정값으로 사용할 수 있고, 사후 확률 분포 자체는 신뢰 구간을 설정하는 데 사용할 수 있습니다. 이러한 신뢰 구간은 실젯값이 있을 가능성이 높은 범위를 나타냅니다.

2.4 요약

이번 장에서는 머신러닝을 위한 선형대수와 확률론을 다루었습니다. 이는 다양한 머신러닝 알고리즘을 이해하는 데 필수적인 기본적인 수학 개념들입니다.

먼저 선형대수 복습으로, 행렬 곱셈, 행렬식, 고유 벡터, 고윳값 등의 주제를 다루었습니다. 이어서 확률론을 논의하며 확률 변수와 확률 분포의 기본 개념을 소개했습니다. 또한 최대 우도 추정과 베이지안 추론과 같은 통계적 추론의 핵심 개념들도 다루었습니다.

이러한 수학적 기초는 머신러닝 알고리즘의 작동 원리를 이해하고, 적절한 모델을 선택하며, 결과를 해석하는 데 중요한 역할을 합니다. 특히 자연어 처리 분야에서 이러한 개념들은 텍스트 데이터의 수학적 표현과 분석에 필수적입니다.

다음 장에서는 데이터 탐색, 특성 공학, 선택 방법, 모델 훈련 및 검증 등 자연어 처리를 위한 머신러닝의 기초를 다룰 예정입니다.

2.5 더 알아보기

추가로 학습해 볼 내용입니다.

하우스홀더 반사 행렬

하우스홀더 반사 행렬$^{householder\ reflection\ matrix}$ 또는 하우스홀더 행렬은 계산 효율성과 수치적 안정성 때문에 수치 선형대수학에서 사용되는 선형 변환의 한 종류입니다. 이 행렬은 주어진 벡터를 평면이나 초평면에 대해 반사시켜, 벡터가 하나의 특정 차원에서만 0이 아닌 성분을 갖도록 변환합니다. **하우스홀더 행렬**$^{householder\ matrix}$(H)은 다음과 같이 정의됩니다.

$$H = I - 2uu^T$$

여기서 **I**는 단위 행렬이며, **u**는 반사 평면을 정의하는 단위 벡터입니다.

하우스홀더 변환[7]의 주된 목적은 QR 분해를 수행하고 행렬을 삼중대각 또는 헤센베르크^{Hessenberg} 형태로 축소하는 것입니다. 대칭성과 직교성이라는 특성 때문에 하우스홀더 행렬은 계산 효율이 높고 수치적으로 안정적입니다.

대각화 가능성

행렬이 $D = P^{-1}AP$ 형태로 표현될 수 있을 때 대각화 가능^{diagonalizable}하다고 합니다. 여기서 A는 원래 행렬, D는 대각 행렬, P는 열이 A의 고유 벡터인 행렬입니다. 대각화는 선형대수에서 많은 계산을 단순화합니다. 대각 행렬과의 계산이 더 간단해지기 때문입니다. 행렬이 대각화 가능하려면, 해당 공간의 기저를 형성할 만큼 충분한 고유 벡터를 가져야 하며, 이는 일반적으로 모든 고윳값이 서로 다를 때 성립합니다.

가역 행렬

가역 행렬^{invertible}, 비특이 행렬 또는 비퇴화 행렬로도 알려져 있으며, 역행렬을 가지는 정사각 행렬입니다. 행렬 A가 가역이면 A^{-1}로 표기되는 다른 행렬이 존재하여 두 행렬을 곱하면 단위행렬이 됩니다. 즉, $AA^{-1} = A^{-1}A = I$입니다. 여기서 I는 단위행렬입니다. 단위행렬은 항등행렬이라고도 하며, 주대각선에 1이 있고 나머지는 모두 0인 특수한 정사각 행렬입니다. 역행렬의 존재 여부는 행렬식에 크게 의존합니다. 행렬식이 0이 아닐 때만 행렬이 가역입니다. 가역 행렬은 선형 방정식의 해를 구하거나, 행렬 분해 및 공학과 물리학의 다양한 응용에서 중요한 역할을 합니다.

가우스 소거법

가우스 소거법$^{Gaussian\ elimination\ method}$[8]은 선형 방정식 시스템을 풀어내는 데 사용되는 기본적인 선형 대수학 알고리즘입니다. 이는 복잡한 방정식 시스템을 단계별로 조작하여 쉽게 풀 수 있는 형태로 변환하는 과정입니다. 마치 탐정이 단서를 하나씩 모아 사건을 해결하듯, 가우스 소거법은 방정식 시스템에 숨겨진 해를 찾아내는 역할을 합니다. 가우스 소거법의 주요 목표는 주어진 시스템을 행렬 사다리꼴 또는 축약된 행렬 사다리꼴 형태로 만드는 것입니다. 가우스 소거법의 간단한 단계별 과정은 다음과 같습니다.

---

7 옮긴이_ https://ko.wikipedia.org/wiki/하우스홀더_변환을 참고해 보세요.

8 옮긴이_ 잠재 의미 분석, 토픽 모델링, 텍스트 분류, 워드 임베딩, 정보 검색 등에서 필요한 행렬 연산에 활용됩니다. 이를 통해 문서의 의미 파악, 주제 추출, 단어 의미의 벡터화, 문서 관련성 계산 등이 가능해집니다.

- **선도 계수 정렬**: 먼저, 선도 계수(왼쪽에서 첫 번째 0이 아닌 수, 피벗이라고도 함)가 있는 행을 맨 위로 옮깁니다.
- **1로 선도 계수 만들기**: 선도 계수가 1이 되도록 각 행에 적절한 수(스칼라)를 곱하거나 나눕니다.
- **0 만들기**: 다른 행에 숫자를 더하거나 빼서 선도 계수 위아래의 숫자들을 0으로 만듭니다.
- 행렬을 가우스 소거법으로 변환하면 행 사다리꼴 형태가 됩니다. 이때 모든 0행은 맨 아래에 있고, 각 행의 선도 계수(첫 번째 0이 아닌 숫자)는 위 행의 선도 계수보다 오른쪽에 위치하게 됩니다. 이렇게 변환된 행렬을 통해 후방 대입법으로 변수를 찾아낼 수 있습니다.
- 더 나아가, 행렬을 기약 행 사다리꼴 형태로 단순화할 수 있습니다. 이 형태에서는 각 선도 계수가 그 열에서 유일한 0이 아닌 항목이 됩니다. 이렇게 하면 해를 행렬에서 직접 읽을 수 있어 더욱 간편합니다.
- 가우스 소거법은 또한 행렬의 계수(랭크)를 찾고, 행렬식을 계산하며, 시스템이 정사각형이고 유일한 해를 가질 경우 행렬 역변환을 수행하는 데 사용될 수 있습니다.

대각합

대각합^{trace}은 정방 행렬의 대각선 요소들의 합을 의미합니다. 이는 $Tr(A)$ 또는 $trace(A)$로 표기되며, 여기서 A는 정방 행렬입니다. 예를 들어, 행렬 A가 $\mathbf{A} = \begin{bmatrix} a & b \\ c & d \end{bmatrix}$ 와 같다면 대각합 $Tr(A)$는 $a + d$입니다.

CHAPTER 3 자연어 처리에서 머신러닝 잠재력 발휘하기

이 장에서는 자연어 처리(NLP)에 필수적인 머신러닝(ML)의 기본 개념과 전처리 기술을 다룹니다. 머신러닝은 데이터로부터 학습하는 모델을 구축하는 강력한 도구이며, 자연어 처리는 머신러닝의 가장 흥미롭고 도전적인 응용 분야 중 하나입니다.

이 장을 마치면, 데이터 탐색, 전처리 기법, 데이터 분할에 대해 깊이 이해하고, 불균형 데이터 처리 기법을 다루는 방법을 배우며, 특히 자연어 처리 맥락에서 성공적인 머신러닝을 위해 필요한 주요 머신러닝 모델에 대해 알게 될 것입니다.

이 장에서 다룰 주제는 다음과 같습니다.

- 데이터 탐색
- 주요 머신러닝 모델
- 모델의 과소적합underfitting과 과대적합overfitting
- 데이터 분할
- 하이퍼파라미터hyperparameter 튜닝
- 앙상블 모델
- 불균형 데이터 처리
- 상관 데이터 다루기

3.1 기술 요구 사항

이 장과 이후 장들은 프로그래밍 언어, 특히 파이썬에 대한 사전 지식을 전제로 합니다. 또한 앞선 장들을 통해 선형대수와 통계 개념의 기초를 익혔습니다. 이러한 개념들은 앞으로 더 자세히 다룰 것입니다.

3.2 데이터 탐색

방법론적 환경에서는 캐글^{Kaggle}같이 잘 알려진 전처리된 데이터셋을 주로 다룹니다. 그러나 실제 비즈니스 환경에서는 모든 가능한 데이터 소스에서 데이터셋을 정의하고, 수집된 데이터를 탐색하여 최적의 전처리 방법을 찾으며, 문제와 데이터에 가장 적합한 머신러닝 및 자연어 모델을 선택하는 것이 중요합니다. 이 과정은 데이터에 대한 면밀한 분석과 비즈니스 문제에 대한 깊은 이해가 필요합니다.

자연어 처리에서는 데이터가 텍스트와 음성을 포함하여 구조화되지 않고 분석하기 어려운 경우가 많아 복잡할 수 있습니다. 이러한 복잡성 때문에 전처리는 머신러닝 모델을 위한 데이터 준비에 필수적입니다. 모든 자연어 처리나 머신러닝 솔루션은 데이터 탐색으로 시작하며, 이는 문제 해결 방법을 결정하는 데 도움이 됩니다.

전처리 후에는 데이터의 특성과 구조를 이해하기 위한 탐색 단계가 이어집니다. 데이터 탐색은 데이터 시각화, 분석, 패턴 및 관계 파악, 잠재적 문제나 이상치 식별 등을 포함하는 반복적 과정입니다. 이를 통해 모델에 중요한 특성을 파악하고 데이터의 편향이나 품질 문제를 식별할 수 있습니다. 데이터 분석 개선을 위한 토큰화, 어간 추출, 표제어 추출 같은 전처리 방법을 사용합니다. 이번 장에서는 일반적인 머신러닝 전처리 기법을 다루고, 다음 장에서는 텍스트 처리 특화 기법을 살펴볼 것입니다. 효과적인 전처리는 머신러닝 모델의 성능과 정확도를 크게 향상시켜 더 강건하고 신뢰할 수 있는 모델을 만듭니다.

데이터가 전처리되고 탐색이 완료되면 머신러닝 모델 구축을 시작할 수 있습니다. 모든 머신러닝 문제에 맞는 만능 해결책은 없기 때문에, 데이터와 문제에 가장 적합한 모델을 신중하게 선택해야 합니다. 자연어 처리에는 규칙 기반 모델, 통계적 모델, 딥러닝 모델 등 다양한 유형이 있습니다. 각 모델은 고유한 장단점을 가지고 있어, 특정 문제와 데이터셋에 가장 적합한 모델을 선택하는 것이 중요합니다.

데이터 탐색은 머신러닝 작업 흐름에서 중요한 초기 단계로, 모델 구축 전 데이터를 분석하고 이해하는 과정입니다. 이 단계의 목적은 데이터에 대한 통찰력을 얻고, 패턴을 파악하며, 이상치를 탐지하고, 모델링을 위해 데이터를 준비하는 것입니다. 데이터 탐색을 통해 적절한 머신러닝 알고리즘 선택과 최적의 특성 집합 결정에 도움을 얻을 수 있습니다.

데이터 탐색에서 주로 사용하는 기법들은 다음과 같습니다.

- **데이터 시각화**data visualization: 데이터를 그림이나 그래프로 표현하는 방법입니다. 이를 통해 데이터의 분포, 패턴, 관계를 한눈에 볼 수 있습니다. 주로 산점도, 막대 그래프, 히트맵, 박스 플롯, 상관관계 매트릭스 등을 사용합니다.
- **데이터 정제**data cleaning: 데이터 정제는 전처리 단계 중 하나로, 데이터의 오류, 불일치, 결측치를 식별하고 수정하는 과정입니다. 머신러닝 모델은 데이터의 오류에 민감하기 때문에, 데이터 정제는 모델의 최종 결과에 큰 영향을 미칩니다. 중복 데이터 제거와 결측치 채우기가 일반적인 데이터 정제 기법입니다.
- **특성 공학**feature engineering: 기존 데이터로부터 새로운 특성을 만들어내는 과정입니다. 이는 머신러닝 모델의 성능을 높이는 데 큰 도움이 됩니다. 중요한 특성을 찾고, 기존 특성을 변형하거나 새로운 특성을 만들어냅니다. 스케일링, 정규화, 차원 축소, 특성 선택 등의 기법이 여기에 속합니다.
- **통계 분석**statistical analysis: 다양한 통계 기법을 사용하여 데이터를 분석하고, 데이터의 고유한 특성에 대한 유용한 통찰을 제공합니다. 주요 통계 기법으로는 가설 검정, 회귀 분석, 시계열 분석 등이 있으며, 이는 데이터의 특성을 종합적으로 이해하는 데 도움을 줍니다.
- **도메인 지식 활용**domain knowledge: 데이터 도메인에 대한 기존의 이해를 바탕으로 통찰을 얻고, 정보를 기반으로 결정을 내리는 것을 의미합니다. 이는 관련 특성을 식별하고, 결과를 해석하며, 과제에 가장 적합한 머신러닝 알고리즘을 선택하는 데 유용합니다.

이제 각 기법에 대해 더 자세히 알아보겠습니다.

3.2.1 데이터 시각화

데이터 시각화는 머신러닝에서 중요한 요소로, 복잡한 데이터셋을 더 쉽게 이해하고 탐색할 수 있게 해 줍니다. 차트, 그래프 등 다양한 시각적 도구를 사용하여 데이터를 표현함으로써, 원시 데이터만으로는 쉽게 파악할 수 없는 패턴, 트렌드, 관계를 발견할 수 있습니다.

자연어 처리 작업에서는 데이터 시각화를 통해 텍스트 데이터의 언어적 패턴과 구조를 이해할 수 있습니다. 예를 들어, 워드 클라우드를 사용하여 코퍼스 내 단어의 빈도를 시각화하거나, 히트맵을 통해 단어 또는 구의 동시 발생을 나타낼 수 있습니다. 또한 산점도나 선 그래프를 사용하여 시간에 따른 감정 변화나 주제 변화를 시각화할 수 있습니다.

머신러닝에서 자주 사용되는 시각화 유형 중 하나는 산점도로, 두 변수 간의 관계를 나타내는 데 사용됩니다. X축과 Y축에 두 변수의 값을 표시함으로써, 이들 간의 패턴이나 트렌드를 식별할 수 있습니다. 산점도는 특히 비슷한 특성을 가진 데이터 포인트의 군집을 식별하는 데 유용합니다.

자주 사용되는 또 다른 시각화 유형은 히스토그램으로, 단일 변수의 분포를 나타내는 도구입니다. 데이터를 여러 구간으로 나누고 각 구간에 속하는 데이터 포인트의 빈도를 표시하여, 데이터셋에서 주로 나타나는 값의 범위를 파악할 수 있습니다. 히스토그램은 이상치나 비정상적인 데이터를 감지하고, 데이터가 치우치거나 편향된 영역을 식별하는 데 유용합니다.

이 기본적인 시각화 외에도 머신러닝 전문가들은 차원 축소와 네트워크 시각화 같은 고급 기술을 자주 사용합니다. **주성분 분석**principal component analysis(PCA)이나 **t-분포 확률적 이웃 임베딩**t-distributed stochastic neighbor embedding(t-SNE) 같은 차원 축소 기법은 데이터를 더 쉽게 시각화하거나 분석할 수 있도록 도와줍니다. 네트워크 시각화는 단어의 동시 발생이나 소셜 미디어 사용자 간의 연결처럼, 개체 간의 복잡한 관계를 나타내는 데 사용됩니다.

3.2.2 데이터 정제

데이터 정제는 데이터 클렌징data cleansing 또는 데이터 스크러빙data scrubbing이라고도 하며, 데이터셋 내의 오류, 불일치, 부정확성을 식별하고 수정하거나 제거하는 과정을 말합니다. 이 단계는 머신러닝 모델의 정확도와 성능에 큰 영향을 미치는 중요한 과정으로, 훈련에 사용되는 데이터의 품질이 모델의 성능을 좌우합니다. 데이터 정제에는 여러 가지 일반적인 기법들이 사용됩니다. 이제 이러한 기법들을 자세히 살펴보겠습니다.

결측치 다루기

결측치missing data는 많은 머신러닝 프로젝트에서 자주 마주치는 문제입니다. 이를 제대로 처리하는 것이 중요한데, 머신러닝 모델은 결측치를 다룰 수 없어 오류를 일으키거나 정확하지 않은 결과를 내놓을 수 있기 때문입니다.

머신러닝 프로젝트에서 결측치를 다루는 주요 방법들은 다음과 같습니다.

행 제거하기

결측치를 처리하는 간단한 방법은 결측치를 포함하는 행을 삭제하는 것입니다. 그러나 이 방법을 사용할 때는 주의가 필요합니다. 너무 많은 행을 제거하면 중요한 데이터가 손실되어 모델의 전체 정확도에 영향을 미칠 수 있습니다. 데이터셋에 결측치가 있는 행이 몇 개뿐이라면, 이러한 행을 제거하는 것이 모델을 훈련하는 데 있어 좋은 접근법이 될 수 있으며, 최종 성능에도 큰 영향을 미치지 않을 수 있습니다.

열 제거하기

결측치를 포함하는 열을 삭제하는 방법도 있습니다. 이 방법은 결측치가 몇 개의 열에 집중되어 있고, 그 열들이 분석에 중요하지 않을 때 효과적일 수 있습니다. 그러나 중요한 열을 삭제하면 유용한 정보가 손실될 수 있습니다. 열을 제거하기 전에 이러한 열의 값들이 목표 클래스나 값과의 상관관계를 분석하는 것이 좋습니다.

평균/중앙값/최빈값 대체

평균, 중앙값, 최빈값 대치는 결측치를 해당 열의 비결측치에서 계산한 평균, 중앙값 또는 최빈값으로 대체하는 방법입니다. 이 방법은 구현이 쉽고 결측치가 적고 무작위로 분포되어 있을 때 효과적일 수 있습니다. 그러나 이 방법은 편향을 초래하고 데이터의 변동성에 영향을 미칠 수 있습니다.

회귀 대체

회귀 대체는 데이터셋의 다른 변수들의 값을 기반으로 결측치를 예측하는 방법입니다. 이 방법은 결측치가 데이터셋의 다른 변수들과 연관성이 있을 때 효과적일 수 있습니다. 다만, 결측치가 있는 열마다 별도의 회귀 모델을 구축해야 한다는 점에 유의해야 합니다.

다중 대체

다중 대체는 통계 모델을 사용해 여러 개의 대체된 데이터셋을 생성한 후, 이 결과들을 종합하여 최종적인 데이터셋을 만들어내는 방식입니다. 이 접근법은 특히 결측치가 무작위로 분포되어 있지 않고 데이터셋에 상당한 양의 결측치가 존재할 때 효과적입니다.

k-최근접 이웃 대체

k-최근접 이웃 대체는 결측치에 가장 가까운 K개의 데이터 포인트를 식별하고, 이들의 값을 활용하여 결측치를 채우는 방법입니다. 이 방법은 데이터셋에서 결측치들이 군집을 이루고 있을 때 특히 효과적일 수 있습니다. 이 접근법에서는 결측치가 있는 레코드와 가장 유사한 레코드들을 데이터셋에서 찾아내고, 그 특정 레코드에 대해 해당 레코드들의 값들의 평균을 결측치로 사용합니다.

결론적으로, 결측치를 처리하는 방법을 선택할 때는 결측치의 성질과 규모, 분석 목표, 그리고 사용 가능한 자원 등의 요소들을 고려해야 합니다. 각 방법의 장단점을 신중히 평가하고, 해당 프로젝트의 특성에 가장 적합한 접근법을 선택하는 것이 중요합니다.

중복 제거

중복 제거removing duplicate는 동일한 레코드를 감지하고 제거하여 데이터셋을 정제하는 일반적인 전처리 작업입니다. 중복 레코드는 데이터 입력 오류, 시스템 결함, 데이터 병합 과정 등의 이유로 발생할 수 있습니다. 중복이 존재하면 모델이 왜곡되어 부정확한 결과를 초래할 수 있으므로, 데이터셋의 정확성과 신뢰성을 유지하기 위해 중복 레코드를 식별하고 제거하는 것이 중요합니다.

데이터셋에서 중복을 제거하는 방법에는 여러 가지가 있습니다. 가장 일반적인 방법은 데이터셋의 모든 행을 비교하여 중복 레코드를 식별하는 것입니다. 모든 열에서 동일한 값을 가지는 두 개 이상의 행이 있으면 중복으로 간주됩니다. 경우에 따라 특정 열이 중복되기 쉬운 경우 일부 열만 비교해야 할 수도 있습니다.

또 다른 방법은 고유 식별자 열을 사용하는 것입니다. 고유 식별자 열은 각 레코드에 대해 고유한 값을 가지는 열로, ID 번호나 고유한 열의 조합이 될 수 있습니다. 고유 식별자 열을 비교하여 중복 레코드를 식별하고 제거할 수 있습니다.

중복 레코드를 식별한 후에는 어떤 레코드를 유지하고 어떤 레코드를 제거할지 결정해야 합니다. 한 가지 방법은 중복 레코드의 첫 번째 발생만 유지하고 이후 발생은 모두 제거하는 것입니다. 다른 방법은 가장 완전한 정보를 가진 레코드나 가장 최근의 타임스탬프를 가진 레코드를 유지하는 것입니다.

중복 제거가 데이터셋 크기를 줄여 머신러닝 모델의 성능에 영향을 미칠 수 있다는 점을 인식하는 것이 중요합니다. 따라서 중복 제거가 데이터셋과 머신러닝 모델에 미치는 영향을 평가하는 것이 필수적입니다. 경우에 따라 다른 레코드에서 얻을 수 없는 중요한 정보를 포함하고 있다면, 중복 레코드를 유지해야 할 수도 있습니다.

데이터 표준화와 변환

데이터를 표준화하고 변환하는 것은 머신러닝 작업을 준비하는 데 중요한 단계입니다. 이 과정은 데이터셋의 수치적 특성을 스케일링하고 정규화하여 해석 및 비교를 쉽게 만들어 줍니다. 데이터 표준화 및 변환의 주요 목적은 다양한 스케일과 범위를 가진 특성의 영향을 줄여 머신러닝 모델의 정확도와 성능을 향상시키는 것입니다.

데이터 표준화에 널리 사용되는 방법은 '표준화 standardization' 또는 'Z-점수 정규화 Z-score normalization'라고 합니다. 이 기법은 각 특성을 평균이 0이고 표준 편차가 1이 되도록 변환합니다. 표준화 공식은 다음과 같습니다.

$$x' = \frac{x - \text{mean}(x)}{\text{std}(x)}$$

여기서 x는 특성, $mean(x)$는 특성의 평균, $std(x)$는 특성의 표준 편차, x'은 특성에 할당된 새로운 값을 나타냅니다. 이런 방식으로 데이터를 표준화하면 각 특성의 범위가 0을 중심으로 조정되어, 특성들을 비교하기 쉬워지고 큰 값을 가진 특성의 과도한 영향력을 방지할 수 있습니다.

데이터를 변환하는 또 다른 기법은 '최소-최대 스케일링 min-max scaling'입니다. 이 방법은 데이터를 일관된 값 범위로 재조정하며, 보통 0과 1 사이의 범위로 조정합니다. 최소-최대 스케일링 공식은 다음과 같습니다.

$$x' = \frac{x - \min(x)}{\max(x) - \min(x)}$$

이 식에서 x는 특성, $min(x)$는 특성의 최솟값, $max(x)$는 특성의 최댓값을 나타냅니다. 최소-최대 스케일링은 데이터의 정확한 분포가 중요하지 않지만 다른 특성들 간의 의미 있는 비교를 위해 데이터를 표준화할 필요가 있을 때 유용합니다.

데이터 변환은 데이터의 분포를 변경하는 것도 포함할 수 있습니다. 자주 사용되는 변환 중 하나는 로그 변환으로, 데이터의 이상치와 왜도의 영향을 완화하는 데 사용됩니다. 이 변환은 특성값의 로그를 취하는 것으로, 분포를 정규화하고 극단적인 값들의 영향을 줄이는 데 도움이 될 수 있습니다.

전체적으로, 데이터 표준화와 변환은 머신러닝 프로젝트의 데이터 전처리 워크플로에서 중요한 단계입니다. 특성들을 스케일링하고 정규화함으로써 머신러닝 모델의 정확도와 성능을 향상시킬 수 있으며, 데이터를 더 해석하기 쉽고 의미 있는 비교가 가능하도록 만들 수 있습니다.

이상치 처리

이상치outlier는 데이터셋에서 다른 값들과 현저하게 차이가 나는 값으로, 이러한 이상치의 발생은 측정 오류, 데이터 손상, 또는 실제 극단값 등 다양한 이유로 발생할 수 있습니다. 이상치의 존재는 머신러닝 모델의 결과에 큰 영향을 미칠 수 있으며, 데이터의 왜곡과 변수 간의 관계를 방해할 수 있습니다. 따라서 이상치를 처리하는 것은 머신러닝을 위한 데이터 전처리에서 중요한 단계입니다.

이상치를 처리하는 방법에는 여러 가지가 있습니다.

- **이상치 제거**: 한 가지 간단한 방법은 이상치로 식별된 관측치를 데이터셋에서 제거하는 것입니다. 그러나 이 방법을 사용할 때는 주의가 필요합니다. 관측치를 과도하게 제거하면 유용한 정보가 손실될 수 있으며, 분석 결과에 편향을 초래할 수 있습니다.
- **데이터 변환**: 로그 또는 제곱근과 같은 수학적 함수를 적용하여 데이터를 변환하면 이상치의 영향을 줄일 수 있습니다. 예를 들어, 변수의 로그를 취하면 원래 값에 비해 로그 스케일에서 증가율이 느려지므로 극단값의 영향을 완화할 수 있습니다.
- **윈저화**winsorizing: 윈저화는 극단값을 데이터셋에서 가장 높은 또는 가장 낮은 값으로 대체하는 기법입니다. 이 방법을 사용하면 샘플 크기와 데이터의 전체 분포를 유지하는 데 도움이 됩니다.
- **값 대체**imputing: 대체는 결측값 또는 극단값을 데이터셋의 나머지 관측치에서 추정된 값으로 대체하는 것입니다. 예를 들어, 극단값을 나머지 관측치의 중앙값 또는 평균값으로 대체하는 것은 일반적인 대체 기법입니다.
- **강건한 통계 기법 사용**: 강건한 통계 기법은 이상치에 대한 민감도가 낮아 극단값이 존재하더라도 더 정확한 결과를 제공합니다. 예를 들어, 평균 대신 중앙값을 선택하면 이상치가 최종 결과에 미치는 영향을 효과적으로 줄일 수 있습니다.

이상치 처리 방법을 선택할 때는 데이터의 고유한 특성과 특정 문제를 고려해야 합니다. 여러 가지 방법을 결합하여 이상치를 종합적으로 처리하는 것을 권장하며, 각 방법이 결과에 미치는 영향을 평가하는 것이 중요합니다. 또한, 이상치를 처리하는 과정에서 수행한 단계를 문서화하여 재현 가능성을 높이고 의사 결정 과정을 명확히 하는 것이 중요합니다.

오류 수정

전처리 과정에서 오류를 수정하는 것은 머신러닝을 위해 데이터를 준비하는 데 매우 중요한 단계입니다. 오류는 데이터 입력 실수, 측정 불일치, 센서 부정확성, 전송 오류 등 다양한 원인으로 발생할 수 있습니다. 데이터를 정확하게 수정하는 것은 머신러닝 모델이 신뢰할 수 있고 정확한 데이터로 훈련되도록 하는 데 매우 중요하며, 이는 결과적으로 예측의 정확성과 신뢰성을 향상시킵니다.

데이터의 오류를 수정하는 데는 여러 가지 기법이 있습니다. 다음은 널리 사용되는 방법들입니다.

- **수동 검사**: 데이터의 오류를 수정하는 한 가지 접근 방식은 데이터셋을 수동으로 검사하여 오류를 직접 수정하는 것입니다. 이 방법은 특히 상대적으로 작고 관리하기 쉬운 데이터셋을 다룰 때 자주 사용됩니다.
- **통계적 방법**: 통계적 방법은 데이터의 오류를 찾고 수정하는 데 효과적입니다. 예를 들어, 데이터가 특정 분포를 따를 때 Z-점수와 같은 통계적 기법을 사용하여 이상치를 감지하고 이를 제거하거나 대체할 수 있습니다.
- **머신러닝 방법**: 머신러닝 알고리즘을 활용하면 데이터의 오류를 감지하고 수정할 수 있습니다. 예를 들어, 클러스터링 알고리즘은 데이터셋에서 현저히 벗어난 데이터 포인트를 식별하는 데 유용합니다. 그런 다음, 이러한 데이터 포인트를 추가로 조사하고 수정할 수 있습니다.
- **도메인 지식**: 도메인 지식을 활용하면 데이터 내 오류를 더욱 정확하게 식별할 수 있습니다. 예를 들어, 센서에서 데이터를 수집할 때 센서가 생성할 수 있는 예상 범위를 고려하여 오류를 식별하고 수정할 수 있습니다.
- **값 대체**: 값 대체는 데이터의 결측값을 채우는 방법입니다. 이는 평균 또는 중앙값 대체와 같은 통계적 방법이나 k-최근접 이웃 대치와 같은 머신러닝 알고리즘을 통해 수행할 수 있습니다.

오류 수정 기법을 선택할 때는 데이터의 특성, 데이터셋의 크기, 가용 자원 등을 고려해야 합니다.

3.2.3 특성 선택

특성 선택은 머신러닝 모델을 구축하기 위해 데이터셋에서 가장 관련성 높은 특성을 선택하는 과정입니다. 목표는 모델의 정확도를 크게 저해하지 않으면서 특성의 수를 줄여 성능을 향상시키고, 훈련 시간을 단축하며, 모델의 해석을 더 쉽게 만드는 것입니다.

특성 선택에는 여러 가지 접근 방식이 있습니다.

필터 방법

이 기술들은 통계적 방법을 사용하여 특성을 타깃 변수와의 상관관계에 따라 순위를 매깁니다. 일반적으로 사용되는 방법으로는 카이제곱 검정chi-squared, 상호 정보량mutual information, 상관 계수correlation coefficient가 있습니다. 그런 다음, 미리 정의된 임곗값을 기준으로 특성을 선택합니다.

카이제곱

카이제곱 검정은 머신러닝에서 특성 선택을 위해 널리 사용되는 통계적 방법으로, 특히 범주형 변수에 효과적입니다. 이 검정은 두 무작위 변수 간의 의존성을 측정하며, 실제 관측치와 동일한 정도로 극단적이거나 더 극단적인 결과를 얻을 가능성을 나타내는 P-값을 제공합니다.

가설 검정에서 카이제곱 검정은 수집된 데이터가 예상 데이터와 일치하는지 평가합니다. 작은 카이제곱 검정 통계량은 강한 일치를 나타내고, 큰 통계량은 약한 일치를 의미합니다. 0.05 이하의 P-값은 귀무가설을 기각하게 되며, 이는 매우 낮은 확률로 간주됩니다. 반대로, 0.05보다 큰 P-값은 귀무가설을 수용하거나 '기각하지 못함'을 의미합니다. P-값이 0.05 근처일 때는 가설에 대한 추가 검토가 필요합니다.

특성 선택에서 카이제곱 검정은 데이터셋의 각 특성과 목표 변수 간의 관계를 평가합니다. 이는 특성과 목표 변수 간의 독립성을 가정하고, 특성의 관측 빈도와 기대 빈도 사이에 통계적으로 유의미한 차이가 있는지를 판단합니다. 높은 카이제곱 점수를 가진 특성들은 목표 변수에 대해 더 강한 의존성을 보이며, 이는 분류나 회귀 작업에 더 유용한 정보를 제공합니다. 카이제곱을 계산하는 공식은 다음과 같습니다.

$$X^2 = \sum \frac{(O_i - E_i)^2}{E_i}$$

이 공식에서 O_i는 관측값, E_i는 기댓값을 나타냅니다. 계산 과정은 관측 빈도와 기대 빈도의 차이를 구하고, 그 결과를 제곱한 후, 기대 빈도로 나누는 것입니다. 특성의 모든 범주에 걸쳐 이 값들을 합산하면 해당 특성에 대한 전체 카이제곱 통계량이 됩니다.

검정의 자유도는 특성의 범주 수와 타깃 변수의 범주 수에 따라 달라집니다.

카이제곱 특성 선택의 대표적인 응용 사례는 텍스트 분류에서 찾아볼 수 있습니다. 특히 문서 내 특정 단어의 존재 여부가 특성으로 사용되는 상황에서 유용합니다. 카이제곱 검정은 특정 클래스나 문서 범주와 강하게 연관된 단어를 식별하여, 이를 머신러닝 모델의 특성으로 활용할 수 있게 합니다. 범주형 데이터에서, 특히 특성과 목표 변수 간의 관계가 비선형적인 경우, 카이제곱은 특성 선택에 유용한 방법입니다. 그러나 연속형 특성이나 상관관계가 높은 특성에는 적합성이 떨어지며, 이런 경우 다른 특성 선택 방법이 더 적절할 수 있습니다.

상호 정보량

상호 정보량 mutual information은 두 무작위 변수 간의 상호 의존성을 측정하는 지표입니다. 특성 선택의 맥락에서, 이는 특성이 목표 변수에 대해 제공하는 정보의 양을 수량화합니다. 핵심 방법론은 각 특성과 목표 변수 사이의 상호 정보량을 계산하고, 최종적으로 가장 높은 상호 정보량 점수를 가진 특성들을 선택하는 것입니다.

수학적으로, 두 이산 무작위 변수 X와 Y 사이의 상호 정보량은 다음과 같이 정의될 수 있습니다.

$$I(X;Y) = \sum_{x \in X} \sum_{y \in Y} P(x,y) \log \left(\frac{P(x,y)}{P(x)P(y)} \right)$$

이 식에서 $P(x,y)$는 X와 Y의 결합 확률 질량 함수 joint probability mass function를 나타내며, $P(x)$와 $P(y)$는 각각 X와 Y의 주변 확률 질량 함수 marginal probability mass function를 나타냅니다.

특성 선택의 맥락에서 상호 정보량 계산은 특성을 X로, 목표 변수를 Y로 취급합니다. 각 특성에 대한 상호 정보량 점수를 계산함으로써, 가장 높은 점수를 가진 특성들을 선택할 수 있습니다.

상호 정보량 계산에 필요한 확률 질량 함수를 추정하기 위해 히스토그램 기반 방법을 사용할 수 있습니다. 이는 각 변수의 범위를 고정된 수의 구간으로 나누고, 각 구간에서의 관측치 빈도를 기반으로 확률 질량 함수를 추정하는 것을 포함합니다. 또는 커널 밀도 추정 kernel density estimation(KDE)을 사용하여 확률 밀도 함수를 추정하고, 이를 바탕으로 상호 정보량을 계산할 수 있습니다.

실제 응용에서 상호 정보량은 종종 카이제곱이나 상관관계 기반 방법과 같은 다른 특성 선택 방법들과 함께 사용되어 전반적인 특성 선택 과정의 성능을 향상시킵니다.

상관 계수

상관 계수는 두 변수 간의 선형 관계의 강도와 방향을 나타내는 지표입니다. 특성 선택의 영역에서, 이 계수는 타깃 변수와 높은 상관관계를 가진 특성을 식별하는 데 유용하여 잠재적으로 가치 있는 예측 변수로 활용할 수 있습니다.

특성 선택에 주로 사용되는 상관 계수는 피어슨 상관 계수$^{Pearson\ correlation\ coefficient}$(PCC)입니다. 피어슨 상관 계수 r은 두 연속형 변수 간의 선형 관계를 측정하며, -1(완벽한 음의 상관관계)에서 1(완벽한 양의 상관관계)까지 범위를 가지며, 0은 상관관계가 없음을 나타냅니다. 이 계수는 두 변수 간의 공분산을 그들의 표준 편차의 곱으로 나누어 계산됩니다. 이는 다음 식으로 표현됩니다.

$$r = \frac{cov(X,Y)}{std(X) \cdot std(Y)}$$

여기서 X와 Y는 관심 있는 두 변수를 나타내며, $cov()$는 공분산 함수, $std()$는 표준 편차 함수를 나타냅니다.

특성 선택을 위해 피어슨 상관 계수를 사용할 때는 각 특성과 타깃 변수 간의 상관관계를 계산합니다. 그런 다음 절대 상관 계수가 가장 높은 특성을 선택합니다. 높은 절대 상관 계수는 타깃 변수와 강한 상관관계를 나타내며, 이는 양수든 음수든 상관없이 해당됩니다. 피어슨 상관 계숫값과 그 상관 정도는 다음 [표 3-1]에 요약되어 있습니다.

표 3-1 피어슨 상관 계숫값과 그 상관 정도

피어슨 상관 계숫값	상관 정도
± 1	완벽한 상관관계
± 0.50 – ± 1	높은 상관관계
± 0.30 – ± 0.49	중간 정도 상관관계
〈 +0.29	낮은 상관관계
0	상관관계 없음

피어슨 상관 계수 r은 변수 간의 선형 관계를 식별하는 데만 적합하다는 점에 유의해야 합니다. 관계가 비선형이거나, 변수 중 하나 또는 둘 다 범주형인 경우, 스피어먼 순위 상관 계수$^{Spearman's\ rank\ correlation\ coefficient}$ ρ 또는 켄달^{Kendall}의 τ 같은 다른 상관 계수가 더 적합할 수 있습니다. 또한, 상관 계수를 해석할 때 높은 상관관계가 반드시 인과관계를 의미하지는 않음을 주의해야 합니다.

래퍼 방법

래퍼 방법wrapper method은 반복적인 모델 훈련과 테스트를 통해 특성의 부분 집합을 탐색하는 기술입니다. 널리 알려진 방법으로는 전진 선택, 후진 제거, 재귀적 특성 제거가 있습니다. 이 방법들은 계산 비용이 많이 들지만, 모델의 정확도를 크게 향상시킬 수 있는 잠재력이 있습니다.

래퍼 방법의 대표적인 예로 **재귀적 특성 제거**recursive feature elimination(RFE)를 들 수 있습니다. RFE는 후진 제거 접근법으로 작동하며, 사전 설정된 특성 수가 남을 때까지 중요도가 낮은 특성을 하나씩 제거합니다. 각 반복에서 머신러닝 모델은 현재 특성들로 훈련되고, 특성 중요도 점수에 따라 가장 덜 중요한 특성이 제거됩니다. 이 과정은 지정된 특성 수가 달성될 때까지 계속됩니다. 특성 중요도 점수는 선형 모델의 계숫값이나 의사 결정 나무에서 파생된 특성 중요도 점수 등 다양한 방법으로부터 추출할 수 있습니다. RFE는 계산 비용이 많이 들지만, 특성의 수가 매우 많거나 특성 공간을 줄여야 할 때 유용합니다. 또 다른 접근법으로는 훈련 과정 중에 특성을 선택하는 임베디드 방법이 있습니다.

임베디드 방법

임베디드 방법Embedded Methods은 모델 훈련 과정 중에 특성을 선택하는 기법입니다. 대표적인 방법으로는 라쏘 회귀와 릿지 회귀, 결정 트리, 랜덤 포레스트 등이 있습니다.

라쏘 회귀

라쏘 least absolute shrinkage and selection operator(LASSO)는 최소 절대 수축 및 선택 연산자의 약자로 머신러닝에서 특성 선택에 널리 사용되는 선형 회귀 기법입니다. 라쏘 회귀는 표준 회귀 손실 함수에 패널티 항을 도입하는 방법으로 작동합니다. 이 패널티는 모델이 덜 중요한 특성들의 계수를 0으로 축소하도록 유도하여, 사실상 해당 특성들을 모델에서 제거하는 효과를 가집니다.

라쏘 회귀는 특히 특성의 수가 샘플 수를 크게 상회하는 고차원 데이터를 다룰 때 매우 유용합니다. 이러한 상황에서는 목표 변수 예측에 가장 중요한 특성들을 식별하는 것이 쉽지 않습니다. 라쏘는 가장 관련성 높은 특성들을 자동으로 식별함과 동시에 다른 특성들의 계수를 축소시키는 강점을 발휘합니다.

라쏘 회귀는 다음과 같은 최적화 문제(최소화 문제)의 해를 찾는 방식으로 작동합니다.

$$\min_{\mathbf{w}} \|\mathbf{y} - \mathbf{Xw}\|_2^2 + \lambda \|\mathbf{w}\|_1$$

이 방정식에서 벡터 y는 목표 변수를, X는 특성 행렬을, w는 회귀 계수의 벡터를 나타냅니다. λ는 패널티 항의 강도를 결정하는 하이퍼파라미터이며, $\|w\|_1$은 계수들의 ℓ_1 노름(즉, 절댓값들의 합)을 의미합니다.

목적 함수에 ℓ_1 패널티 항을 포함시키면 모델이 특정 계수들을 정확히 0으로 만들어, 실질적으로 관련 특성들을 모델에서 제거하게 됩니다. 패널티의 강도는 λ 하이퍼파라미터에 의해 조절되며, 이는 교차 검증을 통해 미세 조정될 수 있습니다.

라쏘는 상관관계가 있는 특성들을 다룰 수 있고 특성 선택과 회귀를 동시에 수행할 수 있다는 점에서 다른 특성 선택 방법들보다 여러 장점을 가집니다. 하지만 라쏘에도 한계가 있습니다. 예를 들어, 상관관계가 높은 특성들의 그룹에서 하나의 특성만을 선택하는 경향이 있고, 특성의 수가 샘플의 수보다 훨씬 많을 경우 성능이 저하될 수 있습니다.

주택 가격 예측을 위한 특성 선택에 라쏘를 적용하는 예를 들어 봅시다. 침실 수, 대지 크기, 건축 연도 등 주택에 대한 세부 정보와 그에 따른 판매 가격을 포함하는 데이터셋이 있다고 가정해 봅시다. 라쏘를 사용하면 판매 가격을 예측하는 데 가장 중요한 특성들을 파악하는 동시에 데이터셋에 선형 회귀 모델을 적합시킬 수 있습니다. 결과적으로 새로운 주택의 특성들을 바탕으로 판매 가격을 예측할 수 있는 모델이 만들어집니다.

릿지 회귀

릿지 회귀 ridge regression는 특성 선택에 적용 가능한 선형 회귀 방법으로, 일반적인 최소 제곱 회귀와 유사하지만 과대적합을 방지하기 위해 비용 함수에 패널티 항을 추가합니다.

릿지 회귀에서는 계수 크기의 제곱에 비례하는 패널티 항을 포함하여 비용 함수를 수정합니다. 이 패널티 항은 정규화 강도를 결정하는 하이퍼파라미터 λ 또는 α에 의해 조절됩니다. α가 0으로 설정되면 릿지 회귀는 일반 최소 제곱 회귀로 돌아갑니다.

패널티 항의 영향으로 계수의 크기가 0을 향해 축소됩니다. 이는 과대적합을 줄이고 모델이 특정 특성에 과도하게 의존하는 것을 방지하는 데 도움이 됩니다. 결과적으로 패널티 항은 덜 중요한 특성들의 중요도를 줄임으로써 일종의 특성 선택 역할을 합니다.

릿지 회귀의 손실 함수 방정식은 다음과 같습니다.

$$\min_w \|y - Xw\|_2^2 + \alpha \|w\|_2^2$$

다음 내용을 살펴보겠습니다.

- N은 훈련 세트의 샘플 수입니다.
- y는 크기 N의 타깃값 열 벡터입니다.

- **X**는 입력 특성의 디자인 행렬입니다.
- **w**는 추정할 회귀 계수 벡터입니다.
- α는 페널티 항의 강도를 조절하는 정규화 매개변수로, 조정이 필요한 하이퍼파라미터입니다.

손실 함수의 첫 번째 항은 예측값과 실젯값 사이의 평균 제곱 오차를 측정합니다. 두 번째 항은 계수를 0으로 축소하는 ℓ_2 패널티 항입니다. 릿지 회귀 알고리즘은 이 손실 함수를 최소화하는 회귀 계숫값을 찾습니다. 정규화 매개변수 α를 조정함으로써 모델의 편향-분산 트레이드오프를 제어할 수 있으며, 더 높은 알파값은 더 강한 정규화와 더 낮은 과대적합으로 이어집니다.

릿지 회귀는 모델이 생성한 계수의 크기를 검토함으로써 특성 선택에 사용될 수 있습니다. 0에 가깝거나 더 작은 계수를 가진 특성들은 덜 중요한 것으로 간주되어 모델에서 제외될 수 있습니다. α값은 교차 검증을 통해 모델의 복잡성과 정확성 사이의 최적의 균형을 찾도록 조정될 수 있습니다.

릿지 회귀의 주요 장점 중 하나는 다중공선성^{multicollinearity}을 처리할 수 있다는 것입니다. 다중공선성은 독립 변수들 사이에 강한 상관관계가 있을 때 발생합니다. 이런 경우 일반 최소 제곱 회귀는 불안정하고 신뢰할 수 없는 계수 추정치를 생성할 수 있지만, 릿지 회귀는 추정치를 안정화하고 모델의 전반적인 성능을 향상시키는 데 도움이 됩니다.

라쏘와 릿지 회귀 중 선택하기

릿지 회귀와 라쏘는 모두 선형 회귀에서 과대적합을 방지하기 위해 모델의 계수에 페널티를 부여하는 정규화 기법입니다. 두 방법 모두 과대적합을 방지하려는 목표를 가지고 있지만, 계수에 페널티를 부여하는 방식에서 차이가 있습니다.

릿지 회귀는 계수의 크기의 제곱에 비례하는 페널티 항을 더합니다. 이 페널티 항은 정규화 매개변수 α에 의해 조절되며, 계수에 적용되는 축소의 양을 결정합니다. 이 페널티 항은 계숫값을 0에 가깝게 줄이지만, 정확히 0으로 설정하지는 않습니다. 따라서 릿지 회귀는 모델에서 관련성이 적은 특성의 영향을 줄일 수 있지만, 완전히 제거하지는 않습니다.

반면, 라쏘는 계수의 절댓값에 비례하는 페널티 항을 **SSE**$^{sum\ of\ squared\ error}$에 더합니다. 라쏘 또한 정규화 매개변수 λ를 가지고 있으며, 이 매개변수는 계수에 적용되는 축소의 양을 결정합니다. 그러나 라쏘는 정규화 매개변수가 충분히 높을 때 일부 계수를 정확히 0으로 설정하는 고유한 특성을 가지고 있습니다. 따라서 라쏘는 관련성이 적은 특성을 제거하고, 해당 계수를 0으로 설정하여 특성 선택에 사용할 수 있습니다.

일반적으로, 데이터셋에 많은 특성이 있고 그중 일부만 중요할 것으로 예상되는 경우 라쏘 회귀가 더 적합합니다. 라쏘는 불필요한 특성들의 계수를 0으로 만들어 더 간단하고 해석하기 쉬운 모델을 생성하기 때문입니다. 반면, 대부분의 특성이 어느 정도 관련성이 있을 것으로 예상되는 경우에는 릿지 회귀가 더 적합할 수 있습니다. 릿지는 모든 특성을 모델에 유지하면서 그 영향력을 조절하기 때문입니다.

그러나 릿지와 라쏘 사이의 최적의 선택은 특정 문제와 데이터셋에 따라 다르므로, 두 방법을 모두 시도하고 교차 검증 기법을 사용하여 성능을 비교하는 것이 좋습니다.

차원 축소

차원 축소 기법은 가능한 한 많은 정보를 유지하면서 특성을 저차원 공간으로 변환하는 방법입니다. 널리 사용되는 방법으로는 PCA(주성분 분석), LDA(선형 판별 분석), t-SNE 등이 있습니다.

PCA

PCA(주성분 분석)는 큰 데이터셋의 차원을 축소하면서 중요한 정보를 유지하기 위해 머신러닝에서 널리 사용되는 기법입니다. PCA의 기본 아이디어는 상관된 변수 집합을 주성분이라는 상관되지 않은 변수 집합으로 변환하는 것입니다.

PCA의 목표는 데이터에서 최대 분산의 방향을 식별하고 데이터를 이러한 방향으로 투영하여 데이터의 차원을 축소하는 것입니다. 주성분은 설명하는 분산의 양에 따라 정렬되며, 첫 번째 주성분이 데이터에서 가장 많은 분산을 설명합니다.

PCA 알고리즘은 다음 단계를 포함합니다.

1. **데이터 표준화**: PCA는 데이터가 표준화되어야 합니다. 즉, 각 특성은 평균이 0이고 분산이 1이어야 합니다.
2. **공분산 행렬 계산**: 공분산 행렬은 데이터의 특성 쌍 간의 선형 관계를 측정하는 정방행렬입니다.
3. **공분산 행렬의 고유벡터와 고윳값 계산**: 고유벡터는 데이터셋 내에서 가장 높은 분산의 주요 방향을 나타내고, 고윳값은 각 고유벡터가 설명하는 분산의 크기를 나타냅니다.
4. **주성분의 수 선택**: 고윳값을 분석하여 가장 많은 분산을 설명하는 상위 k개의 고유벡터를 선택하여 유지할 주성분의 수를 결정합니다.
5. **선택된 주성분으로 데이터 투영**: 원래 데이터를 선택된 주성분에 투영하여 저차원으로 표현합니다.

PCA는 데이터의 대부분의 분산을 설명하는 상위 k개의 주성분을 선택하여 특성 선택에 사용할 수 있습니다. 이는 고차원 데이터셋의 차원을 축소하고 머신러닝 모델의 성능을 향상시키는 데 유용할 수 있습니다. 하지만 PCA가 언제나 좋은 결과를 보장하지는 않습니다. 데이터가 본래 낮은 차원을 가지거나 특성 간 상관관계가 미미할 경우, 성능 향상을 기대하기 어려울 수 있습니다. 또한 주성분 분석 시 결과의 해석 가능성을 고려해야 합니다. 선택된 주성분이 데이터의 실제 의미 있는 특성을 반영하지 않을 수 있기 때문입니다.

LDA

LDAlinear discriminant analysis는 머신러닝에서 특성 선택을 위한 차원 축소 기법입니다. 주로 분류 작업에 사용되며, 원래의 특성을 낮은 차원의 공간으로 변환하여 클래스 간 차별적 정보를 최대한 유지하면서 특성의 수를 줄이는 데 목적이 있습니다.

LDA의 목표는 원래의 특성들의 선형 결합을 찾아 클래스 간의 분리를 극대화하는 것입니다. LDA의 입력은 각 예제가 특성 벡터와 해당 클래스 레이블로 이루어진 레이블이 있는 데이터셋입니다. LDA의 출력은 원래 특성들의 선형 결합으로 이루어진 새로운 특성 집합으로, 이를 머신러닝 모델의 새로운 특성으로 사용할 수 있습니다.

LDA를 수행하기 위한 첫 번째 단계는 각 클래스의 평균과 공분산 행렬을 계산하는 것입니다. 그런 다음 클래스 평균과 공분산 행렬로부터 전체 평균과 전체 공분산 행렬을 계산합니다. 데이터의 클래스 정보를 유지하면서 더 낮은 차원의 공간으로 투영하는 것이 목표입니다. 이는 공분산 행렬의 고유벡터와 고윳값을 찾아서 고윳값의 내림차순으로 정렬하고, 가장 큰 k개의 고윳값에 해당하는 상위 k개의 고유벡터를 선택해 이루어집니다. 선택된 고유벡터는 새로운 특성 공간의 기저를 형성합니다.

LDA 알고리즘은 다음 단계로 요약할 수 있습니다.

1. 각 클래스의 평균 벡터를 계산합니다.
2. 각 클래스의 공분산 행렬을 계산합니다.
3. 전체 평균 벡터와 전체 공분산 행렬을 계산합니다.
4. 클래스 간 산포 행렬을 계산합니다.
5. 클래스 내 산포 행렬을 계산합니다.
6. 다음 식을 사용하여 행렬의 고유벡터와 고윳값을 계산합니다.

$$S_w^{-1} S_b$$

여기서 S_w는 클래스 내 산포 행렬, S_b는 클래스 간 산포 행렬입니다.

7. 가장 높은 고윳값을 갖는 상위 k개의 고유벡터를 새로운 특성 공간으로 선택합니다.

LDA는 특성의 수가 많고 예제의 수가 적을 때 특히 유용합니다. 이미지 인식, 음성 인식, 자연어 처리 등 다양한 응용 분야에서 사용할 수 있습니다. 그러나 LDA는 클래스들이 정규 분포를 따르고 각 클래스의 공분산 행렬이 동일하다는 가정을 전제로 합니다. 실제 데이터에서는 이러한 가정이 항상 성립하지 않을 수 있어, 이 점을 고려해야 합니다.

t-SNE

t-SNE는 고차원 데이터를 저차원 공간에 시각화하기 위해 사용되는 차원 축소 기법으로, 종종 특성 선택에도 활용됩니다. 이 방법은 2008년 로렌스 반 데르 마튼^{Laurens van der Maaten}과 제프리 힌튼^{Geoffrey Hinton}에 의해 개발되었습니다.

t-SNE의 기본 아이디어는 데이터 포인트 간의 거리를 보존하는 대신, 저차원 공간에서 데이터 포인트 쌍 간의 유사성을 보존하는 것입니다. 즉, 전체적인 구조는 무시하면서 데이터의 지역적 구조를 유지하려고 합니다. 이는 고차원 데이터를 시각화하기 어려운 상황에서 유용할 수 있으며, 데이터 포인트 간의 의미 있는 패턴과 관계를 파악하는 데 도움이 됩니다.

t-SNE는 먼저 고차원 공간에서 각 데이터 포인트 쌍 간의 유사성을 계산합니다. 유사성은 주로 가우스 커널을 사용하여 측정되며, 이는 가까운 점들에 더 높은 가중치를, 먼 점들에 더 낮은 가중치를 부여합니다. 그 다음, 이 유사성 행렬을 소프트맥스 함수를 사용하여 확률 분포로 변환합니다. 이 분포는 일반적으로 2D나 3D인 저차원 공간을 만드는 데 사용됩니다.

저차원 공간에서 t-SNE는 다시 각 데이터 포인트 쌍 간의 유사성을 계산하지만, 이번에는 가우스 분포 대신 스튜던트 t-분포를 사용합니다. t-분포는 가우스 분포보다 두꺼운 꼬리를 가지고 있어, 데이터의 지역적 구조를 더 잘 보존하는 데 도움이 됩니다. t-SNE는 그 다음 고차원 공간의 쌍별 유사성과 저차원 공간의 쌍별 유사성 간의 차이를 최소화하기 위해 저차원 공간에서 점들의 위치를 조정합니다.

t-SNE는 고차원 데이터를 저차원 공간으로 축소하여 시각화하는 강력한 기법입니다. 하지만 주요 목적이 복잡한 데이터셋의 시각화 생성이기 때문에 일반적으로 특성 선택에는 직접 사용되지 않습니다.

대신, t-SNE는 유사한 특성을 공유하는 데이터 포인트의 클러스터를 식별하는 데 도움을 줄 수 있으며, 이는 특정 작업에 중요한 특성 그룹을 식별하는 데 유용할 수 있습니다. 예를 들어, 고객 인구통계와 구매 이력 데이터셋이 있고 구매 행동을 기반으로 유사한 고객 그룹을 식별하고 싶다고 가정해 봅시다. t-SNE를 사용하여 고차원 특성 공간을 2차원으로 축소한 다음, 결과 데이터 포인트를 산점도에 표시할 수 있습니다. 이 플롯을 검토함으로써 유사한 구매 행동을 가진 고객 클러스터를 식별할 수 있고, 이는 특성 선택 과정에 정보를 제공할 수 있습니다. 다음 [그림 3-1]은 MNIST 데이터셋에 대한 t-SNE 예시입니다.

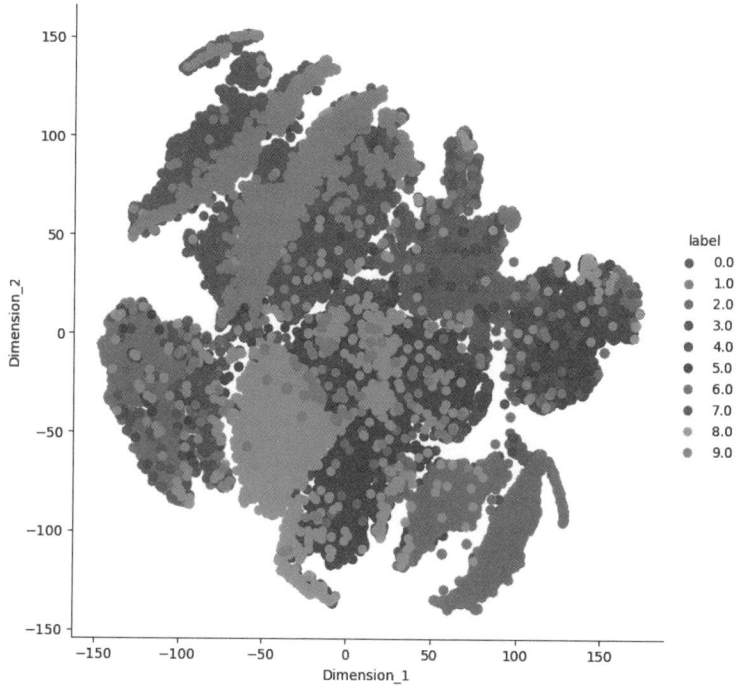

그림 3-1 MNIST 데이터셋에 대한 t-SNE[1]

t-SNE는 주로 시각화에 특화된 도구입니다. 특성 선택 과정에서 t-SNE만을 단독으로 사용하기보다는, LDA나 PCA와 같은 다양한 기법들을 함께 활용하여 데이터의 근본 구조를 더욱 종합적으로 이해하는 것이 바람직합니다.

특성 선택 방법의 선택은 데이터의 특성, 데이터셋의 크기, 모델의 복잡성, 그리고 사용 가능한 계산 자원에 따라 달라집니다. 중요한 정보가 손실되지 않았는지 확인하기 위해 특성 선택 후 모델의 성능을 신중히 평가하는 것이 중요합니다. 또한, 머신러닝 모델을 위해 특성을 변환하거나 선택하는 과정인 특성 엔지니어링도 중요한 단계입니다.

3.2.4 특성 공학

특성 공학은 머신러닝 모델의 성능을 향상시키기 위해 원시 데이터에서 특성을 선택, 변환, 추출하는 과정입니다. 특성은 데이터를 예측하거나 분류하는 데 사용할 수 있는 개별 측정 가능

---

[1] 컬러 이미지는 부록 410쪽 참조

한 속성 또는 특징입니다.

특성 공학의 일반적인 기법 중 하나는 특성 선택입니다. 이는 모델의 정확도를 높이고 복잡성을 줄이기 위해 원래 데이터셋에서 관련 있는 특성의 하위 집합을 선택하는 것입니다. 상관 분석과 같은 통계적 방법이나 의사결정 트리 또는 랜덤 포레스트를 사용한 특성 중요도 순위를 통해 이 작업을 수행할 수 있습니다.

또 다른 기법은 특성 추출입니다. 이는 원시 데이터를 모델에 더 유용한 새로운 특성 집합으로 변환하는 것입니다. 특성 선택과 특성 공학의 주요 차이점은 접근 방식에 있습니다. 특성 선택은 원래의 특성 중 일부를 수정하지 않고 유지하는 반면, 특성 공학은 데이터를 새로운 특성 공간으로 재구성하고 변환합니다. 특성 공학은 차원 축소, PCA, t-SNE 같은 기법을 통해 수행할 수 있습니다. 특성 선택과 추출에 대해서는 앞 절에서 이미 살펴봤습니다.

특성 스케일링도 특성 공학의 중요한 기법 중 하나로, 특성값을 동일한 범위로 조정하는 것입니다. 일반적으로 0에서 1 또는 -1에서 1 사이 범위로 스케일링합니다. 이는 특정 특성이 다른 특성보다 모델에서 더 큰 영향을 미치는 것을 방지하고, 알고리즘이 훈련 중에 빠르게 수렴할 수 있도록 합니다. 데이터셋의 특성들이 서로 다른 스케일을 가지면, 특정 머신러닝 알고리즘을 사용할 때 상대적인 크기 차이로 인해 문제가 발생할 수 있습니다. 특성 스케일링은 모든 특성이 유사한 스케일을 갖도록 하여 이 문제를 해결하는 데 도움이 됩니다. 일반적인 특성 스케일링 방법으로는 최소-최대 스케일링, Z-점수 스케일링, 최대 절댓값 스케일링이 있습니다.

다음은 몇 가지 일반적인 특성 스케일링 방법입니다.

- **최소-최대 스케일링**: 정규화로도 알려진 이 기법은 특성의 값을 특정 범위, 일반적으로 0과 1 사이(일반적인 머신러닝 모델의 경우, 딥러닝 모델의 경우 때때로 -1과 1 사이)로 조정합니다. 최소-최대 스케일링의 공식은 다음과 같습니다.

$$x_{scaled} = (x - min(x)) / (max(x) - min(x))$$

여기서 x는 원래의 특성값, $min(x)$는 해당 특성의 최솟값, $max(x)$는 해당 특성의 최댓값입니다.

- **표준화**: 이 기법은 특성값들을 평균이 0이고 표준 편차가 1이 되도록 변환합니다. 표준화standardization는 최소-최대 스케일링보다 이상치의 영향을 덜 받습니다. 표준화 공식은 다음과 같습니다.

$$x_{scaled} = (x - mean(x)) / std(x)$$

여기서 x는 원래의 특성값, $mean(x)$는 해당 특성의 평균값, $std(x)$는 해당 특성의 표준 편차입니다.

- **로버스트 스케일링**: 이 기법은 표준화와 유사하지만 평균과 표준 편차 대신 중앙값과 **사분위수 범위** interquartile range(IQR)를 사용합니다. 로버스트 스케일링은 평균과 표준 편차에 큰 영향을 미칠 수 있는 이상치가 데이터에 포함되어 있을 때 유용합니다. 로버스트 스케일링의 공식은 다음과 같습니다.

$$x_{scaled} = (x - median(x)) / (Q3(x) - Q1(x))$$

여기서 x는 원래의 특성값, $median(x)$는 해당 특성의 중앙값, $Q1(x)$는 해당 특성의 1사분위수, $Q3(x)$는 해당 특성의 3사분위수입니다.

- **로그 변환**: 이 기법은 데이터가 매우 치우쳐 있거나 긴 꼬리를 가질 때 사용됩니다. 특성값의 로그를 취함으로써 분포를 더 정규 분포에 가깝게 만들거나 대칭적으로 만들 수 있어, 일부 머신러닝 알고리즘의 성능을 향상시킬 수 있습니다. 로그 변환의 공식은 다음과 같습니다.

$$x_{transformed} = log(x)$$

여기서 x는 원래의 특성값입니다.

- **거듭제곱 변환**: 이 기법은 멱변환이라 불리기도 하며 로그 변환과 유사하지만 더 넓은 범위의 변환을 가능하게 합니다. 가장 일반적인 거듭제곱 변환은 Box-Cox 변환으로, 최대 우도 추정을 사용하여 결정된 거듭제곱으로 특성값을 올립니다. Box-Cox 변환의 공식은 다음과 같습니다.

$$x_{transformed} = \frac{x^\lambda - 1}{\lambda}$$

여기서 x는 원래의 특성값, λ는 최대 우도 추정을 사용하여 추정된 지수입니다.

이러한 방법들은 머신러닝에서 특성을 스케일링하는 가장 일반적인 방법들입니다. 방법의 선택은 데이터의 분포, 사용되는 머신러닝 알고리즘, 문제의 특정 요구 사항에 따라 달라집니다.

특성 공학의 마지막 기법으로는 특성 생성이 있습니다. 이는 기존의 특성을 결합하거나 변환하여 새로운 특성을 만드는 과정입니다. 다항식 확장, 로그 변환, 상호작용 항을 사용하여 수행할 수 있습니다.

다항식 확장

다항식 확장polynomial expansion은 기존 특성의 다항식 조합을 통해 새로운 특성을 생성하는 특성 생성 기법입니다. 이 기법은 특성과 목표 변수 간의 비선형 관계를 모델링하기 위해 머신러닝에서 널리 사용됩니다.

다항식 확장의 주요 내용은 기존 특성들을 다양한 차수로 거듭제곱하고 이들의 곱을 취하여 새로운 특성을 만드는 것입니다. 예를 들어, 단일 특성 x가 있다고 가정해 봅시다. x의 제곱(x^2)을 취해 새로운 특성을 만들 수 있습니다. 또한 x를 더 높은 차수의 거듭제곱으로 올려 x^3, x^4 등의 고차 다항식 특성을 생성할 수 있습니다. 일반적으로, d차의 다항식 특성은 원래 특성의 모든 가능한 곱과 거듭제곱 조합을 통해 생성할 수 있습니다.

단일 특성뿐만 아니라, 여러 특성으로부터도 다항식 특성을 생성할 수 있습니다. 예를 들어, 두 개의 특성 x_1과 x_2가 있다고 가정해 봅시다. 이들의 곱($x_1 x_2$)을 취해 새로운 다항식 특성을 만들 수 있으며, @68 등으로 각 특성을 거듭제곱할 수도 있습니다. 마찬가지로 원래 특성의 모든 가능한 곱과 거듭제곱 조합을 통해 원하는 차수의 다항식 특성을 생성할 수 있습니다.

다항식 확장을 사용할 때 고려할 점은 높은 차수의 다항식을 사용할 경우 특성의 수가 급격히 증가할 수 있다는 점입니다. 이는 모델을 더 복잡하게 하고 해석하기 어렵게 할 수 있으며, 특성의 수가 적절히 제어되지 않으면 과대적합^{overfitting}으로 이어질 수 있습니다. 이러한 문제를 해결하기 위해 정규화 기법이나 특성 선택 방법을 사용하여 가장 유용한 다항식 특성의 하위 집합을 선택하는 것이 일반적입니다.

다항식 확장은 특성과 목표 변수 간의 복잡한 비선형 관계를 포착하는 데 도움이 되는 강력한 특성 생성 기법입니다. 그러나 과대적합을 피하고 모델의 해석 가능성을 유지하기 위해 적절한 정규화 또는 특성 선택과 함께 신중하게 사용해야 합니다.

예를 들어, 회귀 문제에서 단일 특성 x와 목표 변수 y가 있는 데이터셋이 있다고 가정해 봅시다. x와 y 사이의 관계가 비선형일 수 있으며, 단순한 선형 모델로는 충분하지 않을 수 있습니다. 이 경우, 다항식 확장을 사용하여 x와 y 사이의 비선형 관계를 포착하는 추가 특성을 만들 수 있습니다.

다항식 회귀 모델을 맞추기 위해 x를 기반으로 x^2, x^3 등의 추가 특성을 생성할 수 있습니다. 이는 사이킷런^{scikit-learn} 같은 라이브러리를 사용하여 쉽게 수행할 수 있으며, 이 라이브러리의 `PolynomialFeatures` 함수는 지정된 차수의 다항식 특성을 자동으로 생성합니다.

이러한 다항식 특성을 추가함으로써 모델은 더 표현력이 풍부해지며 x와 y 사이의 비선형 관계를 더 잘 포착할 수 있습니다. 그러나 너무 많은 다항식 특성을 추가하면 모델이 과도하게 복잡해지고 새로운 데이터에서 성능이 저하될 수 있으므로 주의가 필요합니다.

로그 변환

로그 변환logarithmic transformation은 데이터 전처리에서 자주 사용되는 특성 공학 기법입니다. 로그 변환의 목표는 특성에 로그 함수를 적용하여 데이터를 덜 왜곡되고 더 대칭적으로 만드는 것입니다. 이 기법은 높은 값의 긴 꼬리를 가진 특성 등 치우친 분포를 가진 왜곡된 특성에 효과적입니다.

로그 변환은 데이터의 자연 로그를 취하는 방식으로 정의됩니다.

$$y = log(x)$$

여기서 y는 변환된 데이터, x는 원본 데이터를 나타냅니다. 로그 함수는 원본 데이터를 새로운 공간으로 매핑하는데, 이 과정에서 값들 간의 상대적 관계는 유지되지만 전체적인 스케일은 압축됩니다. 이러한 특성 때문에 로그 변환은 제품 가격이나 개인 소득과 같이 넓은 범위를 가지거나 지수적으로 분포된 특성에 특히 유용합니다.

로그 변환의 장점 중 하나는 데이터를 정규화하여, 정규 분포를 가정하는 특정 머신러닝 알고리즘에 더 적합하게 만드는 것입니다. 또한, 로그 변환은 데이터의 이상치 영향을 줄여 일부 모델의 성능을 향상시키는 데 도움이 될 수 있습니다.

그러나 로그 변환이 모든 종류의 데이터에 적합한 것은 아닙니다. 예를 들어, 데이터에 0이나 음숫값이 포함되어 있다면 로그 변환을 직접 적용할 수 없습니다. 이런 경우에는 로그를 취하기 전에 상수를 더하는 등의 변형된 로그 변환 방법을 사용할 수 있습니다. 전반적으로 로그 변환은 특성 공학에서 유용한 도구로, 특히 편향되거나 지수적으로 분포된 데이터를 다룰 때 머신러닝 모델의 성능을 크게 개선할 수 있습니다.

요약하면, 특성 공학은 머신러닝 파이프라인에서 매우 중요한 단계로, 결과 모델의 성능과 해석 가능성에 큰 영향을 미칠 수 있습니다. 효과적인 특성 공학을 위해서는 도메인 지식, 창의성, 그리고 최적의 특성 집합을 찾아낼 때까지 다양한 기법을 시험하고 개선하는 반복적인 과정이 필요합니다.

상호작용 항

특성 구성에서 상호작용 항Interaction term은 데이터셋의 두 개 이상의 기존 특성을 곱셈, 나눗셈 또는 기타 수학적 연산을 통해 결합하여 새로운 특성을 생성하는 것을 의미합니다. 이렇게 만들어진 새로운 특성들은 원래 특성들 간의 상호작용이나 관계를 포착하며, 이를 통해 머신러닝 모델의 정확도를 크게 향상시킬 수 있습니다.

예를 들어, 부동산 가격 데이터셋을 생각해 봅시다. 이 데이터셋에는 침실 수, 욕실 수, 부동산의 평방 피트와 같은 특성들이 있을 수 있습니다. 이러한 특성들은 각각 부동산 가격에 대한 정보를 제공하지만, 특성들 간의 상호작용 효과는 포착하지 못합니다. 하지만 침실 수와 평방 피트 사이에 상호작용 항을 만들면, 같은 수의 침실을 가진 작은 부동산보다 더 큰 부동산이 일반적으로 더 비싸다는 복잡한 관계를 모델에 반영할 수 있습니다.

실제로 상호작용 항은 두 개 이상의 특성을 서로 곱하거나 나누어 만듭니다. 예를 들어, 두 개의 특성 x와 y가 있을 때, 이를 곱하여 상호작용 항 xy를 만들 수 있습니다. 또한, 한 특성을 다른 특성으로 나누어 x/y와 같은 상호작용 항을 생성할 수도 있습니다.

상호작용 항을 생성할 때는 어떤 특성들을 어떻게 결합할지 신중하게 고려해야 합니다. 다음은 몇 가지 일반적인 접근 방법입니다.

- **도메인 지식 활용**: 해당 분야의 전문 지식이나 직관을 활용하여 어떤 특성들이 상호작용할 가능성이 있는지, 그리고 어떻게 상호작용할 수 있는지 파악합니다.
- **쌍별 조합**: 데이터셋의 모든 가능한 특성 쌍을 조합하여 상호작용 항을 만듭니다. 이 방법은 계산 비용이 많이 들 수 있지만, 잠재적인 상호작용 효과를 포괄적으로 식별하는 데 도움이 됩니다.
- **PCA 활용**: 주성분 분석(PCA)을 사용하여 가장 중요한 특성 조합을 식별하고, 이를 바탕으로 상호작용 항을 생성합니다.

전반적으로, 상호작용 항은 특성 간의 복잡한 관계를 포착하고 머신러닝 모델의 성능을 향상시키는 데 매우 효과적인 특성 구성 도구입니다. 그러나 상호작용 항을 만들 때는 주의가 필요합니다. 너무 많거나 부적절하게 선택된 항들은 모델의 과대적합을 초래하거나 해석 가능성을 떨어뜨릴 수 있기 때문입니다.

3.3 일반적인 머신러닝 모델

여기서는 몇 가지 일반적인 머신러닝 모델과 그 장단점을 설명합니다. 이 정보를 알면 문제에 맞는 최적의 모델을 선택하고 구현된 모델을 개선하는 데 도움이 됩니다.

3.3.1 선형 회귀

선형 회귀는 종속 변수와 하나 이상의 독립 변수 간의 관계를 모델링하는 지도 학습 알고리즘의 한 종류입니다. 입력 특성과 출력 간에 선형 관계가 있다고 가정합니다. 선형 회귀의 목표는 독립 변수를 기반으로 종속 변수의 값을 예측하는 최적의 직선을 찾는 것입니다.

하나의 독립 변수를 가진 단순 선형 회귀(단순 선형 방정식)의 공식은 다음과 같습니다.

$$y = mx + b$$

이 공식을 살펴보겠습니다.

- y는 종속 변수(예측하려는 변수)
- x는 독립 변수(입력 변수)
- m은 기울기(독립 변수 x가 변할 때 y가 얼마나 변하는지)
- b는 y-절편($x = 0$일 때 y축과 만나는 지점)

선형 회귀의 목표는 예측값과 실제 종속 변숫값 간의 차이를 최소화하는 m과 b 값을 찾는 것입니다. 이 차이는 보통 평균 제곱 오차 mean squared error (MSE) 또는 평균 절대 오차 mean absolute error (MAE) 같은 비용 함수로 측정됩니다.

다중 선형 회귀는 독립 변수가 여러 개인 경우의 확장입니다. 다중 선형 회귀의 공식은 다음과 같습니다.

$$y = b_0 + b_1 x_1 + b_2 x_2 + ... + b_n x_n$$

이 공식을 살펴보겠습니다.

- y는 종속 변수

- $x_1, x_2, ..., x_n$는 독립 변수들
- b_0은 y절편(모든 독립 변수가 0일 때의 y값)
- $b_1, b_2, ..., b_n$은 계수들(각 독립 변수가 변할 때 y가 얼마나 변하는지)

단순 선형 회귀와 마찬가지로, 다중 선형 회귀의 목표는 예측값과 종속 변수의 실젯값 사이의 차이를 최소화하는 $b_0, b_1, b_2, ..., b_n$의 값을 찾는 것입니다.

선형 회귀의 장점은 다음과 같습니다.

- 단순하고 이해하기 쉽습니다.
- 종속 변수와 독립 변수 간의 다양한 관계를 모델링할 수 있습니다.
- 계산 효율이 높아서 속도가 빠르고 대규모 데이터셋에도 적합합니다.
- 해석 가능한 결과를 제공하여 각 독립 변수가 종속 변수에 미치는 영향을 분석할 수 있습니다.

선형 회귀의 단점은 다음과 같습니다.

- 입력 특성과 출력 사이에 선형 관계가 있다고 가정하지만, 이는 실제 데이터에서 항상 성립하지 않을 수 있습니다.
- 입력 특성과 출력 사이의 복잡한 비선형 관계를 포착하지 못할 수 있습니다.
- 이상치와 영향력 있는 관측치에 민감하여 모델의 정확도에 영향을 줄 수 있습니다.
- 오차가 일정한 분산을 가진 정규 분포를 따른다고 가정하지만, 실제로는 그렇지 않을 수 있습니다.

3.3.2 로지스틱 회귀

로지스틱 회귀logistic regression는 분류 문제에 널리 사용되는 인기 있는 머신러닝 알고리즘입니다. 연속적인 값을 예측하는 선형 회귀와는 달리, 로지스틱 회귀는 주로 이진 결과(0 또는 1)와 같은 이산적인 결과를 예측하는 데 활용됩니다.

로지스틱 회귀의 주요 목적은 하나 이상의 입력 변수를 기반으로 특정 결과가 발생할 확률을 추정하는 것입니다. 이 모델의 출력은 확률 점수로, 이를 임곗값과 비교하여 이진 클래스 레이블로 변환할 수 있습니다. 문제의 특성에 따라 정밀도와 재현율 사이의 균형을 조절하기 위해 이 임곗값을 조정할 수 있습니다.

로지스틱 회귀 모델은 입력 변수와 출력 변수 간의 관계가 로짓logit(로그 오즈log odds) 공간에서

선형적이라고 가정합니다. 로짓 함수는 다음과 같이 정의됩니다.

$$logit(p) = log(p/(1-p))$$

여기서 p는 긍정적 결과(즉, 사건이 발생할 확률)를 나타냅니다.

로지스틱 회귀 모델은 수학적으로 다음과 같이 표현할 수 있습니다.

$$logit(p) = \beta_0 + \beta_1 x_1 + \beta_2 x_2 + ... + \beta_n x_n$$

여기서 $\beta_0, \beta_1, \beta_2, ..., \beta_n$은 모델의 계수들이고, $x_1, x_2, ..., x_n$은 입력 변수들이며, $logit(p)$는 긍정적 결과의 확률에 대한 로그 오즈 함수입니다.

로지스틱 회귀 모델을 훈련시키기 위해서는 레이블이 지정된 예제 데이터셋을 사용합니다. 각 예제는 입력 변수들의 집합과 함께 긍정적 결과의 발생 여부를 나타내는 이진 레이블로 구성됩니다. 모델의 계수는 최대 우도 추정 방법을 통해 추정됩니다. 이 방법은 관찰된 데이터의 가능성을 최대화하는 계숫값을 찾는 것을 목표로 합니다.

로지스틱 회귀의 장점은 다음과 같습니다.

- **해석 가능성**: 모델의 계수는 해당 입력 변수가 1 단위 변화할 때 긍정적 결과의 로그 오즈에 미치는 영향을 나타내므로, 각 입력 변수가 예측된 긍정적 결과 확률에 어떻게 영향을 주는지 쉽게 이해할 수 있습니다.
- **계산 효율성**: 로지스틱 회귀는 간단한 알고리즘으로, 대규모 데이터셋에서도 빠르게 학습할 수 있습니다.
- **소규모 데이터셋에서의 효과성**: 입력 변수들이 예측 작업과 관련성이 있다면, 로지스틱 회귀는 적은 수의 관측치로도 효과적으로 작동할 수 있습니다.

로지스틱 회귀의 단점은 다음과 같습니다.

- **선형성 가정**: 로지스틱 회귀는 입력 변수와 긍정적 결과 확률의 로짓 사이에 선형 관계가 있다고 가정하지만, 실제 데이터셋에서는 항상 이 가정이 성립하지 않을 수 있습니다.
- **과대적합 가능성**: 입력 변수의 수가 관찰값의 수보다 많을 경우, 모델이 과대적합되어 새로운 데이터에 대해 일반화 성능이 저하될 위험이 있습니다.
- **비선형 문제에 부적합**: 로지스틱 회귀는 선형 알고리즘이기 때문에, 입력 변수와 출력 변수 간의 관계가 비선형적인 문제에는 적합하지 않습니다.

3.3.3 결정 트리

결정 트리decision tree는 분류와 회귀 분석에 활용되는 대표적인 지도 학습 알고리즘입니다. 이 트리는 결정 지점을 나타내는 일련의 노드로 구성되며, 각 노드는 하나 이상의 가지를 통해 다른 결정 지점이나 최종 예측으로 연결됩니다.

분류 문제에서는 트리의 각 잎 노드가 특정 클래스를 나타내고, 회귀 문제에서는 각 잎 노드가 구체적인 수치값을 표현합니다. 결정 트리를 구축하는 과정은 목표 변수에 관해 더욱 동질적인 부분집합으로 데이터를 가장 효과적으로 분할하는 속성 순서를 선별하는 것입니다. 이 과정은 보통 각 부분집합에 대해 재귀적으로 반복되며, 각 부분집합의 최소 샘플 수나 트리의 최대 깊이 같은 정지 조건이 충족될 때까지 진행됩니다.

결정 트리의 핵심 수식은 각 결정 지점에서 가능한 모든 분할에 대해 정보 이득(혹은 지니 불순도, 엔트로피 등 다른 분할 기준)을 계산하는 것입니다. 가장 높은 정보 이득information gain을 보이는 속성이 해당 노드의 분할 기준으로 채택됩니다. 정보 이득의 기본 개념은 다음과 같이 표현할 수 있습니다.

$$\text{정보 이득} = \text{부모 노드의 엔트로피} - [\text{자식 노드들의 엔트로피의 가중 평균}]$$

여기서 엔트로피는 시스템의 불순도 또는 무작위성을 측정하는 지표입니다. 결정 트리에서 엔트로피는 각 노드의 불순도를 평가하는 데 활용됩니다.

노드의 엔트로피는 다음 공식으로 계산됩니다.

$$\text{엔트로피} = \sum_{i=1}^{c} -p_i \log_2 p_i$$

여기서 c는 클래스의 수이고, p_i는 해당 노드에서 클래스 i에 속하는 샘플의 비율입니다.

노드의 엔트로피 값은 0에서 1 사이에 분포하며, 0은 완전히 순수한 노드(모든 샘플이 동일한 클래스에 속함)를, 1은 모든 클래스가 균등하게 분포된 노드를 의미합니다.

결정 트리에서 노드의 엔트로피는 트리의 분할 기준을 결정하는 데 핵심적인 역할을 합니다. 이 접근법의 핵심은 부모 노드보다 엔트로피가 낮은 두 개 이상의 자식 노드로 분할하는 것입니다. 가장 낮은 엔트로피를 가진 분할이 최적의 선택으로 간주됩니다.

결정 트리에서 다음 노드를 선택하는 방법은 사용되는 알고리즘(예: CART, ID3, C4.5)에 따라 다양합니다. 여기서 설명한 CART 방식은 지니 불순도와 엔트로피를 이용해 데이터를 분할합니다.

엔트로피를 분할 기준으로 사용하면 이진 분류뿐만 아니라 다중 클래스 분류 문제도 효과적으로 다룰 수 있다는 장점이 있습니다. 또한 다른 분할 기준에 비해 계산 효율성이 상대적으로 높습니다. 그러나 엔트로피 사용의 한 가지 단점은 많은 범주를 가진 속성을 과도하게 선호하는 편향된 트리를 생성할 수 있다는 점입니다.

결정 트리의 장점은 다음과 같습니다.

- 비전문가도 쉽게 이해하고 해석할 수 있는 직관적인 모델입니다.
- 범주형 데이터와 수치형 데이터를 모두 효과적으로 처리할 수 있습니다.
- 결측치와 이상치를 다룰 수 있습니다.
- 중요한 특성을 선별하는 데 활용될 수 있습니다.
- 랜덤 포레스트와 같은 앙상블 방법에서 다른 모델과 결합하여 성능을 향상시킬 수 있습니다.

반면, 결정 트리의 단점은 다음과 같습니다.

- 특히 트리가 너무 깊거나 복잡한 경우 과대적합에 취약할 수 있습니다.
- 데이터의 작은 변화나 트리 구축 방식에 민감할 수 있습니다.
- 많은 범주나 높은 카디널리티를 가진 특성에 편향될 수 있습니다.
- 발생 빈도가 낮은 이벤트나 불균형한 데이터셋을 다루는 데 한계가 있을 수 있습니다.

3.3.4 랜덤 포레스트

랜덤 포레스트는 다양한 작업에 활용될 수 있는 앙상블 학습 방법으로, 분류와 회귀 모두에 사용됩니다. 이 방법은 학습 과정에서 여러 개의 결정 트리를 생성한 후, 분류의 경우 다수의 트리가 예측한 클래스가 최종 결과가 되고, 회귀의 경우 트리들이 예측한 값의 평균이 최종 결과가 됩니다. 랜덤 포레스트를 구성하는 알고리즘은 다음과 같이 요약할 수 있습니다.

1. **부트스트랩 샘플링**bootstrap sampling: 데이터를 무작위로 복원 추출하여 원본 데이터셋과 같은 크기의 새로운 데이터셋을 생성합니다.

2. **특성 선택**feature selection : 결정 트리를 만들 때 분할마다 무작위로 선택된 특성(열)들의 부분 집합을 사용합니다. 이는 트리 간 다양성을 높이고 과대적합을 줄이는 데 도움이 됩니다.

3. **트리 구축**tree building : 부트스트랩 샘플과 특성의 부분 집합을 사용해 결정 트리를 만듭니다. 트리는 선택된 특성을 기반으로 데이터를 분할하면서 재귀적으로 구축되며, 최대 깊이 또는 리프 노드의 최소 샘플 수와 같은 종료 기준에 도달할 때까지 계속됩니다.

4. **앙상블 학습**ensemble learning : 모든 결정 트리의 예측을 결합하여 최종 예측을 도출합니다. 분류의 경우, 가장 많은 트리가 선택한 클래스가 최종 예측이 되고, 회귀의 경우 모든 트리의 예측값 평균이 최종 예측이 됩니다.

랜덤 포레스트 알고리즘은 수학적으로 다음과 같이 표현할 수 있습니다.

주어진 데이터셋 D에 N개의 샘플과 M개의 특성이 있을 때, 앞서 설명한 단계를 적용하여 T개의 결정 트리 $\{Tree_1, Tree_2, ..., Tree_T\}$를 생성합니다. 각 결정 트리는 크기가 $N'(N' \leq N)$인 부트스트랩 샘플과 $m(m \leq M)$개의 특성으로 구성된 D'를 사용하여 구축됩니다. 결정 트리의 각 분할에서 F' 내의 $k(k < m)$개의 특성을 무작위로 선택하고, 불순도 측정(예: 지니 지수 또는 엔트로피)을 기반으로 데이터를 분할할 최적의 특성을 선택합니다. 트리는 최대 깊이 또는 리프 노드의 최소 샘플 수와 같은 종료 기준에 도달할 때까지 구축됩니다.

새로운 샘플 x에 대한 최종 예측 $\hat{y}$은 모든 결정 트리의 예측을 집계하여 얻습니다.

분류의 경우, $\hat{y}$은 모든 결정 트리로부터 가장 많은 표를 받은 클래스입니다.

$$\hat{y} = \arg\max_j \sum_i I(y_{i,j} = 1)$$

여기서 $y_{i,j}$는 i번째 샘플에 대해 j번째 결정 트리가 예측한 값이며, $I()$는 조건이 참일 경우 1을, 그렇지 않을 경우 0을 반환하는 지시 함수입니다.

회귀의 경우, $\hat{y}$은 모든 결정 트리의 예측 평균입니다.

$$\hat{y} = (1/T) \sum_{i=1}^{T} y_i$$

여기서 y_i는 새로운 샘플 x에 대한 i번째 결정 트리의 예측입니다.

요약하면, 랜덤 포레스트는 고차원 데이터나 잡음이 많은 데이터셋을 다룰 수 있는 강력한 머신러닝 알고리즘입니다. 이 알고리즘은 데이터와 특성의 부트스트랩 샘플을 사용하여 여러 개의 결정 트리를 생성하고, 이 트리들의 예측을 집계하여 최종 예측을 도출합니다. 랜덤 포레스트는 확장 가능하며 사용이 쉬울 뿐만 아니라, 특성 중요도를 평가할 수 있는 기능도 제공하여 다양한 머신러닝 응용 분야에서 인기가 높습니다.

랜덤 포레스트의 장점은 다음과 같습니다.

- **견고성**robustness: 랜덤 포레스트는 수치형, 범주형, 순서형 데이터를 포함한 다양한 입력 데이터 유형을 처리할 수 있는 매우 견고한 알고리즘입니다.
- **특성 선택**feature selection: 랜덤 포레스트는 특성의 중요도를 순위화할 수 있어, 사용자가 분류나 회귀 작업에 가장 중요한 특성을 식별할 수 있습니다.
- **과대적합 방지**overfitting: 랜덤 포레스트는 배깅bagging이라는 과대적합 감소 메커니즘이 내장되어 있어 새로운 데이터에 대해 일반화가 잘 됩니다.
- **확장성**scalability: 랜덤 포레스트는 다양한 특성을 가진 대규모 데이터셋을 처리할 수 있어 빅데이터 응용에 적합합니다.
- **이상치 처리**Outliers: 랜덤 포레스트는 결정 트리를 기반으로 하기 때문에 이상치를 효과적으로 처리할 수 있어 이상치의 존재에 강합니다.

랜덤 포레스트의 단점은 다음과 같습니다.

- **해석 가능성**interpretability: 랜덤 포레스트 모델은 결정 트리의 앙상블을 기반으로 하기 때문에 해석하기 어려울 수 있습니다.
- **훈련 시간**training time: 랜덤 포레스트의 훈련 시간은 다른 더 단순한 알고리즘보다 길 수 있으며, 특히 앙상블의 트리 수가 많을 때 그렇습니다.
- **메모리 사용**memory usage: 랜덤 포레스트는 결정 트리를 메모리에 저장해야 하기 때문에 다른 알고리즘보다 더 많은 메모리를 필요로 합니다.
- **편향**bias: 데이터가 불균형하거나 목표 변수의 카디널리티가 높은 경우 랜덤 포레스트는 편향을 겪을 수 있습니다.
- **과대적합**overfitting: 랜덤 포레스트는 과대적합을 방지하도록 설계되었지만, 하이퍼파라미터가 제대로 조정되지 않으면 여전히 과대적합될 수 있습니다.

전반적으로 랜덤 포레스트는 많은 장점을 가진 강력한 머신러닝 알고리즘이지만, 특정 문제에 적용하기 전에 그 한계를 고려하는 것이 중요합니다.

3.3.5 서포트 벡터 머신

서포트 벡터 머신support vector machines(SVM)은 분류와 회귀 작업 모두에 사용할 수 있는 강력한 지도 학습 알고리즘입니다. 특히 복잡한 결정 경계가 필요한 상황에서 뛰어난 성능을 발휘하며, 선형 모델의 한계를 뛰어넘습니다. 서포트 벡터 머신의 핵심 목표는 다차원 공간에서 클래스들을 최대한 분리할 수 있는 초평면을 찾는 것입니다. 이 초평면은 각 클래스의 가장 가까운 점들과의 거리를 최대화하는 위치에 놓이며, 이 점들을 서포트 벡터라고 부릅니다. 서포트 벡터 머신이 이진 분류 문제를 해결하는 방식은 다음과 같습니다.

주어진 학습 데이터 집합 $\{(x_1, y_1), (x_2, y_2), ..., (x_n, y_n)\}$에서, x_i는 d차원 특성 벡터이고 y_i는 이진 클래스 레이블(+1 또는 −1)일 때, SVM의 목표는 두 클래스를 가장 큰 여유 폭으로 분리하는 초평면을 찾는 것입니다. 이 여유 폭은 초평면과 각 클래스의 가장 가까운 데이터 점들 간의 거리로 정의됩니다.

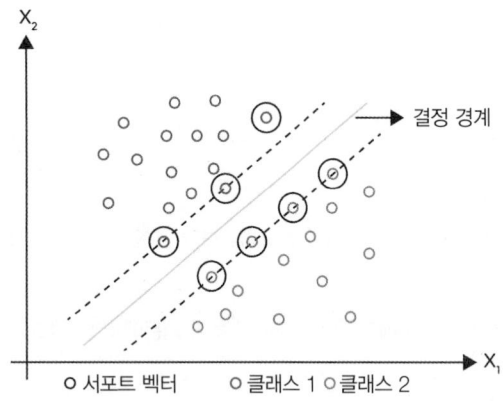

그림 3-2 SVM 마진[2]

초평면은 가중치 벡터 w와 편향 항 b에 의해 정의되며, 이를 통해 새로운 데이터 포인트 x에 대해 예측된 클래스 레이블 y는 다음 식으로 구할 수 있습니다.

---

2 컬러 이미지는 부록 411쪽 참조

$$y = \text{sign}(w^T x + b)$$

여기서 sign 함수는 인수가 양수일 경우 +1을, 그렇지 않으면 −1을 반환합니다.

서포트 벡터 머신의 목표 함수는 마진을 최대화하는 조건 하에서 분류 오류를 최소화하는 것입니다. 이는 다음과 같은 최적화 문제로 표현될 수 있습니다.

최소화 $\quad \frac{1}{2}\|w\|^2$

제약 조건 $\quad y_i(w^T x_i + b) \geq 1 \quad$ 모든 $i = 1, 2, \ldots, n$에 대해

여기서 $\|w\|^2$는 가중치 벡터 w의 유클리드 노름 제곱을 의미합니다. 이 제약 조건은 모든 데이터 포인트가 정확하게 분류되고, 마진이 최대화되도록 보장합니다.

서포트 벡터 머신의 장점은 다음과 같습니다.

- 고차원 공간에서 효과적이며, 특히 특성 수가 많을 때 유용합니다.
- 분류와 회귀 작업 모두에 사용할 수 있습니다.
- 선형적으로 분리할 수 있는 데이터뿐만 아니라 비선형적으로 분리할 수 있는 데이터에서도 잘 작동합니다.
- 마진 개념을 사용하여 이상치에 강합니다.
- 과대적합을 제어할 수 있는 정규화 매개변수를 가지고 있습니다.

서포트 벡터 머신의 단점은 다음과 같습니다.

- 커널 함수 선택에 민감하며, 커널 함수 선택에 따라 모델 성능이 크게 달라질 수 있습니다.
- 대규모 데이터셋에서는 계산 비용이 많이 듭니다.
- 서포트 벡터 머신 모델의 결과를 해석하기 어려울 수 있습니다.
- 좋은 성능을 얻기 위해 매개변수 조정이 필요합니다.

3.3.6 인공 신경망과 트랜스포머

신경망과 트랜스포머는 모두 이미지 분류, 자연어 처리, 음성 인식 등 다양한 작업에 사용되는 강력한 머신러닝 모델입니다.

신경망

신경망neural network은 인간 뇌의 구조와 기능에서 영감을 얻었습니다. 신경망은 분류, 회귀 등 다양한 작업에서 뛰어난 성능을 발휘하는 머신러닝 모델의 한 종류입니다. 이 모델은 뉴런이라 불리는 다수의 상호 연결된 노드로 구성된 여러 층으로 이루어져 있으며, 데이터를 효율적으로 처리하고 변환합니다. 각 층의 출력은 다음 층으로 전달되어, 특성 표현의 계층적 구조를 만들어냅니다. 첫 번째 층의 입력은 원시 데이터, 마지막 층의 출력은 예측된 결과입니다. [그림 3-3]은 키와 몸무게를 기반으로 개인의 성별을 감지하는 간단한 신경망의 예시입니다.

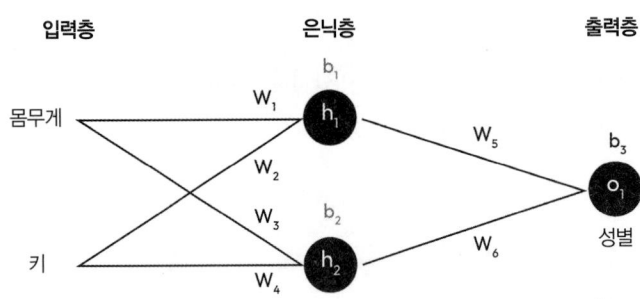

그림 3-3 간단한 신경망

신경망에서 단일 뉴런의 작동은 다음과 같은 식으로 표현할 수 있습니다.

$$y = f(\sum_{i=1}^{n} w_i x_i + b)$$

여기서 x_i는 입력값, w_i는 뉴런 간의 연결 가중치, b는 편향 항, f는 활성화 함수입니다. 활성화 함수는 입력값의 가중 합과 편향 항에 비선형 변환을 적용합니다.

신경망 훈련은 손실 함수를 최소화하도록 뉴런의 가중치와 편향을 조정하는 과정입니다. 이는 일반적으로 확률적 경사 하강법stochastic gradient descent과 같은 최적화 알고리즘을 사용하여 수행됩니다.

신경망의 장점으로는 입력과 출력 데이터 간의 복잡한 비선형 관계를 학습할 수 있는 능력, 원시 데이터에서 의미 있는 특성을 자동으로 추출할 수 있는 능력, 그리고 대규모 데이터셋에 대한 확장성 등이 있습니다.

신경망의 단점으로는 높은 계산 및 메모리 요구 사항, 하이퍼파라미터 튜닝hyperparameter tuning에 대한 민감성, 그리고 내부 표현을 해석하기 어렵다는 점 등이 있습니다.

트랜스포머

트랜스포머는 텍스트나 음성처럼 순차적인 데이터를 처리하는 데 특히 적합한 신경망 아키텍처의 일종입니다. 처음에는 자연어 처리 분야에서 도입되었지만, 이후 다양한 작업에 널리 적용되고 있습니다.

트랜스포머의 핵심 구성 요소는 셀프 어텐션$^{self-attention}$ 메커니즘으로, 이 메커니즘을 통해 모델은 출력을 계산할 때 입력 시퀀스의 다양한 부분에 주의를 기울일 수 있습니다. 셀프 어텐션 메커니즘은 쿼리 벡터, 키 벡터, 값 벡터 간의 내적$^{dot\ product}$을 기반으로 하며, 이로 인해 생성된 어텐션 가중치$^{attention\ weights}$는 값 벡터에 가중치를 부여하고, 이를 결합하여 최종 출력을 생성합니다.

셀프 어텐션 연산은 다음과 같은 식으로 표현됩니다.

$$Q = XW_Q$$
$$K = XW_K$$
$$V = XW_V$$
$$A(Q, K, V) = \text{softmax}\left(\frac{QK^T}{\sqrt{d_K}}\right)V$$

여기서 X는 입력 시퀀스, W_Q, W_K, W_V는 각각 쿼리, 키, 값 벡터에 대한 학습된 투영 행렬입니다. d_K는 키 벡터의 차원이며, W_O는 어텐션 메커니즘의 출력을 최종 출력으로 매핑하는 학습된 투영 행렬입니다.

트랜스포머의 장점으로는 가변 길이 입력 시퀀스를 처리할 수 있는 능력, 데이터의 장거리 의존성을 포착할 수 있는 능력, 그리고 많은 자연어 처리 작업에서 최첨단 성능을 보인다는 점이 있습니다.

트랜스포머의 단점으로는 높은 계산 및 메모리 요구 사항, 하이퍼파라미터 튜닝에 대한 민감성, 그리고 순차적 동적 모델링이 명시적으로 필요한 작업을 처리하기 어렵다는 점이 있습니다.

이는 가장 인기 있는 머신러닝 모델 중 일부일 뿐입니다. 모델 선택은 당면한 문제, 데이터의 크기와 품질, 그리고 원하는 결과에 따라 달라집니다. 이제 가장 일반적인 머신러닝 모델들을 살펴보았으니, 훈련 과정에서 발생하는 모델의 과소적합과 과대적합에 대해 알아봅니다.

3.4 모델 과소적합과 과대적합

머신러닝의 궁극적인 목표는 새로운 데이터에 대해서도 우수한 성능을 보이는 모델을 개발하는 것입니다. 그러나 과소적합underfitting이나 과대적합overfitting 문제로 인해 목표 달성이 쉽지 않을 수 있습니다. 과소적합은 모델이 너무 단순해서 데이터의 복잡한 패턴을 제대로 학습하지 못하는 상황을 말합니다. 특성과 목표 변수 간의 관계를 제대로 학습하지 못해 훈련 데이터와 테스트 데이터 모두에서 낮은 성능을 보이게 됩니다. [그림 3-4]는 이러한 과소적합의 예를 보여 주며, 이는 우리가 추구하는 이상적인 모델과는 거리가 있습니다. 이상적인 모델은 [그림 3-5]에 나타난 것처럼 정확한 모델입니다.

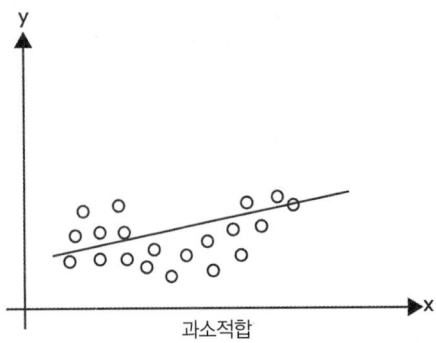

그림 3-4 훈련 데이터에 대한 머신러닝 모델의 과소적합

과소적합은 모델이 충분히 훈련되지 않았거나 모델의 복잡성이 데이터의 기본 패턴을 포착하기에 부족할 때 발생합니다. 이 문제를 해결하기 위해 더 복잡한 모델을 사용하고 훈련 과정을 계속할 수 있습니다.

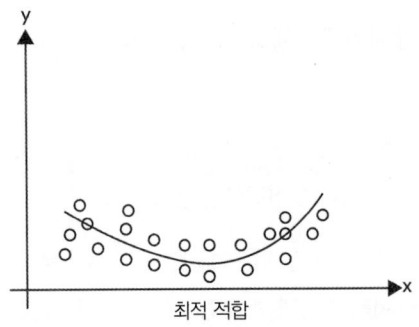

그림 3-5 훈련 데이터에 대한 머신러닝 모델의 최적 적합

최적 적합은 모델이 데이터의 패턴을 잘 포착하면서도, 모든 샘플에 과도하게 맞추지 않는 상태를 의미합니다. 이는 모델이 새로운 데이터에 대해 더 나은 성능을 발휘할 수 있습니다.

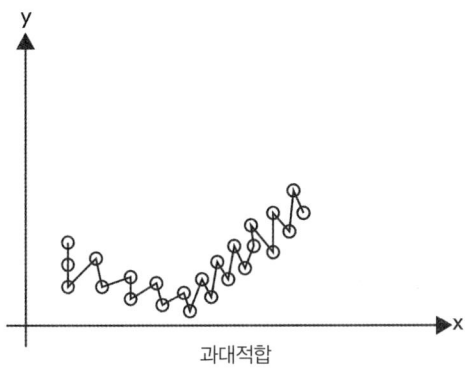

그림 3-6 훈련 데이터에 대한 과대적합된 모델

반면, 과대적합은 모델이 너무 복잡해져서 훈련 데이터에 지나치게 맞춰질 때 발생합니다. [그림 3-6]에서 볼 수 있듯이, 이는 새로운 데이터에 대한 일반화 성능이 떨어지는 결과를 초래할 수 있습니다. 과대적합은 모델이 데이터의 본질적인 패턴 대신 훈련 데이터의 노이즈나 우연한 변동을 학습할 때 발생합니다. 즉, 모델이 훈련 데이터에 너무 특화되어 테스트 데이터에서는 성능이 좋지 않게 됩니다. 그림과 같이 과대적합된 모델은 각 샘플을 매우 정확하게 예측하려고 합니다. 이 모델의 문제점은 일반적인 패턴을 학습하지 않고 각 개별 샘플의 특성을 학습하여, 새로운 데이터를 접했을 때 성능이 크게 저하된다는 것입니다.

과소적합과 과대적합 사이의 균형을 이해하는 데 유용한 개념이 편향-분산 트레이드오프 bias-variance trade-off입니다. 편향은 모델의 예측값과 훈련 데이터의 실젯값 사이의 차이를 나타냅니다. 높은 편향은 모델이 데이터의 기본 패턴을 포착하기에 충분히 복잡하지 않아 데이터를 과소적합한다는 것을 의미합니다(그림 3-7). 과소적합된 모델은 훈련 데이터와 테스트 데이터 모두에서 성능이 좋지 않습니다.

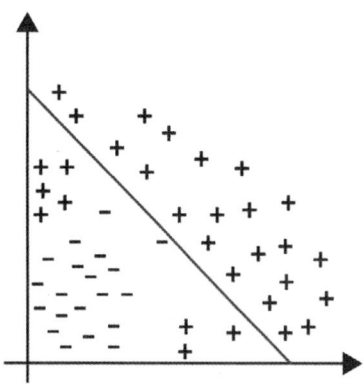

그림 3-7 높은 편향

반면, 분산은 훈련 데이터의 작은 변화에 대한 모델의 민감도를 나타냅니다. 높은 분산은 모델이 지나치게 복잡하여 데이터를 과대적합하고, 이는 새로운 데이터에 대한 일반화 성능 저하로 이어집니다. 과대적합된 모델은 훈련 데이터에서는 좋은 성능을 보이지만 테스트 데이터에서는 성능이 떨어집니다.

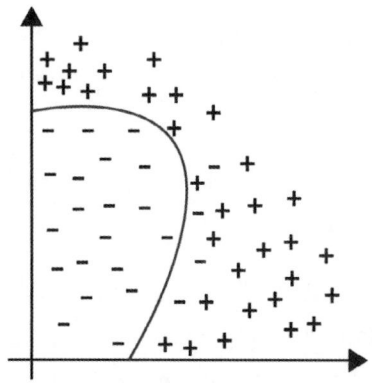

그림 3-8 적절한 균형(높은 편향도, 높은 분산도 아님)

편향과 분산 사이의 균형을 맞추기 위해서는 너무 단순하지도, 너무 복잡하지도 않은 모델을 선택해야 합니다. 이를 편향-분산 트레이드오프라고 합니다(그림 3-8). 높은 편향과 낮은 분산을 가진 모델은 복잡도를 높여 개선할 수 있고, 높은 분산과 낮은 편향을 가진 모델은 복잡도를 낮춰 개선할 수 있습니다.

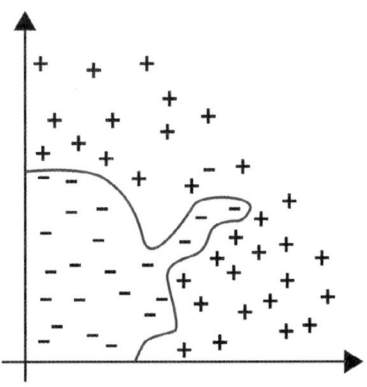

그림 3-9 높은 분산

모델의 편향과 분산을 줄이는 방법은 여러 가지가 있습니다. 흔히 사용되는 방법 중 하나는 정규화로, 손실 함수에 패널티 항을 추가하여 모델의 복잡도를 제어합니다. 또 다른 방법은 앙상블을 사용하는 것으로, 여러 모델을 결합하여 분산을 줄임으로써 전체 성능을 향상시킵니다. 교차 검증 역시 모델의 성능을 평가하고 하이퍼파라미터를 조정하여 편향과 분산 사이의 최적의 균형을 찾는 데 활용될 수 있습니다.

전반적으로, 머신러닝에서 편향과 분산을 이해하는 것은 매우 중요합니다. 이를 통해 적절한 모델을 선택하고 모델의 오류 원인을 파악할 수 있기 때문입니다.

편향은 실제 세계의 문제를 단순화된 모델로 근사할 때 발생하는 오류를 말합니다. 반면 분산은 모델이 훈련 데이터의 작은 변동에 민감하게 반응하여 발생하는 오류를 의미합니다.

모델이 높은 편향과 낮은 분산을 가질 때, 이를 과소적합이라고 합니다. 이는 모델이 문제의 복잡성을 제대로 포착하지 못하고 지나치게 단순한 가정을 하고 있다는 뜻입니다. 반대로 모델이 낮은 편향과 높은 분산을 가질 때, 이를 과대적합이라고 합니다. 이는 모델이 훈련 데이터에 너무 민감하게 반응하여 기본 패턴 대신 노이즈를 학습하고 있다는 의미입니다.

과소적합을 극복하기 위해서는 모델의 복잡도를 높이거나, 더 많은 특성을 추가하거나, 더 정교한 알고리즘을 사용할 수 있습니다. 과대적합을 방지하기 위해서는 다음과 같은 방법들을 사용할 수 있습니다.

교차 검증

머신러닝 모델의 성능을 평가하는 것은 필수적입니다. 교차 검증cross-validation은 모델의 효과를 평가하는 방법으로, 데이터의 일부로 모델을 훈련시키고 나머지로 테스트합니다. 서로 다른 부분집합을 훈련과 평가에 번갈아 사용함으로써 과대적합의 위험을 크게 줄일 수 있습니다. 이 기법에 대해서는 데이터 분할에 관한 다음 절에서 자세히 다루겠습니다.

정규화

정규화regularization는 훈련 과정에서 손실 함수에 패널티 항을 추가하여 모델의 복잡도를 줄이고 과대적합을 방지하는 기법입니다. L1 정규화(라쏘), L2 정규화(릿지), 엘라스틱넷Elastic Net 정규화 등 다양한 기법이 있습니다.

조기 종료

조기 종료early stopping는 검증 데이터에 대한 모델의 성능이 저하되기 시작할 때 훈련 과정을 중단하는 기법입니다. 이는 모델이 이미 최대 성능에 도달했을 때 훈련 데이터로부터 계속 학습하는 것을 막아 과대적합을 방지합니다. 이 기법은 주로 딥러닝과 같이 모델이 여러 반복(에폭epoch)에 걸쳐 훈련되는 반복적 알고리즘에서 사용됩니다. 조기 종료를 사용하려면 일반적으로 훈련 및 검증 부분집합에 대한 모델 성능을 평가하면서 모델을 훈련합니다. 모델의 성능은 보통 훈련이 진행될수록 훈련 세트에서 향상되지만, 모델이 검증 세트를 보지 않았기 때문에 검증 오류는 처음에는 감소하다가 어느 시점에서 다시 증가하기 시작합니다. 이 시점이 바로 모델이 과대적합되기 시작하는 지점입니다. 훈련 중 모델의 훈련 및 검증 오류를 시각화함으로써 이 시점을 식별하고 모델을 중단할 수 있습니다(그림 3-10).

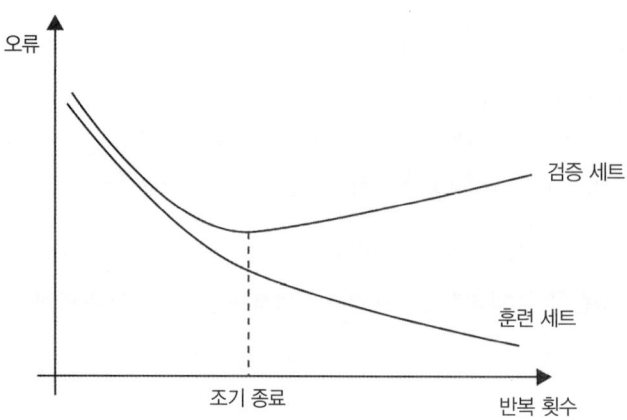

그림 3-10 조기 종료

드롭아웃

심층 학습 모델에서 사용되는 기법으로, 훈련 과정 중 일부 뉴런을 무작위로 비활성화합니다. 이 방법은 모델이 특정 특성이나 뉴런에 과도하게 의존하는 것을 방지하고, 훈련 데이터에 과대적합되는 것을 막아줍니다. 학습 중 모델의 일부 뉴런 가중치를 임시로 제거함으로써, 모델이 더 일반적인 패턴을 학습하도록 유도하고 훈련 데이터를 단순히 암기하는 것을 방지합니다.

데이터 증강

기존 데이터셋에 회전, 크기 조정, 좌우 반전 등의 변형을 적용하여 인위적으로 훈련 데이터의 양을 늘리는 방법입니다. 이를 통해 훈련 데이터를 효과적으로 확장할 수 있습니다. 이 전략은 모델에게 더 다양한 학습 예제를 제공함으로써 과대적합을 완화하고 모델의 일반화 능력을 향상시키는 데 도움을 줍니다.

앙상블 방법

여러 개의 모델을 결합하여 전체적인 성능을 개선하고 과대적합을 방지하는 기법입니다. 배깅, 부스팅, 스태킹과 같은 다양한 앙상블 기법을 사용하여 이를 구현할 수 있습니다. 각 기법은 서로 다른 방식으로 모델을 결합하여 더 강력하고 안정적인 예측을 만들어냅니다.

이러한 다양한 기법들을 적절히 활용하면 과대적합을 효과적으로 방지하고, 훈련하지 않은 새로운 데이터에 대해서도 잘 일반화되는 모델을 구축할 수 있습니다. 실제 적용에 있어서는 모델의 훈련 성능과 테스트 성능을 지속적으로 모니터링하고, 이를 바탕으로 적절히 조정해나가는 것이 중요합니다. 이를 통해 최상의 일반화 성능을 달성할 수 있습니다. 다음 절에서는 데이터를 훈련용과 테스트용으로 효과적으로 나누는 방법에 대해 자세히 설명하겠습니다.

3.5 데이터 분할

머신러닝 모델을 개발할 때, 데이터를 훈련 세트, 검증 세트, 테스트 세트로 나누는 것이 중요합니다. 이를 데이터 분할이라고 합니다. 데이터 분할은 모델의 성능을 새로운, 처음 보는 데이터에서 평가하고, 과대적합을 방지하기 위해 수행됩니다.

가장 일반적인 데이터 분할 방법은 훈련-테스트 분할입니다. 이 방법은 데이터를 두 세트로 나누는데, 하나는 모델을 훈련시키는 데 사용되는 훈련 세트이고, 다른 하나는 모델의 성능을 평가하는 데 사용되는 테스트 세트입니다. 데이터는 무작위로 두 세트로 나뉘며, 일반적인 비율은 훈련에 80%, 테스트에 20%를 사용하는 것입니다. 이 방식을 사용하면 모델은 대부분의 데이터(훈련 데이터)로 학습하고, 나머지 데이터(테스트 세트)로 테스트됩니다. 이를 통해 새롭고 처음 보는 데이터를 기반으로 모델의 성능을 평가할 수 있습니다.

머신러닝 모델 개발 과정에서는 하이퍼파라미터를 조정하는 경우가 많습니다(하이퍼파라미터 튜닝에 대해서는 다음 절에서 설명할 예정입니다). 이 경우, 테스트 세트에서 얻은 성능이 단순히 특정 하이퍼파라미터 조합에 의한 우연이 아니라 신뢰할 수 있는 성능임을 확인하고자 합니다. 이때 훈련 데이터의 크기에 따라 데이터를 60%, 20%, 20%(또는 70%, 15%, 15%)로 나누어 훈련, 검증, 테스트에 사용할 수 있습니다. 이 경우, 모델을 훈련 데이터로 학습시킨 후 검증 세트에서 가장 좋은 성능을 제공하는 하이퍼파라미터를 선택합니다. 그런 다음, 모델 학습이나 하이퍼파라미터 선택 과정에서 사용되지 않은 테스트 세트에서 실제 모델 성능을 보고합니다.

특히 훈련 데이터의 양이 제한적일 때 사용되는 더 고급 데이터 분할 방법으로 k-폴드 교차 검증이 있습니다. 이 방법에서는 데이터를 k개의 동일한 크기의 '폴드'로 나누고, 모델을 k번 반복해서 훈련 및 테스트합니다. 각 반복에서 하나의 폴드가 테스트 세트로, 나머지 폴드들이 훈련 세트로 사용됩니다. 각 폴드의 결과를 평균 내어 모델의 전체적인 성능을 측정합니다. k-폴드 교차 검증은 특히 데이터세트가 작아 단순 훈련-테스트 분할 시 성능 평가에 큰 편차가 발생할 수 있는 경우에 유용합니다. 이 방법을 사용할 때는 [그림 3-11]과 같이 k개의 각 폴드에 대한 모델의 평균, 최소, 최대 성능을 함께 보고하여 모델 성능의 전반적인 분포를 파악할 수 있습니다.

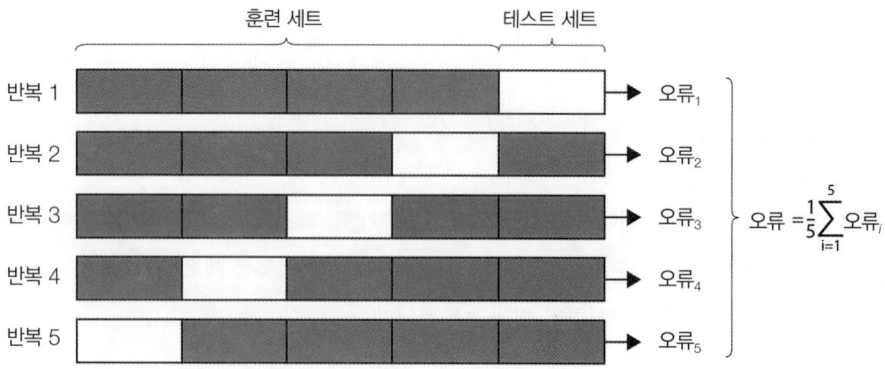

그림 3-11 K-폴드 교차 검증

K-폴드 교차 검증의 또 다른 변형으로 계층화 K-폴드 교차 검증stratified k-fold cross-validation이 있습니다. 이 방법은 모든 폴드에서 목표 변수의 분포가 일정하게 유지되도록 합니다. 이는 특히 한 클래스의 샘플 수가 다른 클래스에 비해 현저히 적은 불균형 데이터셋을 다룰 때 특히 유용합니다.

시계열 데이터를 다룰 때는 분할에 특별한 주의가 필요합니다. 이 경우 일반적으로 시계열 교차 검증이라는 방법을 사용하며, 이 방법은 데이터의 시간 순서를 유지합니다. 이 방법에서는 데이터를 여러 구간으로 나누고, 각 구간이 일정한 시간 간격을 나타내도록 합니다. 이후 모델은 과거 데이터를 학습하고 미래 데이터를 테스트하는 방식으로 진행됩니다. 이를 통해 실제 환경에서 모델의 성능을 평가할 수 있습니다. [그림 3-12]는 시계열 문제에서 데이터를 분할하는 방법의 예시를 보여 줍니다.

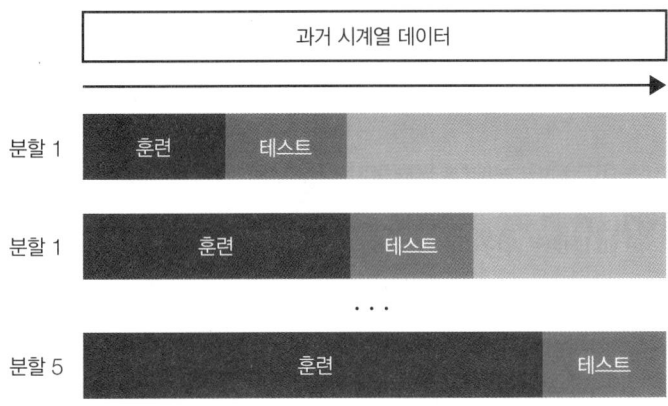

그림 3-12 시계열 데이터 분할

모든 경우에 데이터 분할은 무작위로 이루어져야 하지만, 결과의 재현성을 보장하기 위해 동일한 난수 시드random seed를 사용하는 것이 중요합니다. 또한, 분할이 데이터의 대표성을 유지하는지도 확인해야 합니다. 즉, 목표 변수의 분포가 모든 세트에서 일관되게 유지되어야 합니다. 데이터를 훈련과 테스트를 위해 여러 하위 집합으로 나눈 후에는, 모델에 가장 적합한 하이퍼파라미터를 찾는 과정으로 넘어갈 수 있습니다. 이 과정을 하이퍼파라미터 튜닝이라고 하며, 다음 절에서 설명할 것입니다.

3.6 하이퍼파라미터 튜닝

하이퍼파라미터 튜닝hyperparameter tuning은 머신러닝 과정에서 매우 중요한 단계로, 주어진 모델에 가장 적합한 하이퍼파라미터 세트를 선택하는 과정입니다. 하이퍼파라미터는 학습 과정이 시작되기 전에 설정되는 값들로, 모델의 성능에 상당한 영향을 미칩니다. 예를 들어, 학습률, 정규화 강도, 신경망의 은닉층 수 등이 하이퍼파라미터에 해당합니다.

하이퍼파라미터 튜닝의 목적은 모델의 최적 성능을 이끌어내는 최상의 하이퍼파라미터 조합을 찾는 것입니다. 이는 주로 미리 정의된 하이퍼파라미터 세트를 체계적으로 탐색하고, 각 조합의 성능을 검증 세트에서 평가하는 방식으로 이루어집니다.

하이퍼파라미터 튜닝 방법에는 그리드 탐색, 랜덤 탐색, 베이지안 최적화 등이 있습니다. 그리드 탐색은 가능한 모든 하이퍼파라미터 조합을 격자 형태로 만들어 각각을 평가합니다. 랜덤 탐색은 정해진 분포에서 하이퍼파라미터를 무작위로 추출하여 평가합니다.

그리드 탐색grid search과 **랜덤 탐색**random search은 이전 결과를 고려하지 않고 탐색 공간을 전체적으로 또는 무작위로 탐색하기 때문에 비효율적일 수 있습니다. 이에 대한 대안으로 베이지안 최적화Bayesian optimization가 제안되었습니다. 이 방법은 함수의 사후 분포를 반복적으로 계산하고 과거 평가 결과를 고려하여 최적의 하이퍼파라미터를 찾습니다. 이 접근 방식을 통해 더 적은 반복으로 최적의 하이퍼파라미터 세트를 찾을 수 있습니다.

베이지안 최적화는 과거의 평가 결과를 바탕으로 하이퍼파라미터를 목적 함수의 점수와 확률적으로 매핑합니다. 이는 다음 식으로 설명할 수 있습니다.

$$P(점수 \mid 하이퍼파라미터)$$

베이지안 최적화의 과정은 다음과 같습니다.

1. 목적 함수에 대한 대리 확률 모델을 구축합니다.
2. 이 대리 모델을 기반으로 최적의 하이퍼파라미터를 추정합니다.
3. 추정된 하이퍼파라미터를 실제 목적 함수에 적용합니다.
4. 새로운 결과를 반영하여 대리 모델을 업데이트합니다.
5. 최대 반복 횟수나 시간 제한에 도달할 때까지 2~4단계를 반복합니다.

순차 모델 기반 최적화sequential model-based optimization(SMBO) 방법은 베이지안 최적화의 일종으로, 각 단계에서 더 나은 하이퍼파라미터를 시도하고, 그 결과를 바탕으로 확률 모델(대리 모델surrogate)을 업데이트하는 방식으로 진행됩니다. SMBO 방법은 특히 목표 함수의 대리 모델을 구축하는 방식과 다음 하이퍼파라미터를 선택하는 기준에서 차이를 보입니다. 이 방법의 변형에는 가우스 프로세스, 랜덤 포레스트 회귀, 트리 구조 파젠 추정기parzen estimator 등 다양한 기법이 포함됩니다.

저차원 문제에서 수치형 하이퍼파라미터를 다룰 때, 베이지안 최적화는 가장 효과적인 하이퍼파라미터 최적화 방법으로 간주됩니다. 그러나 이 방법은 중간 차원의 문제에만 적합하다는 제한이 있습니다.

이 외에도 하이퍼파라미터 튜닝 과정을 자동화하는 여러 라이브러리가 존재합니다. 예를 들어, 사이킷런의 GridSearchCV와 RandomizedSearchCV, Keras Tuner, Optuna 등이 있으며, 이 라이브러리를 통해 효율적인 하이퍼파라미터 튜닝이 가능하고, 이를 통해 머신러닝 모델의 성능을 크게 향상시킬 수 있습니다.

머신러닝에서 하이퍼파라미터 최적화는 복잡하고 시간이 많이 소요될 수 있습니다. 이 과정에서 주로 두 가지 복잡성이 발생합니다. 하나는 시도 실행 시간이고, 다른 하나는 평가할 하이퍼파라미터 조합의 수를 포함한 탐색 공간의 복잡성입니다. 특히 딥러닝에서는 탐색 공간이 광범위하고, 대규모 훈련 데이터셋이 사용되기 때문에 이러한 문제가 더욱 두드러집니다.

이러한 문제를 해결하고 탐색 공간을 줄이기 위해 몇 가지 표준 기법을 활용할 수 있습니다. 예를 들어, 통계적 샘플링을 통해 훈련 데이터셋의 크기를 줄이거나 특징 선택 기법을 적용하여 각 시도의 실행 시간을 단축할 수 있습니다. 또한, 최적화 대상이 되는 주요 하이퍼파라미터를 식별하고, 정확도 외에도 작업 수나 최적화 시간 같은 추가적인 목표 함수를 사용하는 것도 탐색 공간의 복잡성을 줄이는 데 도움이 됩니다.

연구자들은 정확도와 시각화를 결합하여 역합성곱 네트워크deconvolution network를 통해 뛰어난 결과를 얻어냈습니다. 하지만 이러한 기법들이 모든 문제를 해결하는 것은 아니며, 최적의 접근법은 문제의 특성에 따라 달라질 수 있다는 점을 기억해야 합니다.

또한 모델 성능을 향상시키는 일반적인 방법 중 하나는 여러 모델을 병렬로 사용하는 앙상블 모델을 활용하는 것입니다. 앙상블 모델은 머신러닝 문제를 해결하는 데 매우 효과적인 도구입니다.

3.7 앙상블 모델

앙상블 모델링은 여러 모델의 예측을 결합하여 전체적인 성능을 향상시키는 머신러닝 기법입니다. 앙상블 모델의 주요 내용은 서로 다른 모델들이 데이터의 다양한 패턴을 포착할 수 있기 때문에, 여러 모델을 적절히 결합하면 단일 모델보다 더 우수한 성능을 얻을 수 있다는 것입니다.

앙상블 모델에는 여러 유형이 있으며, 이에 대해 다음 절에서 자세히 살펴보겠습니다.

3.7.1 배깅

부트스트랩 집계bootstrap aggregating, 일명 **배깅**bagging은 훈련 데이터의 서로 다른 부분집합에서 학습된 여러 독립적인 모델을 결합하는 앙상블 방법입니다. 이 방법은 모델의 분산을 줄이고 일반화 성능을 개선하는 데 효과적입니다.

배깅 알고리즘의 주요 단계는 다음과 같습니다.

1. 크기 n의 훈련 데이터셋이 주어지면, m개의 크기 n 부트스트랩 샘플을 생성합니다. 이는 n개의 인스턴스를 복원 추출로 m번 샘플링하는 것을 의미합니다.
2. 각 부트스트랩 샘플에 대해 독립적으로 기본 모델(예: 결정 트리)을 학습시킵니다.
3. 모든 기본 모델의 예측을 집계하여 최종 앙상블 예측을 얻습니다. 분류 문제의 경우 다수결 투표를, 회귀 문제의 경우 평균을 사용합니다.

배깅 알고리즘은 특히 결정 트리와 같이 기본 모델이 불안정한(즉, 높은 분산을 가진) 경우와 훈련 데이터셋이 비교적 작은 경우에 매우 효과적입니다.

기본 모델들의 예측을 집계하는 방식은 문제의 유형에 따라 달라집니다. 분류 문제의 경우, 앙상블 예측은 다음과 같이 다수결 투표를 통해 얻어집니다.

앙상블 모델에서 예측은 다음과 같은 식으로 표현할 수 있습니다.

$$Y_{ensemble} = \mathrm{argmax}_j \sum_{i=1}^{m} I(y_{ij} = j)$$

여기서 y_{ij}는 i번째 기본 모델이 j번째 인스턴스에 대해 예측한 클래스이며, $I()$는 지시 함수로,

조건이 참이면 1, 그렇지 않으면 0을 반환합니다.

회귀의 경우, 앙상블 예측은 각 모델의 예측값을 평균하여 얻습니다.

$$Y_{ensemble} = \frac{1}{m}\sum_{i=1}^{m} y_i$$

여기서 y_i는 i번째 기본 모델의 예측값입니다.

배깅의 장점은 다음과 같습니다.

- 분산을 줄이고 과대적합을 방지하여 모델의 일반화 성능을 향상시킵니다.
- 복잡한 관계를 가진 고차원 데이터셋을 효과적으로 처리할 수 있습니다.
- 다양한 유형의 기본 모델과 함께 사용할 수 있습니다.

배깅의 단점은 다음과 같습니다.

- 여러 개의 기본 모델을 사용하는 만큼 모델의 복잡성과 계산 시간이 증가합니다.
- 기본 모델이 지나치게 복잡하거나 데이터셋이 너무 작은 경우, 오히려 과대적합이 발생할 수 있습니다.
- 기본 모델들이 상관관계가 매우 높거나 편향된 경우, 배깅의 효과가 감소할 수 있습니다.

3.7.2 부스팅

부스팅boosting은 약한 분류기들의 성능을 결합해 더 강력한 분류기를 만드는 인기 있는 앙상블 학습 기법입니다. 배깅과는 달리, 부스팅은 훈련 예제의 가중치를 조정하여 분류기의 정확도를 반복적으로 개선하는 데 중점을 둡니다. 부스팅의 주요 내용은 이전 약한 분류기의 실수를 학습하고, 이전 반복에서 잘못 분류된 예제에 더 큰 가중치를 부여하는 것입니다.

부스팅 알고리즘에는 여러 종류가 있지만, 그중 가장 널리 사용되는 알고리즘 중 하나는 AdaBoost^{adaptive boosting}입니다. AdaBoost 알고리즘의 작동 방식은 다음과 같습니다.

1. 먼저, 훈련 예제의 가중치를 모두 동일하게 초기화합니다.
2. 그런 다음, 훈련 세트에서 약한 분류기를 학습시킵니다.
3. 이후, 약한 분류기의 가중 오류율을 계산합니다.

4. 약한 분류기의 가중 오류율을 바탕으로 해당 분류기의 중요도를 계산합니다.
5. 약한 분류기가 잘못 분류한 예제들의 가중치를 증가시킵니다.
6. 예제들의 가중치가 합해서 1이 되도록 정규화합니다.
7. 2단계부터 6단계까지의 과정을 미리 정해진 반복 횟수 동안 또는 원하는 정확도에 도달할 때까지 반복합니다.
8. 마지막으로, 약한 분류기들을 중요도에 따라 가중치를 부여하여 강력한 분류기로 결합합니다.

최종 분류기는 약한 분류기들의 가중 결합으로 이루어지며, 각 약한 분류기의 중요도는 해당 분류기의 가중 오류율에 따라 결정됩니다. 이 가중 오류율은 다음과 같은 식으로 계산됩니다.

$$\text{가중 오류율}_m = \frac{\sum_{i=1}^{N} w_i I(y_i - h_m(x_i))}{\sum_{i=1}^{N} w_i}$$

여기서 m은 약한 분류기의 인덱스, N은 훈련 예제의 수, w_i는 i번째 훈련 예제의 가중치, y_i는 i번째 훈련 예제의 실제 레이블, $h_m(x_i)$는 m번째 약한 분류기의 예측값을 의미하며, $I(y_i \neq h_m(x_i))$는 예측이 틀렸을 때 1을 반환하는 지시 함수입니다.

약한 분류기의 중요도는 다음 식으로 계산됩니다.

$$\alpha_m = \ln\left(\frac{1 - \text{오류}_m}{\text{오류}_m}\right)$$

훈련 예제들의 가중치는 이 중요도를 반영하여 다음과 같이 갱신됩니다.

$$w_i = w_i^{\alpha_m I(y_i - h_m(x_i))}$$

최종 분류기는 모든 약한 분류기들을 결합하여 다음과 같이 구합니다.

$$H(x) = \text{sign}\left(\sum_{m=1}^{M} \alpha_m h_m(x)\right)$$

여기서 M은 전체 약한 분류기의 수, $h_m(x)$는 m번째 약한 분류기의 예측 결과입니다. `sign()` 함수는 괄호 안의 인수 값이 양수면 +1을, 음수면 −1을 반환합니다.

부스팅의 주요 장점은 다음과 같습니다.

- 약한 분류기들의 성능을 크게 개선하여 전체적인 예측 정확도를 높일 수 있습니다.
- 구현이 비교적 간단하며, 다양한 유형의 분류 문제에 적용할 수 있습니다.
- 노이즈가 있는 데이터에 대해서도 견고한 성능을 보이며, 과대적합의 위험을 줄일 수 있습니다.

반면, 부스팅의 주요 단점은 다음과 같습니다.

- 이상치에 민감할 수 있으며, 노이즈가 많은 데이터에 대해 과대적합될 가능성이 있습니다.
- 특히 대규모 데이터셋을 다룰 때 상당한 계산 리소스가 필요할 수 있습니다.
- 여러 약한 분류기를 복잡하게 조합하기 때문에, 최종 모델의 결정 과정을 해석하기 어려울 수 있습니다.

3.7.3 스태킹

스태킹stacking은 여러 기본 모델의 예측을 결합하여 더 나은 성능을 얻기 위해, 상위 모델을 학습시키는 앙상블 학습 기법입니다. 스태킹의 주요 내용은 다양한 기본 모델의 강점을 결합해 더 우수한 예측 성능을 달성하는 데 있습니다.

스태킹의 작동 방식은 다음과 같습니다.

1. 훈련 데이터를 두 부분으로 나눕니다. 첫 번째 부분은 기본 모델들을 학습시키는 데 사용하고, 두 번째 부분은 기본 모델들이 예측한 결과로 새로운 데이터셋을 만드는 데 사용합니다.
2. 첫 번째 부분의 훈련 데이터를 사용해 여러 기본 모델을 학습시킵니다.
3. 훈련된 기본 모델들을 사용해 두 번째 부분의 훈련 데이터에 대해 예측을 수행하고, 이 예측 결과로 새로운 데이터셋을 만듭니다.
4. 이렇게 만들어진 예측 데이터셋을 활용해 상위 모델(메타모델 또는 블렌더)을 학습시킵니다.
5. 훈련된 상위 모델을 사용해 테스트 데이터에 대한 최종 예측을 수행합니다.

상위 모델은 일반적으로 선형 회귀, 로지스틱 회귀, 또는 결정 트리와 같은 단순한 모델을 사용합니다. 이 모델은 기본 모델들의 예측을 입력 특성으로 사용하여, 이를 결합해 더 정확한 예측을 할 수 있도록 학습합니다.

3.7.4 랜덤 포레스트

가장 널리 알려진 앙상블 모델 중 하나인 랜덤 포레스트random forest는 여러 결정 트리의 예측을 결합하여 최종 예측을 도출합니다. 이 방법은 일반적으로 단일 모델보다 더 높은 정확도를 보이며, 과대적합에 대한 저항력도 강합니다. 랜덤 포레스트에 대한 자세한 설명은 이번 장 앞부분에서 이미 다루었습니다.

3.7.5 그레이디언트 부스팅

그레이디언트 부스팅gradient boosting은 분류와 회귀 작업 모두에 사용될 수 있는 강력한 앙상블 모델입니다. 앙상블 모델입니다. 이 기법은 약한 분류기(예: 간단한 결정 트리)를 기반으로, 각 단계에서 이 약한 분류기를 점진적으로 개선하여 더 강력한 모델을 구축하는 방식으로 작동합니다. 주요 내용은 모델이 이전 단계에서의 오류에 집중하여, 그 오류를 수정하는 방향으로 모델을 개선해나가는 것입니다.

각 반복 단계에서 알고리즘은 예측값에 대한 손실 함수의 음의 그레이디언트를 계산한 후, 이 음의 그레이디언트 값을 예측하는 결정 트리를 학습시킵니다. 새로운 트리의 예측 결과는 이전 트리들의 예측과 결합되며, 이때 학습률 파라미터를 통해 각 트리가 최종 예측에 기여하는 정도를 조절합니다.

그레이디언트 부스팅 모델의 최종 예측은 각 트리의 예측을 학습률로 가중하여 합산한 값으로 얻어집니다.

그레이디언트 부스팅 알고리즘의 작동 과정을 식으로 나타내면 다음과 같습니다.

먼저, 모델은 상숫값으로 초기화됩니다.

$$F_0(x) = \text{argmin}_c \sum_{i=1}^{N} L(y_i, c)$$

여기서 c는 상수, y_i는 i번째 샘플의 실제 레이블, N은 샘플의 수, L은 예측값과 실제 레이블 간의 오류를 측정하는 손실 함수입니다.

매 반복 단계 m에서 예측값에 대한 손실 함수의 음의 그레이디언트 값 $r_m = -\nabla L(y, F(x))$에 맞취 결정 트리를 학습시킵니다. 이 결정 트리는 음의 그레이디언트 값을 예측하며, 다음 식을 통해 모델의 예측을 업데이트합니다.

$$F_m(x) = F_{m-1}(x) + \eta h_m(x)$$

여기서 $F_{m-1}(x)$는 이전 반복 단계에서의 모델 예측값이고, η는 학습률, $h_m(x)$는 현재 단계에서의 결정 트리 예측값입니다.

모델의 최종 예측은 모든 트리의 예측을 결합하여 다음과 같이 계산됩니다.

$$F(x) = \sum_{m=1}^{M} \eta_m h_m(x)$$

여기서 M은 모델 내 트리 총 수, η_m은 m번째 트리의 학습률, $h_m(x)$는 m번째 트리의 예측값을 의미합니다.

그레이디언트 부스팅의 몇 가지 장점을 살펴보면 다음과 같습니다.

- 높은 예측 정확도
- 회귀와 분류 문제 모두 처리 가능
- 결측값과 이상치 모두 처리 가능
- 다양한 손실 함수와 함께 사용 가능
- 고차원 데이터도 효과적으로 처리 가능

그레이디언트 부스팅의 몇 가지 단점도 살펴보겠습니다.

- 과대적합에 민감하며, 특히 트리의 개수가 많을 때 그 위험이 큼
- 대규모 데이터셋의 경우 학습 과정이 계산적으로 비용이 많이 들고 시간이 오래 걸림
- 트리의 수, 학습률, 트리의 최대 깊이 등 하이퍼파라미터를 신중하게 조정해야 함

여기까지 모델 성능을 개선하는 데 도움이 되는 앙상블 모델들을 살펴보았습니다. 그러나 때로는 머신러닝 모델을 적용하기 전에 데이터셋의 특정 특징들을 고려해야 할 때가 있습니다. 그 중 하나가 불균형 데이터셋을 다루는 경우입니다.

3.8 불균형 데이터 다루기

현실적으로 우리가 다루는 데이터는 대부분 불균형 상태입니다. 이는 서로 다른 클래스(예: 암 환자와 암이 아닌 환자)의 레코드 분포가 고르지 않다는 것을 의미합니다. 불균형 데이터셋을 다루는 것은 머신러닝에서 매우 중요한 과제입니다. 클래스 분포가 불균형한 데이터셋이 실제로 매우 흔하기 때문입니다. 이런 경우, 소수 클래스는 종종 과소 표현되어 모델 성능 저하와 편향된 예측을 초래할 수 있습니다. 이는 머신러닝 방법들이 훈련 세트의 전체 오류를 최소화하는 방향으로 적합도 함수를 최적화하려고 하기 때문입니다.

예를 들어, 데이터의 99%가 긍정 클래스에 속하고 1%만이 부정 클래스에 속한다고 가정해 보겠습니다. 이 때 모델이 모든 레코드를 무조건 양성으로 예측한다면 오류율은 단 1%에 불과할 것입니다. 하지만 이러한 모델은 실제로 전혀 유용하지 않습니다. 따라서 불균형 데이터셋을 다룰 때는 특별한 접근 방식이 필요합니다. 일반적으로 불균형 데이터셋을 다루는 방법은 세 가지 범주로 나눌 수 있습니다.

- **언더샘플링**undersampling: 가장 간단한 방법은 다수 클래스에서 훈련 데이터를 줄이는 것입니다. 이 방법은 효과가 있을 수 있지만, 훈련 데이터가 줄어들면 모델에 전달되는 정보가 줄어들어 훈련 과정과 최종 모델의 안정성이 떨어질 수 있습니다.
- **리샘플링**resampling: 리샘플링 방법은 원래 데이터셋을 수정하여 클래스 간 균형을 맞추는 것입니다. 이는 소수 클래스를 오버샘플링(소수 클래스의 샘플을 더 많이 생성)하거나 다수 클래스를 언더샘플링(다수 클래스의 샘플을 제거)하는 방식으로 이루어집니다. 오버샘플링 기법에는 **랜덤 오버샘플링**random oversampling, **합성 소수자 오버샘플링 기법**synthetic minority oversampling technique(SMOTE), **적응형 합성 샘플링**adaptive synthetic sampling(ADASYN)이 포함되며, 언더샘플링 기법에는 **랜덤 언더샘플링**random undersampling, **토멕 링크**Tomek link, **클러스터 중심점**cluster centroid 방법이 있습니다.
- **머신러닝 모델에서 불균형 데이터셋 처리**handling imbalanced dataset in machine learning model: 비용 함수 수정이나 딥러닝 모델에서 배치 방식을 수정하는 등의 방법을 통해 불균형 데이터셋을 처리할 수 있습니다.

3.8.1 SMOTE

SMOTE synthetic minority over-sampling technique는 머신러닝에서 불균형한 데이터셋을 처리하기 위해 널리 사용되는 알고리즘입니다. 이는 소수 클래스의 기존 샘플들 사이에서 새로운 합성 샘플을 생성하는 기법입니다. SMOTE는 소수 클래스 샘플의 k-최근접 이웃$^{\text{k-nearest neighbors}}$(KNN)을 찾아 이 이웃들 사이의 선분을 따라 새로운 샘플을 생성하는 방식으로 작동합니다.

다음은 SMOTE 알고리즘의 단계입니다.

1. 소수 클래스의 샘플 x를 선택합니다.
2. x의 k-최근접 이웃 중 하나인 x'을 선택합니다.
3. x와 x' 사이에서 합성 샘플을 생성합니다. 이를 위해 0과 1 사이의 임의의 숫자 r을 선택하고, 다음과 같이 합성 샘플을 계산합니다.

$$\text{새로운 샘플} = x + r(x' - x)$$

   이렇게 하면 x와 x' 사이 어느 지점에 새로운 샘플이 생성되며, 두 샘플과 동일하지 않은 새로운 샘플이 만들어집니다.

4. 원하는 수의 합성 샘플이 생성될 때까지 1단계에서 3단계를 반복합니다.

SMOTE의 장점은 다음과 같습니다.

- 소수 클래스에 합성 샘플을 추가하여 클래스 불균형 문제를 해결하는 데 도움을 줍니다.
- SMOTE는 랜덤 언더샘플링이나 토멕 링크 같은 다른 기법과 결합하여 데이터셋의 균형을 더욱 개선할 수 있습니다.
- 범주형 데이터와 수치형 데이터 모두에 적용할 수 있습니다.

SMOTE의 단점은 다음과 같습니다.

- 때로는 비현실적이거나 잡음이 섞인 합성 샘플을 생성하여 과대적합을 초래할 수 있습니다.
- 소수 클래스에 너무 민감한 결정 경계를 생성하여 다수 클래스의 성능을 저하시킬 수 있습니다.
- 대규모 데이터셋에서는 계산 비용이 많이 들 수 있습니다.

다음은 SMOTE의 작동 예시입니다. 예를 들어, 클래스 0(다수 클래스)에 900개의 샘플이 있고, 클래스 1(소수 클래스)에 100개의 샘플이 있는 데이터셋이 있다고 가정해 보겠습니다. 이 경우 SMOTE를 사용하여 소수 클래스에 합성 샘플을 생성할 수 있습니다.

1. 소수 클래스 샘플 x를 선택합니다.
2. x의 k-최근접 이웃 중 하나인 x'을 선택합니다.

3. x와 x' 사이에서 합성 샘플을 생성합니다. 예를 들어, x가 (1, 2), x'이 (3, 4), r이 0.5인 경우, 새로운 샘플은 다음과 같이 계산됩니다.

$$새로운\ 샘플 = (1,2) + 0.5 \cdot ((3,4) - (1,2)) = (2,3)$$

4. 원하는 수의 합성 샘플이 생성될 때까지 1단계에서 3단계를 반복합니다. 예를 들어, 100개의 합성 샘플을 생성하려는 경우, 각 소수 클래스 샘플에 대해 1단계에서 3단계를 반복하여, 원래의 소수 클래스 샘플과 합성 샘플을 결합하여 각 클래스에 200개의 샘플이 있는 균형 잡힌 데이터셋을 만듭니다.

3.8.2 니어미스 알고리즘

니어미스^{NearMiss} 알고리즘은 다수 클래스의 데이터를 언더샘플링하여 클래스 간의 분포를 균형 있게 맞추는 기법입니다. 두 클래스 간의 데이터가 매우 가까울 때, 다수 클래스에서 일부 데이터를 제거함으로써 두 클래스 간의 거리를 증가시켜 분류 성능을 향상시킬 수 있습니다. 정보 손실 문제를 최소화하기 위해, 많은 언더샘플링 기법 중에서 니어미스 방법이 널리 사용됩니다.

최근접 이웃$^{Nearest-neighbor}$ 방법의 작동 방식은 다음과 같습니다.

1. 다수 클래스와 소수 클래스의 모든 데이터 간의 거리를 계산합니다. 목표는 다수 클래스의 데이터를 언더샘플링하는 것입니다.
2. 소수 클래스와 가장 가까운 n개의 다수 클래스 데이터를 선택합니다.
3. 만약 소수 클래스에 k개의 데이터가 있다면, 니어미스 방법은 다수 클래스에서 kn개의 데이터를 반환합니다.

니어미스 알고리즘을 통해 다수 클래스에서 n개의 가장 가까운 데이터를 선택하는 방법에는 세 가지 변형이 있습니다.

- 소수 클래스의 k-최근접 이웃들과의 평균 거리가 가장 작은 다수 클래스 데이터를 선택합니다.
- 소수 클래스의 k-가장 먼 이웃들과의 평균 거리가 가장 작은 다수 클래스 데이터를 선택합니다.
- 두 단계로 이루어진 방법을 사용할 수 있습니다. 첫 번째 단계에서는 소수 클래스의 각 데이터에 대해 M개의 최근접 이웃을 저장합니다. 그 후, 다수 클래스의 데이터 중 N개의 최근접 이웃과의 평균 거리가 가장 큰 데이터를 선택합니다.

3.8.3 비용 민감 학습

비용 민감 학습cost-sensitive learning은 불균형한 데이터셋을 다룰 때 머신러닝 모델을 훈련시키는 방법 중 하나입니다. 불균형한 데이터셋에서는 한 클래스(보통 소수 클래스)의 예제가 다른 클래스(보통 다수 클래스)에 비해 훨씬 적습니다. 비용 민감 학습은 클래스별로 서로 다른 오분류 비용을 모델에 부여하여, 소수 클래스를 올바르게 분류하는 데 더 집중할 수 있도록 도와줍니다.

예를 들어, 긍정 클래스와 부정 클래스라는 두 개의 클래스가 있는 이진 분류 문제를 가정해 보겠습니다. 비용 민감 학습에서는 서로 다른 유형의 오류에 대해 서로 다른 비용을 할당합니다. 예를 들어 긍정 예제를 부정으로 잘못 분류하는 경우에 더 높은 비용을 부여할 수 있습니다. 이는 불균형한 데이터셋에서 긍정 클래스가 소수 클래스이며, 긍정 예제를 잘못 분류하는 것이 모델의 성능에 더 큰 영향을 미칠 수 있기 때문입니다.

비용은 혼동 행렬의 형태로 할당할 수 있습니다.

표 3-2 혼동 행렬 비용

	예측 긍정	예측 부정
실제 긍정	TP_cost	FN_cost
실제 부정	FP_cost	TN_cost

여기서, TP_cost, FN_cost, FP_cost, TN_cost는 각각 참긍정, 거짓부정, 거짓긍정, 참부정에 해당하는 비용을 나타냅니다.

이 비용 행렬을 훈련 과정에 통합하기 위해, 모델이 훈련 중에 최적화하는 표준 손실 함수를 수정할 수 있습니다. 비용 민감 손실 함수 중 하나는 가중치가 부여된 교차 엔트로피 손실weighted cross-entropy loss이며, 다음과 같이 정의됩니다.

$$\text{loss} = -\left(w_{\text{pos}} \, y \log(\hat{y}) + w_{\text{neg}} (1-y) \log(1-\hat{y})\right)$$

여기서 y는 실제 레이블(0 또는 1), $\hat{y}$은 긍정 클래스의 예측 확률, w_{pos}와 w_{neg}는 각각 긍정 클래스와 부정 클래스에 할당된 가중치를 나타냅니다.

이 가중치 w_{pos}와 w_{neg}는 혼동 행렬에서 할당된 비용에 따라 결정될 수 있습니다. 예를 들어 거짓 부정(긍정 예제를 부정으로 잘못 분류하는 경우)에 더 높은 비용을 부여하려면 w_{pos}를 w_{neg}보다 높게 설정할 수 있습니다.

비용 민감 학습은 결정 트리나 SVM과 같은 다른 유형의 모델에서도 사용할 수 있습니다. 오류 유형별로 비용을 할당하는 개념은 다양한 방식으로 적용되어 불균형한 데이터셋에서 모델의 성능을 개선할 수 있습니다. 그러나 데이터셋과 해결하고자 하는 문제의 특성에 맞는 적절한 비용 행렬과 손실 함수를 신중하게 선택하는 것이 중요합니다.

- **앙상블 기법**: 여러 모델을 결합하여 예측 성능을 향상시키는 방법입니다. 불균형한 데이터셋에서는 각 모델이 소수 클래스와 다수 클래스 모두를 훈련할 수 있도록, 데이터셋의 다양한 하위 집합에 대해 앙상블 모델을 훈련시킬 수 있습니다. 불균형한 데이터셋에 적용할 수 있는 앙상블 기법의 예로는 배깅과 부스팅이 있습니다.
- **이상 탐지**anomaly detection: 데이터셋에서 소수 클래스를 이상치로 식별하는 데 사용할 수 있습니다. 이러한 기법은 다수 클래스와 현저히 다른 드문 이벤트를 식별하는 데 중점을 둡니다. 식별된 샘플을 사용하여 모델을 소수 클래스에 대해 훈련시킬 수 있습니다.

3.8.4 데이터 증강

데이터 증강data augmentation의 주요 내용은 원본 데이터에 다양한 변환을 적용하여 새로운 예제를 생성하되, 원래의 레이블은 유지하는 것입니다. 이러한 변환에는 회전, 이동, 크기 조정, 뒤집기, 노이즈 추가 등 다양한 방법이 포함될 수 있습니다. 이 기법은 특히 한 클래스의 샘플 수가 다른 클래스에 비해 현저히 적은 불균형 데이터셋에서 매우 유용하게 활용됩니다.

불균형한 데이터셋의 경우, 데이터 증강을 통해 소수 클래스의 새로운 예제를 만들어 데이터셋의 균형을 맞출 수 있습니다. 이는 소수 클래스의 예제에 동일한 변형을 적용하여 원본과 약간 다르지만 여전히 소수 클래스를 잘 대표하는 새로운 예제를 생성하는 방식입니다.

데이터 증강에 사용되는 식은 비교적 간단합니다. 이는 원본 예제에 변형 함수를 적용하는 방식으로 이루어집니다. 예를 들어 이미지를 특정 각도로 회전시키려면 다음과 같은 회전 행렬을 사용할 수 있습니다.

$$x' = x\cos(\theta) - y\sin(\theta)$$
$$y' = x\sin(\theta) + y\cos(\theta)$$

여기서 x와 y는 이미지 내 픽셀의 원래 좌표이고, x'과 y'은 회전 후의 새로운 좌표이며, θ는 회전 각도입니다.

마찬가지로, 이동 변환을 적용하기 위해 이미지를 일정한 픽셀 수만큼 이동시킬 수 있습니다.

$$x' = x + dx$$
$$y' = y + dy$$

여기서 dx와 dy는 각각 수평 및 수직 이동 거리를 의미합니다.

데이터 증강은 소수 클래스를 대표하는 새로운 예제를 생성하면서도 레이블 정보를 유지할 수 있어, 불균형한 데이터셋을 다루는 데 매우 효과적인 기법입니다. 그러나 데이터 증강을 적용할 때는 주의가 필요합니다. 잘못 적용할 경우 데이터에 잡음이나 인공적인 요소가 도입되어 과대적합을 유발할 수 있기 때문입니다.

결론적으로, 불균형한 데이터셋을 처리하는 것은 머신러닝에서 중요한 과제입니다. 불균형한 데이터셋을 다루기 위한 다양한 기법이 있으며, 각각의 기법은 장단점을 가지고 있습니다. 어떤 기법을 사용할지는 데이터셋의 특성과 문제, 그리고 사용 가능한 자원에 따라 달라집니다. 불균형 데이터 외에도, 시계열 데이터를 다룰 때는 상관된 데이터와 마주할 수 있습니다. 이에 대해서는 다음 절에서 자세히 살펴보겠습니다.

3.9 상관 계수 다루기

머신러닝 모델에서 상관된 시계열 데이터를 처리하는 것은 쉽지 않습니다. 전통적인 기법, 예를 들어 무작위 샘플링을 사용하면 데이터 포인트 간의 의존성을 간과하고 편향을 유발할 수 있습니다. 다음은 이러한 문제를 해결하는 데 도움이 될 수 있는 몇 가지 접근 방식입니다.

- **시계열 교차 검증**: 시계열 데이터는 과거 값에 의존하기 때문에, 모델 훈련과 평가 시 이러한 관계를 유지하는 것이 중요합니다. 시계열 교차 검증은 데이터를 여러 폴드로 나누되, 각 폴드가 연속적인 시간 블록으로 구성되도록 합니다. 이 방법은 모델이 과거 데이터를 기반으로 학습하고, 미래 데이터

를 평가에 사용함으로써 실제 환경에서의 성능을 보다 잘 반영할 수 있도록 합니다.

- **특성 공학**: 상관된 시계열 데이터를 전통적인 머신러닝 알고리즘으로 모델링하기는 어려울 수 있습니다. 특성 엔지니어링은 데이터를 모델에 더 적합한 형식으로 변환하는 데 도움을 줄 수 있습니다. 시계열 데이터를 다룰 때 사용되는 특성 엔지니어링 기법으로는 시계열의 지연 또는 차분 생성, 데이터를 시간 간격으로 집계하거나, 이동 평균과 같은 롤링 통계를 생성하는 방법이 있습니다.

- **시계열 전용 모델**: ARIMA, SARIMA, Prophet, LSTM 네트워크와 같은 시계열 데이터를 위한 전용 모델들이 있습니다. 이러한 모델들은 시계열 데이터 내의 의존성과 패턴을 포착하는 데 특화되어 있으며, 전통적인 머신러닝 모델보다 더 나은 성능을 보일 수 있습니다.

- **시계열 전처리 기법**: 시계열 데이터는 전처리를 통해 상관성을 제거하고 머신러닝 모델에 더 적합한 형태로 변환할 수 있습니다. 차분differencing, 추세 제거detrending, 정규화normalization 등의 기법은 데이터에서 추세와 계절성을 제거하여 상관성을 줄이는 데 도움을 줄 수 있습니다.

- **차원 축소 기법**: 상관된 시계열 데이터는 차원이 매우 높을 수 있어 모델링이 어려울 수 있습니다. PCA나 오토인코더와 같은 차원 축소 기법을 사용하면 중요한 정보를 보존하면서도 데이터의 변수 수를 줄일 수 있습니다.

결론적으로, 시계열 데이터를 다룰 때는 데이터 내의 시간적 의존성과 패턴을 보존하는 기법을 사용하는 것이 중요합니다. 이를 위해서는 특화된 모델링 기법과 전처리 과정이 필요할 수 있습니다.

3.10 요약

이 장에서는 데이터 탐색과 전처리 기법부터 시작하여 머신러닝과 관련된 다양한 개념들을 학습했습니다. 그 다음 로지스틱 회귀, 결정 트리, 서포트 벡터 머신, 랜덤 포레스트와 같은 다양한 머신러닝 모델들을 살펴보았고, 각 모델의 장단점도 함께 알아보았습니다. 또한 데이터를 훈련 세트와 테스트 세트로 나누는 것의 중요성과 불균형 데이터셋을 다루는 기법들에 대해서도 논의했습니다.

이 장에서는 모델의 편향, 분산, 과소적합, 과대적합의 개념과 이러한 문제들을 진단하고 해결하는 방법에 대해서도 다루었습니다. 또한 여러 모델의 예측을 결합하여 모델 성능을 향상시킬 수 있는 배깅, 부스팅, 스태킹과 같은 앙상블 방법들도 살펴보았습니다.

마지막으로, 머신러닝의 한계와 도전에 대해 살펴보았습니다. 여기에는 대량의 고품질 데이터가 필요하다는 점, 편향과 불공정성의 위험, 복잡한 모델의 해석이 어렵다는 점 등이 포함됩니다. 이러한 어려움에도 머신러닝은 다양한 문제를 해결하는 강력한 도구를 제공하며, 여러 산업과 분야에 혁신적인 변화를 가져올 잠재력을 지니고 있습니다.

다음 장에서는 머신러닝 모델에서 텍스트 데이터를 활용하기 위해 필수적인 텍스트 전처리 과정에 대해 다룰 것입니다.

CHAPTER 4
자연어 처리 성능을 위한 텍스트 전처리 과정 최적화

텍스트 전처리는 자연어 처리에서 중요한 초기 단계로, 원시 상태의 텍스트 데이터를 머신러닝 알고리즘이 쉽게 이해할 수 있는 형식으로 변환하는 과정을 포함합니다. 텍스트 데이터에서 의미 있는 통찰을 얻기 위해서는 데이터를 정리하고 정규화하며, 보다 구조화된 형태로 변환하는 것이 필수적입니다. 이 장에서는 토큰화, 어간 추출, 표제어 추출, 불용어 제거, 품사part-of-speech 태깅(POS 태깅) 등 가장 일반적으로 사용되는 텍스트 전처리 기법들과 그 장단점을 개괄적으로 소개합니다.

효과적인 텍스트 전처리는 감정 분석, 언어 번역, 정보 검색 등 다양한 자연어 처리 작업에서 필수적입니다. 이러한 기법들을 적용하면 원시 텍스트 데이터를 구조화되고 정규화된 형식으로 변환할 수 있으며, 이를 통해 통계적 방법과 머신러닝 기법을 사용해 쉽게 분석할 수 있습니다. 하지만 적절한 전처리 기법을 선택하는 것은 특정 작업과 데이터셋에 따라 최적의 방법이 달라지기 때문에 어려울 수 있습니다. 따라서 주어진 응용 프로그램에 가장 효과적인 접근 방식을 결정하기 위해 다양한 텍스트 전처리 기법을 신중하게 평가하고 비교하는 것이 중요합니다.

이 장에서는 다음 주제를 다룹니다.

- 자연어 처리에서의 소문자 변환
- 특수 문자와 구두점 제거
- 불용어 제거
- 개체명 인식(NER)

- 품사 태깅(POS 태깅)
- 전처리 파이프라인 설명

4.1 기술 요구 사항

이 장에서 다룰 텍스트 전처리 예제를 따라 하기 위해서는 파이썬 프로그래밍 언어에 대한 기본 지식과 자연어 처리 개념에 대한 이해가 필요합니다. 또한 텍스트 전처리와 특성 추출을 위한 강력한 도구를 제공하는 **NLTK**Natural Language Toolkit, **spaCy**, **사이킷런**과 같은 라이브러리를 설치해야 합니다. 실험과 탐구를 용이하게 하기 위해 **주피터 노트북**Jupyter Notebook 환경이나 다른 대화형 코딩 환경에 접근할 수 있는 것이 좋습니다. 또한, 다양한 기술과 이들이 텍스트 데이터에 미치는 영향을 이해하는 데 도움이 되는 샘플 데이터셋을 준비해 두는 것이 좋습니다.

텍스트 정규화는 텍스트를 표준 형태로 변환하여 일관성을 보장하고 변동성을 줄이는 과정입니다. 텍스트를 정규화하는 데 사용되는 기법으로는 소문자 변환, 특수 문자 제거, 맞춤법 검사, 어간 추출 또는 표제어 추출 등이 있습니다. 이 단계들을 자세히 설명하고, 이를 구현하는 방법을 코드 예제와 함께 다룰 것입니다.

4.2 자연어 처리에서 소문자 변환

소문자 변환은 자연어 처리에서 텍스트를 표준화하고 어휘의 복잡성을 줄이기 위해 자주 사용되는 전처리 기법입니다. 이 방법을 통해 모든 텍스트를 소문자로 변환합니다.

소문자 변환의 주요 목적은 텍스트를 일관되게 만들어 대소문자 차이로 인한 불일치를 방지하는 것입니다. 모든 텍스트를 소문자로 통일함으로써, 머신러닝 알고리즘이 대문자와 소문자로 표기된 동일한 단어를 동일하게 처리할 수 있게 되어, 전체 어휘의 크기를 줄이고 텍스트 처리를 더 간단하게 만듭니다.

소문자 변환은 텍스트 분류, 감정 분석, 언어 모델링 등에서 특히 유용합니다. 이러한 작업에서는 단어의 대소문자가 의미에 큰 영향을 미치지 않기 때문입니다. 그러나 개체명 인식과 같이 대문자가 중요한 특성으로 작용할 수 있는 작업에서는 소문자 변환이 적합하지 않을 수 있습니다.

4.3 특수 문자와 구두점 제거

텍스트 전처리에서 특수 문자와 구두점을 제거하는 것은 매우 중요한 단계입니다. 특수 문자와 구두점은 텍스트에 큰 의미를 부여하지 않으며, 그대로 두면 머신러닝 모델의 성능에 부정적인 영향을 미칠 수 있습니다. 이 작업을 수행하는 방법 중 하나는 다음과 같은 정규 표현식을 사용하는 것입니다.

```
re.sub(r"[^a-zA-Z0-9]+", "", string)
```

이 정규 표현식은 입력 문자열에서 문자와 숫자가 아닌 모든 것을 제거합니다. 경우에 따라 특정한 특수 문자를 공백으로 대체하고 싶을 때도 있습니다. 예를 들어 다음의 두 예시를 보겠습니다.

- president-elect
- body-type

이 두 예시에서는 '-'를 공백으로 대체하는 것이 더 적절합니다.

- president elect
- body type

다음으로 불용어 제거에 대해 살펴보겠습니다.

4.3.1 불용어 제거

불용어 stop word는 문장이나 텍스트의 의미에 큰 기여를 하지 않는 단어들을 말하며, 이러한 단어들은 제거해도 많은 정보를 잃지 않으므로 안전하게 삭제할 수 있습니다. 예를 들어, 'a', 'an', 'the', 'and', 'in', 'at', 'on', 'to', 'for', 'is', 'are' 등이 불용어에 해당합니다.

불용어 제거는 **감정 분석** sentiment analysis, **주제 모델링** topic modeling, **정보 검색** information retrieval 같은 텍스트 분석 작업을 수행하기 전에 진행되는 전처리 과정입니다. 이 과정의 목표는 어휘 크기와 특성 공간의 차원을 줄여 이후 분석 단계의 효율성과 효과를 높이는 것입니다.

불용어 제거 과정은 일반적으로 미리 정의된 목록이나 코퍼스에서 학습된 불용어 목록을 식별하고, 입력 텍스트를 단어 또는 토큰으로 토큰화한 다음, 불용어 목록과 일치하는 단어들을 제거하는 방식으로 이루어집니다. 결과적으로 의미를 전달하는 중요한 단어들만 남게 됩니다.

불용어 제거는 다양한 프로그래밍 언어, 도구, 라이브러리를 사용하여 수행할 수 있습니다. 예를 들어, 인기 있는 파이썬 자연어 처리 라이브러리인 NLTK[1]는 다양한 언어의 불용어 목록과 불용어를 텍스트에서 제거하는 방법을 제공합니다.

다음은 불용어 제거의 예시입니다.

This is a sample sentence demonstrating stop word filtration.

불용어 제거를 수행한 후, 다음과 같은 출력이 나옵니다.

sample sentence demonstrating stop word filtration

이번 장에서 다루는 파이썬 코드를 통해 각 전처리 단계를 직접 구현해 볼 수 있습니다. 예시 문장을 보면 'This', 'is', 'a' 등의 불용어가 제거되어 문장의 주요 의미를 전달하는 단어들만 남은 것을 확인할 수 있습니다.

맞춤법 검사와 교정

맞춤법 검사와 교정은 텍스트 내의 철자 오류를 수정하는 작업을 의미합니다. 철자 오류가 있는 단어는 데이터의 일관성을 저해하고 알고리즘의 정확도에 부정적인 영향을 미칠 수 있기 때문에 중요합니다. 그 예로 다음 문장을 살펴보겠습니다.

I am going to the bakkery

이 문장은 다음과 같이 교정할 수 있습니다.

I am going to the bakery

이제 표제어 추출을 살펴보겠습니다.

---

[1] 옮긴이_ 한국어는 제공하고 있지 않습니다. 한국어는 불용어 사전을 별도로 구축해서 사용합니다.

표제어 추출

표제어 추출lemmatization은 단어를 기본 형태 또는 사전 형태인 표제어로 단순화하는 텍스트 정규화 방법입니다. 표제어 추출의 주요 목적은 동일한 단어의 다양한 형태를 하나의 통합된 용어로 분석할 수 있도록 하는 것입니다.

예를 들어, 다음 문장을 고려해 보겠습니다.

> Three cats were chasing the mice in the fields, while one cat watched one mouse.

이 문장에서 'cat'과 'cats'는 같은 단어의 두 가지 다른 형태이고, 'mouse'와 'mice'도 동일한 단어의 두 가지 다른 형태입니다. 표제어 추출은 이러한 단어들을 다음과 같이 기본 형태로 축소할 수 있습니다.

> the cat be chasing the mouse in the field, while one cat watched one mouse.

이 경우, 'cat'과 'cats'는 모두 기본형인 'cat'으로 축소되었고, 'mouse'와 'mice'는 모두 기본형인 'mouse'로 축소되었습니다. 이를 통해 텍스트를 더 잘 분석할 수 있게 되는데, 'cat'과 'mouse'의 출현이 이제 굴절 변형에 상관없이 동일한 용어로 취급되기 때문입니다.

표제어 추출은 어간 추출과는 다릅니다. 어간 추출은 단어를 그 자체로는 반드시 단어가 아닐 수도 있는 공통 어간으로 축소하는 것을 포함합니다. 예를 들어,[2] 'cats'와 'cat'의 어간은 모두 'cat'이 될 것입니다. 'cats'와 'cat'의 표제어 역시 'cat'이 될 것입니다.

표제어 추출은 NLTK, spaCy, Stanford CoreNLP와 같은 다양한 자연어 처리 라이브러리와 도구를 사용하여 수행할 수 있습니다.

어간 추출

어간 추출stemming은 단어를 기본적이거나 뿌리 형태로 축소하는 과정으로, 이때 뿌리 형태를 '어간stem'이라고 합니다. 이 과정은 자연어 처리에서 텍스트를 분석, 검색 또는 저장하기 위해

---

2 옮긴이_ 다른 예시로 'creates'와 'create'의 어간은 모두 'creat'가 될 것입니다. 'creates'와 'create'의 표제어는 모두 'create'가 될 것입니다. 어간 추출은 빠르지만, 'creat'와 같이 실제 단어가 아닌 결과를 만들어낼 수 있습니다. 표제어 추출은 단어의 형태학적 분석을 통해 기본형을 찾아냅니다. 한국어 형태소 분석기 중에서는 KoNLPy의 okt 형태소 분석기가 어간 추출 기능을 제공합니다.

자주 사용됩니다. 어간 추출 알고리즘은 단어의 끝부분이나 접미사를 잘라내 어간만 남기는 방식으로 작동합니다.

어간 추출의 목표는 한 단어의 모든 굴절형이나 파생형을 공통의 기본 형태로 변환하는 것입니다. 예를 들어 'running'의 어간은 'run'이며, 'runs'의 어간도 역시 'run'입니다.

가장 널리 사용되는 어간 추출 알고리즘 중 하나는 포터porter 어간 추출 알고리즘입니다. 이 알고리즘은 일련의 규칙에 따라 접미사를 식별하고 이를 제거하여 어간을 추출합니다. 예를 들어 포터 알고리즘은 'leaping'이라는 단어를 'leap'으로 변환하여 'ing' 접미사를 제거합니다.

어간 추출이 어떻게 작동하는지 예문을 통해 살펴보겠습니다.

> They are running and leaping across the walls

포터 알고리즘을 사용한 어간 추출 결과는 다음과 같습니다.

> They are run and leap across the wall

여기서 'running'과 'leaping'이 각각 'run'과 'leap'이라는 기본 형태로 변환되었고, 'walls'에서 's' 접미사가 제거되었습니다.

어간 추출은 정보 검색이나 감정 분석과 같은 텍스트 분석 작업에서 유용할 수 있습니다. 문서나 코퍼스에서 고유한 단어의 수를 줄이고 유사한 단어들을 그룹화하는 데 도움을 줄 수 있기 때문입니다. 하지만 어간 추출은 실제 단어가 아닌 형태를 생성하거나 의도한 기본 형태와 다른 어간을 생성하여 오류를 초래할 수도 있습니다. 예를 들어 'walked'와 'walking'을 처리할 때 어간 추출기는 둘 다 'walk'로 변환할 수 있는데, 이 경우 'walk'와 'walked'는 다른 의미를 갖습니다. 따라서 어간 추출의 결과가 정확하고 유용한지 평가하는 것이 중요합니다.

4.4 개체명 인식

개체명 인식named entity recognition(NER)은 텍스트 내에서 사람 이름, 조직 이름, 위치 등을 포함한 명명된 개체를 탐지하고 분류하는 것을 목표로 하는 자연어 처리 기술입니다. 개체명 인식의 주요 목적은 비정형 텍스트 데이터에서 이러한 명명된 개체를 자동으로 식별하고 정보를 추출하는 것입니다.

개체명 인식은 일반적으로 **조건부 무작위장**conditional random field(CRF) 또는 **순환 신경망**recurrent neural network(RNN) 같은 머신러닝 모델을 사용하여 주어진 문장에서 단어를 해당 개체 유형으로 태그하는 작업을 포함합니다. 이러한 모델은 레이블이 지정된 개체가 포함된 대규모 주석 데이터셋으로 학습되며, 이후 새로운 텍스트에서 명명된 개체를 식별하기 위해 문맥 기반의 규칙을 사용합니다.

개체명 인식이 식별할 수 있는 명명된 개체의 범주에는 다음과 같은 것들이 있습니다.

- **인물**person: 'Barack Obama'와 같은 명명된 개인
- **조직**organization: 'Google'과 같은 명명된 회사, 기관 또는 조직
- **위치**location: 'New York City'와 같은 명명된 장소
- **날짜**date: '2023년 1월 1일'과 같은 날짜 또는 시간
- **제품**product: 'iPhone'과 같은 명명된 제품 또는 브랜드

개체명 인식이 작동하는 방식을 다음 문장 예시로 살펴보겠습니다.

> Apple Inc.는 캘리포니아 쿠퍼티노에 본사를 둔 기술 회사입니다.

여기서 개체명 인식은 'Apple Inc.'를 조직으로, '쿠퍼티노, 캘리포니아'를 위치로 식별할 것입니다. 개체명 인식 시스템의 출력은 다음과 같은 구조화된 형태로 표현될 수 있습니다.

```
{
  "organization": "Apple Inc.",
  "location": "쿠퍼티노, 캘리포니아"
}
```

개체명 인식 기술은 **정보 검색**부터 **질의응답**, **감정 분석**에 이르기까지 광범위한 영역에서 활용되고 있습니다. 비정형 텍스트에서 유용한 정보를 자동으로 추출하고 구조화할 수 있어, 후속 분석이나 응용 프로그램 개발에 효과적으로 활용할 수 있습니다.

개체명 인식을 수행하는 방법과 도구는 다양하지만, 일반적인 단계는 다음과 같습니다.

1. **데이터 수집**data collection: 첫 번째는 개체명 인식에 사용될 데이터를 수집하는 것입니다. 이 데이터는 기사, 소셜 미디어 게시물, 웹 페이지 등의 비정형 텍스트 형태일 수 있습니다.

2. **전처리**^{preprocessing}: 다음 단계는 데이터를 전처리하는 것으로, 토큰화, 불용어 제거, 어간 추출 또는 표제어 추출, 정규화 등 다양한 단계가 포함됩니다.

3. **레이블링**^{labeling}: 전처리 후 다음 단계는 데이터에 개체명 태그를 레이블링하는 것입니다. 다양한 태깅 체계가 있지만, 가장 일반적으로 사용되는 것 중 하나는 **IOB**^{Inside-Outside-Beginning} 태깅 체계입니다. 이 체계에서 텍스트의 각 단어는 B(개체명의 시작), I(개체명의 내부), 또는 O(개체명의 외부)로 레이블링됩니다.

4. **훈련**^{training}: 데이터에 레이블이 지정되면 다음 단계는 미등록어에서 개체명을 인식하도록 기계 학습 모델을 훈련시키는 것입니다. 개체명 인식에는 규칙 기반 시스템, 통계적 모델, 딥러닝 모델 등 다양한 유형의 모델을 사용할 수 있습니다.

5. **평가**^{evaluation}: 모델 훈련 후에는 테스트 데이터셋에서 모델의 성능을 평가하는 것이 중요합니다. 이를 통해 과대적합, 과소적합 또는 편향 등 모델의 문제를 식별할 수 있습니다.

6. **배포**^{deployment}: 마지막으로 훈련된 모델을 미등록어에 대해 개체명 인식을 수행하도록 배포할 수 있습니다. 이는 응용 프로그램의 요구 사항에 따라 실시간 또는 배치 모드로 수행될 수 있습니다.

다음은 개체명 인식을 수행하는 방법에 대한 예시 원문입니다.

> Apple is negotiating to buy a Chinese start-up this year.

다음은 전처리된 텍스트입니다.

> apple negotiating buy Chinese start-up year

위 텍스트에 태그를 한 결과입니다.

> B-ORG O O B-LOC O O

이 예시에서 'Apple'과 'Chinese'는 각각 조직(B-ORG)과 위치(B-LOC)로 식별된 명명된 개체입니다. 'this year'는 이 예시에서는 명명된 개체로 인식되지 않았지만, 더 복잡한 태그 지정 방식이 사용되거나 해당 내용을 반영한 데이터로 모델이 학습된다면 인식될 수 있습니다.

개체명 인식을 위해 여러 가지 라이브러리를 사용할 수 있으며, 선택은 프로그래밍 언어와 프로젝트의 특정 요구 사항에 따라 달라집니다. 다음은 흔히 사용되는 라이브러리 몇 가지입니다.

- **spaCy**: 다양한 자연어 처리 작업을 위해 설계된 널리 사용되는 오픈 소스 라이브러리로, 개체명 인식도 포함됩니다. 여러 언어에 대한 사전 학습된 모델을 제공하며, 사용자들이 자신만의 도메인에 맞춘 모델을 훈련시킬 수 있는 기능도 제공합니다.
- **NLTK**: 개체명 인식을 포함한 다양한 자연어 처리 작업을 위한 또 다른 널리 사용되는 라이브러리입니다. 여러 사전 학습된 모델을 제공하며, 사용자가 직접 모델을 학습시킬 수 있는 기능도 갖추고 있습니다.
- **Stanford Named Entity Recognizer(NER)**: 자바Java 기반의 개체명 인식 도구로, 영어, 독일어, 중국어 등 여러 언어에 대한 사전 학습된 모델을 제공합니다.
- **AllenNLP**: 개체명 인식을 포함한 자연어 처리 모델을 구축하고 평가하기 위한 인기 있는 오픈 소스 라이브러리입니다. 여러 작업을 위한 사전 학습된 모델을 제공하며, 사용자들이 직접 모델을 학습시킬 수 있는 기능도 제공합니다.
- **Flair**: 개체명 인식을 포함한 최첨단 자연어 처리를 위한 파이썬 라이브러리입니다. 여러 언어에 대한 사전 학습된 모델을 제공하며, 사용자가 직접 모델을 학습시킬 수 있는 기능도 제공합니다.
- **General Architecture for Text Engineering(GATE)**: 개체명 인식을 포함한 자연어 처리를 위한 도구 모음입니다. 자연어 처리 모델을 생성하고 평가하기 위한 그래픽 인터페이스를 제공하며, 특정 작업을 위한 사용자 정의 플러그인을 개발할 수 있는 기능도 갖추고 있습니다.

개체명 인식을 위한 도구는 위에서 언급한 것 외에도 많습니다. 어떤 도구를 선택할지는 사용하는 프로그래밍 언어, 필요한 모델의 특성, 프로젝트의 세부 목표에 따라 달라집니다. 이어지는 내용에서는 문장 내 단어들의 품사를 식별하는 품사 태깅 과정과 이를 수행하는 여러 가지 방법론에 대해 자세히 알아보겠습니다.

4.5 품사 태깅

품사 태깅POS tagging은 문장에서 각 단어에 명사, 동사, 형용사 등과 같은 문법적 역할을 지정하는 과정입니다. 이 과정은 텍스트 분류, 감정 분석, 기계 번역 등 여러 자연어 처리 작업에서 중요한 역할을 합니다.

품사 태깅은 규칙 기반 방법, 통계적 방법, 딥러닝 기반 방법 등 다양한 방식으로 수행할 수 있습니다. 여기에서는 이러한 각 방법에 대해 간단히 설명합니다.

4.5.1 규칙 기반 방법

규칙 기반 품사 태깅 방법은 텍스트 내의 단어들을 명사, 동사, 형용사 등으로 자동 태깅하기 위해 일련의 규칙이나 패턴을 정의하는 접근 방식입니다.

이 과정은 문장에서 다양한 품사를 식별하기 위한 규칙이나 패턴을 설정하는 것에서 시작됩니다. 예를 들어, '-ing'로 끝나는 단어는 동명사(명사 역할을 하는 동사)로 간주된다는 규칙이 있을 수 있으며, 'a'나 'an'과 같은 관사가 앞에 오는 단어는 명사일 가능성이 높다는 규칙이 있을 수 있습니다.

이러한 규칙들은 보통 문법과 구문에 대한 언어적 지식을 바탕으로 하며 특정 언어에 맞게 특화됩니다. 또한 단어의 의미와 사용법에 대한 추가 정보를 제공하는 사전이나 어휘집을 활용해 보완할 수 있습니다.

규칙 기반 태깅은 이러한 규칙을 텍스트에 적용하여 각 단어의 품사를 식별하는 작업입니다. 이 작업은 수작업으로 할 수도 있지만, 보통은 정규 표현식과 패턴 매칭을 지원하는 소프트웨어 도구와 프로그래밍 언어를 통해 자동화됩니다.

규칙 기반 방법의 장점은 규칙이 잘 설계되고 다양한 언어적 현상을 포괄할 때 매우 높은 정확도를 제공할 수 있다는 점입니다. 또한, 과학 논문이나 법률 문서와 같은 특정 도메인이나 장르에 맞게 규칙을 맞춤화할 수 있습니다.

그러나 이 방법의 한계는 자연어의 복잡성과 변화를 완전히 포착하지 못할 수 있으며, 언어가 시간에 따라 진화하고 변화함에 따라 규칙을 개발하고 유지하는 데 상당한 노력이 필요할 수 있다는 점입니다. 또한 문맥에 따라 여러 가지 품사로 사용될 수 있는 단어의 모호성을 처리하는 데 어려움을 겪을 수 있습니다.

이러한 한계가 있음에도 규칙 기반 방법은 높은 정확도와 정밀도가 요구되는 자연어 처리 작업에서 여전히 중요한 접근 방식으로 활용되고 있습니다.

4.5.2 통계적 방법

품사 태깅을 위한 통계적 방법은 확률적 모델을 사용하여 문장 내 각 단어에 가장 적절한 품사 태그를 자동으로 할당합니다. 이 방법들은 이미 품사 태그가 부여된 텍스트 말뭉치를 학습 데이터로 사용하여, 특정 단어가 각 태그와 연관될 확률을 학습합니다.

품사 태깅에는 **은닉 마르코프 모델**hidden Markov model(HMM)과 **조건부 랜덤 필드**conditional random field(CRF) 주로 두 가지 유형의 통계적 방법이 사용됩니다. 은닉 마르코프 모델은 텍스트를 포함한 순차적 데이터를 다루는 데 널리 사용되는 확률적 모델입니다. 품사 태깅에서 은닉 마르코프 모델은 단어 시퀀스에 대한 품사 태그 시퀀스의 확률 분포를 모델링합니다. 이 모델은 문장 내 특정 위치의 품사 태그가 바로 앞 태그에만 의존한다고 가정합니다. 또한 주어진 태그에 대한 특정 단어의 확률이 문장 내 다른 단어들과 독립적이라고 가정합니다. 은닉 마르코프 모델은 주어진 문장에 대해 가장 가능성 높은 품사 태그 시퀀스를 찾기 위해 비터비Viterbi 알고리즘을 사용합니다.

조건부 랜덤 필드는 품사 태깅을 포함한 시퀀스 레이블링 작업에 자주 사용되는 또 다른 확률적 모델입니다. 조건부 랜덤 필드는 은닉 마르코프 모델과 달리, 입력 시퀀스(단어들)와 출력 시퀀스(품사 태그)의 결합 확률이 아닌, 입력 시퀀스가 주어졌을 때 출력 시퀀스의 조건부 확률을 모델링합니다. 이를 통해 조건부 랜덤 필드는 은닉 마르코프 모델보다 입력과 출력 시퀀스 간의 더 복잡한 관계를 포착할 수 있습니다. 조건부 랜덤 필드는 경사 하강법이나 L-BFGS[3]와 같은 반복적 알고리즘을 사용하여 모델의 최적 가중치를 학습합니다.

통계적 방법의 장점은 다음과 같습니다.

- 단어의 문맥과 문장 내 단어들 간의 관계를 포착하여 더 정확한 태깅 결과를 제공합니다.
- 학습 데이터에 없는 새로운 단어와 문장도 처리할 수 있습니다.
- 대규모 데이터셋으로 학습이 가능하여 언어의 다양한 변형과 패턴을 포착할 수 있습니다.

반면, 통계적 방법의 단점은 다음과 같습니다.

- 학습을 위해 대량의 주석이 달린 데이터가 필요하며, 이를 준비하는 데 시간과 비용이 많이 소요됩니다.
- 학습 데이터의 품질에 민감하여, 데이터에 노이즈가 많거나 편향되어 있으면 성능이 저하될 수 있습니다.
- 대부분의 통계적 모델은 블랙박스 특성을 가져 모델의 의사결정 과정을 해석하기 어려울 수 있습니다.

---

3 옮긴이_ L-BFGS(혹은 Limited-memory BFGS, LM-BFGS)는 BFGS(Broyden–Fletcher–Goldfarb–Shanno algorithm) 알고리즘을 속도면에서 개선한 알고리즘입니다(참고: *https://ko.wikipedia.org/wiki/L-BFGS*).

4.5.3 딥러닝 기반 접근법

품사 태깅을 위한 딥러닝 기반 방법은 주어진 문장에서 각 단어의 품사 태그를 예측하기 위해 신경망 모델을 훈련하는 것을 포함합니다. 이러한 방법들은 텍스트 데이터에서 복잡한 패턴과 관계를 학습하여 단어를 적절한 품사로 정확하게 태깅할 수 있습니다.

품사 태깅을 위한 가장 널리 사용되는 딥러닝 기반 방법 중 하나는 장단기 메모리^{long short-term memory}(LSTM) 셀을 사용하는 순환 신경망(RNN)입니다. 장단기 메모리 기반 모델은 단어의 시퀀스를 처리하고 그들 사이의 의존성을 포착할 수 있습니다. 모델의 입력은 고차원 공간에서 단어의 벡터 표현인 워드 임베딩 시퀀스입니다. 이러한 임베딩은 훈련 과정에서 학습됩니다.

장단기 메모리 기반 모델은 주로 세 가지 주요 레이어로 구성됩니다. 입력 레이어, 장단기 메모리 레이어, 출력 레이어입니다. 구조적으로는 입력 레이어에서 워드 임베딩을 입력으로 받아들입니다. 그런 다음 장단기 메모리 레이어는 이 임베딩의 시퀀스를 처리하여 그들 사이의 상호 의존성을 이해하려고 시도합니다. 마지막으로 출력 레이어는 입력 시퀀스 내 각 단어에 대해 품사 태그를 예측하는 역할을 합니다.

품사 태깅을 위한 또 다른 인기 있는 딥러닝 기반 방법은 BERT^{bidirectional encoder representations from transformers} 같은 트랜스포머 기반 모델을 사용하는 것입니다. BERT는 사전 훈련된 언어 모델로, 문장 내 단어들 간의 문맥적 관계를 깊이 있게 이해할 수 있도록 트랜스포머 기반 아키텍처를 사용합니다. BERT는 방대한 텍스트 데이터로 학습되며, 품사 태깅을 포함한 다양한 자연어 처리 작업에서 뛰어난 성능을 발휘하도록 미세 조정할 수 있습니다.

BERT를 품사 태깅에 사용하려면, 입력 문장을 토큰화하고 각 토큰에 초기 품사 태그를 할당해야 합니다. 그 후, 토큰 임베딩을 사전 훈련된 BERT 모델에 입력하면, 각 토큰에 대한 문맥화된 임베딩이 출력됩니다. 이러한 임베딩은 순방향 신경망을 통해 처리되어 각 토큰의 최종 품사 태그를 예측하게 됩니다.

품사 태깅을 위한 딥러닝 접근법은 여러 벤치마크 데이터셋에서 최첨단 성능을 보여 주고 있습니다. 그러나 이러한 방법들은 대량의 훈련 데이터와 높은 연산 자원이 필요하며, 훈련 과정에 시간이 많이 소요되기도 합니다. 또한, 모델의 예측 방식을 이해하기 어렵게 만드는 해석 가능성의 부족 문제가 있을 수 있습니다.

파이썬, 자바, C++ 등 다양한 프로그래밍 언어에서 품사 태깅을 수행할 수 있는 여러 라이브러리[4]가 있습니다. 대표적인 라이브러리로는 NLTK, spaCy, Stanford CoreNLP, 아파치 OpenNLP 등이 있습니다.

다음은 파이썬의 NLTK 라이브러리를 사용한 품사 태깅의 예시입니다.

```
import nltk
input_sentence = "The young white cat jumps over the lazy dog"
processed_tokens = nltk.word_tokenize(input_sentence)
tags = nltk.pos_tag(processed_tokens)
print(tags)
```

출력은 다음과 같습니다.

```
[('The', 'DT'), ('young', 'JJ'), ('white', 'NN'), ('cat', 'NN'), ('jumps',
'VBZ'), ('over', 'IN'), ('the', 'DT'), ('lazy', 'JJ'), ('dog', 'NN')]
```

이 예시에서 nltk.pos_tag() 함수는 문장 내 단어를 태깅하는 데 사용됩니다. 이 함수는 각 단어와 그에 대응하는 품사 태그가 포함된 튜플의 리스트를 반환합니다. 여기서 사용된 품사 태그는 **펜 트리뱅크 태그세트** Penn Treebank tagset에 기반한 것입니다.

4.5.4 정규 표현식

정규 표현식은 현대 프로그래밍 언어와 소프트웨어에서 다양한 용도로 사용되는 텍스트 패턴의 한 유형입니다. 정규 표현식은 입력이 특정 텍스트 패턴을 따르는지 검증하거나, 더 큰 텍스트 본문에서 해당 패턴과 일치하는 텍스트를 찾아내고, 일치하는 텍스트를 다른 텍스트로 대체하거나, 일치한 텍스트의 일부를 재배열하며, 텍스트 블록을 여러 하위 텍스트로 나누는 데 유용합니다. 그러나 잘못 사용하면 의도하지 않은 결과를 초래할 수 있습니다.

컴퓨터 과학과 수학에서 '**정규 표현식** regular expression'이라는 용어는 수학적 표현에서 '정규성 regularity'이라는 개념에서 유래했습니다.

정규 표현식, 흔히 'regex' 또는 'regexp'라고 불리는 것은 일련의 문자로 구성된 검색 패턴을

---

[4] 옮긴이_ 한국어 품사 태깅을 지원하는 대표적인 라이브러리로는 KoNLPy가 있습니다. 이 외에도 soynlp, pecab, kiwi 형태소 분석기 등이 있습니다.

의미합니다. 정규 표현식은 일반적으로 텍스트 처리, 검색 알고리즘 및 자연어 처리의 맥락에서 텍스트를 일치시키고 조작하는 데 사용됩니다.

정규 표현식은 문자와 메타문자의 조합으로 이루어지며, 이들이 함께 텍스트 문자열 내에서 검색할 패턴을 형성합니다. 가장 간단한 형태의 정규 표현식은 정확하게 일치해야 하는 문자들의 단순한 순서입니다. 예를 들어, 정규 표현식 'hello'는 'hello'라는 문자가 순서대로 포함된 모든 문자열과 일치합니다.

메타문자는 정규 표현식 내에서 미리 정의된 의미를 갖는 특수 문자입니다. 예를 들어, '.' 메타문자는 어떤 개별 문자와도 일치하는 데 사용되며, '*' 메타문자는 앞선 문자나 그룹이 0번 이상 반복되는 것과 일치하는 데 사용됩니다. 정규 표현식은 광범위한 텍스트 처리 작업에 사용될 수 있습니다. 이제 이들을 좀 더 자세히 살펴보겠습니다.

유효성 검증

정규 표현식을 사용하여 입력이 특정 패턴과 일치하는지 검증할 수 있습니다. 예를 들어, 정규 표현식을 사용하여 이메일 주소나 전화번호의 유효성을 확인할 수 있습니다.

텍스트 조작

정규 표현식을 이용한 텍스트 조작은 패턴 매칭 기법을 사용하여 문서나 데이터셋에서 텍스트 문자열을 찾고 조작하는 작업을 포함합니다. 정규 표현식은 복잡한 검색 및 교체 작업, 텍스트 추출 및 형식을 지정하는 데 강력한 도구로 사용됩니다.

정규 표현식을 활용하여 수행할 수 있는 일반적인 텍스트 조작 작업은 다음과 같습니다.

- **검색 및 교체**: 정규 표현식을 사용해 문서 내 특정 패턴이나 문자 시퀀스를 검색하고, 이를 다른 텍스트나 형식으로 교체하는 작업
- **데이터 추출**: 정규 표현식을 이용해 특정 데이터 형식과 일치하는 패턴을 정의하여 텍스트에서 데이터를 추출하는 작업

다음은 정규 표현식을 사용해 데이터를 추출하는 일반적인 단계입니다.

1. **정규 표현식 패턴 정의**: 추출하려는 데이터와 일치하는 정규 표현식 패턴을 정의하는 것이 첫 번째 단계입니다. 예를 들어 텍스트 문서에서 모든 전화번호를 추출하려는 경우, 전화

번호 형식과 일치하는 패턴을 정의할 수 있습니다.

2. **정규 표현식 패턴 컴파일**: 정규 표현식 패턴을 정의한 후 이를 정규 표현식 객체로 컴파일합니다. 이 객체를 사용해 매칭 작업을 수행할 수 있습니다.

3. **텍스트에서 패턴 검색**: 정규 표현식 객체를 컴파일한 후 이를 사용해 텍스트에서 해당 패턴을 검색합니다. 단일 문자열에서 검색하거나 더 큰 텍스트 블록에서 패턴을 찾을 수 있습니다.

4. **일치하는 데이터 추출**: 텍스트에서 패턴을 검색한 후 해당 패턴과 일치하는 데이터를 추출할 수 있습니다. 일치하는 데이터의 모든 발생을 추출하거나 첫 번째 발생만 추출할 수 있습니다.

다음은 파이썬으로 정규 표현식을 사용하여 문자열에서 모든 이메일 주소를 추출하는 방법에 대한 예시입니다.

```
import re

text = "John의 이메일은 john@example.com이고, Jane의 이메일은 jane@example.com입니다."
# 이메일 주소에 대한 패턴:
pattern = r'\b[A-Za-z0-9._%+-]+@[A-Za-z0-9.-]+\.[A-Z|a-z]{2,}\b'
regex = re.compile(pattern)
# 텍스트에서 패턴과 일치하는 모든 항목 검색:
matches = regex.findall(text)
print(matches)
```

출력 결과는 다음과 같습니다.

```
['john@example.com', 'jane@example.com']
```

다음으로 텍스트 정제에 대해 다루겠습니다.

텍스트 정제

텍스트 정제는 정규 표현식을 사용하여 텍스트 데이터를 정리하고 표준화하는 과정으로, 불필요한 문자, 공백 또는 기타 형식을 제거하는 것을 의미합니다.

다음은 정규 표현식을 활용한 일반적인 텍스트 정제 기법입니다.

- **특수 문자 제거**: 정규 표현식을 사용하여 구두점, 괄호, 기타 특수 기호와 같은 특정 문자를 찾아 제거할 수 있습니다. 예를 들어, [^a-zA-Z0-9] 정규 표현식[5]은 모든 알파벳과 숫자가 아닌 문자를 매칭합니다.
- **불용어 제거**: 불용어는 'the', 'and', 'but'과 같은 흔한 단어로, 의미 있는 단어에 집중하기 위해 종종 텍스트에서 제거됩니다. 정규 표현식을 사용하여 이러한 단어들을 텍스트에서 찾아 제거할 수 있습니다.
- **HTML 태그 제거**: 웹사이트에서 스크랩한 텍스트를 분석하기 전에 HTML 태그를 제거해야 할 수 있습니다. 정규 표현식을 사용하여 HTML 태그를 찾아 제거할 수 있습니다.
- **텍스트 소문자 변환**: 정규 표현식을 사용하여 모든 텍스트를 소문자 또는 대문자로 변환할 수 있으며, 이를 통해 비교 및 분석이 더 쉬워집니다.
- **텍스트 정규화**: 정규화는 텍스트를 표준 형식으로 변환하는 과정입니다. 정규 표현식을 사용하여 단어를 어간이나 표제어로 변환하는 작업(어간 추출, 표제어 추출)을 수행할 수 있습니다.

정규 표현식을 활용한 텍스트 정제를 통해 텍스트에서 노이즈와 관련 없는 정보를 제거함으로써, 분석하고 의미 있는 인사이트를 도출하기가 더 쉬워집니다.

구문 분석

구문 분석 parsing 은 특정 문법에 따라 텍스트 문자열의 문법적 구조를 분석하는 과정입니다. 정규 표현식은 특히 간단하고 규칙적인 문법 패턴을 처리할 때 매우 유용한 도구로 사용됩니다.

정규 표현식을 사용해 텍스트를 구문 분석하려면, 먼저 분석하고자 하는 언어의 문법을 정의해야 합니다. 이 문법은 문장을 구성하는 명사, 동사, 형용사 등 다양한 요소와 이러한 요소들이 결합하여 올바른 문장을 만드는 규칙들을 포함해야 합니다.

문법을 정의한 후에는 정규 표현식을 활용해 문장의 각 구성 요소와 그들 간의 관계를 식별할 수 있습니다. 예를 들어, 정규 표현식을 사용해 문장 내 모든 명사를 찾거나 동사의 주어와 목적어를 식별할 수 있습니다.

정규 표현식을 이용한 구문 분석의 일반적인 방법은 문법 내에서 다양한 품사와 문장 구조에

---

5 옮긴이_ 알파벳, 숫자, 한글을 제외한 모든 문자와 일치하는 정규 표현식은 [^a-zA-Z0-9ㄱ-ㅎㅏ-ㅣ가-힣] 으로 작성합니다. 'ㄱ-ㅎ'은 모든 한글 자음(초성), 'ㅏ-ㅣ'는 모든 한글 모음(중성), '가-힣'은 모든 한글 완성형 글자를 의미합니다.

해당하는 패턴을 정의하는 것입니다. 예를 들어 명사를 찾는 패턴, 동사를 찾는 패턴, 그리고 주어가 동사와 목적어로 이어지는 문장을 찾는 패턴을 정의할 수 있습니다.

이러한 패턴을 사용해 구문 분석을 수행할 때는 정규 표현식 엔진을 통해 텍스트 문자열에 패턴을 적용하게 됩니다. 이렇게 하면 엔진이 해당 패턴을 문자열의 적절한 부분과 매칭시킵니다. 구문 분석의 결과물은 문장의 문법 구조를 나타내는 구문 트리 또는 기타 데이터 구조가 될 수 있습니다.

그러나 정규 표현식을 사용한 구문 분석에는 한계가 있습니다. 복잡하거나 모호한 문법을 처리하는 데는 적합하지 않을 수 있습니다. 예를 들어, 단어가 문맥에 따라 명사 또는 동사로 사용될 수 있는 경우나 문장의 구조가 모호한 경우에는 정규 표현식만으로 처리하기 어려울 수 있습니다.

정규 표현식을 사용하면 더 큰 텍스트 문서를 특정 패턴이나 구분자에 따라 작은 조각이나 토큰으로 나눌 수도 있습니다.

텍스트 조작을 위해 정규 표현식을 사용할 때는, 일반적으로 찾거나 조작하려는 텍스트와 일치하는 패턴을 정의해야 합니다. 이 패턴은 텍스트 문자열을 구성하는 특정 문자, 숫자, 또는 기타 요소들의 순서를 정의하는 특수 문자와 구문을 포함할 수 있습니다.

예를 들어, 정규 표현식 패턴 \d{3}-\d{2}-\d{4}는 텍스트 문서에서 사회보장번호를 검색하고 추출하는 데 사용될 수 있습니다. 이 패턴은 세 자리 숫자, 대시, 두 자리 숫자, 다시 대시, 네 자리 숫자가 이어지는 형태로, 이는 미국의 사회보장번호 표준 형식을 나타냅니다.

정규 표현식 패턴을 정의한 후에는 grep, sed, awk, 펄[Perl], 파이썬 등 다양한 텍스트 조작 도구와 프로그래밍 언어에서 이 패턴을 활용해 복잡한 텍스트 조작 작업을 수행할 수 있습니다.

펄이나 파이썬 같은 일부 프로그래밍 언어는 정규 표현식에 대한 내장 지원을 제공합니다. 반면, 자바나 C++ 같은 다른 언어들은 정규 표현식을 사용하기 위해 별도의 라이브러리나 API를 필요로 합니다.

정규 표현식은 텍스트 처리에 매우 강력한 도구이지만, 그만큼 복잡하고 이해하기 어려울 수 있습니다. 정규 표현식을 효과적으로 사용하려면 그 문법과 동작에 대한 충분한 이해가 필요합니다.

4.5.5 토큰화

토큰화^{tokenization}는 자연어 처리에서 텍스트나 문장을 개별 단어 또는 용어, 즉 '토큰'으로 나누는 과정입니다. 이 과정은 텍스트 문서, 소셜 미디어 게시물, 웹 페이지 등 다양한 형태의 데이터에 적용될 수 있습니다.

토큰화는 비구조화된 텍스트 데이터를 구조화된 형식으로 변환하는 중요한 첫 단계로, 이를 통해 머신러닝 알고리즘이나 다른 분석 기법을 사용할 수 있게 됩니다. 이러한 토큰들은 텍스트에서 단어 빈도를 계산하거나 가장 흔한 구문을 식별하는 등 다양한 작업에 활용될 수 있습니다.

토큰화 방법에는 여러 가지가 있습니다.

- **단어 토큰화**^{word tokenization}: 이 방법은 공백, 구두점, 기타 문자를 구분자로 사용해 텍스트를 개별 단어 또는 토큰으로 나눕니다. 다음과 같은 문장 예시를 보겠습니다.

    The nimble white cat jumps over the sleepy dog

    이 문장은 다음과 같은 단어 목록으로 토큰화할 수 있습니다.

    ['The', 'nimble', 'white', 'cat', 'jumps', 'over', 'the', 'sleepy', 'dog']

- **문장 토큰화**^{sentence tokenization}: 이 방법은 마침표, 느낌표, 물음표 같은 구두점을 구분자로 사용해 텍스트를 개별 문장으로 나눕니다. 다음과 같은 단락 예시를 보겠습니다.

    This is the first sentence.
    This is the second sentence.
    This is the third sentence.

    이 단락은 다음과 같은 문장 목록으로 토큰화할 수 있습니다.

    ['This is the first sentence.',
    'This is the second sentence.',
    'This is the third sentence.']

- **정규 표현식 토큰화**regular expression tokenization: 이 방법은 정규 표현식을 사용해 토큰화 규칙을 정의합니다. 정규 표현식은 이메일 주소, URL, 전화번호 등 특정 패턴을 가진 텍스트를 찾아내고 이를 개별 토큰으로 추출하는 데 사용할 수 있습니다.

토큰화는 감정 분석, 문서 분류, 기계 번역 등 다양한 자연어 처리 애플리케이션에서 중요한 단계입니다.

토큰화는 언어 모델에서도 중요한 단계입니다. 예를 들어, 잘 알려진 언어 모델인 BERT에서는 토크나이저가 서브워드 토크나이저로, 단어를 더 작은 서브워드 단위인 토큰으로 분할합니다. BERT는 **WordPiece** 토크나이저를 사용하며, 이는 학습하는 텍스트 코퍼스를 기반으로 대규모 서브워드 어휘를 구축하는 데이터 중심 접근 방식을 활용합니다.

토크나이저를 사용하는 것은 언어 모델에서도 매우 중요한 과정입니다. 예를 들어, BERT는 WordPiece 토크나이저를 사용하여 단어를 전체 형태 그대로 또는 더 작은 구성 요소인 워드피스로 분할합니다. 즉, 하나의 단어가 여러 개의 토큰으로 표현될 수 있습니다. 이 방법은 학습 중인 텍스트 코퍼스를 기반으로 대규모 서브워드 어휘를 구축하는 데이터 중심 접근 방식을 사용합니다. 이러한 서브워드 단위는 BERT 모델에 입력되는 임베딩으로 표현됩니다.

BERT 토크나이저의 주요 특징 중 하나는 **OOV**out-of-vocabulary(어휘에 없는 단어)를 처리할 수 있다는 점입니다. 토크나이저가 사전에 없는 단어를 만나면 그 단어를 서브워드로 분할하여 해당 서브워드 임베딩의 조합으로 단어를 표현합니다. BERT와 그 토크나이저에 대해서는 이 책 후반부에서 더 자세히 다룰 예정입니다. 언어 모델에서 토크나이저를 사용하는 이점 중 하나는 가능한 모든 입력이 아닌, 사전 크기에 따라 입력 수를 제한할 수 있다는 것입니다. 예를 들어 BERT는 3만 개의 어휘 크기를 가지며, 이를 통해 딥러닝 언어 모델의 크기를 제한할 수 있습니다. 더 큰 토크나이저를 사용하면 모델의 크기가 증가합니다. 다음 절에서는 이번 장에서 다룬 방법들을 완전한 전처리 파이프라인에서 어떻게 사용할 수 있는지 알아보겠습니다.

4.6 전처리 파이프라인 설명

이제 전처리 파이프라인에 대해 살펴보겠습니다. 노트북 'Ch4_Preprocessing_pipeline.ipynb'를 참조하세요.

다음 코드에서 볼 수 있듯이, 입력 데이터는 HTML 웹 페이지에서 추출한 것과 유사하게 인코딩된 태그가 포함된 서식화된 텍스트입니다.

> "\<SUBJECT LINE\> Employees details\<END\>\<BODY TEXT\>Attached are 2 files, \n1st one is pairoll, 2nd is healtcare!\<END\>"

이제 각 단계가 텍스트에 미치는 영향을 살펴보겠습니다.

1. **디코딩/인코딩 제거**

    Employees details. Attached are 2 files, 1st one is pairoll, 2nd is healtcare!

2. **소문자화**

    employees details. attached are 2 files, 1st one is pairoll, 2nd is healtcare!

3. **숫자를 단어로 변환**

    employees details. attached are two files, first one is pairoll, second is healtcare!

4. **구두점 및 기타 특수 문자 제거**

    employees details attached are two files first one is pairoll second is healtcare

5. **맞춤법 교정**

    employees details attached are two files first one is payroll second is healthcare

6. **불용어 제거**

    employees details attached two files first one payroll second healthcare

7. **어간 추출**

    employe detail attach two file first one payrol second healthcar

8. **표제어 추출**

    employe detail attach two file first one payrol second healthcar

다양한 전처리 방법들을 단계별로 적용해 봤습니다. 다음으로는 개체명 인식(NER)과 품사 태깅(POS)을 수행하는 코드를 살펴보도록 하겠습니다.

4.6.1 개체명 인식 및 품사 태깅을 위한 코드

노트북 'Ch4_NER_and_POS.ipynb'를 참조하세요.

이 예제에서는 파이썬의 spaCy 라이브러리를 사용하여 개체명 인식과 품사 태깅 작업을 수행했습니다. 입력 데이터는 다음과 같습니다.

> The companies that would be releasing their quarterly reports tomorrow are Microsoft, 4pm, Google, 4pm, and AT&T, 6pm.

다음은 개체명 인식 출력 결과입니다.

> The companies that would be releasing their quarterly DATE reports tomorrow DATE are Microsoft ORG , 4pm TIME , Google ORG , 4pm TIME , and AT&T ORG , 6pm TIME.

이 결과에서 볼 수 있듯이, 개체명 인식을 사용하여 문장에서 회사 이름(ORG)이나 날짜와 관련된 부분을 감지할 수 있습니다.

[그림 4-1]은 spaCy를 사용한 품사 태깅 예시를 보여 줍니다.

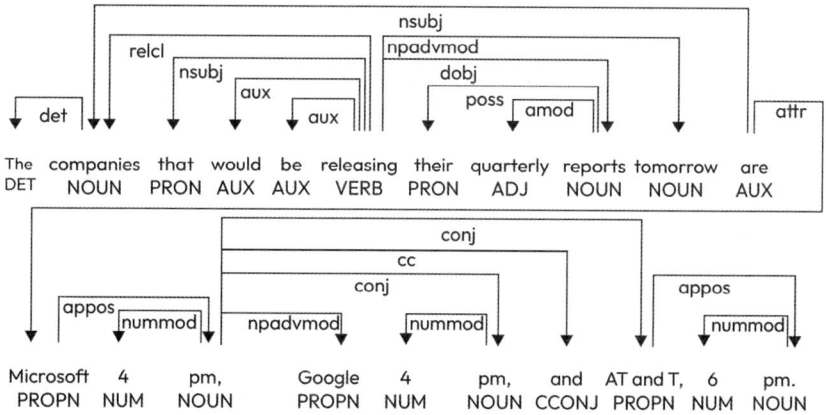

그림 4-1 spaCy를 사용한 품사 태깅

출력 결과는 다음과 같습니다.

```
[['companies', 'NOUN'],
 ['releasing', 'VERB'],
 ['quarterly', 'ADJ'],
 ['reports', 'NOUN'],
 ['tomorrow', 'NOUN'],
 ['Microsoft', 'PROPN'],
 ['pm', 'NOUN'],
 ['Google', 'PROPN'],
 ['pm', 'NOUN'],
 ['AT&T', 'PROPN'],
 ['pm', 'NOUN']]
```

위 코드 예제는 전처리의 다양한 측면을 보여 주며, 원시 텍스트를 후속 모델에 맞게 최적화된 형태로 변환해 전체 설계 목적에 맞게 만드는 과정을 설명합니다.

4.7 요약

이번 장에서는 텍스트 전처리를 위한 다양한 기술과 방법에 대해 다루었습니다. 여기에는 정규화, 토큰화, 불용어 제거, 품사 태깅 등 다양한 방법이 포함됩니다. 또한, 규칙 기반 방법, 통계적 방법, 딥러닝 기반 방법 등 이러한 기술들에 대한 여러 접근법을 탐구하였고, 각 방법의 장단점에 대해 논의하며 사용 예시와 코드 스니펫을 제공했습니다.

이로써 텍스트 전처리의 중요성과 텍스트 데이터를 정제하고 분석을 준비하는 다양한 기술과 방법에 대해 이해했을 것입니다. 파이썬에서 인기 있는 라이브러리와 프레임워크를 사용해 이러한 기술을 구현할 수 있어야 하며, 각 접근법 간의 장단점을 이해하고 비교할 수 있어야 합니다. 나아가 감정 분석, 주제 모델링, 텍스트 분류와 같은 자연어 처리 작업에서 더 나은 결과를 얻기 위해 텍스트 데이터를 처리하는 방법에 대해서도 더 잘 이해할 수 있게 되었을 것입니다.

다음 장에서는 텍스트 분류와 이를 수행하기 위한 다양한 방법들에 대해 알아보겠습니다.

CHAPTER 5
텍스트 분류 강화: 전통적인 머신러닝 기법 활용하기

이번 장에서는 자연어 처리와 머신러닝에서 중요한 과제인 텍스트 분류에 대해 자세히 알아볼 것입니다. 텍스트 분류는 텍스트 문서를 미리 정의된 카테고리로 분류하는 작업으로, 디지털 텍스트 데이터가 기하급수적으로 증가하면서 감정 분석, 스팸 탐지, 문서 정리 등 다양한 응용 분야에서 이 작업의 정확성과 효율성이 점점 더 중요해지고 있습니다. 이 장에서는 텍스트 분류에 사용되는 주요 개념, 방법론, 기술을 포괄적으로 다루어 다양한 배경과 수준의 독자가 이해할 수 있도록 구성하였습니다.

우선, 텍스트 분류 작업의 여러 종류와 특징을 자세히 살펴볼 예정입니다. 이를 통해 각 유형이 우리에게 던지는 도전 과제와 새로운 기회에 대해 폭넓게 이해할 수 있을 것입니다. 이어서 **N-그램**N-gram의 개념을 소개하고, 이를 텍스트 분류의 특성으로 활용하는 방법을 논의할 것입니다. N-그램은 단어 개별 단어뿐만 아니라 텍스트 내에서 문맥과 단어들의 순서까지 포착할 수 있는 중요한 도구입니다. 그런 다음, 문서 내 단어 빈도와 전체 말뭉치에서의 빈도를 바탕으로 단어에 가중치를 부여하는 **TF-IDF**(단어 빈도-역문서 빈도) 방법을 살펴보고, 이 방법이 분류 작업에서 중요한 단어를 효과적으로 구분해 내는 데 얼마나 유용한지 알아볼 것입니다.

이후, 강력한 **Word2Vec** 알고리즘이 텍스트 분류에서 어떻게 활용되는지 자세히 알아볼 것입니다. Word2Vec이 단어의 의미와 관계를 반영한 밀집 벡터 표현을 어떻게 생성하는지, 그리고 이러한 벡터 임베딩이 분류 성능을 향상하는 특성으로 어떻게 활용될 수 있는지 설명할 것입니다. 또한, **CBOW**(연속 단어 가방)와 스킵그램Skip-Gram 같은 인기 있는 모델을 다루며, 이들의 작동 원리를 깊이 있게 이해할 수 있도록 할 것입니다.

마지막으로, 문서 집합 내에서 숨겨진 주제 구조를 발견하는 기술인 토픽 모델링에 대해 살펴볼 것입니다. 잠재 디리클레 할당latent Dirichlet allocation(**LDA**)과 같은 인기 있는 알고리즘을 소개하고, 토픽 모델링이 텍스트 분류에 어떻게 활용될 수 있는지, 문서 간의 의미적 관계를 발견하고 분류 성능을 개선하는 방법을 설명할 것입니다.

이번 장 전반에 걸쳐 텍스트 분류에 사용되는 기본 개념과 기술에 대한 깊이 있는 이해를 목표로 합니다. 이를 통해 실제 세계의 텍스트 분류 문제를 성공적으로 해결하는 데 필요한 지식과 기술을 갖추게 될 것입니다.

이번 장에서는 다음과 같은 주제들을 다룰 것입니다.

- 텍스트 분류의 유형
- N-gram 기반 텍스트 분류
- TF-IDF 기반 텍스트 분류
- Word2Vec과 텍스트 분류에서의 응용
- 토픽 모델링
- 사용 사례 검토: 주피터 노트북에서 자연어 처리 분류를 위한 머신러닝 시스템 설계

5.1 기술 요구 사항

이 장을 효과적으로 읽고 이해하기 위해서는 여러 기술 분야에서 탄탄한 기초가 필요합니다. 자연어 처리, 머신러닝, 선형대수의 기본 개념에 대한 확실한 이해가 중요합니다. 또한, 데이터 준비 단계에서 필요한 토큰화, 불용어 제거, 어간 추출 또는 표제어 추출과 같은 텍스트 전처리 기법에 익숙해야 합니다.

아울러 로지스틱 회귀나 **서포트 벡터 머신**support vector machine(**SVM**) 같은 기본적인 머신러닝 알고리즘을 이해하는 것이 텍스트 분류 모델을 구현하는 데 필수적입니다. 마지막으로, 정확도accuracy, 정밀도precision, 재현율recall, F1 점수F1 score 같은 평가 지표와 과대적합, 과소적합, 하이퍼파라미터 튜닝 등의 개념에 익숙하다면 텍스트 분류에서 직면하는 도전과 최적의 방법론을 더욱 깊이 이해할 수 있을 것입니다.

5.2 텍스트 분류의 유형

텍스트 분류는 머신러닝 알고리즘을 활용하여 텍스트 내용을 기반으로 미리 정의된 카테고리나 레이블을 할당하는 자연어 처리 작업입니다. 이 과정에서는 레이블이 지정된 데이터셋으로 모델을 훈련시켜, 새로운 텍스트 입력의 카테고리를 정확하게 예측할 수 있게 합니다. 텍스트 분류 방법은 크게 지도 학습, 비지도 학습, 준지도 학습의 세 가지로 나눌 수 있습니다.

- 지도 학습: 각 데이터 포인트에 목표 레이블 또는 카테고리가 지정된 데이터로 모델을 훈련시킵니다. 모델은 이 레이블이 지정된 데이터를 통해 입력 텍스트와 목표 레이블 간의 패턴과 관계를 학습합니다. 텍스트 분류를 위한 지도 학습 알고리즘으로는 나이브 베이즈, 서포트 벡터 머신, 그리고 **합성곱 신경망**(CNN)과 **순환 신경망**(RNN)이 있습니다.

- 비지도 학습: 카테고리나 레이블에 대한 사전 정보 없이 텍스트 문서를 카테고리나 주제로 군집화하거나 그룹화합니다. 레이블이 지정된 데이터가 없거나 카테고리 또는 주제의 수를 모를 때 유용합니다. 텍스트 분류를 위한 비지도 학습 알고리즘으로는 K-평균K-Means 군집화, LDA, 계층적 **디리클레 프로세스**hierarchical Dirichlet process(HDP) 등이 있습니다.

- 준지도 학습: 이 방식은 지도 학습과 비지도 학습의 접근법을 결합합니다. 소량의 레이블이 지정된 데이터로 모델을 훈련시킨 후, 이 모델을 사용해 나머지 레이블이 없는 데이터를 분류합니다. 그 후 모델은 레이블이 없는 데이터를 활용하여 분류 성능을 개선합니다. 이 방법은 레이블이 지정된 데이터가 부족하거나 획득 비용이 높을 때 특히 유용합니다. 텍스트 분류를 위한 준지도 학습 알고리즘으로는 자가 훈련self-training, **공동 훈련**co-training, **다중 뷰 학습**multi-view learning 등이 있습니다.

각 텍스트 분류 유형은 고유한 장단점을 가지며, 다양한 응용 분야에 적합합니다. 이러한 유형들을 이해하면 주어진 문제에 가장 적합한 접근 방식을 선택하는 데 도움이 됩니다. 다음 절에서는 이러한 방법들 각각에 대해 더 자세히 살펴보겠습니다.

5.2.1 지도 학습

지도 학습supervised learning은 알고리즘이 레이블이 부여된 데이터를 통해 학습하여 새롭고 처음 보는 데이터의 레이블을 예측하는 머신러닝의 한 유형입니다.

텍스트 분류에서 지도 학습은 각 문서나 텍스트 샘플에 해당 카테고리나 클래스가 레이블로 지정된 데이터셋으로 모델을 훈련시키는 과정을 포함합니다. 이후 모델은 이 훈련 데이터를 사용하여 텍스트 특성과 그에 연관된 레이블 사이의 패턴과 관계를 학습합니다.

1. 지도 텍스트 분류 작업의 첫 단계는 각 텍스트 샘플에 해당 카테고리나 클래스가 주석으로 달린 레이블이 지정된 데이터셋을 확보하는 것입니다.

2. 레이블이 지정된 데이터셋은 가장 높은 수준의 신뢰성을 가진 것으로 간주됩니다. 주로 주제 전문가가 텍스트를 수동으로 검토하고 각 항목에 적절한 클래스를 할당하여 얻어집니다. 때로는 레이블을 자동으로 도출하는 방법도 있습니다. 예를 들어, 사이버 보안 분야에서는 과거 데이터를 수집한 후 각 항목의 결과(즉, 해당 행동이 정당했는지 여부)에 따라 레이블을 할당할 수 있습니다. 이러한 과거 데이터는 대부분의 도메인에 존재하므로, 이 또한 신뢰할 수 있는 레이블이 지정된 데이터셋으로 활용될 수 있습니다.

3. 다음 단계는 모델링을 위해 텍스트 데이터를 전처리하는 것입니다. 이 과정에는 토큰화, 어간 추출 또는 표제어 추출, 불용어 제거, 그리고 기타 텍스트 전처리 기술이 포함될 수 있습니다.

4. 전처리 후, 텍스트 데이터는 주로 단어 가방 또는 TF-IDF 인코딩 같은 기법을 사용하여 수치 특성으로 변환됩니다.

5. 그런 다음 로지스틱 회귀, 서포트 벡터 머신, 또는 신경망과 같은 지도 학습 알고리즘이 이러한 수치 특성을 사용하여 레이블이 지정된 데이터셋에서 훈련시킵니다.

모델이 훈련되면, 학습된 패턴과 텍스트 특성과 레이블 간의 관계를 바탕으로 새로운 텍스트 데이터의 카테고리나 클래스를 예측할 수 있게 됩니다.

지도 학습 알고리즘은 텍스트 분류 작업에 널리 사용됩니다. 이제 텍스트 분류에 자주 사용되는 대표적인 지도 학습 알고리즘들을 살펴보겠습니다.

나이브 베이즈

나이브 베이즈 naive Bayes 는 텍스트 분류에 널리 사용되는 확률적 알고리즘입니다. 이는 베이즈 정리를 기반으로 하며, 이 정리는 관찰된 증거(여기서는 문서의 단어들)가 주어졌을 때 가설(여기서는 문서가 특정 클래스에 속할 확률)의 확률이 가설이 주어졌을 때 증거의 확률과 가설의 사전 확률의 곱에 비례한다고 설명합니다. 나이브 베이즈가 '나이브(순진한)'라고 불리는 이유는 클래스 레이블이 주어졌을 때 특성(단어)들이 서로 독립적이라고 가정하기 때문입니다.

로지스틱 회귀

로지스틱 회귀는 이진 분류 문제(분류 클래스가 두 개뿐인 문제)에 사용되는 통계적 방법입니다. 이 방법은 로지스틱 함수를 사용하여 문서가 특정 클래스에 속할 확률을 모델링합니다. 로지스틱 함수는 어떤 실숫값 입력이라도 0과 1 사이의 값으로 변환합니다.

서포트 벡터 머신

서포트 벡터 머신(SVM)은 텍스트 분류를 포함한 다양한 분야에서 사용되는 강력한 분류 알고리즘입니다. 서포트 벡터 머신은 데이터를 서로 다른 클래스로 최적의 초평면을 찾는 방식으로 작동합니다. 텍스트 분류에서 특성은 주로 문서의 단어들이며, 초평면은 가능한 모든 문서의 공간을 서로 다른 클래스에 해당하는 여러 영역으로 나누는 데 사용됩니다.

이 모든 알고리즘은 훈련 세트의 각 문서에 대해 클래스 레이블이 알려진, 레이블이 지정된 데이터를 사용하여 훈련됩니다. 훈련이 완료되면, 모델은 새롭고 레이블이 없는 문서의 클래스 레이블을 예측하는 데 사용될 수 있습니다. 모델의 성능은 주로 정확도, 정밀도, 재현율, F1 점수와 같은 지표를 사용하여 평가됩니다.

5.2.2 비지도 학습

비지도 학습 unsupervised learning은 데이터에 레이블이 지정되지 않은 상태에서 알고리즘이 스스로 패턴과 구조를 찾아내는 머신러닝의 한 유형입니다. 텍스트 분류의 맥락에서 비지도 학습 방법은 레이블이 없는 데이터를 사용할 때나 텍스트 데이터에서 숨겨진 패턴을 발견하고자 할 때 유용하게 사용됩니다.

텍스트 분류에 흔히 사용되는 비지도 학습 방법 중 하나는 **군집화** clustering입니다. 군집화 알고리즘은 문서의 내용을 바탕으로 유사한 문서들을 그룹화하며, 각 문서가 무엇에 관한 것인지에 대한 사전 지식 없이도 작동합니다. 군집화는 문서 모음에서 주제를 식별하거나 유사한 문서를 묶어 추가 분석을 수행하는 데 사용할 수 있습니다.

또 다른 인기 있는 비지도 학습 알고리즘은 **LDA**(잠재 디리클레 할당)입니다. LDA는 말뭉치의 각 문서가 여러 주제의 혼합으로 구성되어 있으며, 각 주제는 단어들에 대한 확률 분포라는 가정을 하는 확률 생성 모델입니다. LDA는 주제에 대한 명시적 레이블이 없어도 문서 모음에서 숨겨진 주제를 발견하는 데 사용할 수 있습니다.

마지막으로, 단어 임베딩은 텍스트 분류에 사용되는 인기 있는 비지도 학습 기법입니다. 단어 임베딩은 단어가 나타나는 문맥을 기반으로 의미를 포착하는 밀집 벡터 표현입니다. 이는 유사한 단어를 식별하고 단어 간의 관계를 찾는 데 유용하며, 텍스트 유사성 계산이나 추천 시스템과 같은 작업에서 활용될 수 있습니다. 일반적인 단어 임베딩 모델로는 Word2Vec과 GloVe가 있습니다.

Word2Vec은 단어를 고차원 공간에서 벡터로 표현하는 단어 임베딩을 생성하는 데 사용되는 인기 있는 알고리즘입니다. 이 알고리즘은 2013년 토마스 미콜로프Tomas Mikolov가 이끄는 구글 연구팀에 의해 개발되었습니다. Word2Vec의 기본 아이디어는 유사한 문맥에서 자주 나타나는 단어들이 유사한 의미를 가진다는 것입니다.

이 알고리즘은 대규모 텍스트 말뭉치를 입력으로 받아, 어휘에 있는 각 단어에 대한 벡터 표현을 생성합니다. 이 벡터들은 일반적으로 고차원(예: 100차원 또는 300차원)이며, 감정 분석, 텍스트 분류, 기계 번역과 같은 다양한 자연어 처리 작업에 활용될 수 있습니다.

Word2Vec에는 두 가지 주요 구조가 있습니다. **CBOW**와 **스킵그램**입니다. CBOW 구조에서는 문맥 단어들을 바탕으로 목표 단어를 예측하려고 시도합니다. 스킵그램 구조에서는 목표 단어를 바탕으로 문맥 단어들을 예측하려고 시도합니다. 훈련 목표는 주어진 입력에서 목표 단어 또는 문맥 단어들의 가능성을 최대화하는 것입니다.

Word2Vec은 자연어 처리 커뮤니티에서 널리 채택되었으며, 다양한 벤치마크에서 최첨단 성능을 보여 주었습니다. 또한 추천 시스템, 검색 엔진, 챗봇과 같은 많은 실제 응용 프로그램에서 사용되었습니다.

5.2.3 준지도 학습

준지도 학습semi-supervised learning은 지도 학습과 비지도 학습의 중간에 위치한 머신러닝 패러다임으로, 레이블이 있는 데이터와 없는 데이터를 결합하여 모델을 훈련합니다. 이 방법은 특히 레이블이 있는 데이터를 확보하는 데 비용이 많이 들거나 시간이 오래 걸릴 때 유용합니다. 준지도 학습을 통해 모델은 레이블이 없는 데이터의 정보를 활용하여 분류 작업에서 성능을 개선할 수 있습니다.

텍스트 분류의 경우, 준지도 학습은 레이블이 있는 문서가 적지만 레이블이 없는 방대한 문서들이 있을 때 특히 효과적입니다. 이 방법의 목표는 레이블이 없는 데이터에 담긴 정보를 활용해 분류기의 성능을 향상시키는 것입니다.

준지도 학습에서 자주 사용되는 알고리즘으로는 레이블 전파와 공동 훈련이 있습니다. 이제 각각의 알고리즘을 좀 더 자세히 살펴보겠습니다.

레이블 전파

레이블 전파label propagation는 그래프 기반의 준지도 학습 알고리즘입니다. 이 알고리즘은 레이블이 있는 데이터와 없는 데이터를 모두 사용해 그래프를 구성하며, 각 데이터 포인트는 노드로, 노드 간의 유사성은 에지로 표현됩니다. 알고리즘은 유사성을 바탕으로 레이블이 있는 노드에서 없는 노드로 레이블을 전파하는 방식으로 작동합니다.

이 알고리즘의 주요 내용은 유사한 데이터 포인트는 유사한 레이블을 가져야 한다는 것입니다. 알고리즘은 먼저 레이블이 없는 노드에 초기 레이블 확률을 할당하는데, 이는 주로 레이블이 있는 노드와의 유사성을 기반으로 합니다. 반복 과정을 통해 이 확률이 그래프 전체에 걸쳐 전파되며 수렴할 때까지 진행됩니다. 최종적으로 계산된 레이블 확률을 사용해 레이블이 없는 데이터 포인트를 분류하게 됩니다.

공동 훈련

공동 훈련co-training은 데이터의 서로 다른 관점에 대해 여러 분류기를 훈련시키는 또 다른 준지도 학습 기법입니다. 관점이란 학습 작업에 충분하고 클래스 레이블이 주어졌을 때 조건부로 독립적인 특성들의 부분 집합을 말합니다. 기본 아이디어는 한 분류기의 예측을 사용하여 일부 레이블이 없는 데이터에 레이블을 지정한 다음, 새롭게 레이블이 지정된 이 데이터를 사용하여 다른 분류기를 훈련시키는 것입니다. 이 과정은 반복적으로 수행되며, 각 분류기가 서로를 개선하면서 정지 기준이 충족될 때까지 계속됩니다.

특정 도메인에서 준지도 학습을 적용하는 예로, 과학 논문을 심장학cardiology, 신경학neurology, 종양학oncology 같은 다양한 카테고리로 분류하고자 하는 의학 분야를 고려해 봅시다. 레이블이 지정된 소수의 논문과 레이블이 지정되지 않은 대량의 논문이 있다고 가정해 보겠습니다.

가능한 접근 방법 중 하나는 논문들의 그래프를 만들어 레이블 전파를 사용하는 것입니다. 이 그래프에서 노드는 논문을 나타내고 에지^{edge}는 논문 간의 유사성을 나타냅니다. 유사성은 사용된 단어, 다룬 주제, 또는 논문 간의 인용 네트워크와 같은 다양한 요소를 기반으로 할 수 있습니다. 레이블을 전파한 후, 최종 레이블 확률을 기반으로 레이블이 없는 논문들을 분류할 수 있습니다.

또는 특성을 논문의 초록과 전체 텍스트와 같은 두 가지 관점으로 나누어 공동 훈련을 사용할 수 있습니다. 각 관점에 대해 하나씩, 두 개의 분류기를 훈련시키고 레이블이 없는 데이터에 대해 다른 분류기가 내린 예측을 사용하여 분류기들을 반복적으로 업데이트합니다.

두 경우 모두 목표는 레이블이 없는 데이터에 포함된 정보를 활용하여 특정 도메인에서 분류기의 성능을 향상시키는 것입니다.

이번 장에서는 지도 텍스트 분류와 토픽 모델링에 대해 자세히 설명하겠습니다.

5.2.4 원-핫 인코딩 벡터 표현을 이용한 문장 분류

원-핫 인코딩 벡터 표현$^{one-hot\ encoded\ vector\ representation}$은 단어와 같은 범주형 데이터를 이진 벡터로 나타내는 방법입니다. 텍스트 분류에서 원-핫 인코딩은 텍스트 데이터를 분류 모델의 수치 입력 특성으로 변환하는 데 사용될 수 있습니다. 다음은 원-핫 인코딩 벡터를 사용한 텍스트 분류에 대한 자세한 설명입니다.

텍스트 전처리

첫 번째 단계는 텍스트 데이터를 전처리하는 것입니다. 전처리의 주요 목표는 원시 텍스트를 머신러닝 알고리즘이 쉽게 이해하고 처리할 수 있는 구조적이고 일관된 형식으로 변환하는 것입니다. 원-핫 인코딩 벡터 분류에서 텍스트 전처리가 중요한 이유는 다음과 같습니다.

- **노이즈 감소**: 원시 텍스트 데이터에는 종종 오타, 맞춤법 오류, 특수 문자, 형식 불일치와 같은 노이즈가 포함되어 있습니다. 전처리를 통해 텍스트를 정리하고, 분류 모델의 성능에 부정적인 영향을 줄 수 있는 노이즈를 줄일 수 있습니다.
- **차원 축소**: 원-핫 인코딩 벡터는 데이터셋의 각 고유한 단어가 개별 특성으로 표현되기 때문에 높은 차원을 가집니다. 불용어 제거, 어간 추출, 표제어 추출과 같은 전처리 기법은 어휘의 크기를 줄여 특

성 공간의 차원을 낮추는 데 도움을 줄 수 있습니다. 이는 분류 알고리즘의 효율성을 높이고 과대적합의 위험을 줄이는 데 기여할 수 있습니다.

- **일관된 표현**: 텍스트를 소문자로 변환하고 어간 추출이나 표제어 추출을 적용하면, 같은 의미나 어근을 가진 단어들이 원-핫 인코딩 벡터에서 일관되게 표현됩니다. 이는 분류 모델이 동일한 단어의 다양한 형태를 별개의 특성으로 인식하지 않도록 하여, 데이터에서 더 의미 있는 패턴을 학습하는 데 도움을 줍니다.
- **불필요한 정보 처리**: 전처리는 URL, 이메일 주소, 숫자 등 분류 작업에 도움이 되지 않는 불필요한 정보를 제거하는 데 유용합니다. 이러한 정보를 제거함으로써, 모델이 텍스트에서 의미 있는 단어와 패턴에 집중할 수 있어 분류 성능이 향상될 수 있습니다.
- **모델 성능 향상**: 전처리된 텍스트 데이터는 더 깔끔하고 구조화된 데이터셋을 기반으로 모델이 학습하게 함으로써, 분류 모델의 성능을 향상시킬 수 있습니다. 이는 정확도 향상과 새로운 텍스트 데이터에 대한 일반화 능력의 향상으로 이어질 수 있습니다.

텍스트를 전처리한 후에는 텍스트에서 단어를 추출하는 작업을 시작할 수 있습니다. 이 작업을 단어 사전 구축이라고 합니다.

단어 사전 구축

전처리된 텍스트에서 모든 고유한 단어를 모아 단어 사전을 구성하고, 각 단어에 고유한 인덱스를 할당합니다.

단어 사전 구축은 원-핫 인코딩 벡터 분류를 위한 텍스트 데이터 준비 과정에서 필수적인 단계입니다. 단어 사전은 전처리된 텍스트 데이터에 포함된 모든 고유한 단어(토큰)들의 집합으로, 각 문서에 대해 원-핫 인코딩 특성 벡터를 생성하는 기반이 됩니다. 다음은 원-핫 인코딩 벡터 분류를 위한 단어 사전 구축 과정에 대한 자세한 설명입니다.

1. **고유한 단어 집합 생성**: 텍스트 데이터를 전처리한 후, 모든 문서에서 단어를 수집하여 고유한 단어 집합을 만듭니다. 이 집합이 단어 사전이 됩니다. 단어 사전 내 단어의 순서는 중요하지 않지만, 나중에 원-핫 인코딩 벡터를 생성할 때 사용할 각 단어에 할당된 인덱스를 정확히 관리하는 것이 중요합니다.

   예를 들어, 다음과 같은 전처리된 데이터셋이 두 개의 문서로 구성되어 있다고 가정해 보겠습니다.

- 문서 1: "사과 바나나 오렌지"
- 문서 2: "바나나 포도 사과"

이 데이터셋의 단어 사전은 {"사과", "바나나", "오렌지", "포도"}가 됩니다.

2. **단어에 인덱스 할당**: 고유한 단어 집합을 생성한 후, 단어 사전의 각 단어에 고유한 인덱스를 할당합니다. 이 인덱스는 각 문서에 대해 원-핫 인코딩 벡터를 생성하는 데 사용됩니다.

앞서 예로 든 단어 사전에 대해 다음과 같이 인덱스를 할당할 수 있습니다.

- "사과": 0
- "바나나": 1
- "오렌지": 2
- "포도": 3

이렇게 인덱스가 할당된 단어 사전을 기반으로 각 문서를 원-핫 인코딩 벡터로 변환할 수 있습니다.

원-핫 인코딩

구축된 단어 사전과 할당된 인덱스를 사용하여 이제 데이터셋의 각 문서에 대한 원-핫 인코딩 벡터를 생성할 수 있습니다. 원-핫 인코딩 벡터를 만드는 간단한 방법 중 하나는 **단어 가방**bag-of-words을 사용하는 것입니다. 문서의 각 단어에 대해 단어 사전에서 해당하는 인덱스를 찾아 원-핫 인코딩 벡터의 해당 인덱스 값을 1로 설정합니다. 단어가 문서에 여러 번 나타나더라도 원-핫 인코딩 벡터의 해당 값은 1로 유지됩니다. 벡터의 다른 모든 값은 0이 됩니다.

예를 들어, 앞서 언급한 단어 사전과 인덱스를 사용하면 문서의 원-핫 인코딩 벡터는 다음과 같습니다.

- **문서 1**: [1, 1, 1, 0] (사과, 바나나, 오렌지가 존재)
- **문서 2**: [1, 1, 0, 1] (사과, 바나나, 포도가 존재)

각 문서에 대한 해당 값을 얻으면, 원-핫 인코딩 벡터를 행으로 하는 특성 행렬을 만들 수 있습니다. 여기서 각 행은 문서를 나타내고 각 열은 단어 사전의 단어를 나타냅니다. 이 행렬은 텍스트 분류 모델의 입력으로 사용됩니다. 예를 들어, 앞의 예에서 두 문서에 대한 특성 벡터는 다음과 같습니다.

표 5-1 두 문서에 대한 샘플 원-핫 인코딩 벡터

	사과	바나나	오렌지	포도
문서 1	1	1	1	0
문서 2	1	1	0	1

텍스트 전처리를 통해 더 작은 단어 사전을 갖게 되면 더 나은 모델 성능을 얻을 수 있습니다. 또한 필요한 경우, 추출된 특성 벡터에 대해 특성 선택 방법(이 책의 앞부분에서 설명한)을 수행하여 모델 성능을 개선할 수 있습니다.

단어로부터 원-핫 인코딩 벡터를 생성하는 것은 유용하지만, 때로는 서로 옆에 있는 두 단어의 존재를 고려해야 할 필요가 있습니다. 예를 들어, '매우 좋음'과 '안 좋음'은 다른 의미를 가질 수 있습니다. 이를 위해 N-그램을 사용할 수 있습니다.

N-그램

N-그램은 단어 가방 모델을 일반화한 것으로, 연속된 n개 단어의 순서를 고려하여 단어의 배열을 반영합니다. N-그램은 주어진 텍스트에서 n개의 연속된 항목(주로 단어)으로 이루어진 시퀀스를 말합니다. 예를 들어, '고양이가 매트 위에 있다'라는 문장에서 2-그램(바이그램)은 '고양이가 매트', '매트 위에', '위에 있다'가 됩니다.

N-그램을 사용하면 지역적 맥락과 단어 간 관계를 포착할 수 있어 분류기의 성능을 향상시킬 수 있습니다. 하지만 이는 특성 공간의 차원을 증가시켜 계산 비용이 커질 수 있다는 단점이 있습니다.

모델 훈련

로지스틱 회귀, SVM, 또는 신경망과 같은 머신러닝 모델을 특성 행렬로 훈련시켜 원-핫 인코딩된 텍스트 특성과 목표 레이블 간의 관계를 학습합니다. 모델은 문서 내 특정 단어의 유무를 바탕으로 클래스 레이블을 예측하는 방법을 학습합니다. 훈련 과정을 결정한 후에는 다음과 같은 작업을 수행해야 합니다.

- **모델 평가**model evaluation: 정확도, 정밀도, 재현율, F1 점수, 혼동 행렬 등 적절한 평가 지표를 사용하

여 모델의 성능을 평가합니다. 교차 검증과 같은 기법을 사용하여 보지 않은 데이터에 대한 모델의 성능을 신뢰성 있게 추정합니다.

- **모델 적용**model application: 훈련된 모델을 새로운, 보지 않은 텍스트 데이터에 적용합니다. 새 텍스트 데이터를 동일한 단어 사전을 사용하여 전처리하고 원-핫 인코딩한 후 모델을 사용하여 클래스 레이블을 예측합니다.

텍스트 분류에 원-핫 인코딩 벡터를 사용할 때의 한 가지 잠재적 한계는 단어 순서, 맥락, 또는 단어 간의 의미론적 관계를 포착하지 못한다는 점입니다. 이는 특히 더 복잡한 분류 작업에서 최적화되지 않은 성능으로 이어질 수 있습니다. 이러한 경우, Word2Vec이나 GloVe 같은 단어 임베딩 또는 합성곱 신경망(CNN)이나 순환 신경망(RNN) 같은 딥러닝 모델과 같은 기술이 텍스트 데이터를 더 잘 표현할 수 있습니다.

요약하면, 원-핫 인코딩 벡터를 사용한 텍스트 분류는 텍스트 데이터 전처리, 단어 사전 구축, 텍스트 데이터의 원-핫 인코딩 특성 벡터 표현, 특성 벡터를 이용한 머신러닝 모델 훈련, 그리고 모델 평가 및 새 텍스트 데이터 적용 과정을 포함합니다. 원-핫 인코딩 벡터 표현은 간단하지만 때로는 제한적인 텍스트 분류 접근 방식이며, 복잡한 작업에는 더 발전된 기술이 필요할 수 있습니다.

지금까지 N-그램을 사용한 문서 분류에 대해 살펴보았습니다. 하지만 이 접근 방식에는 한계가 있습니다. 문서에 자주 등장하지만 모델에 실질적인 가치를 더하지 않는 단어들이 상당수 존재합니다. 이러한 모델의 개선을 위해 TF-IDF를 사용한 텍스트 분류 방법이 제안되었습니다.

5.3 TF-IDF를 활용한 텍스트 분류

원-핫 인코딩 벡터는 분류를 수행하는 데 좋은 접근 방식입니다. 하지만 이 방식의 단점 중 하나는 서로 다른 문서에 기반한 단어의 중요도를 고려하지 않는다는 점입니다. 이 문제를 해결하기 위해 **TF-IDF**를 사용하는 것이 도움이 될 수 있습니다.

TF-IDF는 문서 모음 내에서 한 문서에 대한 단어의 중요도를 측정하는 데 사용되는 수치 통계입니다. 이는 단어가 문서 내에서 나타나는 빈도뿐만 아니라 전체 문서 모음에서의 희소성도 고려하여 문서 내 단어의 관련성을 반영하는 데 도움을 줍니다. 단어의 TF-IDF 값은 문서 내 빈도에 비례하여 증가하지만, 전체 문서 모음에서의 단어 빈도에 의해 상쇄됩니다.

다음은 TF-IDF를 계산하는 데 관련된 수학적 방정식에 대한 자세한 설명입니다.

- **단어 빈도**term frequency(TF): 문서 d에서 단어 t의 TF는 해당 단어가 문서에 나타나는 횟수를 문서의 총 단어 수로 정규화한 값을 나타냅니다. TF는 다음 방정식을 사용하여 계산할 수 있습니다.

$$TF(t,d) = \frac{\text{단어 't'가 문서 'd'에 나타나는 횟수}}{\text{문서 'd'의 총 단어 수}}$$

TF는 특정 문서 내에서 단어의 중요도를 측정합니다.

- **역문서 빈도**inverse document frequency(IDF): 단어 t의 IDF는 전체 문서 모음에서 해당 단어의 희소성을 반영합니다. IDF는 다음 방정식을 사용하여 계산할 수 있습니다.

$$IDF(t) = \frac{\text{전체 문서 수}}{\text{단어 't'를 포함하는 문서 수}}$$

로그는 IDF 구성 요소의 효과를 완화하는 데 사용됩니다. 단어가 많은 문서에 나타나면 IDF 값은 0에 가까워지고, 더 적은 문서에 나타나면 IDF 값이 더 높아집니다.

- **TF-IDF 계산**: 문서 d에서 단어 t의 TF-IDF 값은 문서 내 단어의 TF와 문서 모음 전체에서의 단어 IDF를 곱하여 계산할 수 있습니다.

$$TF - IDF(t,d) = TF(t,d) * IDF(t)$$

이렇게 계산된 TF-IDF 값은 문서 내 단어의 중요도를 나타내며, 단어가 문서 내에서 자주 등장하고 전체 문서 집합에서 드문 경우 높은 값을 가집니다. 높은 TF-IDF 값은 특정 문서에서 중요한 단어를, 낮은 TF-IDF 값은 모든 문서에서 흔하게 나타나거나 특정 문서에서 희소한 단어를 나타냅니다.

영화 리뷰를 긍정과 부정 두 범주로 분류하는 간단한 예를 살펴보겠습니다. 세 개의 영화 리뷰와 각각의 레이블로 구성된 작은 데이터셋이 있다고 가정해 봅시다.

- **문서 1 (긍정)**: "영화가 정말 좋았습니다. 연기가 훌륭했고 스토리가 매력적이었습니다."
- **문서 2 (부정)**: "영화가 지루했어요. 스토리가 마음에 들지 않았고, 연기도 형편없었습니다."
- **문서 3 (긍정)**: "놀라운 영화였어요. 멋진 스토리와 뛰어난 연기력이었습니다."

이제 TF-IDF를 사용하여 새로운, 본 적 없는 영화 리뷰를 분류해 보겠습니다.

- **문서 4 (알 수 없음)**: "스토리가 흥미로웠고, 연기도 좋았습니다."

문서의 클래스를 예측하기 위해 분류기가 수행해야 할 단계는 다음과 같습니다.

1. **텍스트 데이터 전처리**: 모든 문서의 단어를 토큰화하고, 소문자로 변환하며, 불용어를 제거하고, 어간 추출 또는 표제어 추출을 적용합니다.
   - 문서 1: "영화 좋아하 연기 훌륭하 스토리 매력적"
   - 문서 2: "영화 지루하 스토리 마음에 들 않 연기 형편없"
   - 문서 3: "놀라운 영화 멋진 스토리 뛰어난 연기력"
   - 문서 4: "스토리 흥미롭 연기 좋"

2. **단어 사전 생성**: 전처리된 문서에서 모든 고유 단어를 결합합니다.
   - 단어 사전: {"영화", "좋아하", "연기", "훌륭하", "스토리", "매력적", "지루하", "마음에 들", "않", "형편없", "놀라운", "멋진", "뛰어난", "연기력", "흥미롭", "좋"}

3. **TF와 IDF 값 계산**: 각 문서의 각 단어에 대해 TF와 IDF를 계산합니다. 예를 들어, 문서 4의 "스토리" 단어에 대해 다음과 같이 계산합니다.

$$TF(\text{"스토리"}, \text{문서 4}) = 1/4 = 0.25$$

4. **TF-IDF 값 계산**: 각 문서의 각 단어에 대해 TF-IDF 값을 계산합니다.

$$TF\text{-}IDF(\text{"스토리"}, \text{문서 4}) = 0.25 * 0.287 \approx 0.0717$$

모든 문서의 모든 단어에 대해 이 과정을 반복하고 TF-IDF 값으로 특성 행렬을 만듭니다.

5. **분류기 훈련**: 데이터셋을 훈련 세트(문서 1~3)와 테스트 세트(문서 4)로 나눕니다. 로지스틱 회귀나 서포트 벡터 머신과 같은 분류기를 훈련 세트의 TF-IDF 특성 행렬과 해당 레이블(긍정 또는 부정)을 사용하여 훈련시킵니다.

6. **클래스 레이블 예측**: 새로운 영화 리뷰(문서 4)를 동일한 단어 사전을 사용하여 전처리하고 TF-IDF 값을 계산합니다. 훈련된 분류기를 사용하여 문서 4의 TF-IDF 특성 벡터를 기반으로 클래스 레이블을 예측합니다.

예를 들어, 분류기가 문서 4에 대해 긍정 레이블을 예측한다면 분류 결과는 다음과 같을 것입니다.
   - 문서 4 (예측): "긍정"

이러한 단계를 따름으로써 TF-IDF 표현을 사용하여 전체 문서 집합에 대한 문서 내 단어의 중요도를 기반으로 텍스트 문서를 분류할 수 있습니다.

요약하면, TF-IDF 값은 TF와 IDF에 대한 수학적 방정식을 사용하여 계산됩니다. 이는 문서 내 단어의 빈도와 모든 문서에서의 희소성을 모두 고려하여 전체 문서 집합에 대한 문서 내 단어의 상대적 중요도를 측정하는 역할을 합니다.

5.4 Word2Vec을 활용한 텍스트 분류

텍스트 분류를 수행하는 방법 중 하나는 단어를 임베딩 벡터로 변환하여 이러한 벡터를 분류에 사용하는 것입니다. 이 작업을 수행하는 데 널리 알려진 방법이 Word2Vec입니다.

5.4.1 Word2Vec

Word2Vec은 신경망 기반의 모델들로, 단어를 연속적인 벡터 공간에서 밀집 벡터로 표현하는 단어 임베딩을 생성하는 데 사용됩니다. 이 임베딩은 단어가 텍스트에서 등장하는 문맥을 바탕으로 단어 간의 의미적 관계와 의미를 포착합니다. Word2Vec에는 두 가지 주요 아키텍처가 있습니다. 이전에 언급한 것처럼, 단어 임베딩을 학습하기 위해 설계된 두 가지 주요 아키텍처는 **CBOW**Continuous Bag of Words와 **스킵그램**Skip-Gram입니다. 이 두 구조는 모두 주변 문맥을 기반으로 단어를 예측하여 단어 임베딩을 학습하도록 설계되었습니다.

- **CBOW**: CBOW 아키텍처는 주변 문맥 단어들이 주어졌을 때 목표 단어를 예측하는 것을 목표로 합니다. 이는 문맥 단어 임베딩의 평균을 입력으로 받아 목표 단어를 예측합니다. CBOW는 훈련 속도가 빠르고 작은 데이터셋에서 잘 작동하지만, 빈도가 낮은 단어에 대해서는 정확도가 떨어질 수 있습니다.

  CBOW 모델에서 목적은 문맥 단어들이 주어졌을 때 목표 단어를 관찰할 평균 로그 확률을 최대화하는 것입니다.

$$\text{목적함수}_{CBOW} = \frac{1}{T} \sum_{\text{대상 단어}} \log(P(\text{문맥} | \text{대상 단어}))$$

여기서 T는 텍스트의 총 단어 수이고, P(문맥 | 대상 단어)는 문맥 단어들이 주어졌을 때 목표 단어를 관찰할 확률로, 소프트맥스 함수를 사용하여 계산됩니다.

$$P(문맥 | 대상\ 단어) = \frac{e^{v^T_{대상\ 단어} \cdot v_{문맥}}}{\sum_i e^{v^T_i \cdot v_{문맥}}}$$

여기서 $v^T_{대상\ 단어}$는 목표 단어의 출력 벡터(단어 임베딩)이고, $v_{문맥}$은 문맥 단어들의 평균 입력 벡터(문맥 단어 임베딩)이며, 분모의 합은 어휘의 모든 단어에 대해 계산됩니다.

- **스킵그램**: 스킵그램 아키텍처는 목표 단어가 주어졌을 때 주변 문맥 단어들을 예측하는 것을 목표로 합니다. 이는 목표 단어 임베딩을 입력으로 받아 문맥 단어들을 예측합니다. 스킵그램은 큰 데이터셋에서 잘 작동하고 빈도가 낮은 단어의 의미를 더 정확하게 포착할 수 있지만, CBOW에 비해 훈련 속도가 느릴 수 있습니다.

스킵그램 모델에서 목적은 목표 단어가 주어졌을 때 문맥 단어들을 관찰할 평균 로그 확률을 최대화하는 것입니다.

$$목적함수_{Skip-Gram} = \frac{1}{T} \sum_{문맥} \log(P(문맥 | 대상\ 단어))$$

여기서 T는 텍스트의 총 단어 수이고, P(문맥|대상 단어)는 목표 단어가 주어졌을 때 문맥 단어들을 관찰할 확률로, 소프트맥스 함수를 사용하여 계산됩니다.

$$P(문맥 | 대상\ 단어) = \frac{e^{v^T_{문맥} \cdot v_{대상\ 단어}}}{\sum_i e^{v^T_i \cdot v_{대상\ 단어}}}$$

여기서 $v^T_{문맥}$는 문맥 단어의 출력 벡터(문맥 단어 임베딩)이고, $v_{대상\ 단어}$는 목표 단어의 입력 벡터(단어 임베딩)이며, 분모의 합은 어휘의 모든 단어에 대해 계산됩니다.

CBOW와 스킵그램 모두에 대한 훈련 과정은 텍스트를 반복하면서 **확률적 경사 하강법** stochastic gradient descent(SGD)과 역전파를 사용하여 예측된 단어와 실제 단어 사이의 차이를 최소화하도록 입력 및 출력 가중치 행렬을 업데이트하는 것을 포함합니다. 학습된 입력 가중치 행렬은 어휘의 각 단어에 대한 단어 임베딩을 포함합니다.

5.4.2 Word2Vec을 활용한 텍스트 분류

Word2Vec를 활용한 텍스트 분류는 Word2Vec 알고리즘을 사용하여 단어 임베딩을 생성하고, 이러한 임베딩을 기반으로 머신러닝 모델을 훈련하여 텍스트를 분류하는 과정입니다. 이 과정은 다음과 같은 단계로 진행됩니다.

1. **텍스트 전처리**: 텍스트 데이터를 정리하고 전처리합니다. 이 단계에서는 토큰화, 소문자 변환, 불용어 제거, 어간 추출 또는 표제어 추출을 수행합니다.

2. **Word2Vec 모델 훈련**: 전처리된 텍스트 데이터를 사용하여 Word2Vec 모델(CBOW 또는 스킵그램)을 훈련시켜 단어 임베딩을 생성합니다. Word2Vec 알고리즘은 문맥을 기반으로 목표 단어를 예측(CBOW)하거나, 목표 단어를 기반으로 문맥 단어를 예측(스킵그램)하는 방식으로 작동합니다. 훈련 목표는 주어진 목표 단어로부터 문맥 단어들을 관찰할 평균 로그 확률을 최대화하는 것입니다.

$$목적함수 = \frac{1}{T} \sum_{문맥} \log(P(문맥 | 대상\ 단어))$$

여기서 T는 텍스트의 전체 단어 수를 나타내며, $P(문맥|대상\ 단어)$는 목표 단어가 주어졌을 때 문맥 단어들을 관찰할 확률로, 소프트맥스 함수를 사용해 계산됩니다.

$$P(문맥 | 대상\ 단어) = \frac{e^{\mathbf{v}_{문맥}^T \cdot \mathbf{v}_{대상\ 단어}}}{\sum_{i} e^{\mathbf{v}_{i}^T \cdot \mathbf{v}_{대상\ 단어}}}$$

여기서 $\mathbf{v}_{문맥}$은 문맥 단어의 출력 벡터(문맥 단어 임베딩)이며, $\mathbf{v}_{대상\ 단어}$는 목표 단어의 입력 벡터(단어 임베딩)입니다. 분모의 합은 어휘 내 모든 단어에 대해 계산됩니다.

3. **문서 임베딩 생성**: 데이터셋의 각 문서에 대해, 해당 문서 내 단어들의 임베딩을 평균 내어 문서 임베딩을 계산합니다.

$$문서\ 임베딩 = \frac{1}{N} \sum_{i} 단어\ 임베딩_i$$

여기서 N은 문서 내 단어 수를 의미하며, 합(Σ)은 문서 내 모든 단어를 대상으로 합니다. 이 방법은 문서의 길이가 짧을 때 유용하지만, 긴 문서나 반대되는 단어들이 있는 경우에는 성능이 떨어질 수 있습니다. 이러한 경우, Word2Vec과 합성곱 신경망을 결합하여 단어 임베딩을 생성한 후, 이를 합성곱 신경망의 입력으로 사용하는 대안이 더 효과적일 수 있습니다.

4. **모델 훈련**: 문서 임베딩을 특징으로 사용하여 로지스틱 회귀, 서포트 벡터 머신, 또는 신경망과 같은 머신러닝 모델을 훈련시켜 텍스트를 분류합니다. 모델은 문서 임베딩을 기반으로 클래스 레이블을 예측하는 방법을 학습합니다.

5. **모델 평가**: 정확도, 정밀도, 재현율, F1 점수, 혼동 행렬 등의 평가 지표를 사용하여 모델의 성능을 평가합니다. 또한 교차 검증과 같은 기법을 사용하여 모델이 보지 못한 데이터에서의 성능을 신뢰성 있게 추정합니다.

6. **모델 적용**: 훈련된 모델을 새로운 텍스트 데이터에 적용합니다. 동일한 Word2Vec 모델과 어휘를 사용하여 새로운 텍스트 데이터를 전처리하고 문서 임베딩을 계산한 후, 모델을 사용해 클래스 레이블을 예측합니다.

요약하면, Word2Vec를 활용한 텍스트 분류는 Word2Vec 알고리즘으로 단어 임베딩을 생성하고, 이를 평균 내어 문서 임베딩을 만들며, 이러한 문서 임베딩을 바탕으로 머신러닝 모델을 훈련하여 텍스트를 분류하는 과정입니다. Word2Vec 알고리즘은 목표 단어로부터 문맥 단어들을 관찰할 평균 로그 확률을 최대화함으로써 단어 간의 의미적 관계를 포착합니다.

5.4.3 모델 평가

텍스트 분류 모델의 성능을 평가하는 것은 원하는 정확도와 일반화 수준을 충족하는지 확인하기 위해 매우 중요합니다. 일반적으로 텍스트 분류 모델을 평가하기 위해 사용되는 여러 지표와 기술에는 정확도, 정밀도, 재현율, F1 점수, 혼동 행렬 등이 있습니다. 각 지표에 대해 자세히 살펴보겠습니다.

- **정확도**accuracy는 분류 작업에서 가장 간단한 평가 지표로, 전체 분류된 기록 중 올바르게 분류된 기록의 수를 측정합니다. 정확도는 다음과 같이 정의됩니다.

$$정확도 = \frac{(진짜 긍정 + 진짜 부정)}{(진짜 긍정 + 진짜 부정 + 거짓 긍정 + 거짓 부정)}$$

정확도는 이해하기 쉽지만, 불균형 데이터셋에서는 대부분의 클래스가 지표의 값을 지배할 수 있으므로 최적의 지표는 아닐 수 있습니다.

- **정밀도**precision는 모델이 긍정으로 예측한 총 인스턴스 중에서 올바르게 식별된 긍정 인스턴스의 비율을 측정합니다. 이는 **긍정 예측도**positive predictive value(PPV)라고도 하며, 거짓 긍정false positive에 대한 비용이 중요한 경우 유용합니다. 정밀도는 다음과 같이 정의됩니다.

$$정밀도 = \frac{진짜\ 긍정}{진짜\ 긍정 + 거짓\ 긍정}$$

- **재현율**recall은 민감도sensitivity 또는 **진짜 긍정 비율**true positive rate(TPR)로도 알려져 있으며, 진짜 긍정 인스턴스 중에서 올바르게 식별된 긍정 인스턴스의 비율을 평가합니다. 재현율은 거짓 부정false negative(FN)의 비용이 높은 경우에 유용합니다. 수학적으로는 다음과 같이 정의됩니다.

$$재현율 = \frac{진짜\ 긍정}{진짜\ 긍정 + 거짓\ 부정}$$

- **F1 점수**F1 score는 정밀도와 재현율의 조화 평균으로, 두 지표를 통합하여 하나의 값으로 나타냅니다. F1 점수는 불균형 데이터셋에서 중요하며, 거짓 긍정과 거짓 부정 모두를 고려합니다. F1 점수는 0에서 1 사이의 값을 가지며, 1은 최적의 결과를 나타냅니다. 수학적으로 F1 점수는 다음과 같이 표현됩니다.

$$F1\ 점수 = 2 \frac{정밀도 \cdot 재현율}{정밀도 + 재현율}$$

다중 클래스 분류를 다룰 때, F1 마이크로와 F1 매크로를 사용합니다. F1 마이크로와 F1 매크로는 다중 클래스 또는 다중 레이블 분류 문제에서 F1 점수를 계산하는 두 가지 방법입니다. 이들은 정밀도와 재현율을 다르게 집계하여 분류기의 성능에 대해 다른 해석을 제공합니다. 각각에 대해 자세히 살펴보겠습니다.

- **F1 매크로**F1 macro는 각 클래스에 대해 개별적으로 F1 점수를 계산한 후, 이 값들의 평균을 구합니다. 이 접근법은 각 클래스를 동등하게 중요하게 취급하며 클래스 불균형을 고려하지 않습니다. 수학적으로 F1 매크로는 다음과 같이 정의됩니다.

$$F1_{매크로} = \frac{1}{n} \sum_i F1_i$$

여기서 n은 클래스의 수이고, $F1_i$는 i번째 클래스의 F1 점수입니다.

F1 매크로는 다수 클래스에 더 많은 가중치를 주지 않고 모든 클래스에 걸쳐 분류기의 성능을 평가하고자 할 때 특히 유용합니다. 하지만 클래스 분포가 매우 불균형할 경우, 모델 성능에 대해 지나치게 낙관적인 추정을 제공할 수 있어 적합하지 않을 수 있습니다.

- **F1 마이크로**F1 micro는 모든 클래스의 기여도를 집계하여 F1 점수를 계산합니다. 이는 모든 클래스에 걸쳐 전역 정밀도와 재현율 값을 계산한 다음, 이 전역 값들을 기반으로 F1 점수를 계산합니다. F1 마이크로는 각 클래스의 인스턴스 수를 고려하므로 클래스 불균형을 반영합니다. 수학적으로 F1 마이크로는 다음과 같이 정의됩니다.

$$F1_{마이크로} = 2 \frac{전역\ 정밀도 \cdot 전역\ 재현율}{전역\ 정밀도 + 전역\ 재현율}$$

여기서 전역 정밀도와 전역 재현율은 다음과 같이 계산됩니다.

$$전역\ 정밀도 = \frac{\sum_i 진짜\ 긍정_i}{\sum i (진짜\ 긍정_i + 거짓\ 긍정_i)}$$

$$전역\ 재현율 = \frac{\sum_i 진짜\ 긍정_i}{\sum i (진짜\ 긍정_i + 거짓\ 부정_i)}$$

F1 마이크로는 클래스 분포를 고려하여 분류기의 전반적인 성능을 평가하고자 할 때 유용하며, 특히 불균형 데이터셋을 다룰 때 유용합니다.

요약하면, F1 매크로와 F1 마이크로는 다중 클래스 또는 다중 레이블 분류 문제에 대한 F1 점수를 계산하는 두 가지 방법입니다. F1 매크로는 클래스 분포와 관계없이 각 클래스를 동등하게 중요하게 취급하는 반면, F1 마이크로는 각 클래스의 인스턴스 수를 고려하여 클래스 불균형을 반영합니다. F1 매크로와 F1 마이크로 중 어느 것을 선택할지는 특정 문제와 클래스 불균형이 중요한 고려 사항인지 여부에 따라 달라집니다.

혼동 행렬

혼동 행렬confusion matrix은 분류 모델이 예측한 진짜 긍정true positive, 진짜 부정true negative, 거짓 긍정false positive, 거짓 부정false negative의 개수를 표 형식으로 나타낸 것입니다. 이 행렬은 모델의 효율성에 대한 세부적인 시각을 제공하여, 모델의 강점과 약점을 철저히 이해할 수 있게 해 줍니다.

이진 분류 문제의 경우, 혼동 행렬은 다음과 같은 형식으로 배열됩니다.

표 5-2 혼동 행렬의 일반적인 형태

실제/예측	(예측) 긍정	(예측) 부정
(실제) 긍정	진짜 긍정(TP)	거짓 부정(FN)
(실제) 부정	거짓 긍정(FP)	진짜 부정(TN)

다중 클래스 분류 문제에서는 혼동 행렬이 각 클래스에 대해 진짜(True)와 예측(Predicted)된 개수를 포함하도록 확장됩니다. 대각선 요소들은 올바르게 분류된 인스턴스를 나타내며, 비대각선 요소들은 잘못 분류된 인스턴스를 나타냅니다.

요약하면, 텍스트 분류 모델을 평가하려면 정확도, 정밀도, 재현율, F1 점수, 혼동 행렬과 같은 다양한 지표와 기법을 사용해야 합니다. 적절한 평가 지표를 선택하는 것은 특정 문제, 데이터셋의 특성, 거짓 긍정과 거짓 부정 사이의 균형에 따라 달라집니다. 여러 지표를 사용해 모델을 평가하면 모델 성능에 대한 더 포괄적인 이해를 제공하고, 추가적인 개선 방향을 제시하는 데 도움이 될 수 있습니다.

5.4.4 과대적합과 과소적합

과대적합과 과소적합은 텍스트 분류 모델을 포함한 머신러닝 모델의 훈련 과정에서 흔히 발생하는 두 가지 문제입니다. 이들은 모두 모델이 새로운, 보지 못한 데이터에 얼마나 잘 일반화되는지와 관련이 있습니다. 이번 절에서는 과대적합과 과소적합이 언제 발생하는지, 그리고 이를 방지하는 방법에 대해 설명하겠습니다.

과대적합

과대적합overfitting은 모델이 훈련 데이터의 세부사항에 지나치게 맞춰질 때 발생합니다. 이 경우 모델은 기본적인 패턴을 파악하기보다는 노이즈와 무작위 변동을 포착하게 됩니다. 그 결과, 모델이 훈련 데이터에서는 높은 성능을 보일 수 있지만, 검증 또는 테스트 세트와 같은 보지 못한 데이터에 적용할 때 그 효과가 떨어지게 됩니다.

텍스트 분류에서 과대적합을 피하기 위한 몇 가지 전략은 다음과 같습니다.

- **정규화**: 정규화 기법을 도입합니다. 예를 들어, ℓ_1 또는 ℓ_2 정규화를 사용하여 손실 함수에 패널티를 추가함으로써 지나치게 복잡한 모델을 억제할 수 있습니다.

- **조기 종료**: 이 방법에서는 검증 세트에서 모델의 성능을 모니터링하고, 훈련 세트에서의 성능이 계속 향상되더라도 검증 세트에서의 성능이 악화되기 시작하면 훈련 과정을 중단합니다. 이를 통해 과대적합을 방지할 수 있습니다.
- **특성 선택**: 가장 정보가 많은 특성을 선택하거나 PCA(주성분 분석), LSA(잠재 의미 분석)와 같은 차원 축소 기법을 사용하여 분류에 사용되는 특성의 수를 줄입니다.
- **앙상블 방법**: 배깅이나 부스팅 같은 여러 모델을 결합하여 예측을 평균화함으로써 과대적합을 줄입니다.
- **교차 검증**: k-겹 교차 검증을 사용하여 보지 못한 데이터에 대한 모델 성능의 보다 신뢰할 수 있는 추정을 얻고, 이에 따라 모델의 하이퍼파라미터를 미세 조정합니다.

다음으로 과소적합에 대해 다루겠습니다.

과소적합

과소적합underfitting은 모델이 지나치게 단순하여 데이터의 기본적인 패턴을 제대로 포착하지 못할 때 발생합니다. 이로 인해 모델의 성능이 훈련 데이터와 테스트 데이터 모두에서 낮게 나타납니다. 모델이 데이터의 복잡성을 제대로 나타내지 못하며 일반화 능력이 떨어지는 것입니다.

텍스트 분류에서 과소적합을 피하기 위한 몇 가지 전략은 다음과 같습니다.

- **모델 복잡도 증가**: 더 깊은 신경망과 같은 더 복잡한 모델을 사용하여 데이터의 복잡한 패턴을 더 잘 포착할 수 있도록 합니다.
- **특성 공학**: N-그램을 추가하거나 단어 임베딩을 사용하는 것과 같이 모델이 텍스트 데이터의 기본적인 패턴을 더 잘 이해할 수 있도록 새로운 정보가 풍부한 특성을 만듭니다.
- **하이퍼파라미터 튜닝**: 학습률learning rate, 레이어 수, 숨겨진 유닛hidden units 수와 같은 모델의 하이퍼파라미터를 최적화하여 모델의 학습 능력을 향상시킵니다. 다음 절에서 하이퍼파라미터 튜닝과 이를 수행하는 다양한 방법에 대해 설명하겠습니다.
- **훈련 데이터 증가**: 가능하다면, 더 많은 레이블이 지정된 데이터를 수집하여 훈련합니다. 더 많은 예제가 모델이 기본적인 패턴을 더 잘 학습하는 데 도움이 될 수 있습니다.
- **정규화 감소**: 모델이 과도하게 정규화된 경우, 정규화 강도를 줄여 모델이 더 복잡해지고 데이터에 더 잘 맞을 수 있도록 합니다.

요약하면, 과대적합과 과소적합은 텍스트 분류에서 모델이 새로운 데이터에 대한 일반화 능력에 영향을 미치는 두 가지 일반적인 문제입니다. 이러한 문제를 피하려면 모델의 복잡성을 균형 있게 조정하고, 적절한 특성을 사용하며, 하이퍼파라미터를 튜닝하고, 정규화를 적용하며, 검증 세트에서 모델 성능을 모니터링해야 합니다. 과대적합과 과소적합을 해결함으로써 텍스트 분류 모델의 성능과 일반화 능력을 향상시킬 수 있습니다.

5.4.5 하이퍼파라미터 튜닝

효과적인 분류 모델을 구축하는 중요한 단계는 하이퍼파라미터 튜닝입니다. 하이퍼파라미터는 훈련 전에 정의되는 모델 매개변수로, 훈련 중에는 변경되지 않습니다. 이러한 매개변수는 모델의 구조와 동작을 결정합니다. 예를 들어, 학습률과 반복 횟수 같은 하이퍼파라미터는 모델의 성능과 일반화 능력에 크게 영향을 미칠 수 있습니다.

텍스트 분류에서 하이퍼파라미터 튜닝 과정은 다음 단계로 이루어집니다.

1. **하이퍼파라미터와 검색 공간 정의**: 최적화할 하이퍼파라미터를 식별하고 각 하이퍼파라미터의 가능한 값의 범위를 지정합니다. 텍스트 분류에서 일반적인 하이퍼파라미터에는 학습률, 레이어 수, 숨겨진 유닛의 수, 드롭아웃 비율(dropout rate), 정규화 강도, N-그램(N-grams)이나 어휘 크기와 같은 특성 추출 매개변수가 포함됩니다.

2. **검색 전략 선택**: 하이퍼파라미터 검색 공간을 탐색할 방법을 선택합니다. 그리드 검색grid search, 랜덤 검색random search, 베이지안 최적화Bayesian optimization와 같은 방법이 있습니다. 그리드 검색은 모든 하이퍼파라미터 값 조합을 체계적으로 평가하며, 랜덤 검색은 검색 공간 내에서 무작위 조합을 샘플링합니다. 베이지안 최적화는 모델의 예측을 기반으로 탐색과 활용 사이의 균형을 맞추며 탐색을 안내하는 확률 모델을 사용합니다.

3. **평가 지표 및 방법 선택**: 텍스트 분류 작업의 목표를 가장 잘 나타내는 성능 지표를 선택합니다. 예를 들어, 정확도, 정밀도, 재현율, F1 점수, ROC 곡선 아래 면적(AUC) 등이 있습니다. 또한, 보지 못한 데이터에 대한 모델 성능을 신뢰성 있게 추정하기 위해 k-겹 교차 검증k-fold cross-validation과 같은 평가 방법을 선택합니다.

4. **검색 수행**: 각 하이퍼파라미터 조합에 대해 훈련 데이터로 모델을 훈련시키고, 선택한 지표와 평가 방법을 사용해 성능을 평가합니다. 가장 성능이 좋은 하이퍼파라미터 조합을 기록합니다.

5. **최적의 하이퍼파라미터 선택**: 검색이 완료되면, 평가 지표에서 가장 높은 성능을 보이는 하이퍼파라미터 조합을 선택합니다. 이러한 하이퍼파라미터를 사용하여 전체 훈련 세트에서 모델을 다시 훈련시킵니다.

6. **테스트 세트에서 평가**: 최적화된 하이퍼파라미터로 최종 모델의 성능을 홀드아웃hold-out된 테스트 세트에서 평가하여 모델의 일반화 능력을 편향되지 않은 방식으로 추정합니다.

하이퍼파라미터 튜닝은 선택한 평가 지표에서 최상의 모델 성능을 도출하는 최적의 매개변수 조합을 찾음으로써 모델의 성능에 영향을 미칩니다. 하이퍼파라미터를 튜닝하면 과대적합과 과소적합 문제를 해결하고, 모델의 복잡성을 균형 있게 조정하며, 새로운 데이터에 대한 모델의 일반화 능력을 향상시킬 수 있습니다.

결론적으로, 하이퍼파라미터 튜닝은 텍스트 분류에서 모델 성능을 극대화하기 위한 최적의 모델 매개변수 조합을 찾는 중요한 과정입니다. 하이퍼파라미터를 신중하게 튜닝함으로써 텍스트 분류 모델의 성능과 일반화 능력을 크게 향상시킬 수 있습니다.

5.4.6 응용 텍스트 분류의 추가 주제

실제 텍스트 분류를 적용할 때는 데이터의 특성과 문제 요구 사항에서 발생하는 다양한 실질적 고려사항과 도전 과제가 있습니다. 일반적인 문제로는 불균형 데이터셋 다루기, 노이즈가 있는 데이터 처리하기, 적절한 평가 지표 선택하기 등이 있습니다.

자세히 살펴보겠습니다.

불균형 데이터셋 다루기

텍스트 분류 작업은 종종 불균형 데이터셋을 마주치게 됩니다. 이는 특정 클래스가 다른 클래스에 비해 현저히 많은 수의 인스턴스를 가지고 있는 경우를 말합니다. 이러한 불균형은 모델이 편향되게 만들어, 다수 클래스 예측에는 탁월하지만 소수 클래스를 정확하게 분류하는 데는 실패하게 할 수 있습니다. 불균형 데이터셋을 다루기 위해 다음과 같은 전략들을 고려해 볼 수 있습니다.

- **리샘플링**: 소수 클래스를 오버샘플링하거나, 다수 클래스를 언더샘플링하거나, 또는 두 방법을 조합하여 클래스 분포를 균형 있게 만들 수 있습니다.

- **가중치 손실 함수**: 손실 함수에서 소수 클래스에 더 높은 가중치를 부여하여 모델이 소수 클래스의 오분류에 더 민감하게 반응하도록 만듭니다.
- **앙상블 방법**: 소수 클래스에 초점을 맞춘 배깅이나 부스팅과 같은 앙상블 기법을 사용합니다. 예를 들어, 배깅과 함께 랜덤 언더샘플링을 사용하거나 비용에 민감한 부스팅 알고리즘을 사용할 수 있습니다.
- **평가 지표**: 정확도 대신 클래스 불균형에 덜 민감한 평가 지표를 선택합니다. 예를 들어 정밀도, 재현율, F1 점수, 또는 ROC 곡선 아래 면적area under the ROC curve(AUC) 등을 사용할 수 있습니다.
- **노이즈가 있는 데이터 처리하기**: 실제 세계의 텍스트 데이터는 종종 노이즈가 있어서 철자 오류, 문법 오류, 또는 관련 없는 정보를 포함하고 있습니다. 노이즈가 있는 데이터는 텍스트 분류 모델의 성능에 부정적인 영향을 미칠 수 있습니다.

노이즈가 있는 데이터를 처리하기 위해 다음과 같은 전략들을 고려해 볼 수 있습니다.

- **전처리**: 철자 오류 수정, 특수 문자 제거, 축약형 확장, 텍스트를 소문자로 변환하는 등의 방법으로 텍스트 데이터를 정제합니다.
- **불용어 제거**: '그', '하다', '그리고' 등과 같이 큰 의미를 갖지 않는 일반적인 단어들을 제거합니다.
- **어간 추출 또는 표제어 추출**: 단어를 어근 형태로 축소하여 형태적 변형의 영향을 최소화합니다.
- **특성 선택**: 카이제곱이나 상호 정보와 같은 기법을 사용하여 가장 정보력 있는 특성을 선택하고, 노이즈가 있거나 관련 없는 특성의 영향을 줄입니다.

불균형 데이터를 다루든 그렇지 않든, 우리는 항상 모델을 평가해야 하며, 모델을 평가할 적절한 지표를 선택하는 것이 중요합니다. 다음으로 모델을 평가하기 위한 최상의 지표를 선택하는 방법에 대해 설명하겠습니다.

적절한 평가 지표 선택하기

텍스트 분류 모델의 성능을 측정하고 모델 개선을 유도하기 위해서는 올바른 평가 지표를 선택하는 것이 매우 중요합니다.

평가 지표를 선택할 때는 다음과 같은 사항을 고려해야 합니다.

- **문제 요구 사항**: 텍스트 분류 작업의 특정 목표에 맞는 지표를 선택해야 합니다. 예를 들어 거짓 긍정false positive 또는 거짓 부정false negative을 최소화하는 등의 목표가 있을 수 있습니다.
- **클래스 불균형**: 불균형한 데이터셋의 경우, 정확도보다는 정밀도, 재현율, F1 스코어, 또는 ROC 곡선 아래의 면적(AUC)과 같은 클래스 불균형을 고려한 지표를 사용해야 합니다.

- **다중 클래스 또는 다중 레이블 문제**: 다중 클래스 또는 다중 레이블 분류 작업의 경우, 문제의 요구 사항에 따라 정밀도와 재현율을 다르게 집계하는 미세micro 및 거시macro 평균 F1 스코어와 같은 지표를 사용하는 것이 좋습니다.

요약하면, 텍스트 분류를 적용할 때는 불균형 데이터셋 처리, 노이즈 데이터 관리, 적절한 평가 지표 선택이 필수적입니다. 이러한 요소들을 제대로 다루면 모델의 성능과 새로운 데이터에 대한 적응력을 높이고, 문제의 요구 사항에 부합하는 결과를 얻을 수 있습니다.

5.5 토픽 모델링: 비지도 텍스트 분류의 특정 사례

토픽 모델링은 대규모 문서 집합 내에서 추상적인 주제나 테마를 발견하는 데 사용되는 비지도 머신러닝 기법입니다. 토픽 모델링은 각 문서를 여러 주제의 혼합으로 표현할 수 있고, 각 주제는 단어에 대한 분포로 표현될 수 있다고 가정합니다. 토픽 모델링의 목표는 문서 내에서 주제와 그에 해당하는 단어 분포를 찾아내고, 각 문서의 주제 비율을 구하는 것입니다.

여러 가지 토픽 모델링 알고리즘이 있지만, 그중 가장 인기 있고 널리 사용되는 것은 LDA^{Latent Dirichlet Allocation}입니다. 여기서는 LDA의 수학적 공식과 함께 자세히 설명하겠습니다.

5.5.1 LDA

LDA는 다음과 같은 생성 과정을 가정하는 생성적 확률 모델입니다.

1. 문서의 단어 수를 선택합니다.
2. 디리클레 분포Dirichlet distribution로부터 매개변수 α를 사용해 문서의 주제 분포 θ를 선택합니다.
3. 문서 내 각 단어에 대해 다음을 수행합니다.
   ① 주제 분포 θ로부터 주제 z를 선택합니다.
   ② 선택된 주제의 단어 분포 φ로부터 단어 w를 선택합니다. φ는 β 매개변수를 사용한 디리클레 분포에서 생성된 해당 주제에 대한 단어 분포입니다.

이 생성 과정은 LDA가 가정하는 이론적 모델로, 주제에서 원래 문서를 역공학reverse-engineer하는 방식입니다.

LDA의 목표는 관찰된 문서를 가장 잘 설명하는 주제-단어 분포(φ)와 문서-주제 분포(θ)를 찾는 것입니다.

LDA는 다음과 같은 기호를 사용해 설명할 수 있습니다.

- M: 문서의 수
- N: 각 문서의 단어 수
- K: 주제의 수
- α: 문서-주제 분포 이전의 디리클레 매개변수, 문서 내 주제의 희소성에 영향을 미침
- β: 주제-단어 분포 이전의 디리클레 매개변수, 주제 내 단어의 희소성에 영향을 미침
- θ: 문서-주제 분포 ($M \times K$ 행렬)
- φ: 주제-단어 분포 ($K \times V$ 행렬, 여기서 V는 어휘 크기)
- z: 각 문서의 각 단어에 대한 주제 할당 ($M \times N$ 행렬)
- w: 문서에서 관찰된 단어 ($M \times N$ 행렬)

주어진 주제-단어 분포(φ)와 문서-주제 분포(θ)에서 문서 내의 단어(w)와 주제 할당(z)의 결합 확률은 다음과 같이 표현됩니다.

$$P(z,w\,|\,\theta,\phi) = \prod_{i=1}^{M}\prod_{j=1}^{N} P(w_{ij}\,|\,\phi, z_{ij})P(z_{ij}\,|\,\theta_i)$$

LDA의 목적은 관찰된 단어의 가능도를 α와 β 디리클레 사전 확률(prior)로 최대화하는 것입니다.

$$P(w\,|\,\alpha,\beta) = \iint P(w\,|\,\theta,\phi)P(\theta\,|\,\alpha)P(\phi\,|\,\beta)d\theta\,d\phi$$

그러나, 잠재 변수 θ와 φ에 대한 적분이 필요하기 때문에 가능도를 직접 계산하는 것은 불가능합니다. 따라서 LDA는 깁스 샘플링 Gibbs sampling 또는 변분 추론 variational inference과 같은 근사 추론 알고리즘을 사용하여 사후 분포 $P(\theta\,|\,w,\alpha,\beta)$와 $P(\varphi\,|\,w,\alpha,\beta)$를 추정합니다.

사후 분포를 추정하고 나면, 문서-주제 분포(θ)와 주제-단어 분포(φ)를 얻을 수 있으며, 이를 통해 발견된 주제와 해당 단어 분포, 각 문서의 주제 비율을 분석할 수 있습니다.

세 개의 문서가 있는 문서 집합이 있다고 가정해 봅시다.

- 문서 1: "나는 친구들과 축구하는 것을 좋아한다."
- 문서 2: "축구 경기는 치열하고 흥미진진했다."
- 문서 3: "새 노트북은 배터리 수명과 성능이 놀랍다."

이 문서들에서 두 개의 주제($K=2$)를 발견하고자 합니다. 다음은 수행해야 할 단계들입니다.

1. **전처리**: 먼저 텍스트 데이터를 전처리해야 합니다. 일반적으로 이 과정에는 토큰화, 불용어 제거, 스테밍/표제어 추출이 포함됩니다(이번 장의 앞부분에서 설명했습니다). 하지만 이 예제에서는 간단하게 하기 위해 이러한 단계를 생략하고, 문서들이 이미 전처리되었다고 가정합니다.

2. **초기화**: 디리클레 사전 분포(Dirichlet priors) α와 β의 초기 값을 선택합니다. 예를 들어, $\alpha = [1, 1]$과 $\beta = [0.1, 0.1, ..., 0.1]$(어휘의 각 단어에 대해 0.1을 갖는 V차원 벡터라고 가정)로 설정할 수 있습니다.

3. **무작위 주제 할당**: 각 문서의 각 단어에 무작위로 주제(1 또는 2)를 할당합니다.

4. **반복적 추론(예: 기브스 샘플링Gibbs sampling 또는 변분 추론)**: 주제 할당과 주제-단어 분포(φ) 및 문서-주제 분포(θ)를 반복적으로 업데이트하여 수렴하거나 일정한 횟수의 반복에 도달할 때까지 수행합니다. 이 과정은 할당과 분포를 정제하여 궁극적으로 숨겨진 주제 구조를 드러냅니다.

5. **해석**: 알고리즘이 수렴하거나 최대 반복 횟수에 도달한 후, 각 주제에 대해 가장 확률이 높은 단어와 각 문서에 대해 가장 확률이 높은 주제를 확인하여 발견된 주제를 해석할 수 있습니다.

이 예제에서 LDA는 다음과 같은 주제를 발견할 수 있습니다.

- 주제 1: {"축구", "하는", "친구들", "경기", "치열", "흥미진진"}
- 주제 2: {"노트북", "배터리", "수명", "성능"}

이 주제들을 바탕으로 하면 문서-주제 분포(θ)는 다음과 같을 것입니다.

- $\theta_1 = [0.9, 0.1]$: 문서 1은 90%가 주제 1, 10%가 주제 2에 관한 것임을 나타냅니다.
- $\theta_2 = [0.8, 0.2]$: 문서 2는 80%가 주제 1, 20%가 주제 2에 관한 것임을 나타냅니다.
- $\theta_3 = [0.1, 0.9]$: 문서 3은 10%가 주제 1, 90%가 주제 2에 관한 것임을 나타냅니다.

이 예제에서 주제 1은 축구와 스포츠 관련 내용을, 주제 2는 기술과 도구 관련 내용을 나타내는 것으로 보입니다. 각 문서의 주제 분포를 보면 문서 1과 2는 주로 축구에 관한 내용이고, 문서 3은 기술에 관한 내용임을 알 수 있습니다.

참고로, 이는 단순화된 예제이며 실제 데이터에서는 더 정교한 전처리와 더 많은 반복 횟수가 필요합니다.

이제 실제 업무나 연구 환경에서 프로젝트를 완성하는 데 필요한 패러다임에 대해 논의할 준비가 되었습니다.

5.5.2 자연어 처리 텍스트 분류를 위한 실제 머신러닝 시스템 설계

이번 절에서는 지금까지의 다양한 방법들을 실제로 구현하는 것에 중점을 둡니다. 전체 파이프라인으로 작동하는 파이썬 코드를 중심으로 설명할 것입니다.

종합적인 학습 경험을 제공하기 위해, 일반적인 머신러닝 프로젝트의 전체 과정을 다룰 것입니다. [그림 5-1]은 머신러닝 프로젝트의 여러 단계를 보여 줍니다.

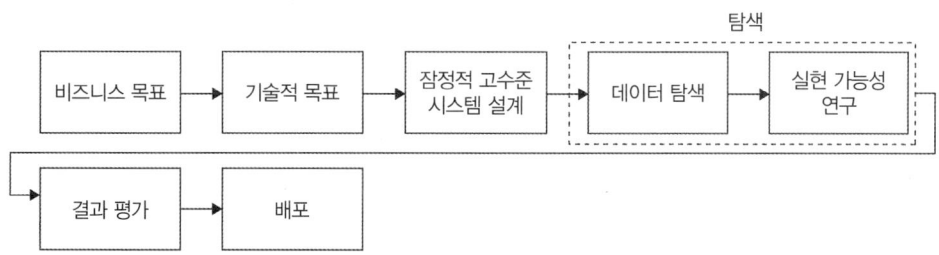

그림 5-1 일반적인 머신러닝 프로젝트의 패러다임

산업계에서의 일반적인 프로젝트와 유사한 방식으로 문제를 나누어 보겠습니다.

비즈니스 목표

머신러닝 프로젝트는 비즈니스나 연구 환경에서 시작될 때, 대개 기술적인 것보다 정성적인 원래 목표에서 출발합니다. 예를 들면 다음과 같습니다.

1. "우리 환자들 중 누가 더 높은 위험에 처해 있는지 알고 싶습니다."
2. "광고 참여도를 최대화하고 싶습니다."
3. "자율주행차가 사람을 감지하면 경고를 받게 해야 합니다."

다음 단계는 기술적 목표로의 전환입니다.

기술적 목표

원래의 목표는 다음과 같은 형태로 기술적 목표로 전환될 수 있습니다.

1. "모든 환자의 의료 기록을 처리하고, 실현된 위험 이력을 바탕으로 위험 추정기를 구축할 것입니다."
2. "지난해의 모든 광고 데이터를 수집하여, 광고의 특성에 기반해 참여도를 예측하는 회귀 모델을 개발할 것입니다."
3. "자동차의 전방 카메라로 찍은 이미지를 수집하고, 사이트 방문자들에게 보안 목적으로 사람을 포함한 부분을 클릭하라고 요청할 것입니다. 실제로는 이 과정에서 무료로 레이블을 수집해 사람을 감지하는 컴퓨터 비전 분류기를 개발할 것입니다."

비즈니스나 연구 목표가 다소 열린 질문으로 시작된다면, 기술적 목표는 이를 실행 가능한 계획으로 구체화합니다. 다만, 주어진 기술적 목표는 원래 비즈니스나 연구 목표를 달성하기 위한 여러 가능성 중 하나일 뿐입니다. CTO, 머신러닝 관리자, 시니어 개발자와 같은 기술 책임자는 원래 목표를 이해하고 이를 적절한 기술적 목표로 바꾸는 역할을 맡습니다. 또한, 프로젝트가 진행되면서 기술적 목표는 조정되거나 변경될 수 있습니다. 기술적 목표를 수립한 후에는 이를 실현하기 위한 계획을 세우는 것이 다음 단계입니다.

고수준 시스템 설계 초안

기술적 목표를 실현하려면, 어떤 데이터를 머신러닝 시스템에 사용할지와 시스템의 기대 출력이 무엇인지 결정하기 위한 계획을 세워야 합니다. 프로젝트의 초기 단계에서는 원하는 출력을 잘 나타낼 수 있을 것으로 예상되는 여러 후보 데이터 소스가 있을 수 있습니다.

앞서 언급한 세 가지 예를 기반으로 몇 가지 데이터 설명 예시는 다음과 같습니다.

1. 입력 데이터는 patient_records SQL 테이블의 A, B, C 열이며, 위험은 특정 시점부터 응급실에 도착하기까지 경과한 일수 N에 대해 1/N로 평가될 것입니다.
2. 입력 데이터는 광고의 기하학적 및 색상 설명이고, 참여도 수준은 해당 광고가 하루 동안 받은 클릭 수입니다.
3. 입력 데이터는 자동차 전방 카메라의 이미지이며, 이 이미지는 컴퓨터 비전 신경망 분류기에 입력됩니다. 출력 데이터는 이미지에 사람이 있는지 여부입니다.

평가 지표 선택

잠재적인 해결 방안을 정의할 때는 해결책의 성공 여부를 평가할 수 있는 최적의 지표를 설정하는 데 특히 신경을 써야 합니다. 이는 목표 함수$^{objective\ function}$ 또는 오류 함수$^{error\ function}$라고도 합니다. 이 지표는 솔루션의 성공을 평가하는 기준이 되며, 원래의 비즈니스 또는 연구 목표와 연관이 있어야 합니다.

앞서 설명한 예시를 기반으로 다음과 같은 평가 지표를 사용할 수 있습니다.

1. 70번째 백분위 신뢰 구간을 최소화합니다.
2. 평균 절대 오차(MAE)를 최소화합니다.
3. 고정된 재현율을 유지하면서 정밀도를 최대화합니다. 이 고정된 재현율은 이상적으로 비즈니스 리더나 법무팀에 의해 "시스템이 자동차 앞에 사람이 나타나는 경우의 최소 99.9%를 포착해야 한다"와 같은 형태로 제시될 수 있습니다.

이제 초안이 마련되었으니, 데이터를 탐색하고 설계의 실현 가능성을 평가해 볼 수 있습니다.

탐색

탐색은 데이터 탐색과 설계의 실현 가능성 탐색으로 나뉩니다. 각각을 자세히 살펴보겠습니다.

데이터 탐색

데이터가 항상 우리의 목표에 완벽하게 부합하는 것은 아닙니다. 이전 장에서 일부 데이터의 단점에 대해 논의한 바 있습니다. 특히, 자유 텍스트는 인코딩, 특수 문자, 오타 등 많은 이상 현상이 발생하는 것으로 악명이 높습니다. 데이터를 탐색할 때는 이러한 모든 현상을 파악하고, 데이터를 목표에 맞는 형태로 변환할 수 있는지 확인해야 합니다.

실현 가능성 연구

여기서는 계획된 설계가 성공할 가능성을 미리 평가할 수 있는 지표를 찾고자 합니다. 어떤 문제의 경우에는 성공을 예측할 수 있는 지표가 알려져 있지만, 대부분의 비즈니스 문제나 연구 환경에서는 성공의 초기 지표를 제안하는 데 경험과 창의력이 필요합니다.

아주 간단한 사례의 예로, 단일 입력 변수와 단일 출력 변수를 가진 간단한 회귀 문제를 들 수 있습니다. 예를 들어, 독립 변수는 현재 스트리밍 서비스의 활성 뷰어 수이고, 종속 변수는 회사 서버가 용량 한계에 도달할 위험입니다. 초안 설계 계획은 주어진 순간에 위험을 추정하는 회귀 모델을 구축하는 것입니다. 성공적인 회귀 모델 개발 가능성을 평가하는 좋은 지표는 과거 데이터 포인트 간의 선형 상관 계수를 계산하는 것입니다. 샘플 데이터로 선형 상관 계수를 계산하는 것은 쉽고 빠르며, 그 결과가 1에 가깝다면(또는 비즈니스 문제와 다른 경우 -1에 가깝다면) 선형 회귀 모델의 성공 가능성이 보장됩니다. 이는 매우 좋은 평가 지표가 됩니다. 반대로 선형 상관 계수가 0에 가까운 경우, 회귀 모델이 실패할 것이라는 의미는 아니며, 단지 선형 회귀가 실패할 것이라는 의미일 뿐입니다. 이런 경우에는 다른 평가 지표를 고려해야 합니다.

이제, 5.6절에서 코드 솔루션을 검토할 것입니다. 또한 텍스트 분류기의 실현 가능성을 평가하는 방법을 제시할 것입니다. 이 방법은 입력 텍스트와 출력 클래스 간의 관계를 모방하는 것을 목표로 합니다. 하지만 이 방법이 텍스트와 같이 숫자가 아닌 변수에 적합하도록 하기 위해, 원점으로 돌아가 입력 텍스트와 출력 클래스 간의 통계적 종속성을 계산할 것입니다. 통계적 종속성은 변수 간의 관계를 나타내는 가장 기본적인 측정값이며, 그중 어느 하나도 숫자일 필요는 없습니다.

실현 가능성 연구가 성공적이라면, 머신러닝 솔루션을 구현하는 단계로 넘어갈 수 있습니다.

5.5.3 머신러닝 솔루션 구현

이 단계에서는 머신러닝 개발자의 전문성이 발휘됩니다. 여러 단계가 있으며, 문제에 따라 어떤 단계가 중요한지 개발자가 선택합니다. 데이터 정리, 텍스트 분할, 특성 설계, 모델 비교, 또는 평가 지표 선택 등이 이에 해당합니다.

이와 관련된 특정 사례를 해결하면서 이를 자세히 설명하겠습니다.

결과 평가

선택한 평가 지표를 바탕으로 솔루션의 성능을 평가합니다. 이 과정은 경험이 필요하며, 머신러닝 개발자들은 시간이 지남에 따라 이를 더 잘하게 됩니다. 이 작업에서 가장 큰 함정은 결과에 대한 객관적인 평가를 설정하는 능력입니다. 객관적인 평가는 모델을 한 번도 본 적 없는 데이터에 적용하여 수행합니다. 그러나 머신러닝을 처음 시작하는 사람들은 검증 세트$^{\text{held-out set}}$의 결과를 보고 나서 설계를 개선하는 경우가 많습니다. 이는 설계가 더 이상 검증되지 않은 세트에 맞춰지는 피드백 루프로 이어집니다. 이렇게 하면 모델과 설계를 실제로 개선할 수 있지만, 실제 환경에서 모델이 어떻게 성능을 발휘할지에 대한 객관적인 예측을 제공하기는 어려워집니다. 실제 환경에서는 아예 처음 접하는, 즉 모델이 한 번도 학습하지 않은 데이터가 사용되기 때문입니다.

배포

설계가 끝나고 구현이 완료되어 결과가 만족스러운 수준에 도달하면, 보통 비즈니스 환경에서는 실제 적용을 위해, 연구 환경에서는 학술 발표를 위한 작업이 진행됩니다. 비즈니스에서는 여러 형태로 구현할 수 있습니다.

가장 간단한 형태는 출력 결과를 비즈니스 인사이트로 제공하는 경우입니다. 이 경우 결과는 주로 발표 목적으로 사용됩니다. 예를 들어 마케팅 캠페인이 매출 성장에 얼마나 기여했는지를 평가할 때, 머신러닝 팀은 기여도를 추정하고 이를 경영진에게 보고할 수 있습니다.

또 다른 형태의 구현은 실시간 대시보드에서 활용하는 것입니다. 예를 들어, 모델이 응급실에 올 환자들의 예상 위험을 매일 계산하고, 그 결과를 병원 대시보드에 그래프로 표시해 향후 30일 동안 예상되는 응급실 방문 환자 수를 보여 줍니다.

더 발전되고 일반적인 형태는 모델의 출력이 후속 작업으로 이어질 수 있도록 설계되는 경우입니다. 이 경우 모델은 실제 운영 환경에 배포되어 더 큰 프로덕션 파이프라인의 마이크로서비스로 작동합니다. 예를 들어 분류기가 회사의 페이스북 페이지에 올라온 모든 게시물을 평가하고, 공격적인 언어가 감지되면 이를 다른 시스템으로 전달하여 게시물을 삭제하고 해당 사용자를 차단하는 방식입니다.

코드 설계

코드 설계는 작업이 완료된 후 그 목적에 맞아야 합니다. 앞서 언급한 다양한 구현 형태에 따라, 특정 코드 구조가 필요할 수 있습니다. 예를 들어 완성된 코드가 이미 존재하는 더 큰 파이프라인 내에서 프로덕션으로 전달되는 경우, 프로덕션 엔지니어가 머신러닝 팀에 제약 조건을 제시할 것입니다. 이러한 제약 조건에는 컴퓨팅 및 시간 자원뿐만 아니라 코드 설계와 관련된 사항도 포함될 수 있습니다. 종종 .py 파일과 같은 기본적인 코드 파일이 필요할 수 있습니다.

반대로 마케팅 캠페인의 기여도를 발표하는 예와 같이 코드가 발표 용도로 사용되는 경우, 주피터 노트북이 더 나은 선택일 수 있습니다.

주피터 노트북은 매우 유익하고 교육적인 도구가 될 수 있습니다. 이러한 이유로 많은 머신러닝 개발자들이 프로젝트를 탐색 단계에서 주피터 노트북으로 시작합니다.

다음으로, 주피터 노트북에서 설계를 검토할 것입니다. 이를 통해 전체 프로세스를 하나의 일관된 파일로 요약하여 제시할 수 있습니다.

5.6 주피터 노트북을 활용한 자연어 처리 분류를 위한 머신러닝 시스템 설계 검토

이번 절에서는 직접 예제를 통해 문제를 정의하고, 해결책을 설계하며, 결과를 평가하는 절차를 단계별로 진행해 보겠습니다. 이 과정은 머신러닝 개발자가 실제 산업 프로젝트를 수행할 때 거치는 과정을 보여 줍니다. 관련 내용은 노트북 파일 Ch5_Text_Classification_Traditional_ML.ipynb를 참조하세요.

5.6.1 비즈니스 목표

이번 시나리오에서 우리는 금융 뉴스 에이전시에서 일하고 있습니다. 우리의 목표는 기업과 제품에 관한 뉴스를 실시간으로 게시하는 것입니다.

5.6.2 기술적 목표

CTO는 비즈니스 목표에서 몇 가지 기술적 목표를 도출합니다. 하나는 머신러닝 팀을 위한 것으로, 실시간으로 들어오는 금융 트윗 스트림에서 기업이나 제품에 대한 정보를 다루는 트윗을 감지하는 것입니다.

5.6.3 파이프라인

[그림 5-2]에 나와 있는 것처럼, 파이프라인의 각 부분을 검토해 보겠습니다.

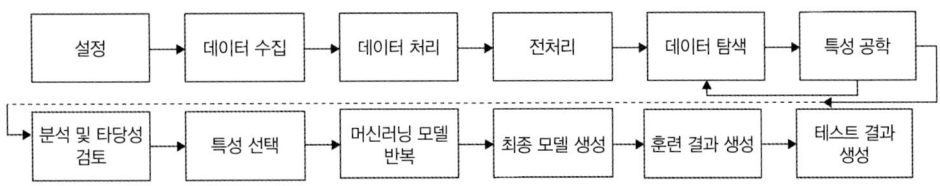

그림 5-2 일반적인 머신러닝 파이프라인의 구조

[그림 5-2]의 파이프라인 단계에 대해서는 다음 절에서 자세히 설명할 예정입니다.[1]

5.6.4 코드 설정

이 부분에서는 코드의 주요 매개변수를 설정합니다. 이 코드는 발표를 위한 교육용 코드이기 때문에 매개변수를 코드에 포함시켰습니다. 반면, 코드가 실제 운영 환경에 배포될 경우에는 매개변수를 별도의 .yaml 파일에 저장하는 것이 더 좋을 수 있습니다. 이렇게 하면 개발 단계에서 다양한 매개변수를 쉽게 변경할 수 있어 코드 수정 없이도 여러 설정을 반복적으로 시도해 볼 수 있습니다.

여기에서 설정된 값들 중 일부는 솔루션을 최적화하기 위해 조정해야 할 수도 있다는 점을 유념해야 합니다. 우리는 과정의 단순화를 위해 고정된 값을 사용했습니다. 예를 들어, 분류에 사용할 특성의 수는 여기서는 고정값이지만, 실제로는 학습 데이터에 맞게 최적화해야 합니다.

```
# 코드 설정:
# db_name: 원본 데이터를 보유한 허깅페이스 데이터베이스 이름
# do_preprocessing: 논리값, 데이터 전처리를 수행할지 여부
# do_enhanced_preprocessing: 논리값, 연산량이 큰 전처리를 수행할지 여부
# do_feature_eng: 논리값, 특성 공학을 수행할지 여부
# maximize_a_priori: 논리값, 사전 확률(a priori) 또는 사후 확률(a posteriori) 통계에
# 기반하여 초기 특징 선택을 최대화할지 여부
# num_chosen_features_per_class: 정숫값, 초기 특징 선택 시 클래스별로 선택할 특징의 수
```

---

1 옮긴이_ 원서에는 코드가 없지만 독자의 이해를 돕기 위해 설명에 해당하는 소스 코드 부분을 추가합니다.

```
# test_size: 0에서 1 사이의 비율, 테스트 데이터셋 크기를 나타냄
# feature_eng_details: "TfidfVectorizer"(TFIDF 특성 공학) 또는
# "CountVectorizer"(원-핫 인코딩 중 하나)를 선택
# seed: 정숫값, 결과의 재현성을 보장하기 위해 사용하는 랜덤 시드
config_dict = {'db_name': "zeroshot/twitter-financial-news-topic",
               'do_preprocessing': True,
               'do_enhanced_preprocessing': False,
               'do_feature_eng': True,
               'maximize_a_priori': True,
               'num_chosen_features_per_class': 200,
               'test_size': 0.2,
               'feature_eng_details': "CountVectorizer-binary",
               'ngram_range_min': 1,
               'ngram_range_max': 2,
               'max_features': 1000,
               'seed': 0}

pd.set_option('display.max_colwidth', None)
pd.set_option('display.max_rows', None)
```

데이터 수집

이 부분에서는 데이터셋을 로드합니다. 우리 예제에서는 로드 함수가 단순하지만, 다른 비즈니스 상황에서는 SQL 쿼리의 집합을 포함해 코드가 훨씬 복잡해질 수 있습니다. 이러면, 별도의 .py 파일에 전용 함수를 작성하고, 임포트해서 불러오는 것이 더 좋습니다.

이 책의 실습에서는 허깅페이스의 트위터 금융 뉴스 데이터셋을 사용합니다. 허깅페이스를 통해 데이터를 불러옵니다. 허깅페이스는 훈련과 검증 세트로 나누어 데이터를 제공합니다. 이 실습에서는 두 가지 데이터를 하나로 병합한 후 다시 데이터를 나눌 예정입니다.

```
dataset_raw = load_dataset(config_dict["db_name"])
first_df = pd.DataFrame(dataset_raw["train"])
second_df = pd.DataFrame(dataset_raw["validation"])
dataset_df = pd.concat([first_df, second_df]).reset_index(drop=True)
dataset_df = dataset_df.rename(columns={"label": "_label_"})
```

데이터 전처리

이 부분에서는 데이터를 작업에 맞게 형식화하고, 처음으로 데이터를 살펴보며 데이터의 특성과 품질을 파악합니다.

여기서 중요한 작업 중 하나는 우리가 분석하고자 하는 클래스를 정의하는 것입니다.

우리는 특정 주제인 레이블 2의 '회사 | 제품 뉴스'에 초점을 맞출 것입니다. 따라서 레이블을 다음과 같이 재분류할 예정입니다. 따라서 레이블 2는 1로 변경하고 나머지는 0으로 만들어 이진 분류 문제로 만듭니다.

```python
# 레이블 0: 회사 | 제품 뉴스가 아닌 경우
# 레이블 1: 회사 | 제품 뉴스인 경우
# 이제 분류 문제는 이진 분류 문제로 전환됩니다.

dataset_df_binary = dataset_df.copy()
dataset_df_binary["_label_"] = dataset_df_binary["_label_"].map({2:1}).fillna(0).
map(int)

print("새로운 레이블의 분포:\n")
frequencies = dataset_df_binary[["_label_"]].value_counts()
frequencies

most_frequent_class = frequencies.index[:][0][0]
print("가장 빈도가 높은 클래스는:", most_frequent_class)
print("해당 클래스의 기준 정확도는:", round((dataset_df_binary["_label_"] == most_
frequent_class).mean(), 3))
```

다음으로 전처리 유틸리티 함수를 정의합니다.

```python
def digits_to_words(match):
    """
    문자열로 된 숫자를 영어 단어로 변환합니다. 이 함수는 기수(cardinal)와 서수
(ordinal)를 구분합니다.
    예: "2" → "two", "2nd" → "second"
    
    입력: str
    출력: str
    """
    suffixes = ['st', 'nd', 'rd', 'th']
    # 이전 작업에 의존하지 않도록 소문자로 변환:
    string = match[0].lower()
    if string[-2:] in suffixes:
        type = 'ordinal'
```

```python
        string = string[:-2]
    else:
        type = 'cardinal'

    return num2words(string, to=type)

def spelling_correction(text):
    """
    잘못된 철자를 올바른 철자로 교정합니다.

    입력: str
    출력: str
    """
    corrector = Speller()
    spells = [corrector(word) for word in text.split()]
    return " ".join(spells)

def remove_stop_words(text):
    """
    불용어(stopwords)를 제거합니다.

    입력: str
    출력: str
    """
    stopwords_set = set(stopwords.words('english'))
    return " ".join([word for word in text.split() if word not in stopwords_set])

def stemming(text):
    """
    각 단어에 대해 어간 추출(stemming)을 수행합니다.

    입력: str
    출력: str
    """
    stemmer = PorterStemmer()
    return " ".join([stemmer.stem(word) for word in text.split()])

def lemmatizing(text):
    """
    각 단어에 대해 표제어 추출(lemmatization)을 수행합니다.

    입력: str
    출력: str
    """
```

```python
        lemmatizer = WordNetLemmatizer()
        return " ".join([lemmatizer.lemmatize(word) for word in text.split()])

def preprocessing(input_text):
    """
    텍스트 전처리를 위한 전체 파이프라인을 나타냅니다.

    입력: str
    출력: str
    """
    output = input_text
    # 소문자로 변환:
    output = output.lower()
    # URL 제거:
    output = re.sub(r'http\S+', "", output)
    # 숫자를 단어로 변환:
    # 다음 정규 표현식은 연속된 숫자와 임시적으로 서수 접미사를 포함한 일치를 검색합니다:
    output = re.sub(r'\d+(st)?(nd)?(rd)?(th)?', digits_to_words, output, flags=re.IGNORECASE)
    # 구두점 및 기타 특수 문자 제거:
    output = re.sub('[^ A-Za-z0-9]+', '', output)

    if config_dict["do_enhanced_preprocessing"]:
        # 철자 교정:
        output = spelling_correction(output)

    # 불용어 제거:
    output = remove_stop_words(output)

    if config_dict["do_enhanced_preprocessing"]:
        # 어간 추출:
        output = stemming(output)
        # 표제어 추출:
        output = lemmatizing(output)

    return output
```

전처리 함수를 바탕으로 전처리를 수행합니다.

```python
dataset_clean = dataset_df_binary.copy()
if config_dict["do_preprocessing"]:
    dataset_clean["text"] = [preprocessing(text) for text in dataset_clean["text"]]
```

초기 데이터 탐색

이 단계에서는 텍스트의 품질과 클래스의 분포를 살펴보았습니다. 이제 데이터의 다른 특성들을 탐색하여, 데이터의 품질이나 원하는 클래스를 잘 나타낼 수 있는지 평가해 봅니다. 주요 목표는 데이터의 특성을 파악하고 트윗 텍스트와 주제 분류 간의 연관성을 연구하는 것입니다. 우선 트윗의 길이를 살펴보는 것부터 시작하겠습니다. 이 후에는 사용된 언어와 주제 레이블 간의 통계적 의존성을 탐구할 예정입니다.

```
dataset_clean["length of text"] = dataset_clean["text"].map(len)
ax = dataset_clean.plot.hist(column=["length of text"], by="_label_", bins=50,
    alpha=0.5, figsize=(10, 6), title="클래스별 트윗 문자열 길이 분포", xlim=[0, 1000])
```

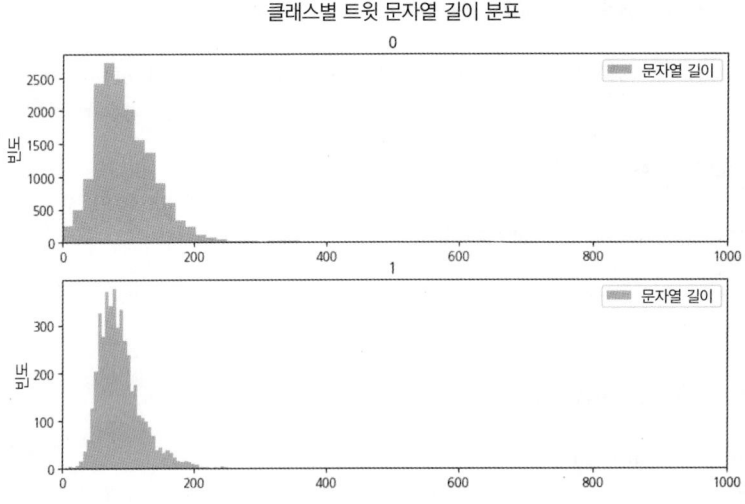

그림 5-3 클래스별 트윗 문자열 길이 분포 시각화[2]

특성 공학

다음으로, 텍스트를 처리하기 시작합니다. 우리는 각 텍스트를 숫자로 된 특성 집합으로 표현하려고 합니다. 그 이유는 전통적인 머신러닝 모델들이 텍스트가 아닌 숫자를 입력값으로 받도록 설계되었기 때문입니다. 예를 들어 일반적인 선형 회귀나 로지스틱 회귀 모델은 텍스트

---

2 옮긴이_ 원서에는 없으나 독자의 이해를 돕기 위해 원서의 소스 코드 실행 결과를 추가했습니다.

나 범주, 이미지 픽셀이 아닌 숫자 데이터에 적용됩니다. 따라서 텍스트를 수치로 표현할 방법이 필요합니다. 하지만 **BERT나 GPT 같은 언어 모델**을 사용할 때는 이러한 제약이 사라집니다. 이 부분은 다음 장에서 자세히 다루겠습니다.

우리는 텍스트를 N-그램으로 나눕니다. 여기서 N은 코드의 매개변수로, 이 코드에서는 N이 고정되어 있지만, 학습 데이터에 가장 적합한 값으로 최적화될 필요가 있습니다.

텍스트가 N-그램으로 나뉘면, 이를 수치 값으로 변환합니다. 원-핫 인코딩과 같은 이진 방법을 사용할 경우, 관찰된 텍스트에 특정 N-그램이 포함되어 있으면 해당 특성값은 '1', 포함되지 않으면 '0'이 됩니다. 예시는 [표 5-3]에서 확인할 수 있습니다. 단어 가방 접근법을 사용할 경우, 특성값은 관찰된 텍스트에서 해당 N-그램이 나타난 횟수가 됩니다. 여기서는 구현되지 않았지만, TF-IDF도 흔히 사용되는 특성 공학 방법입니다.

다음은 유니그램만 사용할 때의 예시입니다.

입력 문장: "filing submitted."

표 5-3 원-핫 인코딩을 통해 유니그램으로 나누어 입력 텍스트를 수치로 변환

N-그램	"report"	"filing"	"submitted"	"product"	"quarterly"	그 외의 유니그램들
특성값	0	1	1	0	0	(0's)

다음은 유니그램과 바이그램을 모두 사용할 때의 결과입니다.

표 5-4 원-핫 인코딩을 통해 유니그램과 바이그램으로 나누어 입력 텍스트를 수치로 변환

N-그램	"report"	"filing"	"filing submitted"	"report news"	"submitted"	그 외의 N-그램들
특성값	0	1	1	0	1	(0's)

```
def feat_eng_text_df(in_df, text_col, labels_col, config_dict):
    if "CountVectorizer-binary" == config_dict["feature_eng_details"]:
        # 특성 공학 방법: 이진 (원-핫 인코딩)
        print("특성 공학 방법: 이진 (원-핫 인코딩)")
        countvectorizer = CountVectorizer(ngram_range=(config_dict["ngram_range_min"], config_dict["ngram_range_max"]),
                                          stop_words='english',
```

```
                                        max_features=config_dict["max_features"],
                                        binary=True)

        elif "CountVectorizer-BOW" == config_dict["feature_eng_details"]:
            # 특성 공학 방법: 단어 가방(Bag of Words)
            print("특성 공학 방법: 단어 가방(Bag of Words)")
            countvectorizer = CountVectorizer(ngram_range=(config_dict["ngram_range_
    min"], config_dict["ngram_range_max"]),
                                        stop_words='english',
                                        max_features=config_dict["max_features"],
                                        binary=False)

        out_arr = countvectorizer.fit_transform(in_df[text_col])
        count_tokens = countvectorizer.get_feature_names_out()
        out_df = pd.DataFrame(data=out_arr.toarray(), columns=count_tokens)
        out_df[labels_col] = list(in_df[labels_col])
        return out_df


    if config_dict["do_feature_eng"]:
        dataset_feat_eng = feat_eng_text_df(dataset_clean, 'text', '_label_', config_
    dict)
    else:
        # 주의: 특성 공학을 건너뛰는 옵션입니다.
        # 이 옵션은 BERT, GPT 등 자체적으로 텍스트를 처리하는
        # 딥러닝 언어 모델을 사용할 때만 선택하세요.
        # 일반적인 머신러닝 모델 사용시 특성 공학은 필수입니다.
        dataset_feat_eng = dataset_clean.copy()
```

이 시점에서는 데이터셋이 아직 학습 세트와 테스트 세트로 나뉘지 않았고, 검증 세트[held-out set]도 아직 제외하지 않았다는 점에 유의해야 합니다. 그 이유는 원-핫 인코딩이나 단어 가방과 같은 특성 공학 방법은 개별 관찰된 데이터에만 의존하기 때문입니다. 그러나 TF-IDF의 경우에는 다릅니다. 각 특성값은 문서 빈도를 계산하기 위해 전체 데이터셋을 사용해 산출됩니다.

새로운 수치형 특성 탐색

이제 텍스트를 수치형 특성으로 변환했으니, 이를 수치적으로 탐색해 볼 수 있습니다. 특성의 빈도와 통계를 살펴보면서, 데이터가 어떻게 분포되어 있는지 파악할 수 있습니다. 텍스트 데이터를 수치형으로 변환한 결과의 기술 통계를 구하고 최소, 최대, 평균을 살펴보면 각 특성마다 변환된 값을 확인할 수 있습니다.

```
dataset_feat_eng.describe().loc[['min', 'max', 'mean']]
```

학습/테스트 세트로 나누기

이 단계에서는 보류된 세트라고도 불리는 테스트 세트, 또는 검증 세트를 분리해야 합니다. 각 용어가 자료마다 다르게 사용되기 때문에, 여기서 우리가 테스트 세트라고 부르는 것이 바로 검증 세트라는 점을 명확히 할 필요가 있습니다. 검증 세트는 솔루션의 성능을 평가하기 위해 따로 남겨둔 데이터의 일부입니다. 이는 시스템이 실제 환경에서 새로운 데이터를 만날 때 예상되는 결과를 모의 실험하기 위해 분리됩니다.

```
dataset_feat_eng_test = dataset_feat_eng.sample(frac=config_dict["test_
size"],random_state=config_dict['seed'])
dataset_feat_eng_train = dataset_feat_eng.drop(dataset_feat_eng_test.index)
dataset_feat_eng_test.shape, dataset_feat_eng_train.shape
```

보류된 검증 세트를 언제 분리해야 할까요?

보류된 검증 세트를 너무 일찍 분리하면, 예를 들어 데이터를 로드하자마자 분리하는 경우, 해당 데이터를 계속 보류할 수는 있지만 초기 탐색 과정에서 데이터를 충분히 분석하지 못할 수 있습니다. 반대로 검증 세트를 너무 늦게 분리하면 설계 결정이 편향될 위험이 있습니다. 예를 들어, 검증 세트를 포함한 결과를 바탕으로 특정 머신러닝 모델을 선택하면, 설계가 그 세트에 맞춰져 모델을 객관적으로 평가하기 어렵게 됩니다.

따라서 설계에 영향을 미칠 첫 번째 작업을 수행하기 직전에 테스트 세트를 분리하는 것이 좋습니다. 다음 절에서는 통계 분석을 수행하고, 이를 기반으로 특성 선택을 할 예정입니다. 특성 선택은 보류된 검증 세트와 무관하게 이루어져야 하므로,[3] 이 단계부터는 보류된 검증 세트를 제외하고 진행합니다.

---

[3] 옮긴이_ 앞으로 어떤 어휘가 들어올지 모르기 때문에 보류된 검증 세트의 데이터를 사용하게 되면 시험 문제를 먼저 본 것과 마찬가지라 제대로 된 검증을 할 수 없습니다. 그래서 보류된 검증 세트는 제외합니다. 이를 **데이터 누수**라 부르기도 합니다.

초기 통계 분석 및 실현 가능성 연구

이 부분은 앞에서 설명한 탐색 단계의 두 번째 부분입니다. 첫 번째 부분에서는 데이터 탐색을 다루었고, 이전 코드 부분에서 이를 구현했습니다. 이제 텍스트를 수치형 특성으로 변환했으니, 실현 가능성 연구를 진행할 수 있습니다.

우리는 텍스트 입력과 클래스 값 간의 통계적 의존성을 측정하려고 합니다. 이는 회귀 문제에서 선형 상관이 제공하는 지표를 모방하려는 목적과 같습니다.

두 개의 확률 변수 X와 Y가 통계적으로 독립적이라면, 다음과 같은 식이 성립합니다.

$$P(X=x, Y=y) = P(X=x)P(Y=y) \quad (\text{모든 } x, y \text{에 대해})$$

또는 다음과 같이 표현할 수 있습니다.

$$\frac{P(X=x, Y=y)}{P(X=x)P(Y=y)} = 1$$

이는 x와 y 값의 결합 확률이 0이 아닌 경우에 성립합니다.

또는, 베이즈 규칙을 활용할 수도 있습니다.

$$\frac{P(X=x \mid Y=y)P(Y=y)}{P(X=x)P(Y=y)} = 1$$

$$\frac{P(X=x \mid Y=y)}{P(X=x)} = 1$$

이제 통계적으로 독립적이지 않을 수 있는 두 확률 변수를 고려해 봅시다. 이들 사이에 통계적 관계가 있는지 평가하고자 합니다.

하나의 확률 변수는 우리가 만든 수치형 특성 중 하나로 하고, 다른 확률 변수는 출력 클래스(0 또는 1의 값을 가짐)로 둡니다. 특성 공학 방법이 이진 방식이라고 가정하면, 해당 특성도 0 또는 1의 값을 갖게 됩니다.

위의 마지막 식을 보면, 왼쪽에 있는 표현식은 X와 Y 사이의 관계를 평가하는 데 매우 강력한 지표가 됩니다.

$$\frac{P(특성=x \mid 클래스=y)}{P(특성=x)}, \quad x, y \in \{0, 1\}.$$

이 지표가 강력한 이유는, 특성이 클래스 값을 전혀 나타내지 않는다면, 통계적으로 두 값은 독립적이며 이 값이 1이 되기 때문입니다.

반대로 이 값이 1에서 멀어질수록 특성과 클래스 사이의 관계가 더 강해집니다. 설계의 **실현 가능성** feasibility study을 평가할 때, 우리는 데이터에서 출력 클래스와 통계적으로 연관된 특성이 있는지 확인하고자 합니다.

따라서 우리는 모든 특성과 클래스의 모든 쌍에 대해 이 표현식의 값을 계산합니다.

클래스 0은 기업이나 제품 정보를 나타내지 않는 트윗을 의미하며, 클래스 1은 기업이나 제품에 대한 정보를 다루는 트윗을 의미합니다. 우리는 각각의 클래스에서 가장 의미 있는 용어들을 제시합니다.

이를 통해 특정 텍스트 용어가 클래스 값을 나타내는 중요한 지표가 될 수 있음을 확인할 수 있습니다. 이는 실현 가능성 연구가 성공적임을 보여 주며, 분류 모델을 구현할 때 좋은 결과를 기대할 수 있음을 시사합니다.

덧붙여, 대부분의 평가와 마찬가지로, 방금 언급한 내용은 텍스트가 클래스를 예측할 수 있는 충분한 조건 중 하나일 뿐입니다. 만약 이 방법이 실패했다 하더라도 반드시 실현 가능성이 없다는 것을 의미하지는 않습니다. 마치 X와 Y 사이의 선형 상관이 0에 가깝다고 해서 X가 Y를 추론할 수 없다는 뜻이 아닌 것처럼 말입니다. 이는 단지 X가 선형 모델로는 Y를 추론할 수 없다는 의미일 뿐입니다. 선형성은 상황을 단순화하려고 하는 가정일 뿐입니다.

제안한 방법에서는 두 가지 주요 가정을 합니다. 첫째, N-그램을 사용한 특성 설계와 이진값을 사용하는 특정 정량적 방법을 가정합니다. 둘째, 우리는 단변량 통계 의존성이라는 가장 기본적인 통계적 의존성 평가를 적용합니다. 그러나 결과 클래스와의 통계적 의존성을 확인하려면 더 복잡한 차원의 분석이 필요할 수도 있습니다.

```
P_class = sorted([[c, np.mean(dataset_feat_eng["_label_"] == c)] for c in
set(means_by_class.columns)])
P_feature = sorted([[f, np.mean(dataset_feat_eng[f] > 0)] for f in dataset_feat_eng.
columns if f != "_label_"])
```

```
P_feature_inv = [[f, 1/p] for f, p in P_feature]

P_class_arr = np.array(P_class)
P_feature_arr = np.array(P_feature)
P_feature_inv_arr = np.array(P_feature_inv)
# 특성 확률의 "열 벡터"와 클래스 확률의 "행 벡터"를 곱하여
# 각 요소가 확률의 곱으로 구성된 행렬을 생성합니다:
P_class_prod_P_feature_inv_arr = np.outer(P_feature_inv_arr[:, 1].astype(float), P_class_arr[:, 1].astype(float))

P_class_given_feature = means_by_class.copy()
for feature_counter in range(len(P_class_given_feature)):
  for c in P_class_given_feature.columns:
    # 오른쪽 항: P(feature | class) / P(feature)
    P_class_given_feature[c][feature_counter] = means_by_class[c][feature_counter] / P_feature_arr[feature_counter, 1].astype(float)
```

텍스트 분류의 **실현 가능성 연구**에서는 가능한 한 단순하면서도 중요한 신호를 최대한 많이 포착할 수 있는 방법이 가장 좋습니다. 이 예제에서 사용한 접근 방식은 다양한 데이터셋과 문제 상황에서의 오랜 경험을 바탕으로 도출되었습니다. 우리는 이 방법이 매우 효과적이라는 결론을 내렸습니다.

5.6.5 특성 선택

실현 가능성 연구를 통해 우리는 종종 일석이조의 효과를 얻습니다. **실현 가능성 연구**가 성공하면 계획을 확인해 줄 뿐만 아니라, 다음 단계에 대한 방향도 제시해 줍니다. 앞서 살펴본 것처럼, 일부 특성들이 클래스와 관련이 있음을 확인했으며, 그중에서도 가장 중요한 특성들을 파악했습니다. 이를 통해 분류 모델이 다루어야 할 특성의 범위를 줄일 수 있습니다. 각 클래스에 대해 가장 의미 있는 특성들만 남겨두는 방식으로 이를 수행합니다. 유지할 특성의 수는 계산 제약 조건(예: 너무 많은 특성이 있으면 모델 계산에 시간이 많이 소요될 수 있음), 모델의 처리 능력(예: 특성이 너무 많으면 다중공선성으로 인해 모델 성능이 저하될 수 있음), 그리고 학습 결과의 최적화를 고려해 결정하는 것이 이상적입니다. 우리 코드에서는 과정을 빠르고 간단하게 만들기 위해 이 숫자를 고정했습니다.

많은 머신러닝 모델에서는 특성 선택이 모델 설계의 일부로 내재되어 있다는 점을 강조해야 합니다. 예를 들어, 최소 절대 축소 및 선택 연산자인 **LASSO**에서는 ℓ_1 정규화 항의 하이퍼파라미터가 어떤 특성이 0의 계수를 가질지를 결정하고, 따라서 해당 특성은 제거됩니다. 이 경우, 특성 선택 단계를 생략하고 모든 특성을 그대로 두어 모델이 스스로 특성을 선택하도록 하는 것도 가능하며, 때로는 추천되기도 합니다. 특히 평가하고 비교하는 모든 모델이 이러한 특성 선택 기능을 갖추고 있을 때 더욱 그렇습니다.

이 시점에서는 훈련 세트만을 대상으로 하고 있다는 점을 기억해야 합니다. 어떤 특성을 유지할지 결정한 후, 이 선택을 테스트 세트에도 동일하게 적용해야 합니다.

```python
chosen_features = []
if config_dict["maximize_a_priori"] == True:
    classes = means_by_class.columns
    for c in classes:
        chosen_features += list(means_by_class[c].sort_values(ascending=False).index[:config_dict["num_chosen_features_per_class"] + 1])
else:
    classes = P_class_given_feature.columns
    for c in classes:
        chosen_features += list(P_class_given_feature[c].sort_values(ascending=False).index[:config_dict["num_chosen_features_per_class"] + 1])

chosen_features = list(set(chosen_features))

# 선택된 특성만 남기기
dataset_feat_eng_train_selected = dataset_feat_eng_train.filter(chosen_features + ["_label_"])
dataset_feat_eng_test_selected = dataset_feat_eng_test.filter(chosen_features + ["_label_"])

dataset_feat_eng_train_selected.head()
```

이로써 데이터는 머신러닝 모델링을 위한 준비가 완료되었습니다.

5.6.6 선택한 모델 생성

이 단계에서는 선택한 모델의 하이퍼파라미터를 최적화하고, 이를 훈련 세트에 맞춰 학습시킵니다.

```python
models = []
models.append(("Random Forest", RandomForestClassifier(random_state=config_dict['seed'])))
models.append(("LASSO", lm.LogisticRegression(solver='liblinear', penalty='l1', max_iter=1000, random_state=config_dict['seed'])))
models.append(("KNN", KNeighborsClassifier()))
models.append(("Decision Tree", DecisionTreeClassifier(random_state=config_dict['seed'])))
models.append(("SVM", SVC(gamma='auto', random_state=config_dict['seed'])))

results = []
names = []
best_mean_result = 0
best_std_result = 0
for name, model in models:
    kfold = StratifiedKFold()
    cv_results = cross_val_score(model, x_features_train, y_labels_train, scoring='accuracy', cv=kfold)
    results.append(cv_results)
    names.append(name)
    print(name + ": mean(accuracy)=" + str(round(np.mean(cv_results), 3)) + ", std(accuracy)=" + str(round(np.std(cv_results), 3)))
    if (best_mean_result < np.mean(cv_results)) or \
        ((best_mean_result == np.mean(cv_results)) and (best_std_result > np.std(cv_results))):
        best_mean_result = np.mean(cv_results)
        best_std_result = np.std(cv_results)
        best_model_name = name
        best_model = model
print("\n최적의 모델은:\n" + best_model_name)
```

머신러닝 모델별로 반복적으로 하이퍼파라미터를 조정하며 최적의 모델을 찾습니다. 그리고 최적의 모델을 사용해서 최종 훈련과 예측을 진행합니다.

```python
model = lm.LogisticRegression(solver='liblinear', penalty='l1', max_iter=1000, random_state=config_dict['seed'])
params = {"C": np.linspace(start=0.001, stop=10, num=20)}
grid_search = GridSearchCV(model, params, scoring='accuracy')
grid_search.fit(x_features_train, y_labels_train)
print("최적의 하이퍼파라미터 'C' 값은:", grid_search.best_params_["C"])
```

훈련 결과 생성: 설계 결정

이 단계에서 우리는 모델의 결과를 처음으로 확인합니다. 이 결과는 설계 결정과 선택한 매개변수에 대한 통찰을 제공하는 데 사용될 수 있습니다. 예를 들어, 특성 공학 방법, 특성 선택 후 남길 특성의 수, 전처리 방식 등을 조정하는 데 활용할 수 있습니다.

```python
y_train_estimated = model.predict(x_features_train)
accuracy_train = np.mean(y_train_estimated == y_labels_train)
baseline_accuracy_train = np.mean(0 == y_labels_train)
accuracy_lift_train = 100 * (accuracy_train/baseline_accuracy_train - 1)

print("훈련 세트 결과:\n------------------------")
print("기준 모델(더미 분류기) 정확도:", round(baseline_accuracy_train, 2))
print("현재 모델의 정확도:", round(accuracy_train, 2))
print("정확도 향상은:", round(accuracy_lift_train), "%")
```

> ⚠️ **참고 사항**
> 훈련 세트의 결과를 바탕으로 솔루션 설계를 수정할 때는 훈련 세트에 과대적합될 위험이 있다는 점을 유의해야 합니다. 이는 훈련 세트 결과와 테스트 세트 결과 간의 차이를 통해 확인할 수 있습니다.

훈련 세트 결과가 더 좋게 나오는 것은 일반적이지만, 두 결과 간의 차이가 너무 크다면 설계가 최적이 아님을 나타내는 경고 신호로 봐야 합니다. 이런 경우, 공정한 선택을 보장하기 위해 체계적인 코드 기반 매개변수를 사용하여 설계를 다시 해야 합니다. 훈련 세트에서 일부를 검증 세트로 분리하여 사용할 수도 있습니다.

테스트 결과 생성: 성능 평가

이제 마무리 단계입니다!

설계를 최적화하여 목표에 부합한다고 판단되면, 이를 검증 세트에 적용해 테스트 결과를 확인합니다. 이 결과는 시스템이 실제 환경에서 얼마나 잘 작동할지를 예측하는 가장 객관적인 지표가 됩니다.

```python
y_test_estimated = model.predict(x_features_test)
accuracy_test = np.mean(y_test_estimated == y_labels_test)
```

```
baseline_accuracy_test = np.mean(0 == y_labels_test)
accuracy_lift = 100 * (accuracy_test/baseline_accuracy_test - 1)

print("테스트 세트 결과:\n------------------------")
print("기준 모델(더미 분류기) 정확도:", round(baseline_accuracy_test, 2))
print("현재 모델의 정확도:", round(accuracy_test, 2))
print("정확도 향상은:", round(accuracy_lift), "%")

print("\n혼동 행렬(Confusion Matrix):")
print(confusion_matrix(y_labels_test, y_test_estimated))
print("\n분류 보고서(Classification Report):")
print(classification_report(y_labels_test, y_test_estimated))
```

앞서 언급했듯이, 이러한 테스트 결과가 설계 결정에 영향을 주지 않도록 주의해야 합니다.

5.7 요약

이번 장에서는 자연어 처리와 머신러닝에서 중요한 역할을 하는 텍스트 분류에 대해 폭넓게 탐구했습니다. 텍스트 분류 작업에서 N-그램이 로컬 문맥과 단어 순서를 포착해 특성 세트를 강화하는 방법을 살펴보았으며, TF-IDF 기법의 효과와 Word2Vec의 역할, CBOW와 스킵그램과 같은 대표적인 아키텍처의 원리도 설명했습니다. 또한 토픽 모델링을 소개하고, LDA와 같은 알고리즘이 텍스트 분류에 어떻게 활용될 수 있는지도 다뤘습니다.

마지막으로, 비즈니스나 연구 환경에서 자연어 처리와 머신러닝 프로젝트를 이끄는 전문적인 접근 방식을 소개했습니다. 프로젝트의 목표 설정과 설계에 대해 논의한 후, 시스템 설계를 구현하는 실제 사례를 코드로 시연하고 실험해 보았습니다.

결론적으로, 이번 장은 텍스트 분류와 토픽 모델링에 대한 핵심 개념, 방법론, 그리고 기술을 종합적으로 다루어 이 분야를 깊이 이해하도록 돕는 것을 목표로 했습니다. 이를 통해 실제 텍스트 분류 문제를 효과적으로 해결할 수 있는 지식과 역량을 갖추게 될 것입니다.

다음 장에서는 텍스트 분류를 위한 고급 기법들을 소개합니다. 딥러닝 기반의 언어 모델과 같은 방법론의 이론과 설계를 검토하고, 이를 코드로 구현해 보는 실습을 통해 시스템 설계를 배워 볼 것입니다.

CHAPTER 6
텍스트 분류의 재해석: 딥러닝 언어 모델 깊게 탐구하기

이번 장에서는 **딥러닝**(DL)과 **자연어 처리**(NLP)를 자세히 알아봅니다. 특히 **BERT**와 **GPT** 같은 혁신적인 트랜스포머 기반 모델에 주목합니다. 먼저 딥러닝의 기본 원리를 소개하며, 대규모 데이터에서 복잡한 패턴을 학습하는 딥러닝의 강력한 능력이 최신 자연어 처리 시스템의 핵심 state-of-the-art(SOTA)이 되는 이유를 설명합니다.

이어서 트랜스포머에 대해 자세히 알아봅니다. 트랜스포머는 기존의 **순환 신경망**(RNN)과 **합성곱 신경망**(CNN)보다 순차 데이터를 더 효과적으로 처리할 수 있는 새로운 구조로, 자연어 처리 분야에 혁명을 일으켰습니다. 우리는 트랜스포머의 독특한 특성, 특히 입력 시퀀스의 다양한 부분에 집중하여 문맥을 더 잘 이해할 수 있게 해 주는 어텐션 메커니즘에 대해 상세히 살펴볼 것입니다.

그런 다음 BERT와 GPT에 초점을 맞춥니다. 이 트랜스포머 기반 언어 모델들은 앞서 언급한 장점들을 활용하여 매우 섬세한 언어 표현을 만들어냅니다. BERT의 구조를 상세히 설명하며, 문맥이 풍부한 단어 임베딩을 생성하기 위한 양방향 학습의 혁신적인 활용에 대해 논의합니다. BERT의 내부 작동 원리를 명확히 밝히고, 대규모 텍스트 데이터를 활용하여 언어의 의미를 학습하는 사전 훈련 과정을 탐구합니다.

마지막으로, BERT를 텍스트 분류와 같은 특정 작업에 맞게 미세 조정을 하는 방법을 다룹니다. 데이터 전처리와 모델 설정부터 학습과 평가에 이르기까지 단계별로 안내하여, BERT의 능력을 텍스트 분류에 활용하는 방법에 대한 실제적인 이해를 제공합니다.

이번 장은 자연어 처리에서 딥러닝에 대해 기본 개념부터 실제 응용까지 폭넓게 다룹니다. 이를 통해 여러분은 텍스트 분류 작업에 BERT와 트랜스포머 모델의 능력을 효과적으로 활용할 수 있는 지식을 갖추게 될 것입니다.

이번 장에서 다루는 주제는 다음과 같습니다.

- 딥러닝 기초 이해하기
- 다양한 신경망 구조
- 트랜스포머
- 언어 모델
- 신경망 학습의 도전 과제
- BERT
- GPT
- 언어 모델을 분류에 활용하는 방법
- 자연어 처리-머신러닝 시스템 설계 예시

6.1 기술 요구 사항

이 장을 효과적으로 학습하기 위해 필요한 몇 가지 기술적 사전 지식은 다음과 같습니다.

- **프로그래밍 지식**: 딥러닝과 자연어 처리 라이브러리 대부분이 파이썬을 주로 사용하기 때문에 파이썬에 대한 충분한 이해가 필수적입니다.
- **머신러닝 기본 개념**: 학습/테스트 데이터, 과대적합, 과소적합, 정확도, 정밀도, 재현율, F1 점수와 같은 머신러닝의 기본 개념에 대한 이해가 필요합니다.
- **딥러닝 기본 지식**: 신경망, 역전파, 활성화 함수, 손실 함수 등 딥러닝의 핵심 개념과 아키텍처에 대한 이해가 필수적입니다. 순환 신경망(RNN)과 합성곱 신경망(CNN)에 대한 지식이 있으면 도움이 되지만, 이 장에서는 주로 트랜스포머 아키텍처에 집중하므로 꼭 필요하지는 않습니다.
- **자연어 처리 기본 지식**: 토큰화, 어간 추출, 표제어 추출, **Word2Vec** 또는 **GloVe** 같은 단어 임베딩에 대한 기본적인 이해가 있으면 유용합니다.
- **라이브러리와 프레임워크**: **텐서플로**TensorFlow나 **파이토치**PyTorch 같은 라이브러리를 사용해 신경망 모델을 구축하고 학습시키는 경험이 중요합니다. NLTK나 SpaCy와 같은 자연어 처리 라이브러리

에 대한 이해도 유용할 수 있습니다. 특히 BERT를 다루기 위해서는 **허깅페이스**Hugging Face의 트랜스포머 transformers 라이브러리에 대한 지식이 도움이 됩니다.

- **하드웨어 요구 사항**: 딥러닝 모델, 특히 BERT와 같은 트랜스포머 기반 모델은 계산 자원이 많이 필요하므로, 적절한 시간 내에 학습하려면 최신 **그래픽 처리 장치**(GPU)가 필요합니다. GPU 기능을 갖춘 고성능 컴퓨터나 클라우드 기반 솔루션을 사용하는 것을 권장합니다.
- **수학**: 선형대수, 미적분, 확률에 대한 이해는 이러한 모델의 내부 작동을 이해하는 데 도움이 되지만, 이 장의 대부분은 깊은 수학적 지식이 없어도 이해할 수 있습니다.

이러한 선행 조건들은 여러분이 이 장에서 논의되는 개념을 이해하고 구현하는 데 필요한 배경지식을 갖추기 위한 것입니다. 이러한 준비가 되어 있다면, **BERT**를 사용한 텍스트 분류를 위한 딥러닝의 흥미진진한 세계로 깊이 들어갈 준비가 되어 있을 것입니다.

6.2 딥러닝 기본 이해

이 부분에서는 신경망과 딥러닝 신경망이 무엇인지, 이를 사용하는 이유는 무엇인지, 그리고 딥러닝 모델의 다양한 아키텍처 유형에 대해 설명합니다.

6.2.1 신경망 개요

신경망은 **인공지능**(AI)과 머신러닝의 하위 분야로, 뇌의 구조와 기능에서 영감을 받아 설계된 알고리즘에 초점을 맞춥니다. 신경망은 종종 여러 반복적인 층으로 구성된 깊은deep 아키텍처를 가지기 때문에 **딥러닝**이라고도 불립니다.

이러한 딥러닝 모델은 대량의 복잡하고 고차원적이며 비정형 데이터를 통해 **학습**learning할 수 있습니다. 여기서 **학습**이란 특정 작업을 수행하도록 명시적으로 프로그래밍이 되지 않은 상태에서도 경험을 통해 자동으로 학습하고 개선하는 모델의 능력을 의미합니다.

딥러닝은 지도 학습, 준지도 학습, 비지도 학습이 가능하며, 자연어 처리, 음성 인식, 이미지 인식, 게임 플레이 등 다양한 응용 분야에서 사용됩니다. 이러한 모델은 패턴을 인식하고 데이터에 기반한 예측이나 결정을 내릴 수 있습니다.

딥러닝의 주요 장점 중 하나는 텍스트, 이미지, 소리 등 다양한 유형의 데이터를 처리하고 모델링할 수 있는 능력입니다. 이러한 다재다능함은 자율주행차, 정교한 웹 검색 알고리즘, 매우 반응성이 뛰어난 음성 인식 시스템 등 광범위한 응용 분야를 가능하게 했습니다.

그러나 딥러닝은 그 높은 잠재력에도 불구하고 효과적으로 학습하기 위해 상당한 컴퓨팅 파워와 대량의 고품질 데이터가 필요하다는 점에서 어려움이 있을 수 있다는 점도 주목할 만합니다.

결론적으로, 딥러닝은 오늘날의 많은 기술 발전의 최전선에 있는 강력하고 혁신적인 기술입니다.

머신러닝과 인공지능 분야에서 신경망이 주목받는 이유는 다양합니다. 주요 이유들을 살펴보겠습니다.

- **복잡한 관계 파악 능력**: 신경망은 복잡한 구조와 활성화 함수를 통해 데이터 속 비선형적 관계를 잘 포착합니다. 현실 세계의 많은 현상이 복잡하고 비선형적인데, 신경망은 이런 복잡성을 잘 모델링할 수 있습니다.
- **뛰어난 근사 능력**: 충분한 뉴런을 가진 신경망은 거의 모든 함수를 높은 정확도로 근사할 수 있습니다. 이런 특성 덕분에 신경망은 다양한 작업에 유연하게 적용할 수 있습니다.
- **다차원 데이터 처리**: 신경망은 많은 특징이나 차원을 가진 데이터를 효과적으로 다룰 수 있습니다. 이미지나 음성 같은 복잡한 데이터 처리에 특히 강점을 보입니다.
- **패턴 인식과 예측**: 대규모 데이터에서 패턴과 경향을 찾아내는 데 탁월합니다. 이 때문에 판매 예측이나 주가 동향 예측 같은 작업에 매우 유용합니다.
- **빠른 처리 속도**: 신경망의 구조는 여러 계산을 동시에 처리할 수 있어, 최신 하드웨어에서 매우 빠르게 작동합니다.
- **지속적인 학습 능력**: 더 많은 데이터를 접할수록 성능이 향상됩니다. 이런 특성은 대량의 데이터를 다루는 작업에서 큰 장점이 됩니다.
- **강건성**: 신경망은 입력 데이터에 노이즈가 있더라도 잘 처리하며, 입력의 작은 변화에도 강한 강건성robust을 유지합니다.

이러한 특성들 덕분에 신경망은 현대 인공지능과 머신러닝 분야에서 핵심적인 역할을 하고 있습니다.

또한 신경망은 자연어 처리 작업에서 여러 가지 이유로 널리 사용됩니다. 주요 이유는 다음과 같습니다.

- **순차 데이터 처리**: 자연어는 본질적으로 순차적입니다(단어들이 연속되어 의미 있는 문장을 만듭니

다). 순환 신경망(RNN)과 그 발전된 형태인 **장단기 메모리**(LSTM), **게이트 순환 유닛**^{gated recurrent unit}(GRU) 등은 시퀀스의 이전 단계에 대한 내부 상태나 메모리를 유지하며 순차 데이터를 처리할 수 있는 신경망 유형입니다.

- **문맥 이해**: 신경망, 특히 순환형은 주변 단어나 이전 문장까지 고려하여 문장의 문맥을 이해할 수 있어 자연어 처리 작업에 매우 중요합니다.
- **의미적 해싱**: 신경망은 Word2Vec, GloVe 같은 단어 임베딩을 통해 단어의 의미를 보존하는 방식으로 인코딩할 수 있습니다. 비슷한 의미의 단어들은 벡터 공간에서 더 가깝게 위치하며, 이는 많은 자연어 처리 작업에 매우 유용합니다.
- **종단간 학습**: 신경망은 원시 데이터에서 직접 학습할 수 있습니다. 예를 들어, 이미지 분류에서 신경망은 수동 특성 추출 단계 없이 픽셀 수준에서 특성을 학습할 수 있습니다. 이는 특성 추출 과정이 시간 소모적이고 전문 지식이 필요한 경우가 많아 큰 장점입니다.

  마찬가지로, 신경망은 수동 특성 추출 없이 원시 텍스트 데이터에서 자연어 처리 작업을 수행하는 법을 학습할 수 있습니다. 수작업으로 특성을 만드는 것이 어렵고 시간이 오래 걸리는 자연어 처리에서 이는 큰 이점입니다.
- **성능**: BERT, GPT 등 트랜스포머 기반 구조의 등장으로, 신경망은 기계 번역, 텍스트 요약, 감정 분석, 질의응답 등 많은 자연어 처리 작업에서 최고 수준의 결과를 달성했습니다.
- **대규모 어휘 처리**: 신경망은 많은 자연어 처리 문제에서 흔히 볼 수 있는 대규모 어휘와 연속적인 텍스트 스트림을 효과적으로 처리할 수 있습니다.
- **계층적 특성 학습**: 심층 신경망은 계층적 표현을 학습할 수 있습니다. 자연어 처리에서 하위 층은 주로 N-그램 같은 간단한 것을 표현하는 법을 배우지만, 상위 층은 감성 같은 복잡한 개념을 표현할 수 있습니다.

이러한 장점에도 불구하고, 신경망에는 의사결정 과정을 해석하기 어려운 **블랙박스** 특성과 학습에 많은 데이터와 컴퓨팅 자원이 필요하다는 등의 과제도 있습니다. 그러나 원시 텍스트 데이터로부터 직접 학습하고 복잡한 관계를 모델링할 수 있는 능력 덕분에, 신경망은 많은 자연어 처리 작업에서 선호되고 있습니다.

6.2.2 신경망의 기본 설계

신경망은 여러 층으로 구성된 노드(또는 뉴런)들의 집합으로, 각 뉴런은 입력된 데이터를 간단한 계산으로 처리하고 그 결과를 다음 층의 뉴런에게 전달합니다. 뉴런 사이의 연결에는 가중치가 부여되어 있으며, 학습 과정에서 이 가중치들이 조정됩니다.

기본적인 신경망의 구조는 [그림 6-1]과 같이 세 가지 종류의 층으로 이루어져 있습니다.

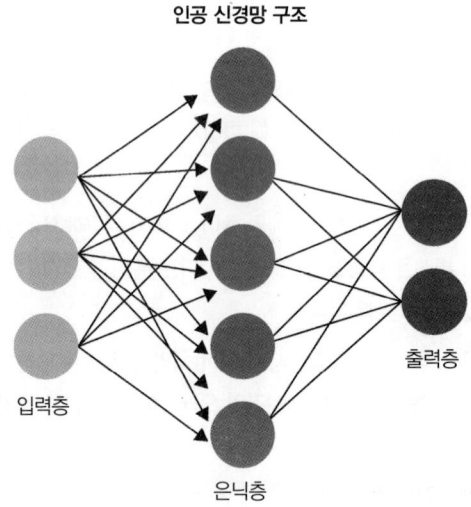

그림 6-1 신경망의 기본 구조

신경망의 각 층에 대해 자세히 살펴봅시다.

- **입력층**input layer: 이 층은 신경망이 입력 데이터를 받는 부분입니다. 예를 들어, 28×28픽셀 크기의 이미지를 처리하도록 설계된 신경망의 경우, 입력층에는 784개의 뉴런이 있으며, 각 뉴런은 하나의 픽셀값을 나타냅니다.
- **은닉층**hidden layer(s): 입력층과 출력층 사이에 위치한 층들입니다. 은닉층의 각 뉴런은 이전 층의 뉴런들로부터 출력을 입력으로 받아, 각각의 연결 가중치와 곱한 뒤 이 값을 모두 합산합니다. 그런 다음 이 합산된 값을 '활성화 함수'를 통해 비선형성을 도입하여 처리합니다. 이는 신경망이 복잡한 패턴을 학습할 수 있도록 도와줍니다. 신경망에는 은닉층이 여러 개 있을 수 있으며, 이러한 은닉층이 많을수록 '깊은' 신경망인 딥러닝이라고 부릅니다.
- **출력층**output layer: 신경망의 마지막 층으로, 최종 결과를 출력하는 부분입니다. 예를 들어 분류 문제에서는 클래스마다 하나의 출력 뉴런을 두어, 입력이 해당 클래스에 속할 확률을 나타내는 값을 출력하게 설계할 수 있습니다.

신경망의 모든 뉴런은 서로 연결되어 있으며, 이 연결의 가중치는 초기에는 임의로 설정되지만, 학습이 진행되면서 점차 데이터에 맞게 조정됩니다.

학습 과정에서는 역전파^{backpropagation} 같은 알고리즘을 사용해 신경망의 출력과 원하는 출력 간의 차이를 계산하고, 그에 따라 가중치를 조정합니다. 이 과정은 여러 번 반복되며, 신경망은 점차 훈련 데이터에 대한 성능을 향상합니다.

신경망을 간단히 시각화해 보면, 뉴런을 나타내는 세 개의 원 그룹이 세로로 배열된 모습을 상상해 볼 수 있습니다. 첫 번째 그룹은 입력층, 마지막 그룹은 출력층, 그리고 그 사이에 있는 그룹은 은닉층입니다. 각 그룹의 원들이 다음 그룹의 모든 원과 선으로 연결된 모습을 생각해 보세요. 이 선들이 뉴런 간의 가중치가 있는 연결을 나타냅니다. 이것이 신경망의 기본적인 구조입니다.

다음으로 신경망과 관련된 일반적인 용어들을 살펴보겠습니다.

6.2.3 신경망의 주요 용어

이번 절에서는 신경망과 관련된 자주 사용되는 용어들을 설명합니다.

뉴런 또는 노드

뉴런은 신경망에서 계산을 수행하는 기본 단위입니다. 뉴런은 입력, 가중치, 편향, 활성화 함수 등을 통해 간단한 계산을 수행합니다. 뉴런은 노드 또는 유닛이라고도 불리며, 신경망의 기본 요소입니다. 입력층에 있는 뉴런은 외부로부터 입력을 받거나 다른 뉴런으로부터 입력을 받습니다. 이후 뉴런은 입력을 바탕으로 출력을 계산합니다.

각 입력에는 해당 입력의 중요도에 따라 가중치(w)가 부여됩니다. 뉴런은 각 입력에 가중치를 곱한 후, 이 값들을 모두 합산하고, 여기에 편향(b)를 더한 다음 활성화 함수를 적용합니다.

뉴런의 계산 과정은 다음과 같습니다.

1. **가중합 계산**: 뉴런에 들어오는 각 입력(x)에 해당하는 가중치(w)를 곱한 후, 이 값들을 모두 더하고 편향(b) 항을 추가합니다. 편향은 활성화 함수의 출력을 왼쪽이나 오른쪽으로 이동시켜 다양한 패턴을 학습할 수 있도록 도와줍니다. 이 과정은 다음과 같이 표현됩니다.

$$z = w_1 x_1 + w_2 x_2 + \ldots + w_n x_n + b$$

2. **활성화 함수**: 가중합 결과에 활성화 함수를 적용합니다. 활성화 함수는 뉴런의 출력에 비선형성을 추가하는 역할을 합니다. 이 비선형성 덕분에 신경망은 언어 번역이나 이미지 인식 같은 복잡한 작업을 수행할 때 오류를 학습하고 수정할 수 있습니다. 활성화 함수의 대표적인 예로는 시그모이드sigmoid, 쌍곡탄젠트(tanh), ReLU 등이 있습니다.

뉴런의 출력은 활성화 함수의 결과로, 신경망의 다음 층에 있는 뉴런들의 입력으로 사용됩니다.

가중치와 편향

뉴런의 가중치와 편향은 학습 가능한 매개변수입니다. 즉, 신경망이 데이터를 학습하는 동안 이 값들이 조정됩니다.

- **가중치**: 두 뉴런 간 연결의 강도를 나타냅니다. 학습 과정에서 신경망은 입력과 출력을 더 잘 연결하기 위해 적절한 가중치를 학습합니다.
- **편향**: 뉴런의 추가적인 매개변수로, 활성화 함수의 출력을 왼쪽이나 오른쪽으로 이동시켜 학습을 더욱 유연하게 만듭니다.

활성화 함수

활성화 함수는 각 뉴런이 주어진 입력에 대해 어떤 출력을 생성할지 결정하는 함수입니다. 대표적인 활성화 함수로는 시그모이드, 쌍곡탄젠트, ReLU 등이 있습니다.

주요 활성화 함수는 다음과 같습니다.

- **시그모이드 함수**: 입력값을 0 또는 1로 구분하여 분류합니다. 시그모이드 함수는 실수형 입력값을 받아 0과 1 사이로 압축합니다. 이는 이진 분류 네트워크의 출력층에서 많이 활용됩니다.

$$f(x) = \frac{1}{1+e^{-x}}$$

하지만, 시그모이드 함수는 큰 양수나 음수 입력에서 기울기가 매우 작아져 역전파 시 학습이 느려질 수 있는 **기울기 소실 문제**vanishing gradients problem와 **출력값이 0을 중심으로 하지 않는다**는 단점이 있습니다.

- **쌍곡탄젠트**tanh: 입력값을 -1과 1 사이로 압축합니다. 시그모이드와 달리 출력값이 0을 중심으로 하여 대칭적입니다.

$$f(x) = \frac{e^x - e^{-x}}{e^x + e^{-x}}$$

하지만 시그모이드 함수와 마찬가지로 기울기 소실 문제를 겪을 수 있습니다.
- **ReLU**: 최근 널리 사용되는 활성화 함수로, 입력이 양수일 때는 그대로 출력하고, 음수일 때는 0을 출력합니다.

$$f(x) = \max(0, x)$$

ReLU는 모든 뉴런을 동시에 활성화하지 않으므로 네트워크를 더 효율적이고 희소하게 만듭니다. 그러나 ReLU 유닛은 학습 도중 학습을 완전히 멈추는 위험 dying ReLU이 있습니다.
- **Leaky ReLU**: ReLU의 변형으로, 학습 도중 학습을 완전히 멈추는 위험 문제를 해결하기 위해 음수 입력에 대해 작은 선형 값을 반환합니다.

$$f(x) = \max(0.01x, x)$$

- **ELU**Exponential Linear Unit: ReLU의 또 다른 변형으로, 음수 x에 대해 0이 아닌 값을 반환해 학습 과정에서 도움을 줍니다.

$$f(x) = \begin{cases} x & \text{단, } x > 0 \\ \alpha(e^x - 1) & \text{그 외의 경우} \end{cases}$$

- **소프트맥스**Softmax: 다중 클래스 분류기에서 출력층에 자주 사용되며, 입력이 각 클래스에 속할 확률을 반환합니다.

$$f(x_i) = \frac{e^{x_i}}{\sum_j e^{x_j}}$$

모든 클래스에 대한 확률의 합이 1이 되도록 정규화합니다.

각 활성화 함수는 장단점이 있으며, 활성화 함수의 선택은 문제의 특성과 상황에 따라 달라집니다.

층

신경망에서 신호를 같은 수준의 추상화로 처리하는 뉴런들의 집합을 층Layer이라고 합니다. 첫 번째 층은 입력층input layer이며, 마지막 층은 출력층output layer입니다. 이 두 층 사이에 있는 모든 층들은 은닉층hidden layers이라고 부릅니다.

에폭

신경망을 훈련하는 과정에서 에폭Epoch이란 전체 훈련 데이터셋을 한 번 완전히 통과하는 과정을 의미합니다. 에폭 동안 신경망의 가중치는 손실 함수loss function를 최소화하려는 시도로 업데이트됩니다.

에폭 수는 딥러닝 알고리즘이 전체 훈련 데이터셋을 몇 번 처리할지를 결정하는 하이퍼파라미터입니다. 에폭이 너무 많으면 모델이 훈련 데이터에서는 성능이 좋지만 새로운 데이터에서는 성능이 저하되는 과대적합overfitting이 발생할 수 있습니다. 반대로, 에폭이 너무 적으면 모델이 충분히 학습되지 않은 상태인 과소적합underfitting이 발생할 수 있으며, 추가 학습을 통해 성능이 개선될 가능성이 있습니다.

또한, 에폭의 개념은 배치batch와 미니 배치mini-batch 방식의 경사하강법에서 더 중요한 개념입니다. 반면, 확률적 경사하강법Stochastic Gradient Descent에서는 모델의 가중치가 각 개별 예시를 볼 때마다 업데이트되기 때문에 에폭의 개념이 다소 모호합니다.

배치 크기

배치 크기는 한 번의 반복에서 사용되는 훈련 데이터의 수를 의미합니다. 즉, 한 번의 학습 단계에서 사용되는 학습 예제의 개수를 말합니다.

신경망 학습을 시작할 때, 데이터를 모델에 공급하는 방법에는 몇 가지 옵션이 있습니다.

- **배치 경사 하강법**: 전체 훈련 데이터셋을 사용하여 각 최적화 단계마다 손실 함수의 기울기를 계산합니다. 이 경우 배치 크기는 훈련 데이터셋의 전체 예제 수와 같습니다.
- **확률적 경사 하강법(SGD)**: 확률적 경사 하강법은 각 최적화 단계마다 하나의 예제만 사용합니다. 따라서 SGD의 배치 크기는 1입니다.
- **미니 배치 경사 하강법**: 이는 배치 경사 하강법과 확률적 경사 하강법의 절충안입니다. 미니 배치 경사 하강법에서 배치 크기는 보통 10에서 1,000 사이이며, 사용 가능한 컴퓨팅 자원에 따라 선택됩니다.

배치 크기는 학습 과정에 큰 영향을 미칠 수 있습니다. 큰 배치 크기는 학습 속도를 빠르게 하지만, 항상 빠르게 수렴하지는 않습니다. 작은 배치 크기는 모델을 자주 업데이트하지만, 학습 진행은 더 느립니다.

또한, 작은 배치 크기는 정규화 효과가 있어 모델이 더 잘 일반화되어 새로운 데이터에 대해 더 나은 성능을 보일 수 있습니다. 그러나 너무 작은 배치 크기를 사용하면 학습이 불안정해지고,

기울기 추정이 부정확해져 결국 성능이 떨어지는 모델이 될 수 있습니다.

적절한 배치 크기를 선택하는 것은 시행착오를 통해 이루어지며, 특정 문제와 사용할 수 있는 컴퓨팅 자원에 따라 달라집니다.

- **반복**: 알고리즘이 처리한 데이터 배치의 수를 의미합니다. 또는 데이터셋을 몇 번 통과했는지를 의미합니다.
- **학습률**: 손실 기울기에 기반하여 가중치 업데이트 속도를 조절함으로써 학습 알고리즘의 수렴 속도를 제어하는 하이퍼파라미터입니다.
- **손실 함수**(비용 함수): 손실 함수는 데이터셋에 대한 신경망의 성능을 평가합니다. 예측과 실제 결과 사이의 편차가 클수록 손실 함수의 출력도 커집니다. 목표는 이 출력을 최소화하여 모델이 더 정확한 예측을 하도록 하는 것입니다.
- **역전파**: 신경망에서 경사 하강법을 수행하는 주요 알고리즘입니다. 출력층에서 손실 함수의 기울기를 계산하고 이를 네트워크의 층을 통해 역으로 분배하여 손실을 최소화하는 방식으로 가중치와 편향을 업데이트합니다.
- **과대적합**: 모델이 훈련 데이터의 세부 사항과 잡음까지 학습하여 새로운, 보지 못한 데이터에 대해 성능이 저하되는 상황을 의미합니다.
- **과소적합**: 모델이 너무 단순해서 데이터의 기본 구조를 학습하지 못하고, 따라서 훈련 데이터와 새로운 데이터 모두에 대해 성능이 저하되는 상황을 의미합니다.
- **정규화**: 손실 함수에 페널티 항을 추가하여 네트워크의 가중치를 제약함으로써 과대적합을 방지하는 기술입니다.
- **드롭아웃**: 학습 중 무작위로 선택된 뉴런을 무시함으로써 과대적합을 방지하는 정규화 기법입니다.
- **합성곱 신경망(CNN)**: 이미지 처리 및 컴퓨터 비전 작업에 적합한 신경망의 한 유형입니다.
- **순환 신경망(RNN)**: 시계열 데이터나 텍스트와 같은 순차 데이터의 패턴을 인식하도록 설계된 신경망 유형입니다.

다음으로는 다양한 신경망의 아키텍처에 대해 알아보겠습니다.

6.3 다양한 신경망 아키텍처

신경망에는 여러 가지 유형이 있으며, 각 유형은 특정 작업에 적합한 고유한 아키텍처를 가지고 있습니다. 다음은 가장 일반적인 신경망 유형에 대한 설명입니다.

전방향 신경망

전방향 신경망feedforward neural network(FNN)은 가장 신경망의 가장 기본적인 형태입니다. 이 네트워크에서 정보는 입력층에서 시작하여 은닉층을 거쳐 출력층으로 오직 한 방향으로만 이동합니다. 네트워크에는 순환이나 루프가 없으며, 직선적인 전방향 경로를 따릅니다.

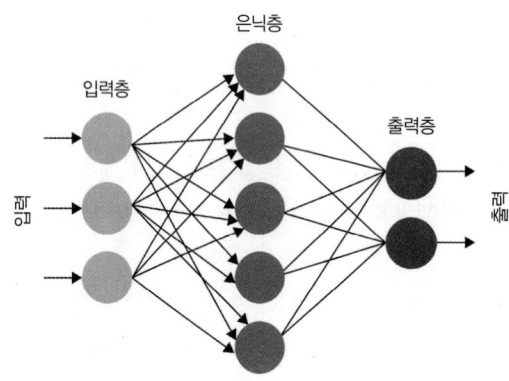

그림 6-2 전방향 신경망

다층 퍼셉트론

다층 퍼셉트론multilayer perceptron(MLP)은 전방향 신경망의 일종으로, 입력층과 출력층 외에도 최소 하나 이상의 숨겨진 층을 포함하고 있습니다. 각 층은 완전히 연결되어 있어, 한 층의 모든 뉴런이 다음 층의 모든 뉴런과 연결됩니다. 다층 퍼셉트론은 복잡한 패턴을 모델링할 수 있으며, 이미지 인식, 분류, 음성 인식 등의 다양한 머신러닝 작업에 널리 사용됩니다. 이 네트워크에서는 정보가 입력층에서 은닉층을 거쳐 출력층으로 한 방향으로 흐르며, 층들이 순차적으로 배열되어 있습니다.

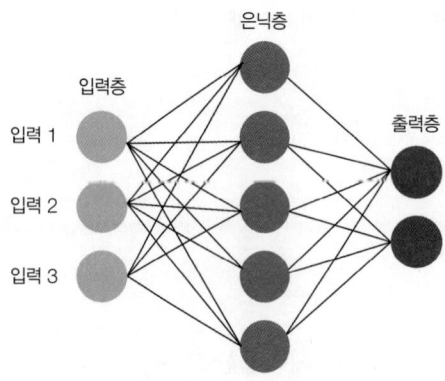

그림 6-3 다층 퍼셉트론

> ⚠️ **옮긴이 노트**
>
> [그림 6-2]와 [그림 6-3]이 큰 차이 없이 보일 수도 있습니다. [그림 6-3]에는 입력층, 출력층 그리고 입력층에서 은닉층으로 전달되는 화살표가 없습니다. 전방향 신경망은 입력층, 은닉층, 출력층으로 구성되어 단방향으로 정보를 전달하는 기본적인 인공신경망입니다. 다층 퍼셉트론은 이러한 전방향 신경망의 한 종류로, 최소 3개 이상의 층을 가지며 비선형 활성화 함수를 사용합니다. 역전파 알고리즘으로 학습하며, 가중치와 편향을 조절해 패턴 인식, 분류, 예측 등 다양한 문제를 해결합니다.

합성곱 신경망

합성곱 신경망convolutional neural network(CNN)은 이미지와 같은 공간적 데이터를 다루는 작업에 특히 적합합니다. 합성곱 신경망의 아키텍처는 주로 세 가지 유형의 층으로 구성됩니다. 합성곱 층, 풀링 층, 완전 연결 층입니다. 합성곱 층은 입력에 여러 필터를 적용하여, 네트워크가 특성의 공간적 계층 구조를 자동으로 학습할 수 있도록 합니다. 풀링 층은 표현의 공간적 크기를 줄여 네트워크의 매개변수와 계산을 줄임으로써 과대적합을 방지하고, 이후 층의 계산 비용을 감소시킵니다. 완전 연결 층은 풀링 층의 출력을 받아 고차원적인 추론을 수행합니다.

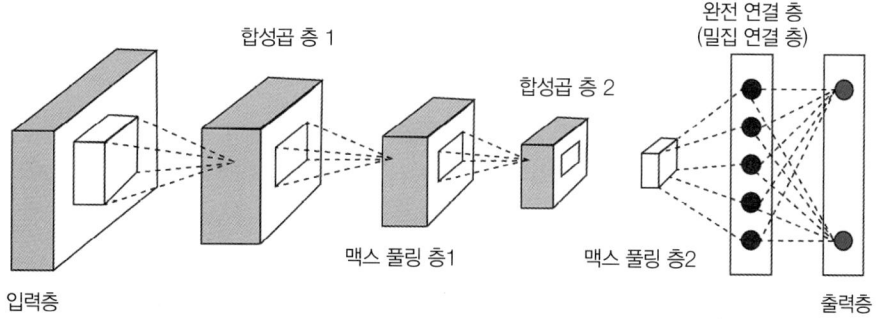

그림 6-4 합성곱 신경망

순환 신경망

순환 신경망recurrent neural network(RNN)은 전방향 신경망과 달리, 방향성 사이클을 형성하는 연결을 가지고 있습니다. 이러한 아키텍처는 이전 출력 정보를 입력으로 사용할 수 있게 하여, 시계열 예측이나 자연어 처리와 같은 순차적 데이터를 다루는 작업에 적합합니다. 순환 신경망의 주요 변형 중 하나는 LSTM 네트워크로, 표준 유닛 외에도 특별한 유닛을 사용합니다. 순환 신경망 유닛에는 정보를 장기간 유지할 수 있는 **메모리 셀**memory cell이 포함되어 있어, 필기 인식이나 음성 인식처럼 데이터의 장기 의존성을 학습해야 하는 작업에 특히 유용합니다.

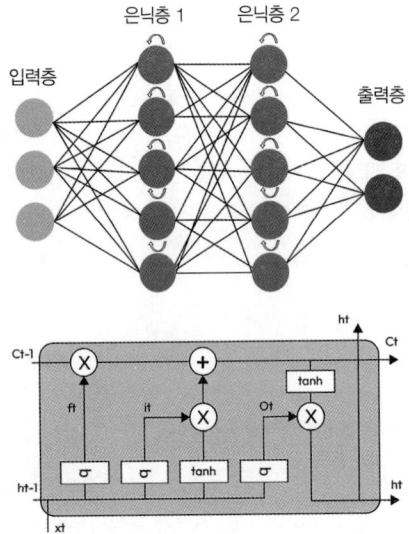

그림 6-5 순환 신경망

오토인코더

오토인코더autoencoder(AE)는 입력 데이터를 효율적으로 인코딩하는 방법을 학습하는 신경망의 한 유형입니다. 대칭적인 아키텍처를 가지며, 역전파를 통해 목푯값을 입력값과 동일하게 설정하도록 설계되었습니다. 오토인코더는 일반적으로 특성 추출, 데이터 표현 학습, 차원 축소에 사용됩니다. 이 외에도, 생성 모델, 잡음 제거, 추천 시스템에서도 활용됩니다.

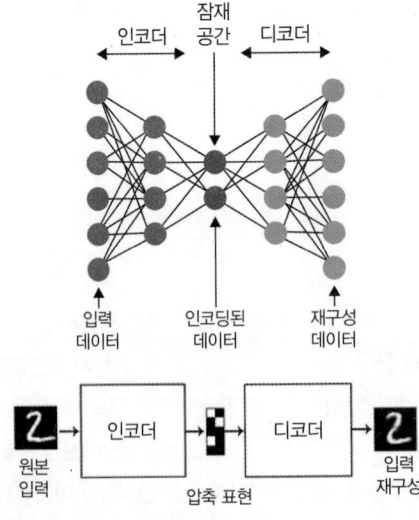

그림 6-6 오토인코더 아키텍처

생성적 적대 신경망

생성적 적대 신경망generative adversarial network(GAN)은 생성자generator와 판별자discriminator로 구성되며, 두 부분 모두 신경망입니다. 생성자는 훈련 데이터셋과 동일한 분포에서 생성된 것처럼 보이는 데이터 인스턴스를 만듭니다. 반면, 판별자의 목표는 실제 분포에서 온 인스턴스와 생성자가 만든 인스턴스를 구별하는 것입니다. 생성자와 판별자는 함께 훈련되며, 그 목표는 훈련이 진행됨에 따라 생성자가 더 나은 인스턴스를 만들어내고, 동시에 판별자는 실제 인스턴스와 생성된 인스턴스를 더 잘 구별하게 되는 것입니다.

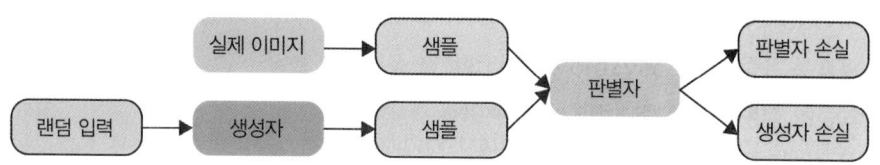

그림 6-7 컴퓨터 비전에서의 생성적 적대 신경망

여기에서 소개한 것은 신경망 아키텍처의 일부에 불과하며, 더 많은 변형과 조합이 존재합니다. 어떤 작업에 적합한 아키텍처를 선택할지는 해당 작업의 요구 사항과 제약 조건에 따라 달라집니다.

6.4 신경망 훈련의 도전 과제

신경망을 학습시키는 것은 매우 복잡한 작업으로, 훈련 과정에서 지역 최솟값, 기울기 소실/폭주, 계산 비용, 해석 가능성 부족 등의 여러 어려움이 발생할 수 있습니다. 이러한 문제들을 자세히 살펴봅시다.

- **지역 최솟값**: 신경망 훈련의 목표는 손실 함수를 최소화하는 가중치 세트를 찾는 것입니다. 이는 고차원 최적화 문제로, 손실 함수가 지역 최솟값local minima을 갖는 지점(가중치 세트)이 여러 곳에 존재할 수 있습니다. 비최적의 지역 최솟값은 주변 지점보다 손실값이 낮지만, 전체적으로 가능한 가장 낮은 손실값인 전역 최솟값보다는 높은 지점을 의미합니다. 훈련 과정에서 모델이 이러한 비최적의 지역 최솟값에 빠질 수 있습니다. 디지털 계산의 이산적 표현 때문에, 심지어 볼록한 손실 함수에서도 지역 최솟값 문제가 발생할 수 있다는 점을 유념해야 합니다.
- **기울기 소실/폭주**: 이 문제는 특히 심층 신경망을 훈련할 때 자주 발생합니다. 역전파 과정에서 네트

워크의 더 깊은 층에서 손실 함수의 기울기가 매우 작아지거나(소실 vanishing), 매우 커질(폭주 exploding) 수 있습니다. 기울기 소실은 가중치 업데이트가 너무 작아져서 네트워크가 데이터를 제대로 학습하지 못하게 만들 수 있습니다. 반면, 기울기 폭주는 가중치 업데이트가 너무 커져 손실이 정의되지 않는 값(예: NaN)이 되어 학습이 실패할 수 있습니다.

- **과대적합**: 머신러닝 모델을 학습할 때 흔히 발생하는 문제 중 하나는 모델이 너무 복잡하거나 과도하게 학습된 경우입니다. 이럴 때 모델은 훈련 데이터의 잡음까지 학습하여 훈련 데이터에서는 좋은 성능을 보이지만, 보지 못한 테스트 데이터에서는 성능이 저하됩니다.

- **과소적합**: 반대로, 과소적합은 모델이 너무 단순하여 데이터의 기본 구조를 제대로 파악하지 못할 때 발생합니다. 과대적합과 과소적합 문제는 적절한 모델 복잡도 설정, 정규화 기법 사용, 충분한 양의 훈련 데이터 제공을 통해 완화할 수 있습니다.

- **계산 자원**: 신경망, 특히 심층 신경망을 학습시키기 위해서는 많은 계산 자원(CPU/GPU 성능과 메모리)이 필요합니다. 또한, 좋은 성능을 위해서는 대량의 훈련 데이터가 필요하며, 이러한 데이터가 부족할 경우 문제가 될 수 있습니다.

- **해석 가능성 부족**: 신경망의 해석 가능성이 부족하다는 점은 중요한 문제입니다. 신경망은 종종 블랙박스로 불리는데, 이는 왜 특정 예측을 했는지 이해하기 어려운 경우가 많기 때문입니다.

- **적절한 아키텍처 및 하이퍼파라미터 선택의 어려움**: 사용할 수 있는 신경망 아키텍처는 매우 다양하며(CNN, RNN 등), 각 아키텍처는 학습률, 배치 크기, 층의 수, 층당 유닛 수 등과 같은 여러 하이퍼파라미터를 조정해야 합니다. 주어진 문제에 대해 최적의 아키텍처를 선택하고 이러한 하이퍼파라미터를 조정하는 것은 어렵고 시간이 오래 걸릴 수 있습니다.

- **데이터 전처리**: 신경망은 입력 데이터를 특정 형식으로 요구하는 경우가 많습니다. 예를 들어 데이터는 정규화가 필요할 수 있고, 범주형 변수는 원-핫 인코딩을 해야 하며, 누락된 값은 대체해야 할 수 있습니다. 이러한 전처리 과정은 복잡하고 시간이 오래 걸릴 수 있습니다.

이처럼 여러 어려움으로 인해 신경망 학습은 결코 간단하지 않으며, 기술적 전문 지식, 충분한 계산 자원, 그리고 많은 시행착오가 필요합니다.

6.5 언어 모델

언어 모델은 인간 언어의 구조를 학습하고 이해하도록 설계된 자연어 처리의 통계적 모델입니다. 더 구체적으로는, 주어진 단어의 시나리오에서 다음에 나올 단어의 가능성을 추정하도록 학습된 확률적 모델입니다. 예를 들어 언어 모델은 문장의 이전 단어들을 기반으로 다음에 올 단어를 예측하도록 훈련될 수 있습니다.

언어 모델은 다양한 자연어 처리 작업에서 중요한 역할을 합니다. 기계 번역, 음성 인식, 품사 태깅, 개체명 인식 등에서 사용되며, 최근에는 챗봇과 개인 비서와 같은 대화형 인공지능 모델을 생성하거나 인간과 유사한 텍스트를 생성하는 데에도 활용되고 있습니다.

전통적인 언어 모델은 종종 N-그램 모델과 같은 명시적인 통계적 방법을 기반으로 했습니다. 이러한 모델은 다음 단어를 예측할 때 이전의 n개 단어만 고려합니다. 또 다른 전통적인 방법으로는 **은닉 마르코프 모델** Hidden Markov Model(HMM)이 있습니다.

최근에는 신경망을 이용한 언어 모델이 인기를 끌면서 신경망 기반 언어 모델이 등장하게 되었습니다. 이러한 모델은 예측할 때 각 단어의 문맥을 고려하여 더 높은 정확도와 유창성을 제공합니다. 신경망 기반 언어 모델의 예로는 순환 신경망, 트랜스포머 모델, 그리고 BERT, GPT 같은 다양한 트랜스포머 기반 아키텍처가 있습니다.

언어 모델은 컴퓨터 환경에서 인간 언어를 이해하고 생성하며 해석하는 데 필수적이며, 많은 자연어 처리 응용 분야에서 중요한 역할을 합니다.

언어 모델을 사용하는 여러 이유를 알아보겠습니다.

- **기계 번역**: 언어 모델은 한 언어에서 다른 언어로 텍스트를 번역하는 시스템의 중요한 구성 요소입니다. 번역된 문장의 유창성을 평가하고, 여러 가능한 번역 중에서 더 적합한 번역을 선택하는 데 도움을 줍니다.
- **음성 인식**: 언어 모델은 음성 인식 시스템에서 비슷하게 들리는 단어와 구를 구별하는 데 사용됩니다. 문장에서 다음에 나올 가능성이 높은 단어를 예측함으로써 전사(텍스트 변환)의 정확도를 높일 수 있습니다.
- **정보 검색**: 인터넷에서 무언가를 검색할 때, 언어 모델은 쿼리와 관련된 문서를 결정하는 데 도움을 줍니다. 검색어와 잠재적인 결과 간의 의미적 유사성을 이해할 수 있습니다.
- **텍스트 생성**: 언어 모델은 인간과 유사한 텍스트를 생성할 수 있으며, 이는 챗봇, 글쓰기 도우미, 콘텐츠 생성 도구 등 다양한 응용 프로그램에서 유용합니다. 예를 들어 챗봇은 언어 모델을 사용하여 사용자 질문에 적절한 응답을 생성할 수 있습니다.
- **감정 분석**: 언어의 구조를 이해함으로써 언어 모델은 텍스트의 감정이 긍정적인지, 부정적인지, 중립적인지를 판단하는 데 도움을 줄 수 있습니다. 이는 소셜 미디어 모니터링, 제품 리뷰, 고객 피드백 분석 등의 분야에서 유용합니다.

- **문법 검사**: 언어 모델은 문장에서 다음에 나올 단어를 예측하여 문법 오류나 어색한 표현을 식별하는 데 도움을 줄 수 있습니다.
- **개체명 인식**: 언어 모델은 텍스트에서 사람, 조직, 위치 등과 같은 개체명을 식별하는 데 도움을 줍니다. 이는 정보 추출이나 자동 요약 작업에 유용할 수 있습니다.
- **문맥 이해**: 특히 트랜스포머와 같은 최신 **딥러닝**(DL) 기반 모델들은 단어와 문장의 문맥을 이해하는 데 뛰어납니다. 이 능력은 질의응답, 요약, 대화 시스템 등 많은 **자연어 처리** 작업에 필수적입니다.

이 모든 이유는 언어 모델이 기계가 인간 언어를 더 효과적으로 이해하고 생성할 수 있도록 돕는다는 중심 주제에서 비롯됩니다. 이는 오늘날 데이터 중심의 세계에서 다양한 응용 분야에 필수적입니다.

다음 절에서는 다양한 학습 유형을 소개하고, 자기 지도 학습^{self-supervised learning}을 사용하여 언어 모델을 훈련하는 방법에 대해 설명하겠습니다.

6.5.1 준지도 학습

준지도 학습은 레이블이 있는 데이터와 없는 데이터를 모두 활용하여 훈련하는 기계 학습 접근 방식입니다. 이는 특히 레이블이 있는 데이터는 적고 레이블이 없는 데이터가 많을 때 유용합니다. 여기서의 전략은 레이블이 있는 데이터로 초기 모델을 훈련시킨 다음, 이 모델을 사용하여 레이블이 없는 데이터의 레이블을 예측하는 것입니다. 그런 다음 새로 레이블이 지정된 데이터를 사용하여 모델을 재훈련하며, 이 과정에서 모델의 정확도가 향상됩니다.

6.5.2 비지도 학습

반면에 비지도 학습은 전적으로 레이블이 없는 데이터로 모델을 훈련하는 것입니다. 여기서의 목표는 데이터에 내재한 패턴이나 구조를 찾는 것입니다. 비지도 학습에는 유사한 인스턴스를 그룹화하는 것을 목표로 하는 군집화와 너무 많은 정보를 잃지 않으면서 데이터를 단순화하는 것을 목표로 하는 차원 축소와 같은 기법들이 포함됩니다.

자기 지도 학습을 사용한 언어 모델 훈련

자기 지도 학습self-supervised learning은 데이터 자체가 감독(지도)을 제공하는 비지도 학습의 한 형태입니다. 따라서, 모델은 같은 입력 데이터의 다른 부분에서 특정 부분 예측을 학습합니다. 이는 사람이 제공한 명시적인 레이블이 필요하지 않기 때문에 '자기 지도'라는 용어가 사용됩니다.

언어 모델의 맥락에서, 자기 지도는 일반적으로 문장의 일부가 주어졌을 때 다른 부분을 예측하는 방식으로 구현됩니다. 예를 들어, '고양이가 매트 위에 ___'라는 문장이 주어졌을 때, 모델은 빠진 단어('있다'일 것입니다)를 예측하도록 훈련됩니다.

언어 모델을 훈련하는 데 사용되는 몇 가지 인기 있는 자기 지도 학습 전략을 살펴보겠습니다.

마스크 언어 모델링

마스크 언어 모델링 masked language modeling(MLM)이 전략은 BERT 훈련에 사용되며, 입력 토큰의 일정 비율을 무작위로 마스킹하고 마스킹되지 않은 단어들이 제공하는 문맥을 바탕으로 마스킹된 단어를 예측하는 과제를 모델에 부여합니다. 예를 들어, '고양이가 매트 위에 있다'라는 문장에서 '고양이'를 마스킹하고, 모델의 작업은 이 단어를 예측하는 것입니다. 여러 단어를 동시에 마스킹할 수 있다는 점에 유의하세요.

수학적으로, MLM의 목적은 다음 가능도를 최대화하는 것입니다.

$$L = \sum_i \log P(w_i | w_{i-1}; \theta)$$

여기서 w_i는 마스킹된 단어, w_{i-1}은 마스킹되지 않은 단어들, 그리고 θ는 모델 매개변수를 나타냅니다.

자기회귀 언어 모델링

GPT와 같은 모델에서 사용되는 자기회귀 언어 모델링 autoregressive language modeling은 문장의 이전 모든 단어를 기반으로 다음 단어를 예측하는 방식입니다. 이 모델은 주어진 문맥에서 다음에 올 단어의 가능도 likelihood를 최대화하도록 훈련됩니다. 자기회귀 언어 모델의 목표는 이러한 가능도를 최대화하는 것입니다.

$$L = \sum_i \log P(w_i | w_1, ..., w_{i-1}; \theta)$$

여기서 w_i는 현재 단어이고, $w_1, ..., w_{i-1}$은 이전 단어들이며, θ는 모델의 매개변수를 나타냅니다.

이러한 전략들은 언어 모델이 명시적인 레이블 없이 원시 텍스트에서 직접 언어의 구문과 의미에 대한 풍부한 이해를 얻을 수 있게 합니다. 그런 다음 모델들은 자기 지도 사전 훈련 단계에서 얻은 언어 이해를 활용하여 텍스트 분류, 감정 분석 등 다양한 작업에 대해 미세 조정을 할 수 있습니다.

6.5.3 전이학습

전이학습transfer learning은 사전 훈련된 모델을 다른 유사한 문제의 출발점으로 재사용하는 머신러닝 기법입니다. 전통적인 머신러닝 접근 방식에서는 모델을 무작위 가중치로 초기화하고 학습을 시작하지만, 전이학습은 관련 작업에서 학습된 패턴을 바탕으로 학습하기를 시작할 수 있다는 장점이 있습니다. 이를 통해 학습 속도를 높이고 모델의 성능을 개선할 수 있으며, 특히 레이블이 있는 학습 데이터가 제한적일 때 더욱 유리합니다.

전이학습에서는 보통 대규모 작업에서 모델을 먼저 학습시킨 후, 그 모델의 일부를 다른 관련 작업의 시작점으로 활용합니다. 대규모 작업은 여러 작업에서 유용하게 사용할 수 있는 범용적인 특성을 학습할 수 있는 문제로 선택됩니다. 이러한 전이학습은 두 작업의 입력 데이터 유형이 같고, 작업 간에 유사성이 있을 때 특히 효과적입니다.

전이학습을 적용하는 방법에는 여러 가지가 있으며, 가장 적합한 접근 방식은 작업에 사용할 데이터의 양과 해당 작업이 원래 모델이 학습된 작업과 얼마나 유사한지에 따라 달라질 수 있습니다.

특성 추출

사전 훈련된 모델은 특성 추출feature extraction 역할을 합니다. 모델의 마지막 층 또는 여러 층을 제거하고 나머지 네트워크는 그대로 둡니다. 그런 다음 데이터를 이 축소된 모델에 통과시켜 나온 출력을 새로운 더 작은 모델의 입력으로 사용하여, 해당 모델을 특정 작업에 맞게 학습시킵니다.

미세 조정

미세 조정fine-tuning은 사전 훈련된 모델을 출발점으로 사용하고 새로운 작업을 위해 모델의 모든 또는 일부 매개변수를 업데이트합니다. 다시 말해서 훈련이 중단된 지점부터 계속 진행하여 모델이 일반적인 특징 추출에서 여러분의 작업에 더 특화된 특징으로 조정될 수 있게 합니다. 미세 조정 과정에서는 보통 더 낮은 학습률을 사용하여 훈련 중 사전 훈련된 특징들이 완전히 덮어씌워지는 것을 방지합니다.

전이학습은 머신러닝 모델의 성능을 향상하는 데 매우 유용한 기법입니다. 특히 레이블이 있는 데이터가 부족한 작업에 효과적이며, 딥러닝 응용 분야에서 널리 사용됩니다. 예를 들어 이미지 분류 문제에서는 대규모로 주석이 달린 이미지 데이터셋인 ImageNet으로 사전 훈련된 모델(ResNet, VGG, Inception 등)을 출발점으로 사용하는 것이 일반적입니다. 이들 모델이 학습한 특성은 이미지 분류에 있어 일반적으로 유용하며, 소량의 데이터로도 특정 이미지 분류 작업에 맞게 미세 조정을 할 수 있습니다.

다음은 전이학습을 사용할 수 있는 몇 가지 예시입니다.

- 고양이와 개의 이미지를 분류하도록 훈련된 모델을 새나 물고기와 같은 다른 동물의 이미지를 분류하는 모델로 미세 조정할 수 있습니다.
- 영어에서 스페인어로 텍스트를 번역하도록 훈련된 모델을 스페인어에서 프랑스어로 텍스트를 번역하는 모델로 미세 조정할 수 있습니다.
- 집 가격을 예측하도록 훈련된 모델을 자동차 가격을 예측하는 모델로 미세 조정할 수 있습니다.

마찬가지로 자연어 처리에서는 BERT나 GPT와 같은 대규모 사전 훈련 모델들이 다양한 작업의 출발점으로 자주 사용됩니다. 이러한 모델들은 대규모 텍스트 말뭉치에서 사전 훈련되어 풍부한 언어 표현을 학습하며, 이는 텍스트 분류, 감정 분석, 질의응답 등 특정 작업에 대해 미세 조정할 수 있습니다.

6.6 트랜스포머 이해하기

트랜스포머는 아시시 바스와니 Ashish Vaswani, 노암 샤지어 Noam Shazeer, 니키 파르마 Niki Parmar, 야콥 우스코레이트 Jakob Uszkoreit, 리온 존스 Llion Jones, 에이단 N. 고메즈 Aidan N. Gomez, 우카시 카이저 Łukasz Kaiser, 일리아 폴로수킨 Illia Polosukhin이 쓴 논문 「Attention is All You Need」에서 소개된 신경망 아키텍처의 한 종류입니다(Advances in Neural Information Processing Systems 30, 2017). 이 모델은 자연어 처리 분야에서 매우 큰 영향을 미쳤으며, BERT와 GPT와 같은 최신 모델들의 기반이 되었습니다.

트랜스포머의 핵심 혁신은 셀프 어텐션 메커니즘 self-attention mechanism입니다. 이 메커니즘은 모델이 출력을 생성할 때 입력에 있는 각 단어의 중요도를 가중치로 두어 각 단어의 문맥을 고려할 수 있게 합니다. 이는 입력을 순차적으로 처리하여 단어 간의 장거리 의존성을 포착하기 어려운 순환 신경망과 같은 이전 모델들과는 다릅니다.

6.6.1 트랜스포머의 아키텍처

트랜스포머는 인코더와 디코더로 구성되며, 둘 다 [그림 6-8]에서 보이는 것처럼 여러 개의 동일한 층으로 이루어져 있습니다. 인코더의 각 층은 두 개의 하위층을 포함합니다. 셀프 어텐션 메커니즘과 위치별 완전 연결 순방향 신경망입니다. 두 하위층 각각에는 입력값을 출력에 더해주는 잔차 연결이 사용되며, 이어서 층 정규화가 이루어집니다.

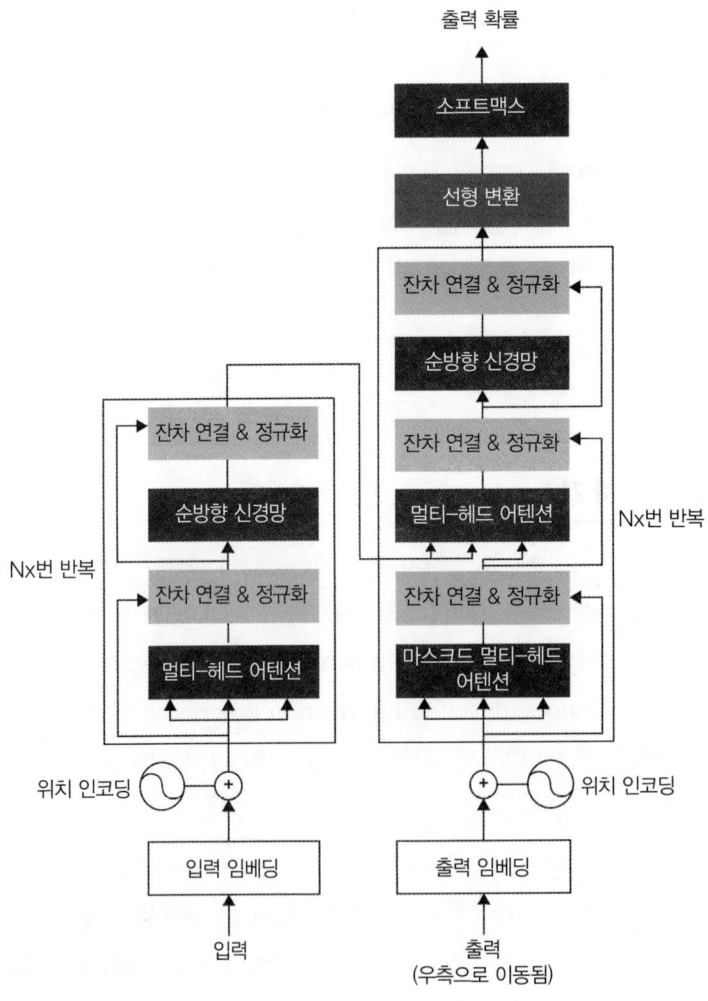

그림 6-8 셀프 어텐션 메커니즘

마찬가지로, 디코더의 각 층은 세 개의 하위 층을 가집니다. 첫 번째는 셀프 어텐션 층이고, 두 번째는 인코더 스택의 출력에 어텐션을 기울이는 교차 어텐션 층이며, 세 번째는 위치별 완전 연결 순방향 신경망fully connected feedforward network입니다. 인코더와 마찬가지로, 이러한 각 하위 층에는 잔차 연결이 있고, 이어서 층 정규화가 이루어집니다. 그림에서는 단 하나의 헤드만 보여지고 있지만, 실제로는 여러 N개의 헤드가 병렬로 작동할 수 있습니다.

셀프 어텐션 메커니즘

셀프 어텐션 메커니즘self-attention mechanism 또는 스케일드 점곱 어텐션scaled dot-product attention은 현재 처리 중인 단어와 시퀀스 내의 각 단어 간의 관련성을 계산하는 방식입니다. 셀프 어텐션 층의 입력은 단어 임베딩의 시퀀스이며, 각 임베딩은 별도로 학습된 선형 변환을 통해 **쿼리**(Q), **키**(K), **값**(V)으로 나뉩니다.

각 단어의 어텐션 점수는 다음과 같이 계산됩니다.

$$\text{어텐션}(Q, K, V) = \text{소프트맥스}\left(\frac{QK^T}{\sqrt{d_k}}\right)V$$

여기서 d_k는 쿼리와 키의 차원 수로, 내적dot product이 지나치게 커지지 않도록 스케일링하는 데 사용됩니다. 소프트맥스 연산은 어텐션 점수를 정규화하여 합이 1이 되도록 보장합니다. 이러한 점수는 현재 단어의 출력을 생성할 때 각 단어의 값에 부여되는 가중치를 나타냅니다.

셀프 어텐션층의 출력은 새로운 벡터 시퀀스이며, 각 단어의 출력은 모든 입력값의 가중합으로 계산되며, 이 가중치는 어텐션 점수에 의해 결정됩니다.

위치 인코딩

셀프 어텐션 메커니즘은 시퀀스 내에서 단어의 위치를 고려하지 않기 때문에, 트랜스포머는 인코더와 디코더 스택의 하단에서 입력 임베딩에 위치 정보를 더해 주는 위치 인코딩positional encoding을 추가합니다. 이 인코딩은 위치의 고정된 함수로, 모델이 단어의 순서를 학습할 수 있도록 합니다.

원래 트랜스포머 논문에서는 위치 인코딩이 위치와 차원의 사인 곡선 함수로 정의되었지만, 학습된 위치 인코딩 역시 효과적으로 사용되고 있습니다.

6.6.2 트랜스포머의 응용

트랜스포머가 도입된 이후, 기계 번역, 텍스트 요약, 감정 분석 등 다양한 자연어 처리 작업에서 최첨단 성과를 달성하는 데 사용되고 있습니다. 또한, 컴퓨터 비전과 강화 학습과 같은 다른 분야에도 적용되었습니다.

트랜스포머의 도입으로 자연어 처리 분야에서는 대규모 텍스트 코퍼스에서 큰 트랜스포머 모델을 사전 훈련한 후, 특정 작업에 맞게 미세 조정 하는 방식으로 전환이 이루어졌습니다. 이 접근 방식은 BERT, GPT-2, GPT-3, GPT-4 같은 모델들에서 효과적으로 사용되고 있습니다.

6.7 대규모 언어 모델에 대한 더 깊은 이해

대규모 언어 모델large Language Model(LLM)은 다양한 인터넷 텍스트를 학습한 머신러닝 모델의 한 유형입니다.

거대large라는 용어는 이러한 모델들이 가진 매개변수 수를 나타냅니다. 예를 들어, GPT-3는 1,750억 개의 매개변수를 가지고 있습니다. 이러한 모델들은 방대한 텍스트 코퍼스에서 자기 지도 학습self-supervised learning을 통해 학습됩니다. 이는 GPT처럼 문장에서 다음 단어를 예측하는 방식이나 BERT처럼 주변 단어를 기반으로 특정 단어를 예측하는, 문장 쌍이 순차적인지 예측하는 방식을 의미합니다. 이렇게 방대한 양의 텍스트를 학습하면서, 모델들은 문법, 세계에 대한 지식, 추론 능력뿐만 아니라 데이터에 내재한 편향까지도 학습하게 됩니다.

이 모델들은 트랜스포머 아키텍처를 기반으로 하며, 입력 데이터의 단어 중요도를 평가하기 위해 셀프 어텐션 메커니즘을 사용합니다. 이 구조는 텍스트 내의 장기적인 의존성을 처리할 수 있어, 다양한 자연어 처리 작업에 매우 효과적입니다.

대규모 언어 모델은 특정 작업에 대해 미세 조정을 통해 높은 성능을 발휘할 수 있습니다. 미세 조정은 더 작은, 특정 작업에 맞춘 데이터셋으로 추가 학습을 수행하여, 모델의 일반적인 언어 이해 능력을 해당 작업의 요구에 맞게 조정하는 것입니다. 이 접근 방식은 많은 자연어 처리 벤치마크에서 최첨단 성과를 달성하는 데 기여했습니다.

대규모 언어 모델은 뛰어난 성능을 보여 주지만, 몇 가지 중요한 문제도 안고 있습니다. 예를 들어, 인터넷 텍스트로 학습되었기 때문에 학습된 데이터에 내재한 편향을 재현하거나 증폭시킬 수 있습니다. 또한 해롭거나 오해를 불러일으킬 수 있는 출력을 생성하기도 합니다. 게다가 이러한 모델들은 규모가 큰 만큼 학습과 배포에 상당한 계산 자원이 필요하며, 이는 비용과 환경에 미치는 영향 측면에서 문제를 야기할 수 있습니다.

그런데도 대규모 언어 모델은 인공지능 분야에서 중요한 진전을 이뤄냈으며, 번역, 요약, 콘텐츠 생성, 질의응답 등 다양한 응용 프로그램에서 강력한 도구로 사용되고 있습니다.

6.8 언어 모델 훈련의 도전 과제

대규모 언어 모델을 학습시키는 것은 복잡하고 많은 자원이 있어야 하는 작업으로, 여러 가지 도전 과제가 따릅니다. 다음은 주요 문제들입니다.

- **계산 자원**: 대규모 언어 모델을 학습시키려면 막대한 계산 자원이 필요합니다. 이러한 모델은 수십억 개의 매개변수를 가지고 있으며, 학습 과정에서 이 매개변수들을 업데이트하기 위해 방대한 양의 계산을 수행해야 합니다. 이러한 계산은 보통 고성능 GPU나 **텐서 프로세싱 유닛**tensor processing unit(TPU)에서 수행되며, 이에 따른 비용은 매우 높을 수 있습니다.

- **메모리 한계**: 모델의 크기가 커질수록 학습 중에 모델 매개변수, 중간 활성화 값, 기울기를 저장하는 데 필요한 메모리 양도 증가합니다. 이는 가장 최신의 하드웨어에서도 메모리 문제를 일으킬 수 있습니다. 모델 병렬화, 기울기 체크포인팅, 오프로딩과 같은 기법이 이러한 문제를 완화하는 데 사용될 수 있지만, 이는 훈련 과정을 더욱 복잡하게 합니다.

- **데이터셋 크기와 품질**: 대규모 언어 모델은 방대한 말뭉치에서 학습됩니다. 이렇게 거대한 데이터셋을 찾고, 정제하고, 구조적으로 정리하는 것은 매우 어려운 작업입니다. 또한, 데이터셋의 품질은 모델의 성능에 직접적인 영향을 미칩니다. 모델은 학습한 데이터로부터 배울 수밖에 없기 때문에, 데이터에 존재하는 편향이나 오류는 편향되거나 오류가 많은 모델을 만들 수 있습니다.

- **과대적합**: 거대 모델은 복잡한 패턴을 학습할 수 있는 높은 용량을 가지고 있지만, 학습 데이터의 양이 모델 크기에 비해 제한적일 경우 과대적합될 수 있습니다. 과대적합은 새로운 데이터에 대한 일반화 성능을 저하합니다. 가중치 감쇠weight decay, 드롭아웃dropout, 조기 종료early stopping 같은 정규화 기법이 과대적합 문제를 해결하는 데 사용될 수 있습니다.

- **학습 안정성**: 모델이 커질수록 안정적으로 학습시키는 것이 더 어려워집니다. 학습률과 배치 크기를 관리하는 문제부터 기울기 소실이나 기울기 폭주와 같은 문제를 처리하는 것까지 여러 도전 과제가 존재합니다.

- **평가와 미세 조정**: 이러한 모델들의 성능을 평가하는 것도 크기 때문에 어려울 수 있습니다. 또한, 특정 작업에 맞게 모델을 미세 조정하는 과정에서 **재앙적 망각** catastrophic forgetting 문제가 발생할 수 있습니다. 이는 모델이 사전 훈련된 지식을 잊어버리는 현상을 의미합니다.
- **윤리적 안전 문제**: 대규모 언어 모델은 해롭거나 부적절한 콘텐츠를 생성할 수 있습니다. 또한 학습 데이터에 존재하는 편향을 그대로 전달하거나 증폭시킬 수 있습니다. 이러한 문제는 학습 중과 실제 사용 시점 모두에서 모델의 행동을 제어할 수 있는 강력한 방법 개발을 필요로 합니다.

이러한 도전 과제에도 불구하고, 대규모 언어 모델 분야에서는 지속적인 발전이 이루어지고 있습니다. 연구자들은 이러한 문제들을 완화하고 거대 모델을 더 효과적이고 책임감 있게 훈련시키기 위한 새로운 전략들을 개발하고 있습니다.

6.8.1 언어 모델의 특정 설계

BERT

BERT는 앞서 언급했듯이 자연어 처리 작업을 위한 트랜스포머 기반 머신러닝 기법입니다. 이 모델은 구글에서 개발되었으며, 제이콥 데블린 Jacob Devlin, 밍웨이 창 Ming-Wei Chang, 켄튼 리 Kenton Lee, 크리스티나 투타노바 Kristina Toutanova가 작성한 논문 「BERT: Pre-training of Deep Bi-directional Transformers for Language Understanding」에서 소개되었습니다(arXiv preprint arXiv:1810.04805, 2018).

BERT는 모든 층에서 왼쪽과 오른쪽 문맥을 동시에 고려하여 레이블이 없는 텍스트로부터 깊이 있는 양방향 표현을 사전 훈련하도록 설계되었습니다. 이는 이전의 GPT나 ELMo와 같은 모델들이 텍스트 표현을 왼쪽 문맥에서만, 또는 왼쪽과 오른쪽 문맥을 따로 학습하는 방식과 대조적입니다. 이러한 양방향 특성 덕분에 BERT는 단어의 문맥과 의미를 더 정확하게 이해할 수 있습니다.

BERT의 설계

BERT는 트랜스포머 모델 아키텍처를 기반으로 하며, 이는 바스와니 Vaswani 등이 「Attention is All You Need」 논문에서 처음 소개한 구조입니다. 이 모델은 쌓아올린 셀프 어텐션 self-attention과 점별 완전 연결 층 point-wise fully connected layer으로 구성됩니다.

BERT는 두 가지 크기로 제공됩니다. **BERT Base**와 **BERT Large**입니다. BERT Base는 12개의 트랜스포머 층으로 구성되어 있으며, 각 층에는 12개의 셀프 어텐션 헤드가 있어 총 1억 1천만 개의 매개변수를 가지고 있습니다. BERT Large는 훨씬 더 크며, 24개의 트랜스포머 층과 각 층당 16개의 셀프 어텐션 헤드로 구성되어 있어 총 3억 4천만 개의 매개변수를 가지고 있습니다.

BERT의 학습 과정은 크게 **사전 훈련**과 **미세 조정** 두 단계로 이루어집니다.

언어 모델을 학습하거나 사용할 때 가장 먼저 수행하는 단계는 해당 모델의 사전을 생성하거나 로드하는 것입니다. 이를 위해 보통 토크나이저 tokenizer를 사용합니다.

토크나이저

언어 모델을 효율적으로 사용하기 위해서는 입력 텍스트를 제한된 수의 토큰으로 변환하는 토크나이저가 필요합니다. 서브워드 토크나이징 subword tokenization 알고리즘인 **바이트 페어 인코딩**byte pair encoding(**BPE**), **유니그램 언어 모델**unigram language model(**ULM**), **워드피스**WordPiece 등이 단어를 더 작은 서브워드 단위로 나누는 데 사용됩니다. 이는 어휘 외 단어out-of-vocabulary word를 처리하는 데 유용하며, 의미를 가지는 서브워드 부분에 대한 유의미한 표현을 학습할 수 있도록 합니다.

BERT 토크나이저는 BERT 모델의 중요한 구성 요소로, 텍스트 데이터를 모델에 입력하기 전에 필요한 초기 전처리를 수행합니다. BERT는 서브워드 토크나이징 알고리즘인 WordPiece를 사용하여 단어를 더 작은 단위로 분해하므로, 어휘 외 단어를 처리하고, 어휘 크기를 줄이며, 언어의 다양성과 풍부함을 다룰 수 있습니다.

BERT 토크나이저가 작동하는 방식에 대해 자세히 알아보겠습니다.

1. **기본 토크나이징**basic tokenization: 먼저, BERT 토크나이저는 기본적인 토크나이징을 수행하여 텍스트를 공백과 구두점을 기준으로 개별 단어로 분할합니다. 이는 다른 토크나이징 방법과 유사합니다.

2. **워드피스 토크나이징**wordPiece tokenization: 기본 토크나이징이 완료된 후, BERT 토크나이저는 워드피스 토크나이징을 적용합니다. 이 단계에서는 단어를 더 작은 서브워드 단위 또는 워드피스로 나눕니다. 만약 단어가 BERT 어휘에 없으면, 토크나이저는 해당 단어를 어휘에서 일치하는 항목이 나오거나 문자 수준 표현으로 대체될 때까지 반복적으로 더 작은 서브워드로 나눕니다.

예를 들어, 'unhappiness'라는 단어는 두 개의 워드피스로 분할될 수 있습니다. 'un'과 '##happiness'. 여기서 '##' 기호는 서브워드가 단독 단어가 아닌 더 큰 단어의 일부임을 나타냅니다.

3. **특수 토큰 추가** special tokens addition : 그런 다음, BERT 토크나이저는 특정 BERT 기능에 필요한 특수 토큰을 추가합니다. [CLS] 토큰은 각 문장의 시작 부분에 추가되어 분류 작업의 집합적 표현으로 사용됩니다. [SEP] 토큰은 문장의 경계를 표시하기 위해 각 문장의 끝에 추가됩니다. 만약 두 문장이 입력되면(문장 쌍이 필요한 작업의 경우), 이 [SEP] 토큰으로 구분됩니다.

4. **토큰을 ID로 변환** token to ID conversion : 마지막으로, 각 토큰은 BERT 어휘에서 해당하는 인덱스에 해당하는 정수 ID로 대치됩니다. 이 ID가 BERT 모델이 실제로 입력으로 사용하는 값입니다.

요약하면, BERT 토크나이저는 먼저 텍스트를 단어로 토크나이징하고, 필요에 따라 이러한 단어를 워드피스로 더 세분화한 다음, 특수 토큰을 추가하고 마지막으로 토큰을 ID로 변환하는 과정을 거칩니다. 이러한 과정은 모델이 다양한 단어와 서브워드에 대해 유의미한 표현을 이해하고 생성할 수 있도록 하며, BERT가 다양한 자연어 처리 작업에서 뛰어난 성능을 발휘하는 데 기여합니다.

사전 훈련

사전 훈련 과정에서 BERT는 영어 위키백과 전체와 도서 말뭉치와 같은 방대한 텍스트 코퍼스를 기반으로 학습되었습니다. 모델은 마스크드 언어 모델 과제로, 문장에서 마스크 된 단어를 예측하는 것과 다음 문장 예측 next sentence prediction 과제로, 두 문장이 텍스트에서 순서대로 나타나는지를 구분하는 방법을 학습합니다. 각 과제는 다음과 같이 설명됩니다.

- **마스크된 언어 모델**: 이 과제에서는 문장의 15%에 해당하는 단어를 [MASK] 토큰으로 대체하고, 모델은 마스크되지 않은 단어들로 제공된 문맥을 기반으로 원래의 단어를 예측하도록 학습됩니다.
- **다음 문장 예측**: 모델에 두 개의 문장이 주어졌을 때, 문장 B가 문장 A의 다음 문장인지 예측하도록 학습됩니다.

미세 조정

사전 훈련이 완료된 후, BERT는 특정 작업에 대해 훨씬 적은 양의 학습 데이터로 미세 조정될 수 있습니다. 미세 조정은 BERT에 추가 출력층을 더한 후, 특정 작업에 대해 전체 모델을 처음부터 끝까지 학습시키는 과정입니다. 이 접근 방식은 질의응답, 개체명 인식, 감정 분석 등 다양한 자연어 처리 작업에서 최첨단 성과를 달성하는 데 기여했습니다.

BERT의 설계와 사전 훈련/미세 조정 접근 방식은 자연어 처리 분야에 혁신을 가져왔으며, 다양한 데이터로 대규모 모델을 먼저 학습하고, 이후 특정 작업에 맞게 미세 조정을 하는 방향으로 전환을 이끌었습니다.

BERT를 텍스트 분류에 미세 조정을 하는 방법

앞서 언급했듯이, BERT는 방대한 텍스트 데이터로 사전 훈련되었으며, 학습된 표현은 텍스트 분류를 포함한 특정 작업에 맞게 미세 조정될 수 있습니다. 다음은 BERT를 텍스트 분류에 미세 조정하는 단계별 과정입니다.

1. **입력 데이터 전처리**: BERT는 입력 데이터가 특정 형식으로 제공되어야 합니다. 문장은 BERT의 토크나이저를 사용해 서브워드 단위로 토크나이즈하고, [CLS]와 [SEP] 같은 특수 토큰을 추가해야 합니다. [CLS] 토큰은 각 예제의 시작에 추가되어 분류 작업을 위한 전체 시퀀스 표현으로 사용됩니다. [SEP] 토큰은 각 문장의 끝에 추가되어 문장의 경계를 표시합니다. 이후, 모든 시퀀스는 고정된 길이로 패딩되어 일관된 입력 형식을 유지합니다.

2. **사전 훈련된 BERT 모델 로드**: BERT에는 여러 사전 훈련된 모델이 있으며, 작업에 맞는 모델을 선택해야 합니다. 모델은 크기와 사전 훈련 데이터의 언어에 따라 다릅니다. 사전 훈련된 BERT 모델을 로드한 후, 이를 사용하여 입력 데이터에 대한 문맥적 단어 임베딩을 생성합니다.

3. **분류층 추가**: 사전 훈련된 BERT 모델 위에 분류층을 추가합니다. 이 층은 텍스트 분류 작업을 위한 예측을 수행하도록 학습됩니다. 일반적으로 이 층은 [CLS] 토큰에 해당하는 표현을 입력으로 받아 각 클래스에 대한 확률 분포를 출력하는 완전 연결 신경망 층입니다.

4. **모델 미세 조정**: 미세 조정은 레이블이 지정된 데이터를 사용하여 특정 작업(이 경우 텍스트 분류)에 대해 모델을 학습시키는 과정입니다. 가장 일반적인 접근 방식은 사전 훈련된 BERT 모델과 새로 추가된 분류 층의 가중치를 업데이트하여 손실 함수(일반적으로 분류

작업의 경우 교차 엔트로피 손실)를 최소화하는 것입니다. 미세 조정 시에는 학습률을 낮게 설정하는 것이 중요한데, 학습률이 너무 크면 사전 훈련된 가중치가 불안정해질 수 있기 때문입니다. 또한, 모델이 과대적합하지 않도록 권장되는 학습 에폭 수는 2에서 4회 사이입니다. 대안으로는 BERT 층을 고정하고 분류 층의 가중치만 업데이트할 수도 있습니다.

5. **모델 평가**: 모델이 미세 조정된 후, 성능을 평가하기 위해 검증 세트에서 테스트할 수 있습니다. 이를 위해 정확도, 정밀도, 재현율, F1 점수와 같은 지표를 계산합니다. 다른 머신러닝 및 딥러닝 모델과 마찬가지로, 학습 및 평가 작업 중에 하이퍼파라미터 튜닝을 수행할 수 있습니다.

6. **모델 적용**: 이제 미세 조정된 모델을 사용하여 처음 보는 새로운 텍스트 데이터에 대한 예측을 수행할 수 있습니다. 학습 데이터와 마찬가지로, 새로운 데이터도 BERT가 요구하는 형식으로 전처리되어야 합니다.

이와 같은 과정으로 BERT를 다양한 텍스트 분류 작업에 맞게 미세 조정할 수 있으며, 이를 통해 모델이 다양한 자연어 처리 작업에서 높은 성능을 발휘할 수 있게 됩니다.

> ⚠️ **참고 사항**
>
> BERT를 사용하려면 상당한 계산 자원이 필요합니다. 모델의 매개변수 수가 많기 때문에, 미세 조정이나 모델 적용 시 GPU 사용이 일반적으로 권장됩니다. 만약 계산이나 메모리 자원이 부족하다면, DistilBERT처럼 BERT보다 가볍지만, 성능이 약간 낮은 모델을 사용할 수 있습니다. 또한, BERT는 최대 512개의 토큰만 처리할 수 있어 입력 텍스트의 길이에 제한이 있습니다. 더 긴 텍스트를 처리하려면 Longformer나 BigBird와 같은 모델을 사용하는 것이 좋습니다. 여기서 설명한 내용은 RoBERTa, XLNet 등과 같은 다른 유사한 언어 모델에도 적용할 수 있습니다.

요약하면, BERT를 텍스트 분류 작업에 미세 조정하는 과정은 입력 데이터 전처리, 사전 훈련된 BERT 모델 로드, 분류 층 추가, 레이블이 있는 데이터로 모델 미세 조정, 그리고 모델 평가 및 적용의 단계로 이루어집니다.

이번 장의 마지막에서는 BERT 미세 조정 과정을 직접 시연하고 적용해 보겠습니다. 이를 통해 BERT를 직접 사용해 보고, 필요에 따라 조정해 볼 기회를 가질 수 있을 것입니다.

GPT-3

GPT-3는 **Generative Pretrained Transformer 3**의 줄임말로, 오픈AI가 개발한 자기회귀 언어 모델입니다. 이 모델은 딥러닝 기술을 활용해 사람처럼 자연스러운 텍스트를 생성할 수 있습니다. GPT-3는 GPT 시리즈의 세 번째 버전이며, 이후 버전인 GPT-3.5와 GPT-4는 대규모 언어 모델을 확장하는 내용으로 다음 장에서 다룰 예정입니다.

GPT-3의 설계와 아키텍처

GPT-3는 이전 버전들이 사용한 트랜스포머 모델 아키텍처를 확장하여 발전시킨 것입니다. 이 아키텍처는 여러 층의 트랜스포머 블록으로 구성된 모델에 기반하며, 각 블록은 셀프 어텐션과 순방향 신경망 층으로 이루어져 있습니다.

GPT-3는 이전 버전들과 비교했을 때 규모가 매우 큽니다. 총 1,750억 개의 머신러닝 매개변수로 이루어져 있으며, 이러한 매개변수는 학습 과정에서 단어 시퀀스의 다음 단어를 예측하는 방법을 통해 학습됩니다.

GPT-3의 트랜스포머 모델은 텍스트의 단어나 토큰 데이터 시퀀스를 처리하도록 설계되어 있어 언어 작업에 매우 적합합니다. 모델은 입력 데이터를 왼쪽에서 오른쪽으로, 순차적으로 처리하며, 시퀀스의 다음 항목을 예측합니다. 이는 BERT와 GPT의 차이점으로, BERT는 양쪽의 단어들인 양방향 문맥을 사용해 마스킹된 단어를 예측하는 반면, GPT는 이전 단어들만을 사용해 다음 단어를 예측하기 때문에 생성 작업에 적합합니다.

사전 훈련과 미세 조정

BERT와 다른 트랜스포머 기반 모델들처럼, GPT-3도 **사전 훈련**과 **미세 조정**의 두 단계로 학습됩니다.

- **사전 훈련**: 이 단계에서 GPT-3는 대규모 텍스트 데이터 코퍼스에서 학습됩니다. 모델은 문장에서 다음 단어를 예측하는 방법을 학습하며, BERT와 달리 GPT-3는 양방향이 아닌 왼쪽 문맥(즉, 이전 단어들)만을 사용해 예측합니다.
- **미세 조정**: 사전 훈련 후에는 특정 작업에 맞춰 적은 양의 작업별 학습 데이터를 사용해 GPT-3를 미세 조정할 수 있습니다. 텍스트 완성, 번역, 요약, 질문 응답 등 다양한 자연어 처리 작업에 활용될 수 있습니다.

제로샷, 원샷, 퓨샷 학습

GPT-3의 인상적인 특징 중 하나는 퓨샷 학습 few-shot learning 능력입니다. 모델이 주어진 작업과 몇 가지 예시를 보고 그 작업을 정확히 수행할 수 있는 능력을 갖추고 있습니다.

제로샷 학습zero-shot learning에서는 사전 예시 없이 작업이 주어지며, 원샷 학습one-shot learning에서는 예시 하나를 제공받고, 퓨샷 학습에서는 몇 가지 예시를 통해 학습하게 됩니다.

6.9 GPT-3 사용의 도전 과제

GPT-3는 뛰어난 성능을 자랑하지만 몇 가지 한계도 있습니다. 모델의 크기가 매우 크기 때문에 훈련에 막대한 계산 자원이 필요합니다. 때로는 부정확하거나 말이 되지 않는 응답을 생성하기도 하며, 훈련 데이터에 포함된 편향을 그대로 반영할 수도 있습니다. 또한 텍스트로부터 학습할 수 있는 범위를 넘어서는 세상에 대한 깊은 이해나 상식적 추론이 필요한 작업에서는 어려움을 겪기도 합니다.

6.9.1 사례: 주피터 노트북에서 자연어 처리 분류를 위한 머신러닝/딥러닝 시스템 설계

이번 절에서는 실제 문제를 다루며 NLP 파이프라인을 통해 이를 해결하는 방법을 살펴봅니다. 이와 관련된 코드는 Ch6_Text_Classification_DL.ipynb라는 구글 코랩 노트북입니다.

6.9.2 비즈니스 목표

이번 시나리오에서는 헬스케어 분야를 다룹니다. 우리의 목표는 최신 의료 연구 결과를 바탕으로 최신 정보를 반영하는 종합적인 의학 지식 엔진을 개발하는 것입니다.

6.9.3 기술적 목표

CTO는 비즈니스 목표로부터 여러 기술적 목표를 설정했습니다. 그중 하나는 머신러닝 팀을 위한 목표로, 늘어나는 의학 출판물의 결론 중에서 조언에 해당하는 내용을 찾아내는 것입니다. 이를 통해 연구 기반의 의료 조언을 식별할 수 있습니다.

6.9.4 파이프라인

[그림 6-9]에 나와 있는 파이프라인의 구성 요소를 살펴보겠습니다.

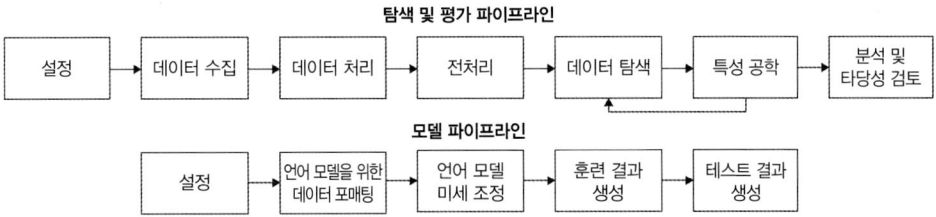

그림 6-9 일반적인 탐색 및 모델링 파이프라인의 구조

[그림 6-9]를 보면, 이 설계가 [그림 5-2]에서 보았던 설계와 어떻게 다른지 알 수 있습니다. [그림 5-2]에서는 탐색과 평가 단계에서 이후 머신러닝 모델에 사용할 동일한 특성 공학 기법을 활용합니다. 하지만 여기서는 언어 모델을 사용할 때 모델링을 위한 준비 과정에 특성 공학이 포함되지 않습니다. 대신, 사전 훈련된 모델, 특히 토크나이저가 특성 공학을 수행하며, 이로 인해 이진 특성, 단어 가방, 또는 TF-IDF 특성과는 매우 다른, 해석하기 어려운 특성들이 생성됩니다.

> 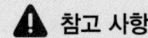 **참고 사항**
>
> 코드 부분: 설정부터 **전통적인 머신러닝 모델의 결과 생성**까지

전반적인 큰 틀은 5장의 내용을 따르고 있으며 다른 데이터셋을 사용한다는 차이가 있습니다.

딥러닝

이 코드 부분에서는 딥러닝 언어 모델을 사용합니다.

전이학습Transfer Learning을 언어 모델을 통해 적용하고, 우리의 목표와 데이터에 맞게 미세 조정하려 할 때 선택할 수 있는 여러 가지 스택이 있습니다. 그중 대표적인 것은 구글의 텐서플로TensorFlow와 메타Meta에서 개발을 시작하고 현재는 리눅스 재단 산하의 파이토치 재단으로 이관된 **파이토치**입니다. `transformers`라는 패키지는 이러한 스택을 감싸는 래퍼로 만들어져 코드 구현을 더 간단하게 해 줍니다. 이 예제에서는 `transformer` 모델의 간결함과 풍부함을 활

용합니다.

```
from transformers import AutoTokenizer, TrainingArguments, Trainer
from torch.utils.data import DataLoader
import evaluate
```

여기서 주목할 점은 transformers 패키지를 개발하고 지원하는 회사인 허깅페이스입니다. 허깅페이스는 무료 오픈 소스 딥러닝 모델의 수집과 공유를 중심으로 한 생태계를 구축해왔으며, 이러한 모델을 구현하기 위한 다양한 구성 요소들을 제공합니다. 가장 유용한 도구는 바로 transformers 패키지로, 이는 여러 딥러닝 모델을 선택, 가져오기, 학습, 활용할 수 있도록 설계된 파이썬 패키지입니다.

이 코드 예제는 실제 환경에서의 머신러닝/딥러닝 시스템 설계 방법을 보여 줄 뿐만 아니라, 허깅페이스의 transformers 패키지를 활용하는 방법도 소개합니다.

데이터 구성

여기서는 transformers 라이브러리에 맞는 형식으로 데이터를 설정합니다. 열 이름은 매우 구체적으로 지정해야 합니다.

```
labels = list(dataset_df_binary["label"].unique())

from transformers import AutoTokenizer, AutoModelForSequenceClassification
tokenizer = AutoTokenizer.from_pretrained("bert-base-uncased")
language_model = AutoModelForSequenceClassification.from_pretrained("bert-base-uncased", num_labels=len(labels))

# 학습 세트와 테스트 세트 생성
test_df = dataset_df_binary.sample(frac=config_dict['test_size'], random_state=config_dict['seed'])
train_df = dataset_df_binary.drop(test_df.index)

# 학습 세트를 학습용과 학습 평가용으로 분할
train_eval_df = train_df.sample(frac=config_dict['test_size'], random_state=config_dict['seed'])
train_train_df = train_df.drop(train_eval_df.index)
```

```python
# Transformers 패키지의 요구 사항에 따라 데이터프레임을 Dataset 형식으로 변환
dataset_train_train = Dataset.from_pandas(train_train_df)
dataset_train_eval = Dataset.from_pandas(train_eval_df)
dataset_test = Dataset.from_pandas(test_df)

# 토큰화 함수
def tokenize_function(examples):
    return tokenizer(examples["text"], padding="max_length", truncation=True)

train_train_tokenized = dataset_train_train.map(tokenize_function, batched=True)
train_eval_tokenized = dataset_train_eval.map(tokenize_function, batched=True)
test_tokenized = dataset_test.map(tokenize_function, batched=True)
```

평가 지표

우리는 최적화할 지표를 결정하고 이를 훈련 과정에 반영했습니다. 이 이진 분류 문제의 경우, 정확도를 최적화했으며, 결과를 데이터셋의 기준 정확도와 비교하여 평가했습니다.

```python
metric = evaluate.load("accuracy")

def compute_metrics(eval_pred):
    logits, labels = eval_pred
    # 모델은 각 관찰값에 대해 두 개의 로짓값 쌍을 반환합니다.
    # 이 두 로짓값은 각각 클래스에 대한 가능성을 나타내므로,
    # 이를 분류값으로 변환해야 합니다.
    predictions = np.argmax(logits, axis=-1)
    return metric.compute(predictions=predictions, references=labels)
```

Trainer 객체

Trainer 객체는 transformers 라이브러리에서 언어 모델을 훈련하는 핵심 객체입니다. 이 객체에는 여러 가지 사전 정의된 설정이 포함되어 있습니다. 주요 훈련 설정은 다음과 같습니다.

- 신경망 학습을 위한 하이퍼파라미터
    - 학습률learning rate
    - 경사 하강법gradient descent 설정
- 훈련 에폭epoch 수

- 계산 자원 사용 설정

- 훈련 과정에서 목표 지표의 진행 상황을 기록하는 로깅 설정

```
layers_to_fine_tune = None

if layers_to_fine_tune == "head":
    print("분류 헤드만 미세 조정합니다!")
    language_model.train()
    for name, param in language_model.named_parameters():
        # 분류 헤드를 제외한 모든 계층의 매개변수를 고정
        if 'classifier' not in name:
            param.requires_grad = False
else:
    print("전체 신경망을 미세 조정합니다!")

# 딥러닝 학습 매개변수:
# transformers.TrainingArguments에 대한 문서에서 입력 매개변수 설명을 참고하세요.
lm_training_args = TrainingArguments(
    output_dir="test_trainer",
    num_train_epochs=2,
    per_device_train_batch_size=8,
    learning_rate=2e-5,
    evaluation_strategy="steps",
    logging_steps=100,
    report_to="none")

trainer = Trainer(
    model=language_model,
    args=lm_training_args,
    train_dataset=train_train_tokenized,
    eval_dataset=train_eval_tokenized,
    compute_metrics=compute_metrics,
)

trainer.train()
```

신경망 매개변수 미세 조정

언어 모델의 미세 조정의 핵심은 전이학습입니다. 신경망은 전이학습에 적합한데, 구조의 끝부분에서 몇 개의 층을 제거하고 문제에 맞춰 새로 훈련할 층으로 교체할 수 있기 때문입니다.

제거되지 않은 나머지 층들은 원래 모델이 사전 훈련될 때의 방식 그대로 작동합니다. 마지막 층만 교체하고 나머지 층은 그대로 유지하면, 이러한 층들을 지도 학습 기반의 특성 공학 또는 임베딩 메커니즘으로 볼 수 있습니다. 이는 전이학습의 개념을 잘 보여 줍니다. 이상적으로는 모델이 우리의 문제에 잘 맞도록 대부분의 원래 층을 유지하고, 소수의 층만 교체하고 훈련하는 것이 바람직합니다. 이를 통해 사전 훈련에 몇 주가 걸린 대형 딥러닝 모델을 몇 분 만에 새로운 문제에 맞게 전이하고 적응시킬 수 있습니다.

코드에서는 어떤 층을 미세 조정할지 정확하게 지정할 수 있도록 모델을 설정합니다. 이는 성능과 계산 자원에 따른 설계 선택의 일부입니다. 한 가지 선택은 최종 출력 직전의 마지막 층(분류 헤드)을 미세 조정하는 것이며, 다른 선택은 모든 층을 미세 조정하는 것입니다. 코드에서는 모델의 설정을 명시적으로 호출하여 어떤 층을 미세 조정할지 제어할 수 있어, 설계에 맞게 코드를 유연하게 변경할 수 있습니다.

Trainer는 훈련 성능을 실시간으로 기록하도록 설정되어 있습니다. 이러한 기록은 테이블 형식으로 출력되어 우리가 쉽게 관찰하고 모니터링할 수 있습니다. 훈련이 끝나면 훈련과 평가의 진행 과정을 시각화하여, 훈련 결과와 평가 결과의 변화를 비교해 볼 수 있습니다. Trainer가 사용하는 평가 세트는 홀드아웃 세트로 간주될 수 있어, 이 그래프를 통해 과소적합과 과대적합을 확인할 수 있습니다.

훈련 결과 생성: 설계 선택을 위한 사용

Trainer가 출력한 로그와 함께 훈련 세트의 결과를 검토한 후, 이를 기준 정확도(baseline accuracy)와 비교하여 정확도의 향상을 확인했습니다. 여러 설계 선택을 반복적으로 시도하면서 그 품질을 평가했습니다. 여러 설계 매개변수를 자동화하여 최적의 설정을 체계적으로 평가할 수 있도록 코드를 작성할 수도 있습니다. 다만, 예제의 간단함을 유지하기 위해 노트북에서는 그렇게 하지 않았습니다. 최적의 설정을 찾았다고 판단되면 그 과정은 완료된 것입니다.

```
results_train_train = trainer.predict(train_train_tokenized)#
predictions_train_train = np.argmax(results_train_train[0], axis=-1)

accuracy_dl_train = np.mean(predictions_train_train == train_train_df["label"])
baseline_accuracy_dl_train = np.mean(most_frequent_class == train_train_df["label"])
accuracy_dl_lift_train = 100 * (accuracy_dl_train/baseline_accuracy_dl_train - 1)
```

```
print("딥러닝 언어 모델의 훈련 세트 결과:\n----------------------------------
--")
print("기준 모델(더미 분류기) 정확도:", round(baseline_accuracy_dl_train, 2))
print("현재 모델의 정확도:", round(accuracy_dl_train, 2))
print("정확도 향상은:", round(accuracy_dl_lift_train), "%")
```

테스트 결과 생성: 성능 평가를 위한 사용

5장의 코드와 마찬가지로, 여기서도 테스트 결과를 검토하며 마무리합니다. 평가 세트와 테스트 세트의 차이를 알아두는 것이 중요합니다. Trainer가 평가 세트를 훈련에 사용하지 않기 때문에 이를 홀드아웃 테스트 세트로 사용할 수 있어, 훈련에서 많은 데이터를 제외하지 않고 모델에 더 많은 레이블 데이터를 제공할 수 있습니다. 하지만, Trainer는 평가 세트를 훈련에 사용하지 않았지만, 우리는 평가 세트를 사용해 설계 결정을 내렸습니다. 예를 들어, 앞 절의 그래프를 보고 최적의 에폭 수를 결정했습니다. 5장에서도 평가 세트를 사용했지만, K-폴드 교차 검증 메커니즘의 일환으로 자동으로 수행되어 명시적으로 정의할 필요는 없었습니다.

```
results_test = trainer.predict(test_tokenized)
predictions_test = np.argmax(results_test[0], axis=-1)

accuracy_dl_test = np.mean(predictions_test == test_df["label"])
baseline_accuracy_dl_test = np.mean(most_frequent_class == test_df["label"])
accuracy_dl_lift = 100 * (accuracy_dl_test/baseline_accuracy_dl_test - 1)

print("딥러닝 언어 모델의 테스트 세트 결과:\n----------------------------------
------------")
print("기준 모델(더미 분류기) 정확도:", round(baseline_accuracy_dl_test, 2))
print("현재 모델의 정확도:", round(accuracy_dl_test, 2))
print("정확도 향상은:", round(accuracy_dl_lift), "%")

print("\n혼동 행렬(Confusion Matrix):")
print(confusion_matrix(test_df["label"], predictions_test))
print("\n분류 보고서(Classification Report):")
print(classification_report(test_df["label"], predictions_test))
```

6.10 요약

이 장에서는 딥러닝과 언어 모델을 활용한 텍스트 분류 작업의 놀라운 응용을 포괄적으로 탐구했습니다. 먼저 딥러닝의 개요를 다루고, 방대한 데이터에서 복잡한 패턴을 학습하는 딥러닝의 뛰어난 능력과 최신 자연어 처리 시스템 발전에 중요한 역할을 하고 있음을 알아보았습니다.

다음으로, 자연어 처리의 혁신을 이끌며 전통적인 순환 신경망과 합성곱 신경망을 대체할 효과적인 방법을 제시한 트랜스포머 모델의 세계로 들어갔습니다. 트랜스포머의 핵심 기능인 어텐션 메커니즘을 설명하며, 입력 시퀀스의 다양한 부분에 주의를 기울여 문맥을 더 잘 이해하도록 돕는 능력을 강조했습니다.

이어서 BERT 모델을 깊이 있게 살펴보았습니다. 우리는 BERT의 아키텍처와 양방향 학습을 통해 문맥적으로 풍부한 단어 임베딩을 생성하는 혁신적인 접근 방식을 자세히 설명하고, 대규모 텍스트 코퍼스를 활용한 사전 훈련 과정을 강조했습니다.

또한, 우리는 여기서 멈추지 않고, 트랜스포머의 강점을 조금 다른 방식으로 활용하여 사람처럼 자연스러운 텍스트 생성을 목표로 하는 또 다른 혁신적인 모델인 GPT도 소개했습니다. BERT와 GPT를 비교하면서 두 모델이 가진 각각의 강점과 활용 사례를 살펴봤습니다.

이 장의 마지막 부분에서는 이러한 고급 모델들을 사용하여 텍스트 분류 모델을 설계하고 구현하는 방법에 대한 실용적인 가이드를 제공했습니다. 데이터 전처리, 모델 설정, 훈련, 평가, 그리고 새로운 데이터에 대한 예측까지 모든 과정을 단계별로 설명했습니다.

결론적으로, 이번 장은 자연어 처리에서 딥러닝을 이해하는 데 필요한 기본 원리부터 실제 적용 방법까지 포괄적인 내용을 제공했습니다. 이제 트랜스포머 모델, BERT, GPT의 기능을 텍스트 분류 작업에 활용할 준비가 된 것입니다. 자연어 처리의 세계에 대해 더 자세히 알아보거나 실무에서 이러한 기술을 적용하고 싶다면 이번 장은 여러분이 구축할 수 있는 탄탄한 기초가 되었을 것입니다.

이번 장에서는 대규모 언어 모델에 대해 소개했습니다. 다음 장에서는 이러한 모델을 더 깊이 탐구하여 작동 원리를 더 자세히 알아보겠습니다.

CHAPTER 7
대규모 언어 모델 이해하기

이번 장에서는 **대규모 언어 모델**(LLM)의 복잡한 세계와 이들의 성능을 뒷받침하는 수학적 개념을 깊이 있게 탐구합니다. 이러한 모델의 등장은 **자연어 처리**(NLP) 분야에 혁신을 가져왔으며, 인간 언어의 이해, 생성, 상호작용에서 뛰어난 능력을 발휘하고 있습니다.

대규모 언어 모델은 사람과 비슷한 방식으로 텍스트를 이해하고 생성할 수 있는 **인공지능**(AI) 모델의 한 종류입니다. 이러한 모델들은 인터넷의 방대한 텍스트를 학습하여 세상에 대한 다양한 지식을 습득하며, 이를 바탕으로 다음에 나올 텍스트를 예측하는 법을 배워 창의적이고 유창하며 문맥에 맞는 문장을 생성할 수 있습니다.

대규모 언어 모델의 작동 방식을 살펴보면서, 우리는 모델의 성능을 평가하는 중요한 지표인 **퍼플렉시티**perplexity를 소개할 것입니다. 퍼플렉시티는 모델이 텍스트 내 다음 단어를 얼마나 잘 예측할 수 있는지를 나타내는 불확실성의 척도이며, 값이 낮을수록 모델의 예측 능력이 뛰어남을 의미합니다.

이번 장에서는 대규모 언어 모델의 수학적 원리를 깊이 파헤친 여러 중요한 논문들을 참고합니다. 여기에는 「A Neural Probabilistic Language Model」,[1] 「Attention is All You Need」, 「PaLM: Scaling Language Modeling with Pathways」 등이 포함되며, 이러한 자료들은 대규모 언어 모델의 강력한 메커니즘과 탁월한 성능을 이해하는 데 큰 도움이 될 것입니다.

---

1 https://www.jmlr.org/papers/volume3/bengio03a/bengio03a.pdf

또한, 언어 모델에서 최근 떠오르고 있는 **RLHF**^{reinforcement learning from human feedback}(인간 피드백을 통한 강화 학습)도 함께 탐구할 것입니다. RLHF는 대규모 언어 모델의 성능을 미세하게 조정하여 더 정확하고 의미 있는 텍스트를 생성하도록 하는 강력한 기법으로 자리 잡았습니다.

이번 장에서는 대규모 언어 모델의 수학적 기반과 RLHF에 대한 깊이 있는 논의를 통해, 이러한 고급 인공지능 시스템에 대한 깊은 이해를 구축하고, 미래의 혁신과 발전을 위한 발판을 마련할 것입니다.

마지막으로, **PaLM**^{Pathways Language Model}, **LLaMA**^{Large Language Model Meta AI}, GPT-4 같은 최신 모델들의 아키텍처와 설계를 자세히 다룰 것입니다.

이번 장에서 다룰 주요 주제는 다음과 같습니다.

- 대규모 언어 모델이란 무엇이며 기존 언어 모델과 어떻게 다른가?
- 대규모 언어 모델을 개발하고 사용하는 이유
- 대규모 언어 모델을 개발하는 데 있어 직면하는 과제들

7.1 기술 요구 사항

이번 장을 학습하기 위해서는 **머신러닝**(ML)에 대한 탄탄한 기초 지식, 특히 **트랜스포머**와 **강화 학습**^{reinforcement learning}에 대한 이해가 필요합니다. 오늘날 많은 대규모 언어 모델의 핵심을 이루는 트랜스포머 모델에 대한 이해는 필수적입니다. 셀프 어텐션 메커니즘, 위치 인코딩, 인코더-디코더 아키텍처 구조와 같은 개념에 익숙해져야 합니다.

강화 학습에 대한 이해도 중요합니다. 이번 장에서는 대규모 언어 모델을 미세 조정할 때 활용되는 RLHF(인간 피드백을 통한 강화 학습)의 적용을 다룰 예정입니다. 기울기 정책, 보상 함수, Q-러닝 같은 개념에 익숙하다면 이번 장의 내용을 더욱 잘 이해할 수 있을 것입니다.

또한, 파이썬 프로그래밍 능력도 필수적입니다. 코드로 실습하며 많은 개념을 설명할 것이기 때문입니다. 파이토치나 텐서플로 같은 인기 있는 머신러닝 라이브러리, 그리고 트랜스포머 모델을 다룰 때 중요한 허깅페이스의 Transformers 라이브러리[2]에 대한 경험이 있다면 도움이

---

2 옮긴이_ 트랜스포머 모델을 기반으로 한 다양한 사전 훈련된 언어 모델을 쉽게 사용할 수 있도록 만들어진 오픈 소스 라이브러리입니다.

될 것입니다.

그렇다고 해서 특정 분야의 지식이 부족하다고 걱정할 필요는 없습니다. 이번 장은 이러한 주제들의 복잡성을 하나씩 풀어가며 여러분의 이해를 돕고, 지식의 격차를 채우는 데 중점을 두고 있습니다. 학습에 대한 열린 마음으로 함께 대규모 언어 모델의 흥미로운 세계로 깊이 들어가 보겠습니다.

7.2 대규모 언어 모델과 기존 언어 모델의 차이

언어 모델은 주어진 시퀀스에서 이전에 나온 단어들을 기반으로, 혹은 일부 모델에서는 주변 단어들을 바탕으로, 다음에 나올 단어를 예측하도록 훈련된 머신러닝 모델의 한 유형입니다. 모델의 세분화 수준에 따라 예측 대상은 단어뿐만 아니라 문자나 서브워드일 수도 있습니다. 이러한 모델은 특정 언어 스타일이나 패턴에 맞는 텍스트를 생성할 수 있는 확률적 모델입니다.

생성형 사전 훈련 트랜스포머를 의미하는 GPT^{generative pre-trained transformers}나 트랜스포머 기반의 양방향 인코더 표현을 의미하는 BERT^{bidirectional encoder representations from transformers}와 같은 트랜스포머 기반 모델들이 등장하기 전에는 자연어 처리 작업에서 널리 사용되던 여러 유형의 언어 모델들이 있었습니다. 그중 몇 가지를 소개합니다.

7.2.1 N-그램 모델

가장 기본적인 형태의 언어 모델 중 하나로, n-그램 모델은 $(n-1)$개의 이전 단어를 사용하여 n번째 단어를 예측합니다. 예를 들어, 바이그램(2-그램) 모델에서는 이전 단어 하나를 사용해 다음 단어를 예측합니다. 이러한 모델은 구현이 간단하고 계산 효율이 높지만, 단어 간의 장기적인 의존성을 잘 포착하지 못해 더 복잡한 모델에 비해 성능이 떨어집니다. 또한, n이 커질수록 데이터 희소성 문제(모든 가능한 n-그램에 대한 확률을 정확히 추정할 데이터가 부족함)로 인해 성능이 저하될 수 있습니다.

7.2.2 은닉 마르코프 모델(HMM)

이 모델은 관찰된 데이터를 생성하는 **숨겨진**^{hidden} 상태를 고려합니다. 언어 모델링의 맥락에서 각 단어는 관찰된 상태가 되고, **숨겨진** 상태는 직접 관찰할 수 없는 언어적 특징, 예를 들어 단어의 품사와 같은 요소가 될 수 있습니다. 그러나 n-그램 모델과 마찬가지로, 은닉 마르코프 모델(HMM)도 단어 간의 장기적인 의존성을 포착하는 데 한계가 있습니다.

7.2.3 순환 신경망(RNN)

순환 신경망은 노드 간의 연결이 시간 순서에 따라 방향성 그래프를 형성하는 신경망의 한 종류입니다. 이러한 구조는 내부 상태(메모리)를 사용해 시퀀스 데이터를 처리할 수 있게 하여 언어 모델링에 적합합니다. 순환 신경망은 단어 간의 장기적인 의존성을 학습할 수 있지만, 실제로 이러한 의존성을 학습하는 과정에서 **기울기 소실 문제**$^{vanishing\ gradient\ problem}$가 발생할 수 있어 어려움을 겪습니다.

장단기 메모리(LSTM) 네트워크

LSTM은 순환 신경망의 특별한 유형으로, 장기적인 의존성을 학습하도록 설계되었습니다. LSTM은 네트워크의 메모리 상태로의 정보 흐름을 제어하는 **게이트**를 사용하여 정보를 유지하거나 잊도록 조절합니다. LSTM은 언어 모델링의 성능을 크게 향상시킨 중요한 발전이었습니다.

게이트 순환 유닛(GRU) 네트워크

GRU는 LSTM의 변형으로, 조금 다른 게이트 구조를 사용합니다. GRU는 LSTM보다 구조가 간단하고 훈련 속도가 빠른 경우가 많지만, LSTM보다 더 나은 성능을 보이는지 여부는 작업에 따라 달라질 수 있습니다.

이들 모델은 각각 고유한 강점과 약점을 가지고 있으며, 어떤 모델이 더 나은지는 특정 작업과 데이터셋에 따라 다릅니다. 하지만 트랜스포머 기반 모델들은 대부분의 작업에서 이러한 모델들을 뛰어넘는 성능을 보여 주며, 자연어 처리 분야에서 널리 사용되고 있습니다.

7.3 대규모 언어 모델이 주목받는 점

GPT-3와 GPT-4 같은 대규모 언어 모델은 단순히 방대한 양의 텍스트로 훈련되고, 매우 많은 수의 매개변수를 가진 언어 모델입니다. 매개변수 수와 훈련 데이터 양이 많은 큰 모델일수록 더 복잡하고 다양한 텍스트를 이해하고 생성하는 능력이 뛰어납니다. 대규모 언어 모델이 작은 언어 모델과 다른 몇 가지 주요 차이점은 다음과 같습니다.

- **데이터**: 대규모 언어 모델은 방대한 양의 데이터로 훈련됩니다. 이를 통해 다양한 언어적 패턴, 스타일, 주제에 대해 깊이 있는 학습이 가능합니다.
- **매개변수**: 대규모 언어 모델은 수많은 매개변수를 가지고 있습니다. 머신러닝 모델의 매개변수는 훈련 데이터를 통해 학습된 요소들로, 매개변수가 많을수록 더 복잡한 패턴을 학습할 수 있습니다.
- **성능**: 더 많은 데이터와 매개변수로 훈련된 대규모 언어 모델은 일반적으로 작은 모델보다 성능이 뛰어납니다. 대규모 언어 모델은 더 일관성 있고 다양한 텍스트를 생성하며, 문맥을 이해하고 추론하며, 여러 주제에 대해 질문에 답하거나 텍스트를 생성하는 데 더욱 능숙합니다.
- **계산 자원**: 대규모 언어 모델을 훈련하려면 막대한 계산 자원이 필요합니다. 처리 능력과 메모리 요구 사항이 높고, 훈련에도 더 많은 시간이 소요됩니다.
- **저장 공간과 추론 시간**: 큰 모델은 더 많은 저장 공간이 필요하며, 예측을 생성하는 데 시간이 더 걸릴 수 있습니다. 그러나 현대의 하드웨어에서는 여전히 추론 속도가 꽤 빠릅니다.

결론적으로, 대규모 언어 모델은 기본적으로 작은 언어 모델을 확장한 버전이라 할 수 있습니다. 더 많은 데이터로 훈련되고, 더 많은 매개변수를 가지며, 일반적으로 더 높은 품질의 결과를 생성할 수 있지만, 훈련과 사용에는 더 많은 자원이 필요합니다. 또한 대규모 언어 모델의 중요한 장점 중 하나는 방대한 데이터 코퍼스에서 비지도 학습을 통해 훈련한 후, 소량의 데이터로 다양한 작업에 맞게 미세 조정할 수 있다는 점입니다.

7.4 대규모 언어 모델을 개발하고 활용하는 이유

대규모 언어 모델을 개발하고 사용하는 이유는 이러한 모델의 능력과 다양한 응용 분야에서 제공할 수 있는 잠재적인 이점과 관련이 있습니다. 다음은 이러한 주요 동기 중 몇 가지를 자세히 설명한 내용입니다.

7.4.1 향상된 성능

대규모 언어 모델은 충분한 양의 데이터로 훈련되면, 일반적으로 더 작은 모델에 비해 훨씬 뛰어난 성능을 발휘합니다. 이러한 모델들은 문맥을 이해하고, 미묘한 뉘앙스를 파악하며, 일관성 있고 문맥에 맞는 응답을 생성하는 데 더 능숙합니다. 이와 같은 성능 향상은 텍스트 분류, 개체명 인식, 감정 분석, 기계 번역, 질문 답변, 텍스트 생성 등 자연어 처리 분야의 다양한 작업에서 나타납니다. [표 7-1]에서 볼 수 있듯이 BERT와 GPT 같은 초기의 대규모 언어 모델들은 기존 모델들에 비해 일반 언어 이해 평가 general language understanding evaluation(GLUE) 벤치마크에서 더 우수한 성능을 보였습니다.

GLUE 벤치마크는 다양한 언어 이해(NLU) 과제를 모아놓은 평가 기준으로, 여러 언어적 도전을 통해 모델의 성능을 평가합니다. 여기에는 감정 분석, 질문 답변, 텍스트 함의 등 여러 과제가 포함되어 있으며, NLU 분야에서 모델 성능을 비교하고 개선하기 위한 널리 인정받는 표준입니다. 모든 과제에서 대규모 언어 모델의 성능이 더 뛰어난 것으로 나타났습니다.

표 7-1 GLUE 벤치마크에서 다양한 모델의 성능 비교(BERT와 GPT가 출시된 2018년 기준 비교)

모델	평균 (모든 과제)	감정 분석	문법적	유사도
BERT large	82.1	94.9	60.5	86.5
BERT base	79.6	93.5	52.1	85.8
오픈AI GPT	75.1	91.3	45.4	80.0
오픈AI 이전의 최신 기술 (SOTA State of the Art)	74.0	93.2	35.0	81.0
양방향 장단기 메모리 (BiLSTM) + 언어 모델 임베딩(ELMo) + 어텐션	71.0	90.4	36.0	73.3

7.4.2 폭넓은 일반화 능력

다양한 데이터셋으로 훈련된 대규모 언어 모델은 다양한 작업, 도메인, 또는 언어 스타일에 걸쳐 더 잘 일반화할 수 있습니다. 이 모델들은 훈련 데이터로부터 다양한 언어적 패턴, 스타일, 주제를 효과적으로 학습하고 이해할 수 있습니다. 이러한 폭넓은 일반화 능력 덕분에 챗봇부터 콘텐츠 생성, 정보 검색에 이르기까지 다양한 응용 분야에서 활용할 수 있는 다재다능한 모델이 됩니다.

언어 모델이 커질수록, 즉 더 많은 매개변수를 가질수록 모델은 데이터 내의 더 복잡한 관계와 미묘한 차이를 포착하고 인코딩할 수 있습니다. 다시 말해서 더 큰 모델은 훈련 데이터로부터 더 많은 정보를 학습하고 기억할 수 있습니다. 그 결과, 훈련 후에도 더 다양한 작업과 문맥을 처리하는 데 더 적합하게 됩니다. 이러한 복잡성과 용량의 증가는 더 큰 언어 모델이 다양한 작업에서 더 잘 일반화할 수 있게 만드는 이유입니다. [그림 7-1]에서 볼 수 있듯이, 더 큰 언어 모델이 여러 작업에서 더 나은 성능을 보입니다.

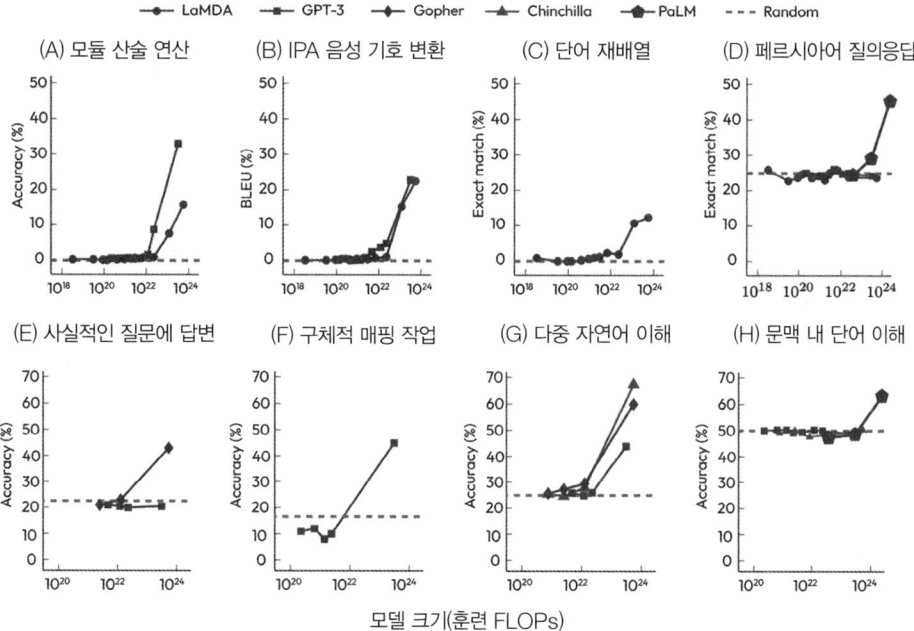

그림 7-1 언어 모델의 크기와 훈련에 따른 성능[3]

또한, [그림 7-2]에서는 지난 3년간 대규모 언어 모델 개발의 진전을 확인할 수 있습니다.

---

3 컬러 이미지는 부록 411쪽 참조

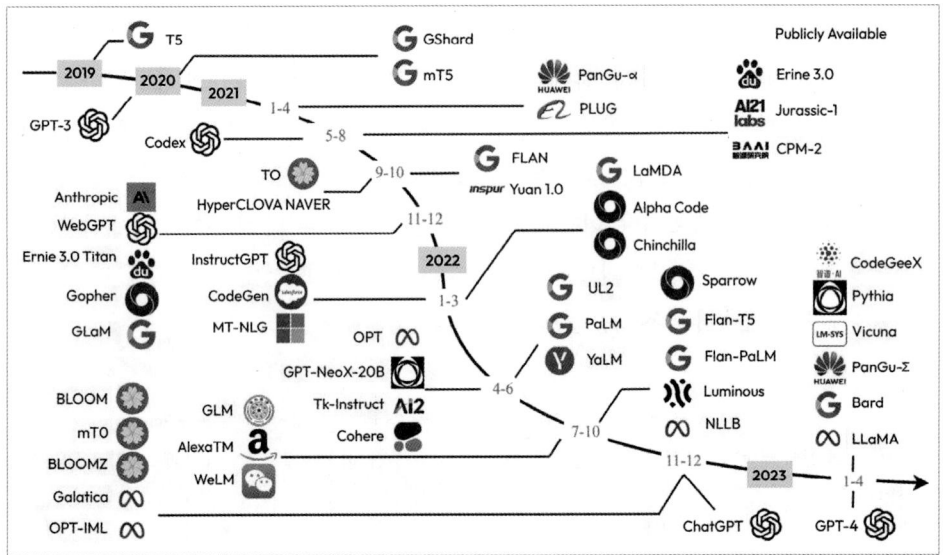

그림 7-2 2019년부터 2023년 사이에 출시된 언어 모델들(공개된 모델은 강조 표시됨)[4]

더 큰 모델이 일반화 능력이 더 뛰어난 경향이 있지만, 더 많은 계산 자원이 필요하고 과대적합의 위험이 커질 수 있다는 점도 염두에 두어야 합니다. 또한 모델이 수행할 작업과 도메인에 대해 훈련 데이터가 충분히 대표성을 갖도록 하는 것도 중요합니다. 그렇지 않으면 훈련 데이터에 존재하는 편향이 모델에 그대로 반영될 수 있습니다.

7.4.3 퓨샷 학습

GPT-3, GPT-3.5, GPT-4 같은 대규모 언어 모델은 퓨샷 학습에서 뛰어난 성능을 보여 줍니다. 몇 가지 예시^{shot}만 제공하면, 이 모델들은 유사한 작업을 효과적으로 수행할 수 있도록 일반화할 수 있습니다. 이를 통해 실제 응용 프로그램에서 이러한 모델을 조정하고 배포하는 과정이 더 효율적입니다. 프롬프트는 모델이 참조할 수 있는 정보, 예를 들어 질문과 답변의 예시를 포함하도록 설계할 수 있습니다.

---

4 컬러 이미지는 부록 412쪽 참조

모델은 주어진 예시로부터 일시적으로 학습하고, 이를 추가 정보로 활용합니다. 예를 들어, 개인 비서나 조언자로 대규모 언어 모델을 사용할 때, 사용자에 대한 배경 정보를 프롬프트에 포함하면, 모델이 사용자를 이해하고 개인화된 정보를 참조해 더 적절한 응답을 생성할 수 있습니다.

7.4.4 복잡한 문맥 이해

대규모 언어 모델은 방대한 양의 데이터로 훈련되고, 다양한 주제, 문학적 스타일, 미묘한 뉘앙스를 포함하여 깊이 있는 아키텍처와 대규모 매개변수 공간을 가지고 있어 복잡한 문맥을 이해하는 데 강점을 보입니다. 덕분에 복잡하거나 미묘한 상황에서도 적절하고 일관된 응답을 생성할 수 있습니다.

예를 들어, 사용자가 복잡한 과학 기사를 요약해 달라고 요청할 경우, 대규모 언어 모델은 해당 기사의 기술 용어와 문맥을 이해하고, 이를 바탕으로 간결하면서도 일관된 요약을 만들어낼 수 있습니다.

7.4.5 다국어 처리 능력

대규모 언어 모델은 여러 언어를 효과적으로 처리할 수 있어 글로벌 응용 프로그램에 적합합니다. 다음은 잘 알려진 다국어 언어 모델 몇 가지입니다.

- **mBERT(다국어 BERT)**: BERT의 확장판인 mBERT는 가장 방대한 위키백과를 보유한 상위 104개 언어를 대상으로 마스크드 언어 모델로 사전 훈련되었습니다.
- **XLM(교차 언어 모델)**: 100개 언어로 훈련되었으며, BERT 모델을 확장하여 교차 언어 모델 훈련을 위한 여러 방법을 포함합니다.
- **XLM-RoBERTa**: BERT의 최적화 버전인 RoBERTa를 확장한 모델로, 더 많은 언어를 포괄하는 대규모 다국어 코퍼스에서 훈련되었습니다.
- **MarianMT**: 허깅페이스의 Transformers 라이브러리에 포함된 모델로, 번역 작업에 최적화된 최첨단 트랜스포머 기반 모델입니다.

- **DistilBERT Multilingual**: mBERT를 기반으로 증류 과정을 통해 더 작고 빠르게 만든 다국어 모델입니다.
- **T2T(T5) Multilingual**: 텍스트-투-텍스트 전이 트랜스포머(T5) 모델의 변형으로, 번역 작업에 맞게 미세 조정된 모델입니다.

이 모델들은 번역, 개체명 인식, 품사 태깅, 감정 분석 등 다양한 언어 작업에서 뛰어난 성과를 보이고 있습니다.

7.4.6 사람과 유사한 텍스트 생성

대규모 언어 모델은 사람처럼 자연스러운 텍스트를 생성하는 데 뛰어난 능력을 갖추고 있습니다. 대화에서 문맥에 맞는 응답을 생성하고, 에세이를 작성하며, 시나 이야기 같은 창의적인 콘텐츠도 만들어낼 수 있습니다. GPT-3, 챗GPT, GPT-4와 같은 모델들은 텍스트 생성 작업에서 훌륭한 성능을 보여 주고 있습니다.

이러한 모델들의 장점이 많지만, 대규모 언어 모델을 사용할 때는 몇 가지 도전 과제와 잠재적인 위험도 존재합니다. 훈련과 배포에는 막대한 계산 자원이 필요하고, 유해하거나 편향된 콘텐츠를 생성할 가능성, 모델의 해석 가능성 문제, 환경적 영향 등과 관련된 우려도 있습니다. 연구자들은 이러한 문제를 해결하면서도 모델의 강력한 기능을 최대한 활용할 수 있는 방법을 찾기 위해 꾸준히 노력하고 있습니다.

이러한 이유로 기업들은 [그림 7-3]과 같이 더 큰 언어 모델을 개발하고 훈련하려고 시도하고 있습니다.

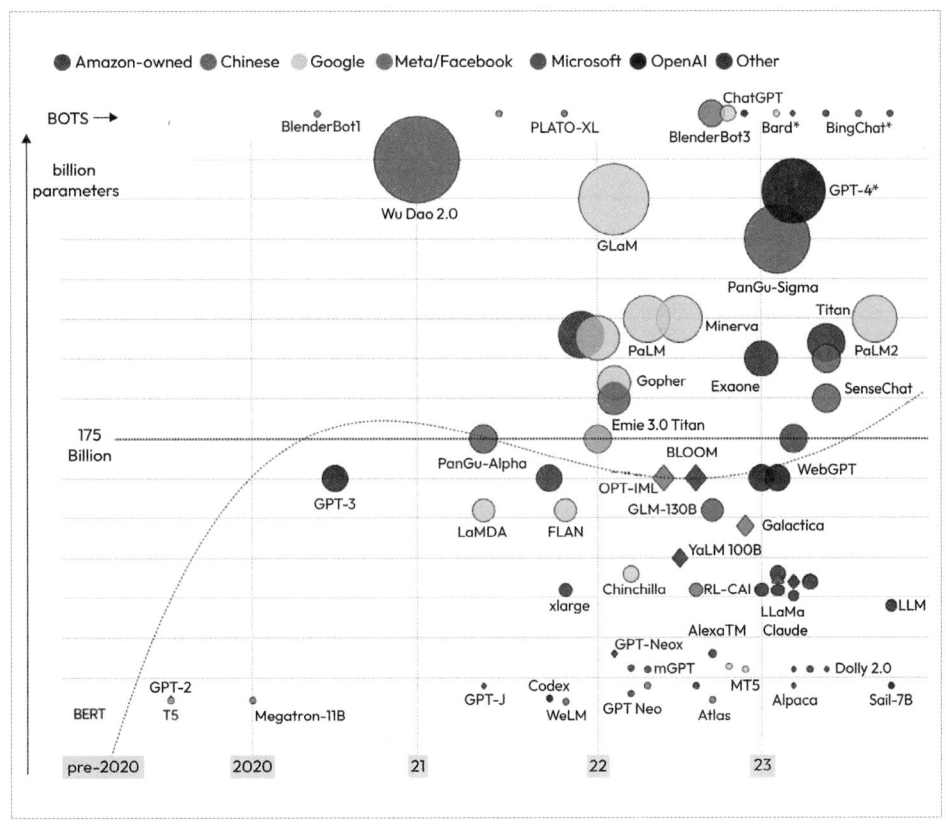

그림 7-3 최신 언어 모델과 그 크기, 개발사 정보[5]

7.5 대규모 언어 모델 개발 도전 과제

대규모 언어 모델을 개발하는 것은 방대한 양의 데이터를 다루는 점부터 막대한 계산 자원이 필요한 점, 편향을 유발하거나 강화할 위험이 있는 점까지 다양한 고유의 도전 과제를 안고 있습니다. 다음은 이러한 도전 과제들에 대한 자세한 설명입니다.

---

5 컬러 이미지는 부록 413쪽 참조

7.5.1 데이터의 양

대규모 언어 모델을 훈련하려면 방대한 양의 데이터가 필요합니다. 모델의 크기가 커질수록 다양하고 고품질의 훈련 데이터에 대한 필요성도 커집니다. 하지만 이렇게 큰 데이터셋을 수집하고 정제하는 일은 매우 어렵고, 시간과 비용이 많이 듭니다. 또한 훈련 데이터에 민감하거나 부적절한 데이터가 의도치 않게 포함될 위험도 있습니다. 예를 들어 BERT는 위키백과와 BookCorpus에서 33억 개의 단어로 훈련되었고, GPT-2는 40GB의 텍스트 데이터로, GPT-3는 570GB의 텍스트 데이터로 훈련되었습니다. [표 7-2]는 최근 언어 모델들의 매개변수 수와 훈련 데이터의 크기를 보여 줍니다.

표 7-2 최근 언어 모델들의 매개변수 수와 훈련 데이터 크기

모델	매개변수	훈련 데이터 크기
GPT-3.5	175B	3,000억 토큰
GPT-3	175B	3,000억 토큰
PaLM	540B	7,800억 토큰
LLaMA	65B	1.4조 토큰
Bloom	176B	3,660억 토큰

7.5.2 높은 계산 자원 요구

대규모 언어 모델을 훈련하려면 막대한 계산 자원이 필요합니다. 이들 모델은 수십억, 심지어 수조 개의 매개변수를 가지고 있으며, 훈련 중에 방대한 양의 데이터를 처리해야 하므로 고성능 하드웨어(GPU나 TPU 등)와 상당한 시간이 필요합니다. 이는 매우 비용이 많이 들며, 이러한 자원을 가진 기관만이 개발할 수 있는 제약이 될 수 있습니다. 예를 들어, GPT-3를 훈련하는 데는 약 100만 GPU 시간이 소요되었고, 그 비용은 약 460만 달러(2020년 기준)에 달했습니다. [표 7-3]은 최근 언어 모델들의 계산 자원과 훈련 시간을 보여 줍니다.

표 7-3 최근 언어 모델들의 하드웨어와 훈련 시간

모델	하드웨어	훈련 시간
PaLM	6144 TPU v4	-
LLaMA	2048 80G A100	21일
Bloom	384 80G A100	105일
GPT-3	1024x A100	34일
GPT-4	25000 A100	90~100일

7.5.3 편향의 위험성

대규모 언어 모델은 학습 데이터에 내재한 편향을 그대로 흡수하고 재생산할 위험이 있습니다. 이러한 편향은 언어 사용에서 드러나는 인종이나 성별에 대한 고정관념처럼 명백한 형태일 수도 있고, 특정 주제나 관점이 충분히 반영되지 않는 것처럼 더 미묘한 형태를 취할 수도 있습니다. 이 문제의 해결은 쉽지 않습니다. 언어 속 편향이 복잡한 사회적 맥락과 얽혀 있어, 어떤 상황에서 무엇을 편향으로 볼 것인지 판단하기조차 어려운 경우가 많기 때문입니다.

7.5.4 모델의 견고성

대규모 언어 모델이 모든 상황에서 일관된 성능을 발휘하도록 보장하는 것은 쉽지 않은 일입니다. 특히 훈련 데이터와 다른 유형의 입력을 처리하거나, 모호한 질문을 다루고, 분포를 벗어난 데이터를 처리하며, 응답의 일관성을 유지하는 것 등이 주요 과제입니다. 모델이 과대적합되지 않도록 하는 것이 모델의 견고성을 높이는 데 도움이 될 수 있지만, 완전히 견고한 모델을 만들기 위해서는 더 큰 노력이 필요합니다.

7.5.5 해석 가능성과 디버깅의 어려움

대규모 언어 모델은 대부분의 딥러닝(DL) 모델과 마찬가지로 종종 블랙박스로 여겨집니다. 모델이 특정 결과를 내놓는 이유나 그 과정을 파악하기 어렵기 때문에, 잘못된 출력이 나왔을 때

문제를 찾아 해결하는 것이 쉽지 않습니다. 이러한 한계를 극복하고자 모델의 해석 가능성을 높이는 연구가 활발히 진행 중입니다. 예를 들어, 일부 라이브러리는 특성 중요도 분석과 같은 기법을 통해 언어 모델의 의사 결정 과정을 들여다보려 시도합니다. 이는 주로 특정 단어를 제거하고 그로 인한 모델 출력의 변화를 기울기의 변화로 분석하는 방식으로 이루어집니다.

이러한 접근법 중 하나가 입력 교란input perturbation 기법입니다. 이 방법은 입력 텍스트의 일부 단어를 변경하거나 제거한 뒤, 모델 출력이 어떻게 달라지는지 관찰합니다. 이를 통해 특정 단어가 모델의 예측에 얼마나 중요한 역할을 하는지 파악할 수 있습니다. 예를 들어, 어떤 단어를 제거했을 때 모델의 예측이 크게 바뀐다면, 그 단어가 예측에 중요한 역할을 했다고 볼 수 있습니다.

경사 변화를 분석하는 방법도 많이 사용됩니다. 특정 단어를 제거했을 때 입력에 대한 출력의 경사가 어떻게 변하는지를 조사하면, 그 단어가 모델의 의사 결정에 어떻게 기여하는지를 이해할 수 있습니다.

이러한 해석 기법들은 복잡한 언어 모델의 의사 결정 과정을 좀 더 투명하게 만들어, 연구자들이 모델을 더 깊이 이해하고 개선할 수 있게 합니다. LIME이나 SHAP 같은 라이브러리는 이러한 모델 해석 작업을 위한 도구를 제공하여, 연구자들이 더 쉽게 모델 분석에 접근할 수 있도록 지원하고 있습니다.

7.5.6 환경적 영향

대규모 언어 모델을 훈련하는 데 필요한 막대한 계산 자원은 환경에 상당한 영향을 미칠 수 있습니다. 이러한 모델을 훈련하는 데 드는 에너지는 탄소 배출을 증가시킬 수 있으며, 이는 지속 가능성 측면에서 중요한 문제입니다.

또한 대규모 언어 모델과 관련해 개인정보 보호와 보안에 대한 우려도 있습니다. 예를 들어, 환자의 의료 정보를 사용해 훈련된 모델을 외부에 공유하지 않거나, 챗GPT 같은 공개적으로 사용 가능한 대규모 언어 모델에 민감한 정보를 입력하지 않는 것이 좋습니다. 이는 모델이 학습한 정보를 다른 사용자의 질문에 대한 답변 과정에서 의도치 않게 노출할 수 있기 때문입니다.

7.6 다양한 대규모 언어 모델의 유형

대규모 언어 모델은 일반적으로 대규모 텍스트 데이터 코퍼스를 기반으로 훈련된 신경망 아키텍처입니다. 여기서 **대규모**란 모델의 매개변수 수와 훈련 데이터의 양을 의미합니다. 다음은 몇 가지 대규모 언어 모델의 예입니다.

7.6.1 트랜스포머 모델

트랜스포머 모델은 최근 대규모 언어 모델 분야에서 가장 주목받는 아키텍처입니다. 이 모델은 「Attention is All You Need」[6]라는 논문에서 바스와니(Vaswani)와 그의 동료들이 처음 소개한 것으로, 입력 텍스트 내 단어들 간의 관계를 효과적으로 파악하는 셀프 어텐션 메커니즘을 핵심으로 합니다. 트랜스포머의 가장 큰 장점은 뛰어난 병렬 처리 능력으로, 이는 대규모 언어 모델을 훈련시키는 데 특히 유용합니다.

기존의 순환 신경망(RNN) 모델, 예를 들어 LSTM과 GRU 같은 모델에서는 텍스트 내의 단어, 서브워드, 또는 문자 등의 토큰 시퀀스를 순차적으로 처리해야 합니다. 이는 각 토큰의 표현이 해당 토큰 자체뿐만 아니라 시퀀스 내 이전 토큰에 의존하기 때문입니다. 이러한 모델의 순차적 특성은 연산을 병렬화하기 어렵게 만들어, 훈련 과정의 속도와 효율성을 제한할 수 있습니다.

반면, 트랜스포머 모델은 셀프 어텐션(또는 스케일드 점곱 어텐션)이라는 메커니즘을 사용하여 순차적 처리를 할 필요가 없습니다. 셀프 어텐션 과정에서는 각 토큰의 표현이 시퀀스 내 모든 토큰의 가중치 합으로 계산되며, 이 가중치는 어텐션 메커니즘에 의해 결정됩니다. 중요한 점은 각 토큰의 계산이 다른 토큰의 계산과 독립적으로 수행된다는 점으로 이를 통해 병렬 처리가 가능합니다.

이러한 병렬화 기능은 대규모 언어 모델을 훈련하는 데 여러 가지 이점을 제공합니다. 다음에서 이점들을 살펴보겠습니다.

---

6 https://arxiv.org/abs/1706.03762

속도

병렬화 덕분에 트랜스포머는 순환 신경망보다 더 빠르게 대량의 데이터를 처리할 수 있습니다. 이 속도는 방대한 양의 데이터를 처리해야 하는 대규모 언어 모델의 훈련 시간을 크게 단축할 수 있습니다.

확장성

트랜스포머의 병렬화 능력은 모델의 크기와 훈련 데이터의 양을 쉽게 확장할 수 있게 해 줍니다. 이러한 확장성은 대규모 언어 모델 개발에 매우 중요합니다. 왜냐하면 이 모델들은 일반적으로 더 큰 데이터셋과 더 많은 매개변수로 훈련될 때 더 나은 성능을 발휘하기 때문입니다.

장기적 의존성

트랜스포머는 모든 토큰을 동시에 고려하기 때문에, 토큰 간의 장기적 의존성을 더 잘 포착할 수 있습니다. 이는 언어와 관련된 많은 작업에서 유용하며, 대규모 언어 모델의 성능을 향상시키는 데 기여할 수 있습니다.

이러한 각 모델은 고유한 강점과 약점을 가지고 있으며, 최적의 모델 선택은 특정 작업, 사용 가능한 훈련 데이터의 양과 유형, 제공되는 계산 자원에 따라 달라질 수 있습니다.

7.7 최신 대규모 언어 모델의 설계 사례

여기에서는 이 책을 작성할 당시의 최신 대규모 언어 모델의 설계와 아키텍처에 대해 더 깊이 알아볼 것입니다.

7.7.1 GPT-3.5와 챗GPT

챗GPT의 핵심은 트랜스포머 모델 아키텍처입니다. 이 아키텍처는 예측을 할 때 입력된 서로 다른 단어들의 중요도를 평가하기 위해 셀프 어텐션 메커니즘을 사용합니다. 이를 통해 모델이 응답을 생성할 때 입력된 전체 문맥을 고려할 수 있습니다.

GPT 모델

챗GPT는 트랜스포머의 GPT 버전을 기반으로 합니다. GPT 모델은 이전의 모든 단어를 기반으로 시퀀스에서 다음 단어를 예측하도록 훈련됩니다. 이 모델은 텍스트를 왼쪽에서 오른쪽으로 처리하는 단방향 문맥을 사용하기 때문에 텍스트 생성 작업에 특히 적합합니다. 예를 들어, 챗GPT의 기반이 된 GPT-3는 1,750억 개의 매개변수를 포함하고 있습니다.

두 단계의 훈련 과정

챗GPT의 훈련 과정은 사전 훈련pretraining과 미세 조정fine-tuning이라는 두 단계로 이루어집니다.

사전 훈련

이 단계에서는 모델이 인터넷에서 공개적으로 이용할 수 있는 대규모 텍스트 데이터로 훈련됩니다. 하지만 모델은 훈련 세트에 포함된 특정 문서에 대한 정보를 알거나 특정 문서나 출처에 접근할 수는 없습니다.

미세 조정

사전 훈련이 끝난 후, 기본 모델은 오픈AI가 만든 맞춤형 데이터셋으로 미세 조정하여 추가 훈련됩니다. 이 데이터셋에는 올바른 행동을 보여 주는 예시와 다양한 응답을 비교하고 순위를 매기는 데이터가 포함됩니다. 일부 프롬프트는 Playground와 챗GPT 앱의 사용자로부터 제공되었으며, 이 데이터들은 익명화되어 개인정보가 포함되지 않도록 처리됩니다.

인공지능 학습을 위한 인간 피드백인 RLHF

미세 조정 과정의 중요한 부분 중 하나는 인공지능 학습을 위한 인간 피드백인 RLHF입니다. 이 과정에서는 인공지능 트레이너가 여러 예시 입력에 대해 모델이 생성한 출력에 피드백을 제공하며, 이 피드백은 모델의 응답을 개선하는 데 사용됩니다. RLHF는 챗GPT 훈련의 핵심 미세 조정 기법으로, 인간 평가자의 피드백을 바탕으로 모델의 성능을 세밀하게 조정하는 방법입니다. 여기서는 RLHF의 일반적인 개념을 설명하고, 다음 절에서는 단계별로 자세히 설명합니다.

RLHF의 첫 번째 단계는 인간 피드백을 수집하는 것입니다. 챗GPT의 경우, 인공지능 트레이너들이 사용자와 인공지능 비서 역할을 모두 맡아 대화에 참여하는 방식이 자주 사용됩니다. 트레이너들은 모델이 생성한 제안들을 참고하여 응답을 구성할 수 있습니다. 이러한 대화는 트레이너들이 마치 자신과 대화를 나누는 것처럼 구성되며, 이는 미세 조정을 위한 데이터셋에 추가됩니다.

대화 외에도 여러 모델 응답의 품질을 비교하고 순위를 매기는 데이터도 생성됩니다. 이는 대화의 한 턴turn을 가져와 여러 가지 다른 응답을 생성한 다음, 인간 평가자들이 이를 평가하고 순위를 매기는 방식으로 이루어집니다. 평가자들은 응답의 사실적 정확성뿐만 아니라 응답이 얼마나 유용하고 안전한지에 대해서도 평가합니다.

그런 다음, 모델은 **근접 정책 최적화**proximal policy optimization(PPO)라는 강화 학습 알고리즘을 사용해 미세 조정됩니다. PPO는 인간 피드백을 기반으로 모델의 응답을 개선하는 알고리즘으로, 더 높은 평가를 받은 응답의 가능성을 높이고 낮은 평가를 받은 응답의 가능성을 줄이도록 모델의 매개변수를 조정합니다.

RLHF는 반복적인 과정입니다. 인간 피드백을 수집하고, 비교 데이터를 생성하고, PPO를 사용하여 모델을 미세 조정하는 과정을 여러 번 반복함으로써 모델을 점진적으로 개선해나갑니다. 다음으로 PPO가 어떻게 작동하는지 더 자세히 살펴봅시다.

PPO는 에이전트의 정책(π)을 최적화하기 위해 사용하는 강화 학습 알고리즘입니다. 이 정책은 에이전트가 현재 상태를 바탕으로 행동을 선택하는 방식을 정의합니다. PPO는 이 정책을 최적화하여 기대되는 누적 보상을 최대화하는 것을 목표로 합니다.

PPO에 대해 알아보기 전에 보상 모델을 정의하는 것이 중요합니다. 강화 학습에서 보상 모델은 모든 상태-행동 쌍 (s, a)에 보상값을 할당하는 함수 R(s, a)입니다. 에이전트의 목표는 이러한 보상의 합계를 최대화하는 정책 π를 학습하는 것입니다.

수학적으로 강화 학습의 목표는 다음과 같이 정의될 수 있습니다.

$$J(\pi) = E_\pi \left[\sum_t R(s_t, a_t) \right]$$

이 식에서 $E_\pi[.]$는 정책 π를 따를 때 생성되는 상태-행동 쌍의 시퀀스(궤적)에 대한 기댓값을 의미합니다. 여기서 s_t는 시간 t에서의 상태이고, a_t는 시간 t에서 취해진 행동이며, $R(s_t, a_t)$는 시간 t에 받은 보상입니다.

PPO는 정책 공간을 탐색하면서 각 업데이트 시 정책의 지나친 변화를 방지하기 위해 이 목표를 수정합니다. 이를 위해 현재 정책 π_θ와 이전 정책 $\pi_{\theta_{old}}$의 확률 비율을 나타내는 $r_t(\theta)$라는 비율을 도입합니다.

$$r_t(\theta) = \frac{\pi_\theta(a_t \mid s_t)}{\pi_{\theta_{old}}(a_t \mid s_t)}$$

PPO의 목표는 다음과 같이 정의됩니다.

$$J_{PPO}(\pi) = E_{\pi_{old}}\left[\min\left(r_t(\theta)A_t, \text{clip}(r_t(\theta), 1-\epsilon, 1+\epsilon)A_t\right)\right]$$

여기서 A_t는 상태 s_t에서 행동 a_t를 취하는 것이 평균적인 행동보다 얼마나 더 나은지를 측정하는 어드밴티지 함수이며, $\text{clip}(r_t(\theta), 1-\epsilon, 1+\epsilon)S$는 너무 큰 정책 업데이트를 억제하기 위해 $r_t(\theta)$를 클리핑한 버전입니다.

이 알고리즘은 확률적 경사 상승법 stochastic gradient ascent을 사용하여 이 목표를 최적화하고, 정책 매개변수 θ를 조정하여 $J_{PPO}(\pi)$를 증가시킵니다.

챗GPT와 RLHF의 맥락에서는 상태가 대화의 히스토리, 행동이 모델이 생성한 메시지, 보상이 인간 피드백에 해당합니다. PPO는 모델 매개변수를 조정하여 인간 피드백에 따라 생성된 메시지의 품질을 향상시키는 데 사용됩니다.

인간 평가에 따른 순위는 보상 모델을 만드는 데 사용되며, 각 응답이 얼마나 좋은지를 정량화합니다. 보상 모델은 상태와 행동을 입력으로 받아 스칼라 보상을 출력하는 함수입니다. 여기에서의 행동은 대화의 문맥과 모델이 생성한 메시지이며, 훈련 중 모델은 기대되는 누적 보상을 최대화하려고 노력합니다.

RLHF의 목표는 모델의 행동을 인간의 가치와 일치시키고, 유용하고 안전한 응답을 생성하는 능력을 향상시키는 것입니다. 인간 피드백을 학습함으로써 챗GPT는 더 다양한 대화 문맥에 적응하고, 보다 적절하고 도움이 되는 응답을 제공할 수 있게 됩니다. 이러한 노력이 있음에도 시스템은 여전히 실수를 할 수 있으며, 이러한 오류를 처리하고 RLHF 과정을 개선하는 것은 현재도 활발히 진행 중인 연구 영역입니다.

응답 생성

챗GPT는 응답을 만들 때 전체 대화 맥락을 고려합니다. 이 맥락에는 이전의 모든 대화 내용과 사용자가 가장 최근에 입력한 메시지가 포함됩니다. 이 정보를 바탕으로 챗GPT는 적절한 응답을 생성합니다. 대화의 전체 맥락은 토큰화^{tokenize}하여 모델에 입력되고, 모델은 이에 대한 응답으로 일련의 토큰을 생성합니다. 생성된 토큰들은 역토큰화^{detokenize} 과정을 거쳐 최종 출력 텍스트가 완성됩니다.

시스템 수준 제어

오픈AI는 챗GPT에서 유해하거나 부정확한 출력을 줄이기 위해 몇 가지 시스템 수준의 제어 장치를 구현했습니다. 예를 들어, Moderation API는 특정 유형의 안전하지 않은 콘텐츠에 대해 경고하거나 차단하는 기능을 제공합니다.

챗GPT에서의 RLHF 단계별 과정

RLHF는 챗GPT와 같은 최신 모델에서 중요한 역할을 하므로, 이를 잘 이해하는 것이 유용합니다. 최근 몇 년간 대규모 언어 모델은 인간이 작성한 프롬프트를 기반으로 다양하고 설득력 있는 텍스트를 생성하는 뛰어난 능력을 보여 주었습니다. 하지만 좋은 텍스트의 정의는 본질적으로 주관적이며 상황에 따라 달라지기 때문에 명확히 규정하기가 어렵습니다. 예를 들어, 이야기를 작성할 때는 창의력이 필요하지만, 정보성 글은 정확성을 요구하고, 코드 스니펫은 실행 가능해야 합니다.

이러한 다양한 속성을 모두 반영하는 손실 함수$^{\text{loss function}}$를 정의하는 것은 사실상 불가능합니다. 그래서 대부분의 언어 모델은 교차 엔트로피$^{\text{cross-entropy}}$와 같은 기본적인 다음 토큰 예측 손실 함수로 훈련됩니다. 이러한 손실 함수의 한계를 극복하기 위해, 사람의 선호도에 더 잘 맞는 **BLEU**나 **ROUGE** 같은 평가 지표가 개발되었습니다. BLEU$^{\text{bilingual evaluation understudy}}$ 점수는 기계 번역된 텍스트가 기준 번역과 얼마나 일치하는지를 평가하는 지표입니다. 하지만 이러한 지표들도 생성된 텍스트를 단순한 규칙으로 참조와 비교하는 방식에 그쳐 본질적인 한계가 있습니다.

만약 생성된 텍스트에 대한 사람의 피드백을 성능 측정치로, 또는 더 나아가 모델을 최적화하는 손실 함수로 사용할 수 있다면 어떨까요? 이것이 바로 RLHF의 개념입니다. 강화 학습 기법을 활용하여 인간의 피드백을 기반으로 언어 모델을 직접 최적화하는 것입니다. RLHF는 일반 텍스트 코퍼스에서 훈련된 모델을 인간의 복잡한 가치관에 맞춰 조정할 수 있게 합니다.

RLHF의 성공적인 적용 사례 중 하나가 바로 챗GPT입니다.

RLHF는 복잡한 모델 훈련 과정과 다양한 배포 단계로 인해 상당한 도전 과제를 제시합니다. 여기에서는 훈련 절차를 세 가지 주요 단계로 나누어 설명합니다.

- 언어 모델 초기 사전 훈련
- 데이터 수집 및 보상 모델 훈련
- 강화 학습을 통한 언어 모델의 정교화

먼저 언어 모델의 사전 훈련 단계에 대해 살펴보겠습니다.

7.7.2 언어 모델 초기 사전 훈련

RLHF의 기반으로, 먼저 전통적인 사전 훈련 목표를 사용해 사전 훈련된 언어 모델을 사용합니다. 이를 위해 훈련 데이터를 기반으로 토크나이저를 만들고, 모델 아키텍처를 설계한 다음, 해당 훈련 데이터를 사용해 모델을 사전 훈련합니다. 오픈AI는 처음으로 RLHF를 적용한 모델인 InstructGPT에서 GPT-3의 소형 버전을 사용했습니다. 반면, 앤스로픽^{Anthropic}은 1,000만 개에서 520억 개 매개변수를 가진 트랜스포머 모델을 훈련에 사용했으며, 딥마인드^{DeepMind}는 2,800억 개 매개변수를 가진 Gopher 모델을 활용했습니다.

이 초기 모델은 추가 텍스트나 특정 조건에 맞춰 더 정교하게 조정할 수 있지만, 항상 그렇게 할 필요는 없습니다. 예를 들어 오픈AI는 선호되는 인간이 생성한 텍스트를 사용해 모델을 더 정밀하게 조정하는 방식을 택했습니다. 이 데이터셋은 RLHF 모델을 사용해 모델을 미세 조정하는 과정에서 인간이 제공한 문맥적 힌트를 바탕으로 원래 언어 모델 모델을 압축^{distill}하는 데 활용됩니다.

일반적으로 어떤 모델이 RLHF의 최적의 시작점이 되는지에 대한 명확한 답은 없습니다. RLHF 훈련을 위한 다양한 모델 옵션이 아직 충분히 연구되지 않았기 때문입니다.

다음 단계로 언어 모델이 준비되면 보상 모델을 훈련하기 위한 데이터를 생성해야 합니다. 이 단계는 인간의 선호도를 시스템에 반영하는 데 중요한 역할을 합니다.

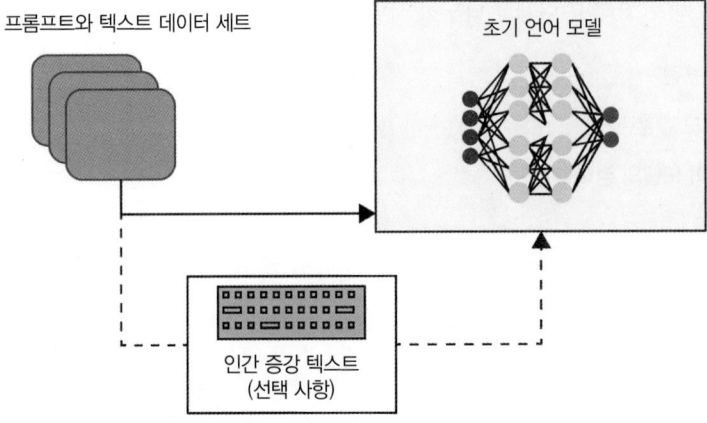

그림 7-4 언어 모델의 사전 훈련[7]

7.7.3 보상 모델 훈련

새롭게 제안된 방법에서는 RLHF를 보상 모델(RM)로 사용하며, 이를 선호 모델이라고도 부릅니다. 이 방법의 주요 내용은 텍스트를 입력으로 받아 인간의 선호도를 반영하는 하나의 스칼라 보상을 반환하는 것입니다. 이 접근 방식은 두 가지로 구현할 수 있습니다. 첫 번째 방법은 선호하는 출력을 제공하는 종단간 대규모 언어 모델을 구축하는 것으로, 대규모 언어 모델을 미세 조정하거나 처음부터 훈련하여 수행할 수 있습니다. 두 번째 방법은 대규모 언어 모델이 생성한 여러 출력을 평가하고 순위를 매겨 최상의 출력을 반환하는 추가 구성 요소를 두는 것입니다.

보상 모델 학습에 쓰이는 데이터는 프롬프트와 그에 상응하는 생성 텍스트로 구성됩니다. 프롬프트는 앤스로픽의 기존 데이터셋에서 무작위로 선택되며, 이후 초기 언어 모델을 통해 새로운 텍스트가 생성됩니다.

인간 평가자들이 언어 모델이 생성한 텍스트 출력의 순위를 매깁니다. 각 텍스트에 직접 점수를 매겨 보상 모델을 만드는 것이 직관적으로 보일 수 있지만, 현실에서는 어려움이 있습니다. 다양한 인간의 가치관으로 인해 이러한 점수는 표준화되지 않고 신뢰성이 떨어집니다. 따라서

---

7   컬러 이미지는 부록 414쪽 참조

여러 모델 출력을 비교하는 순위 매기기 방식을 사용하여 더욱 잘 정규화된 데이터셋을 생성합니다.

언어 모델의 성능을 평가하는 효과적인 방법으로, 동일한 주제에 대해 두 모델이 생성한 텍스트를 사람들이 직접 비교하는 방식이 있습니다. 이 비교 결과를 **Elo 평점 시스템**Elo rating system[8]에 적용하면 모델들 간의 상대적인 순위를 정할 수 있습니다. 이러한 평가 결과는 모델 훈련에 활용될 수 있는 수치화된 보상 신호로 변환됩니다. 원래 체스 선수들의 실력을 평가하기 위해 개발된 Elo 평점 시스템은 언어 모델의 RLHF에도 적용 가능합니다. 이 시스템에서 각 언어 모델은 하나의 선수player로 간주되며, 모델의 Elo 평점 시스템은 사람들이 선호하는 텍스트를 생성하는 능력을 반영합니다.

Elo 평점 시스템의 기본 메커니즘은 그대로 유지되며, 이를 대규모 언어 모델의 RLHF에 다음과 같이 적용할 수 있습니다.

- **초기화**initialization: 모든 모델은 보통 1,000 또는 1,500의 동일한 Elo 평점으로 시작합니다.
- **비교**comparison: 주어진 프롬프트에 대해 두 모델(A와 B)이 출력을 생성하고, 인간 평가자가 이 출력을 평가합니다. 만약 평가자가 모델 A의 출력을 더 낫다고 판단하면, 모델 A가 '승리'하고, 모델 B는 '패배'합니다.

이와 같은 방식으로 각 평가 후에 Elo 평점이 업데이트됩니다. 시간이 지나면서 이 등급은 인간의 선호도에 따라 모델의 지속적이고 동적인 순위를 제공합니다. 이는 훈련 과정에서의 모델 성능을 추적하고, 다양한 모델 간의 비교에 유용하게 활용됩니다.

성공적인 RLHF 시스템에서는 텍스트 생성에 맞춘 다양한 크기의 보상 대규모 언어 모델을 사용했습니다. 예를 들어 오픈AI는 175B 매개변수를 가진 대규모 언어 모델과 6B 매개변수의 보상 모델을 사용했으며, 앤스로픽은 10B에서 52B까지의 매개변수를 가진 언어 모델과 보상 모델을 사용했습니다. 딥마인드는 언어 모델과 보상 모델로 70B 매개변수의 Chinchilla 모델을 사용했습니다. 이는 선호 모델이 텍스트를 생성할 때 필요한 이해 능력과 일치해야 하기 때문입니다. RLHF 과정의 이 단계에서는 텍스트를 생성할 수 있는 초기 언어 모델과 인간의 선호도에 따라 텍스트에 점수를 매기는 선호 모델을 갖추게 됩니다. 다음으로는 보상 모델을 기준으로 원래의 언어 모델을 최적화하기 위해 강화 학습을 적용합니다.

---

[8] 옮긴이_ 체스 등의 2명제 게임에서 실력 측정 및 평가 산출법이다. 엘로는 이 산출법을 고안한 헝가리 태생 미국의 물리학자 아르파드 엘로에서 유래한다. https://ko.wikipedia.org/wiki/엘로_평점_시스템

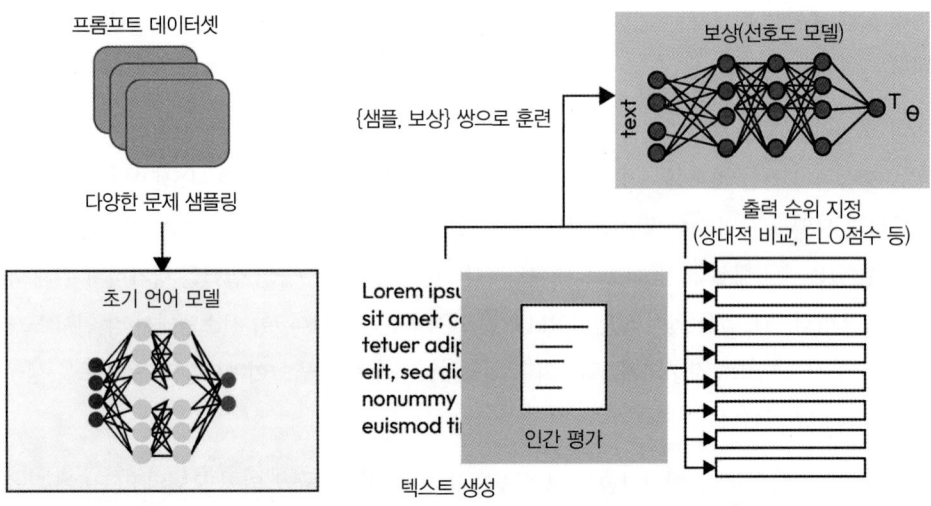

그림 7-5 강화 학습을 위한 보상 모델[9]

7.7.4 강화 학습을 통한 모델 미세 조정 방법

오랫동안 언어 모델을 강화 학습으로 훈련하는 것은 기술적, 알고리즘적 문제로 인해 불가능하다고 여겨졌습니다. 그러나 여러 연구 기관은 기울기 정책$^{policy-gradient}$ 강화 학습 알고리즘인 PPO$^{Proximal\ Policy\ Optimization}$를 사용하여 초기 언어 모델의 일부 또는 모든 매개변수를 미세 조정하는 데 성공했습니다. 이러한 과정에서 대부분의 매개변수는 고정되는데, 이는 100억에서 1000억 이상의 매개변수를 가진 전체 모델을 미세 조정하는 것이 막대한 비용을 요구하기 때문입니다. 이에 대한 심층적인 논의는 LoRA$^{Low-Rank\ Adaptation}$ 및 딥마인드의 Sparrow LM 관련 자료[10]를 참조하세요. PPO는 이미 정립된 알고리즘으로, 그 작동 원리를 설명하는 풍부한 자료가 존재합니다. 이 성숙한 기술은 RLHF의 분산 학습이라는 새로운 응용 분야로 확장하기에 적합했습니다. 특히, 이러한 대규모 모델을 기존의 알고리즘을 통해 업데이트하는 방법론이 정립되면서 RLHF 연구에서 중요한 진보가 이루어졌습니다. 이와 관련된 내용은 이후에 추가로 다룰 예정입니다.

이 미세 조정 작업은 강화 학습 문제로 정의할 수 있습니다. 기본적으로, 정책^{policy}은 프롬프트

---

9 컬러 이미지는 부록 414쪽 참조
10 https://arxiv.org/pdf/2209.14375

를 입력으로 받아 텍스트 시퀀스를 생성하는 언어 모델입니다(또는 텍스트에 대한 확률 분포를 생성할 수도 있습니다). 이 정책의 행동 공간은 언어 모델의 어휘에 해당하는 모든 토큰(일반적으로 약 50,000개)으로 구성되고, 관찰 공간은 가능한 입력 토큰 시퀀스의 분포입니다. 이는 기존의 강화 학습보다 훨씬 큰 차원을 갖게 되는데, 어휘 크기와 입력 토큰 시퀀스 길이의 거듭제곱(^)에 비례합니다. 보상 함수는 선호 모델과 정책 변화 제약을 결합한 형태입니다.

보상 함수는 여러 모델을 하나의 RLHF 과정으로 통합하는 핵심 요소입니다. 데이터셋에서 주어진 프롬프트 x에 대해, 현재 미세 조정된 정책이 텍스트 y를 생성합니다. 이 텍스트는 원래의 프롬프트와 함께 선호 모델에 전달되어 선호도를 나타내는 스칼라 값을 반환합니다(r_θ).

또한, 강화 학습 정책에서 생성된 토큰별 확률 분포는 초기 모델의 분포와 비교되어 이 차이에 대한 페널티가 계산됩니다. 오픈AI, 앤스로픽, 딥마인드의 여러 연구에서는 이 페널티를 토큰 분포 시퀀스 간의 **KL 발산**Kullback–Leibler Divergence을 스케일링한 값으로 정의했습니다(r_{KL}). KL 발산 항은 각 훈련 배치에서 강화 학습 정책이 초기 사전 훈련 모델에서 지나치게 벗어나지 않도록 제어하여, 보다 일관된 텍스트 출력을 보장합니다.

이 페널티가 없다면 최적화 과정에서 엉터리 텍스트를 생성해 보상 모델을 속여 높은 보상을 받을 위험이 있습니다. 실무적으로는 KL 발산을 두 분포에서 샘플링하여 근사합니다. 강화 학습 업데이트 규칙에 전달되는 최종 보상은 다음과 같이 계산됩니다.

$$r = r_\theta - \lambda r_{KL}$$

일부 RLHF 시스템에서는 보상 함수에 추가 항목을 포함하기도 합니다. 예를 들어, 오픈AI의 InstructGPT는 인간 주석 데이터셋에서 추가로 사전 훈련된 그레이디언트를 PPO의 업데이트 규칙에 혼합하는 방법을 시도해 좋은 결과를 얻었습니다. RLHF가 계속 연구되면서 보상 함수의 구성 방식도 더 발전할 것으로 보입니다.

마지막으로 업데이트 규칙은 PPO가 현재 데이터 배치에서 보상 지표를 최적화하도록 매개변수를 조정하는 과정입니다(PPO는 온−정책on-policy 알고리즘이기 때문에, 매개변수는 현재 배치의 프롬프트−생성 쌍에 대해서만 업데이트됩니다). PPO는 신뢰 영역 최적화 알고리즘으로, 그레이디언트의 변화가 지나치게 커져 학습 과정을 불안정하게 만들지 않도록 제약을 가합니다. 딥마인드는 Gopher 모델을 사용할 때도 유사한 보상 구조를 사용했지만, 동기식 어드밴티지 액터synchronous advantage actor를 사용했습니다.

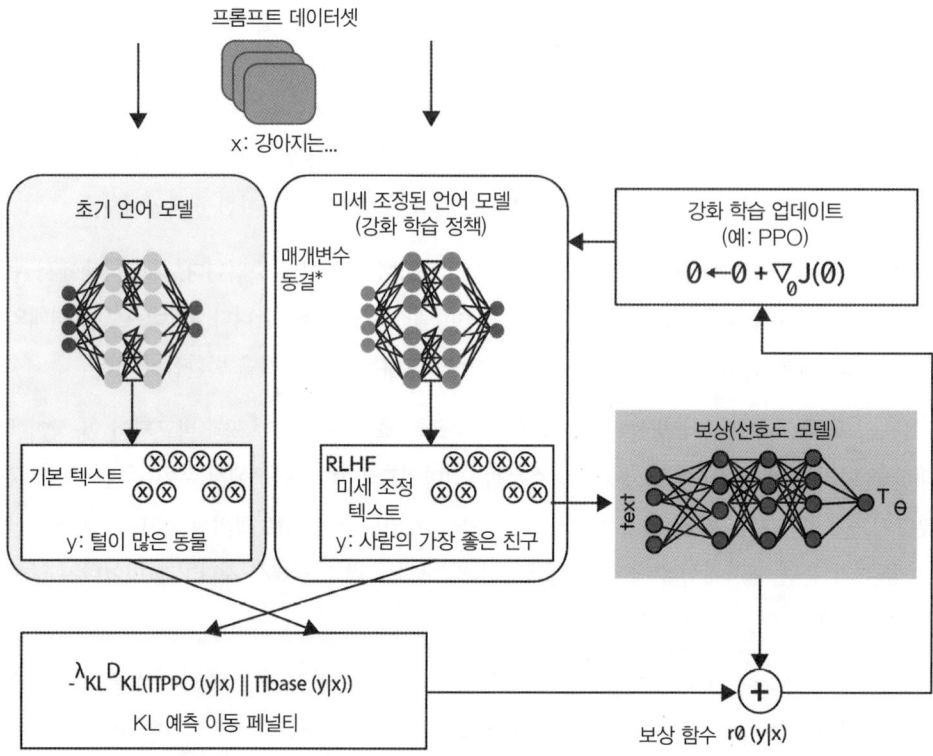

그림 7-6 강화 학습을 이용한 모델 미세 조정[11]

[그림 7-6]의 다이어그램은 두 모델이 동일한 프롬프트에 대해 서로 다른 응답을 생성하는 것처럼 보일 수 있지만, 실제로는 강화 학습 정책이 텍스트를 생성한 후, 이 텍스트가 초기 모델로 전달되어 KL 페널티를 계산합니다.

선택적으로 RLHF는 이 단계에서 보상 모델과 정책을 반복적으로 업데이트하는 방식으로 확장될 수 있습니다. 강화 학습 정책이 발전함에 따라 사용자는 이전 모델 버전과 비교하여 출력의 순위를 지속적으로 매길 수 있습니다. 그러나 대부분의 논문에서는 이러한 방식의 구현을 다루지 않았는데, 이 유형의 데이터를 수집하기 위해 필요한 배포 방식은 대화형 에이전트처럼 활성 사용자 기반에 접근할 수 있는 경우에만 작동하기 때문입니다. 앤스로픽은 이를 **반복적 온라인 RLHF**iterated online RLHF라고 언급하며(원본 논문 참조),[12] 정책의 반복이 모델 전반에 걸쳐 Elo

---

[11] 컬러 이미지는 부록 415쪽 참조
[12] https://arxiv.org/abs/2204.05862

순위 시스템에 통합되는 방식을 제안합니다. 이는 정책과 보상 모델이 동시에 진화하는 복잡한 동적 시스템을 만들어내며, 여전히 해결되지 않은 중요한 연구 과제입니다. 다음 절에서는 RLHF를 위한 몇 가지 잘 알려진 오픈 소스 도구를 소개하겠습니다.

7.7.5 GPT-4

이 책이 작성된 시점에는 GPT-4의 모델 설계에 대해서는 알려진 바가 거의 없습니다. 오픈AI가 정보를 공개하는 속도가 느린 가운데, GPT-4가 하나의 모델이 아니라 2,200억 개의 매개변수를 가진 8개의 모델로 이루어진 조합이라는 추측이 있습니다. 인공지능 커뮤니티의 주요 인사들에 의해 이러한 추측이 확인되기도 했습니다. 이는 오픈AI가 대규모 언어 모델 이전부터 존재하던 전문가 혼합mixture of experts(MoE)이라는 머신러닝 설계 기법을 사용해 모델을 만들었을 가능성을 시사합니다. 하지만 저자들은 이 가설을 지지하지만, 오픈AI가 이를 공식적으로 인정한 적은 없습니다.

이러한 추측에도 GPT-4의 뛰어난 성능은 그 내부 구조와 무관하게 명백히 드러납니다. GPT-4는 글쓰기와 코딩 작업에서 탁월한 능력을 보여 주며, 그것이 하나의 모델인지 또는 8개의 모델을 결합한 것인지는 그 영향력에 큰 차이를 주지 않습니다.

일반적인 의견으로는, 오픈AI가 경쟁적인 압박을 고려해 GPT-4의 사양을 공개하지 않고 대신 그 강력한 성능에만 집중하면서 기대치를 잘 조절해왔다는 이야기가 있습니다. GPT-4를 둘러싼 이러한 비밀스러움은 많은 사람들로 하여금 이를 과학적 경이로 여기게 만들었습니다.

7.7.6 LLaMA

메타는 인공지능 연구자들을 지원하기 위해 고성능 대규모 언어 모델인 LLaMA^{Large Language Model Meta AI}를 공개적으로 출시했습니다. 이를 통해 방대한 인프라에 접근할 수 없는 연구자들도 이러한 모델을 탐구할 수 있게 되어, 빠르게 발전하는 이 분야에서 연구 접근성을 넓히고 있습니다.

LLaMA 모델들은 상대적으로 적은 계산 능력과 자원이 필요하기 때문에, 새로운 접근 방식과 사용 사례를 탐구하기에 적합한 선택입니다. 여러 크기로 제공되는 이 모델들은 다양한 작업에 맞게 미세 조정할 수 있도록 설계되었으며, 책임 있는 인공지능 실천을 고려해 개발되었습니다.

대규모 언어 모델은 그 발전에도 불구하고, 훈련과 실행에 필요한 막대한 자원으로 인해 연구 접근성이 제한적입니다. 그러나 더 많은 토큰으로 훈련된 LLaMA와 같은 작은 모델은 특정 사용 사례에 맞게 재훈련하고 조정하기가 더 쉽습니다.

다른 모델들과 마찬가지로, LLaMA도 단어 시퀀스를 입력으로 받아 다음 단어를 예측하고 텍스트를 생성합니다. 그러나 LLaMA 역시 다른 모델들과 마찬가지로 편향, 유해한 댓글, 환각 같은 문제에 직면해 있습니다. 메타는 LLaMA의 코드를 공개함으로써 연구자들이 이러한 문제를 해결할 새로운 방법을 실험할 수 있도록 장려하고 있습니다.

메타는 인공지능 커뮤니티가 책임 있는 인공지능과 대규모 언어 모델에 대한 지침을 마련하기 위해 협력해야 한다고 강조하고 있습니다. LLaMA가 이 분야에서 새로운 학습과 발전을 촉진할 수 있기를 기대합니다.

7.7.7 PaLM

PaLM[Pathways Language Model]은 5,400억 개의 매개변수를 가진 밀집 활성화 트랜스포머 언어 모델로, 새로운 머신러닝 시스템인 패스웨이[Pathways]를 사용하여 6,144개의 TPU v4 칩에서 훈련되었습니다. 패스웨이는 여러 TPU 팟을 통해 매우 효율적인 훈련을 가능하게 합니다.

PaLM은 다양한 자연어 처리 작업에서 뛰어난 성능을 보여 주었으며, 그 예로는 다음과 같은 작업들이 있습니다.

- 다단계 추론 작업
- 최근 발표된 **BIG-bench**[Beyond the Imitation Game Benchmark]
- 다국어 작업
- 소스 코드 생성

빅 벤치[BIG-bench] 벤치마크는 대규모 언어 모델의 성능을 평가하기 위한 표준 벤치마크로 널리 알려져 있습니다. 빅 벤치는 다양한 작업을 통해 모델의 여러 분야에 걸친 성능과 자연어 이해, 문제 해결, 추론 능력을 평가하는 종합적인 평가 체계입니다. 총 132개 기관에서 450명의 기여자가 참여하여 204개의 작업이 포함되어 있으며, 언어학, 아동 발달, 수학, 상식적 추론, 생물학, 물리학, 소프트웨어 개발, 사회적 편향 등 다양한 주제를 다룹니다. 빅 벤치는 현재 기존 언어 모델이 해결하기 어려운 과제들에 중점을 두고 있습니다. 이 벤치마크의 주요 목표는 단순한 모방이나 튜링 테스트와 같은 평가를 넘어, 이러한 거대 모델의 능력과 한계를 더 깊이 있고 세밀하게 평가하는 것입니다. 이러한 접근 방식은 개방적이고 협력적인 평가를 통해 언어 모델과 그들이 사회에 미칠 잠재적 영향을 보다 포괄적으로 이해할 수 있다는 신념에 기반하고 있습니다.

PaLM 540B는 다양한 다단계 추론 작업에서 미세 조정된 최신 모델들을 능가하며, 빅 벤치 벤치마크에서는 평균적인 인간 성능을 초과합니다. 특히, 많은 빅 벤치 작업에서 PaLM의 크기가 커질수록 성능이 눈에 띄게 향상되며, 이는 모델 규모에 따른 비약적인 성능 향상을 보여줍니다. PaLM은 다국어 작업과 소스 코드 생성에서도 뛰어난 성능을 발휘합니다. 예를 들어, PaLM은 50개 언어 간 번역이 가능하며, 여러 프로그래밍 언어로 코드를 생성할 수 있습니다.

PaLM 논문의 저자들은 또한 대규모 언어 모델과 관련된 윤리적 문제에 대해서도 다루며, 잠재적인 문제를 완화하기 위한 방안도 논의합니다. 예를 들어 대규모 언어 모델이 편향된 결과를 생성할 가능성을 인식하는 것이 중요하며, 이를 탐지하고 완화하는 기술을 개발하는 것이 필요하다고 제안합니다.

PaLM 아키텍처

PaLM은 디코더 전용 구조로 설계된 기존 트랜스포머 모델 아키텍처를 사용합니다. 이 구조에서는 각 시점에서 자신과 이전 시점의 정보만을 참조할 수 있습니다. PaLM은 이 기본 구조에 여러 가지 수정 사항을 적용했으며, 주요 변경점은 다음과 같습니다.

- **SwiGLU 활성화 함수** SwiGLU activation: 일반적으로 사용되는 ReLU, GeLU, Swish 활성화 함수 대신, PaLM은 **다층 퍼셉트론**(MLP)의 중간 활성화 함수로 SwiGLU 활성화($Swish(xW) \cdot xV$)를 사용합니다. 모델의 품질을 높이는 데 더 효과적인 성능을 보이기 때문입니다. 다만, 이 방식은 기존의 두 번이 아닌 세 번의 행렬 곱셈이 필요합니다.
- **병렬 레이어 구성** parallel layer: PaLM은 일반적인 **직렬** serialized 방식 대신, 각 트랜스포머 블록을 **병렬** parallel로 처리하는 방식을 채택했습니다.

  표준적인 구조는 다음과 같습니다.

  $$y = x + MLP(LayerNorm(x + Attention(LayerNorm(x))))$$

반면, 병렬 구조는 다음과 같습니다.

$$y = x + MLP(LayerNorm(x)) + Attention(LayerNorm(x))$$

이 병렬 구조를 통해 MLP와 어텐션 입력의 행렬 곱셈이 결합되어 대규모 모델의 훈련 속도가 약 15% 빨라집니다.

- **다중 쿼리 어텐션**multi-query attention: 기존 트랜스포머에서는 k개의 어텐션 헤드를 사용하며, 각 시점에서 입력 벡터는 쿼리, 키, 값 텐서로 선형 변환되어 크기가 $[k, h]$가 됩니다(h는 어텐션 헤드의 크기). 새로운 접근 방식에서는 **키**와 **값**에 대한 투영이 모든 헤드에서 공유되며, **키**와 **값**은 $[1, h]$로 투영되고 **쿼리**만 $[k, h]$의 형태를 유지합니다. 저자들은 이러한 방식이 모델의 성능이나 훈련 속도에 큰 영향을 미치지 않으면서 자회귀 디코딩 시 상당한 비용 절감을 가져온다고 설명합니다. 이는 표준 다중 헤드 어텐션이 가속 하드웨어에서 자회귀 디코딩을 수행할 때 비효율적이기 때문인데, 이때 키-값 텐서가 각 예제에서 공유되지 않고 한 번에 하나의 토큰만 디코딩되기 때문입니다.

- **RoPE 위치 임베딩**: RoPE^{Rotary Position Embedding} 임베딩은 긴 시퀀스 길이에서 더 우수한 성능을 보이기 때문에, 기존의 절대적 또는 상대적 위치 임베딩보다 선호됩니다.

- **입출력 임베딩 공유**: 입력과 출력 임베딩 행렬을 공유하는데, 이는 이전 연구들에서도 종종 사용되는 방식입니다.

- **바이어스 없음**: 모델은 밀집 커널dense kernel이나 레이어 정규화layer norm에서 바이어스를 사용하지 않습니다. 이는 대규모 모델의 훈련 안정성을 높이는 데 기여합니다.

- **어휘**: PaLM은 256k 토큰으로 구성된 SentencePiece 어휘를 사용하여, 훈련 데이터에 포함된 다양한 언어를 효과적으로 처리합니다. 이를 통해 불필요한 토크나이징을 줄이고, 모든 공백과 사전에 없는 유니코드 문자를 보존하며, 숫자는 개별 숫자 토큰으로 나누어 명확하게 표현합니다.

PaLM은 매우 강력한 언어 모델로, 다양한 응용 분야에 활용될 수 있는 잠재력을 가지고 있습니다. 아직 개발이 진행 중이지만, 이미 여러 작업에서 뛰어난 성능을 입증하고 있습니다.

7.7.8 RLHF를 위한 오픈 소스 도구

오픈AI는 2019년에 RLHF^{Reinforcement Learning from Human Feedback}(인간 피드백을 통한 강화학습)를 위한 첫 번째 오픈 소스 코드를 공개했습니다. 이 코드는 요약과 같은 다양한 용도로 GPT-2를 개선하는 데 사용되었습니다. 모델은 인간의 피드백을 바탕으로 사람이 작성한 것과 유사한 출력을 생성하도록 최적화되었습니다. 예를 들어, 노트의 일부를 복사하는 방식과 유사한 결과를 도출합니다. 이 프로젝트에 대한 자세한 내용은 관련 링크[13]에서 확인할 수 있습니다. 코드도 관련 링크[14]에서 확인할 수 있습니다.

TRLTransformers Reinforcement Learning[15]은 허깅페이스 생태계에서 사전 훈련된 언어 모델을 PPO 알고리즘으로 미세 조정하기 위해 개발된 도구입니다. CarperAI가 개발한 확장 버전인 TRLX[16]는 온라인 및 오프라인 훈련 모두에서 더 큰 모델을 처리할 수 있습니다. 현재 TRLX는 최대 330억 매개변수의 대규모 언어 모델을 배포하기 위해 PPO와 **암시적 언어 Q-학습**implicit language Q-learning(ILQL)을 사용한 RLHF를 지원하는 프로덕션 준비 API를 갖추고 있습니다. TRLX의 향후 버전은 최대 2,000억 매개변수의 언어 모델을 수용하는 것을 목표로 하여, 이러한 규모에서 작업하는 머신러닝 엔지니어들에게 이상적입니다.

또 다른 유용한 라이브러리는 **RL4LMs**Reinforcement Learning for Language Models입니다. RL4LMs 프로젝트는 대규모 언어 모델이 인간의 선호도를 반영하도록 학습하는 문제를 다룹니다. 많은 자연어 처리 작업이 시퀀스 학습 문제로 간주할 수 있지만, 강화 학습 훈련의 불안정성, 자동화된 자연어 처리 평가지표의 높은 변동성, 보상 해킹 등의 문제로 인해 그 적용이 제한적입니다. 이 프로젝트는 다음과 같은 방법으로 문제 해결을 제시합니다.

- 언제 강화 학습을 사용할지에 대한 지침을 제공하고, GRUE라는 지속적으로 업데이트되는 벤치마크를 통해 적합한 자연어 처리 작업 및 평가지표를 제안합니다.
- 자연어 행동 공간과 보상 변동성을 더 잘 처리하기 위해 설계된 새로운 강화 학습 알고리즘인 **NLPO**Natural Language Policy Optimization을 도입합니다.
- 허깅페이스 라이브러리 내에서 트랜스포머를 훈련하기 위한 고품질 구현, 하이퍼파라미터, 다른 강화 학습 알고리즘에 대한 실용적인 조언을 제공합니다.

이 프로젝트의 코드는 관련 링크[17]에서 확인할 수 있습니다.

---

[13] *https://openai.com/research/fine-tuning-gpt-2*
[14] *https://github.com/openai/lm-human-preferences*
[15] *https://github.com/lvwerra/trl*
[16] *https://github.com/CarperAI/trlx*
[17] *https://github.com/allenai/RL4LMs*

7.8 요약

이번 장에서는 최첨단 대규모 언어 모델의 역동적이고 복잡한 세계를 깊이 있게 탐구했습니다. 이러한 모델들이 다양한 작업에 유연하게 활용될 수 있는 뛰어난 일반화 능력을 지니고 있다는 점을 알아보았으며, 언어의 미묘한 뉘앙스와 다양한 주제의 복잡성을 이해하는 데 탁월한 성능을 발휘한다는 중요한 측면을 강조했습니다.

또한 RLHF의 개념을 살펴보고, 이를 활용해 언어 모델의 성능을 개선하는 방법에 대해 알아보았습니다. RLHF는 인간의 판단을 모방해 모델을 개선하기 위해 스칼라 피드백을 사용함으로써, 자연어 처리 작업에서 흔히 발생하는 여러 문제들을 완화하는 데 도움을 줍니다.

이번 장에서는 이러한 모델을 다루기 위한 기술 요구 사항도 논의했으며, 트랜스포머, 강화 학습, 코딩 기술 등 기본적인 지식이 필요함을 강조했습니다.

그리고 GPT-4와 LLaMA 같은 주요 언어 모델의 아키텍처, 방법론, 성능에 대해 다뤘으며, 모델 예측을 해석하기 위한 몇 가지 라이브러리의 전략, 예를 들어 특정 단어를 제거하고 경사 변화를 분석하는 방법 등을 소개했습니다.

결론적으로, 이번 장에서는 대규모 언어 모델의 현재 상태에 대한 종합적인 개요를 제공하며, 이들의 능력과 도전 과제, 모델을 개선하기 위한 방법들, 그리고 평가와 해석을 위한 도구와 방법들의 발전에 대해 다루었습니다.

CHAPTER 8
대규모 언어 모델의 잠재력을 끌어내는 RAG 활용 방법

인공지능과 머신러닝이 급속히 발전하는 이 시대에, 다양한 자원을 이해하고 효과적으로 활용하는 능력은 매우 중요합니다. GPT-4와 같은 대규모 언어 모델은 콘텐츠 생성에서 복잡한 문제 해결에 이르기까지 자연어 처리 분야에서 혁신적인 성능을 발휘하며 큰 변화를 일으켰습니다. 이 모델들은 인간과 유사한 텍스트를 이해하고 생성하는 능력뿐만 아니라, 기계와 인간 간의 소통과 작업 자동화의 간극을 좁히는 데에도 큰 잠재력을 가지고 있습니다. 대규모 언어 모델의 실질적인 응용을 통해 기업, 연구자, 개발자들은 더 직관적이고 지능적이며 효율적인 시스템을 구축할 수 있습니다. 이번 장에서는 대규모 언어 모델의 설정 및 사용 방법을 알아보고, 이를 활용해 파이프라인을 구축하는 방법을 안내합니다.

먼저 **API**application programming interface를 사용하는 비공개 소스 모델부터 시작해 보겠습니다. 여기서는 오픈AI의 API를 예로 들어, 파이썬 코드에서 API 키를 사용해 어떻게 상호작용할 수 있는지를 실습해 보고, 이러한 모델을 실제 상황에서 어떻게 응용할 수 있는지 살펴봅니다.

다음으로, 파이썬을 통해 사용할 수 있고, 널리 사용되는 오픈 소스 모델들을 소개합니다. 이들 모델의 강력한 기능과 유연성을 이해할 수 있도록 돕고, 오픈 소스 개발이 주는 커뮤니티 중심의 이점도 강조할 것입니다.

이어지는 부분에서는 검색 증강 생성Retrieval-Augmented Generation(RAG)과 랭체인LangChain이라는 도구를 소개합니다. 랭체인은 대규모 언어 모델과의 상호작용을 위해 설계된 강력한 도구로, 대규모 언어 모델 기반 애플리케이션을 개발하고 배포하는 과정을 간소화하는 다양한 도구와 모듈을 제공합니다. 우리는 랭체인의 기본 개념을 설명하고, 대규모 언어 모델의 한계를 극복하기 위한 독특한 접근 방법을 소개합니다.

이 방법론의 근간은 데이터를 임베딩으로 전환하는 데 있습니다. 우리는 이 과정에서 언어 모델과 대규모 언어 모델의 핵심적인 기능을 살펴보고, 로컬 벡터 데이터베이스 설정 방법도 간단히 다룰 것입니다. 또한 벡터 데이터베이스의 기본 개념과 이를 통한 임베딩의 효율적인 관리 및 검색 기법을 소개하겠습니다.

그런 다음, 대규모 언어 모델을 활용해 프롬프트를 구성하는 방법을 탐구할 것입니다. 이 과정에서 임베딩 생성에 사용된 동일한 모델을 활용할 수 있습니다. 단계별 설명을 통해 이 전략의 이점과 다양한 응용 분야를 자세히 알아볼 예정입니다.

마지막으로, 대규모 언어 모델을 클라우드에 배포하는 방법에 대해 다룹니다. 클라우드 서비스의 확장성과 비용 효율성 덕분에 AI 모델 호스팅이 점점 더 널리 채택되고 있습니다. **마이크로소프트 애저**Microsoft Azure, **AWS**Amazon web Services, **GCP**Google Cloud Platform 등의 주요 클라우드 서비스 제공자에 대한 개요를 제공하고, 이들의 서비스가 대규모 언어 모델 배포에 어떻게 활용될 수 있는지에 대해 설명할 것입니다.

대규모 언어 모델에 대한 탐구를 시작하면서, 이러한 모델이 작동하는 데이터 환경이 끊임없이 변화하고 있다는 점을 인식하는 것이 중요합니다. 데이터의 양, 다양성, 복잡성이 증가하는 만큼, 대규모 언어 모델의 개발, 배포, 유지 관리 방법에도 새로운 접근이 필요합니다. 이후의 장들, 특히 10장에서 이러한 변화하는 데이터 환경이 주는 전략적 의미를 깊이 탐구하고, 이로 인한 도전과 기회를 준비할 수 있도록 돕겠습니다. 이러한 기초적인 이해는 여러분이 대규모 언어 모델을 다루는 데 큰 도움이 될 것이며, 빠르게 변화하는 기술과 데이터 중심의 변화에 맞춰 프로젝트를 지속 가능하고 유의미하게 유지할 수 있도록 도와줄 것입니다.

이번 장에서 다룰 주요 주제는 다음과 같습니다.

- 대규모 언어 모델 애플리케이션 설정: API 기반 비공개 소스 모델
- 프롬프트 엔지니어링과 GPT 초기 설정
- 대규모 언어 모델 애플리케이션 설정: 로컬 오픈 소스 모델
- 허깅페이스의 대규모 언어 모델을 파이썬으로 활용하기
- 고급 시스템 설계 탐구: RAG와 랭체인
- 주피터 노트북에서 간단한 랭체인 설정 검토
- 클라우드에서의 대규모 언어 모델 활용

8.1 기술 요구 사항

이 장을 위해 다음과 같은 준비가 필요합니다.

- **프로그래밍 지식**: 파이썬 프로그래밍에 익숙해야 합니다. 이버 장에서는 오픈 소스 모델, 오픈AI의 API, 랭체인을 모두 파이썬 코드로 설명할 것입니다.
- **오픈AI의 API 접근**: 비공개 소스 모델을 탐구하기 위해서는 오픈AI의 API 키가 필요합니다. 이 키는 오픈AI에 계정을 생성하고 서비스 약관에 동의하면 얻을 수 있습니다.
- **오픈 소스 모델**: 이 장에서 다룰 특정 오픈 소스 모델에 접근할 수 있어야 합니다. 이러한 모델들은 해당 저장소에서 다운로드하거나, pip 또는 conda와 같은 패키지 관리자를 통해 설치할 수 있습니다.
- **로컬 개발 환경**: 파이썬이 설치된 로컬 개발 환경이 필요합니다. 파이참PyCharm, 주피터 노트북, 또는 간단한 텍스트 편집기와 같은 **통합 개발 환경**(IDE)을 사용할 수 있습니다. 하지만 모든 요구 사항을 웹 인터페이스로 간편하게 제공하는 구글 코랩 노트북을 사용하는 것을 추천합니다.
- **라이브러리 설치 권한**: 넘파이NumPy, 사이파이SciPy, 텐서플로TensorFlow, 파이토치PyTorch 같은 필요한 파이썬 라이브러리를 설치할 수 있는 권한이 있어야 합니다. 제공된 코드에는 필요한 설치 명령이 포함되어 있어, 사전에 설치할 필요는 없습니다. 다만, 필요한 라이브러리를 설치할 수 있는 권한이 있어야 한다는 점을 강조합니다. 특히, 무료 구글 코랩 노트북을 사용하는 경우, 이 권한이 충분합니다.
- **하드웨어 요구 사항**: 작업하는 모델의 복잡성과 크기에 따라 충분한 처리 능력을 가진 컴퓨터(머신 러닝 작업의 경우 GPU 포함 가능)와 충분한 메모리가 필요할 수 있습니다. 이는 구글 코랩을 사용하지 않는 경우에 해당됩니다.

이제 대규모 언어 모델의 강력한 잠재력과 다양한 도구들에 대한 이해를 바탕으로, API를 활용하여 대규모 언어 모델 애플리케이션을 효과적으로 설정하는 방법을 더 깊이 알아보겠습니다.

8.2 대규모 언어 모델 애플리케이션 설정: API 기반의 비공개 소스 모델

모델, 특히 대규모 언어 모델을 활용할 때는 여러 가지 설계 선택과 트레이드오프가 존재합니다. 중요한 결정 중 하나는 모델을 로컬 환경에 호스팅할 것인지, 아니면 원격으로 접근하여 사용할 것인지를 선택하는 것입니다. 로컬 개발 환경이란 여러분의 코드가 실행되는 장소, 즉 개인 컴퓨터, 온프레미스 서버(자체 서버), 클라우드 환경 등을 의미합니다. 이 선택은 비용, 정보 보안, 유지 관리 필요성, 네트워크 부하, 추론 속도 등 다양한 측면에 영향을 미칩니다.

이번 절에서는 API를 통해 대규모 언어 모델을 원격으로 사용하는 빠르고 간단한 방법을 소개합니다. 이 방법은 대규모 언어 모델을 로컬에서 호스팅하기 위해 특별한 컴퓨팅 자원을 할당할 필요가 없기 때문에 매우 효율적입니다. 일반적으로 대규모 언어 모델은 개인 환경에서는 보기 힘든 대규모 메모리와 컴퓨팅 자원이 필요하기 때문입니다.

8.2.1 원격 대규모 언어 모델 제공자 선택하기

구현에 들어가기 전에, 프로젝트 요구 사항에 맞는 적절한 대규모 언어 모델 제공자를 선택해야 합니다. 예를 들어, 오픈AI는 GPT-3.5 및 GPT-4 모델의 여러 버전을 제공하며, 종합적인 API 문서도 함께 제공합니다.

파이썬을 통한 오픈AI의 원격 GPT 접근

오픈AI의 대규모 언어 모델 API에 접근하려면 먼저 해당 웹사이트에서 계정을 생성해야 합니다. 이 과정에는 등록, 계정 인증, API 자격 증명 획득이 포함됩니다.

오픈AI 웹사이트에서는 이러한 일반적인 작업에 대한 안내를 제공하므로, 쉽게 설정을 완료할 수 있습니다.

등록이 완료되면, 오픈AI의 API 문서를 숙지하는 것이 좋습니다. 이 문서에서는 대규모 언어 모델과 상호작용할 수 있는 다양한 엔드포인트, 메서드, 매개변수를 안내합니다.

첫 번째 실습으로 파이썬을 통해 오픈AI의 대규모 언어 모델을 사용하는 방법을 다뤄보겠습니다. 오픈AI의 GPT 모델을 API로 사용하는 간단한 절차를 알아보겠습니다. Ch8_Setting_Up_Close_Source_and_Open_Source_LLMs.ipynb 노트북을 참고하세요. 이 노트북은 오픈AI의 API에 대한 내용뿐만 아니라, 이후 로컬 대규모 언어 모델 설정에 대한 내용에서도 활용될 것입니다.

이제 코드 작성을 단계별로 살펴보겠습니다.

1. **필요한 파이썬 라이브러리 설치**: 대규모 언어 모델 API와 통신하기 위해 필요한 파이썬 라이브러리를 설치해야 합니다.

```
!pip install --upgrade openai
```

2. 오픈AI API 키 정의: 대규모 언어 모델 API에 요청을 보내기 전에 개인 API 키를 라이브러리의 설정에 포함시켜야 합니다. 이 API 키는 오픈AI 웹사이트에서 계정 등록 시 제공됩니다. 키 문자열을 코드에 하드코딩하거나 키를 저장한 파일에서 읽어들일 수 있습니다. 전자는 추가 파일 설정이 필요 없기 때문에 API를 쉽게 시연할 수 있지만, 공유 개발 환경에서는 적합하지 않을 수 있습니다.

```
openai.api_key = "<your key>"
```

3. 모델 설정: 여기서는 모델의 동작을 제어하는 다양한 매개변수를 설정합니다.

이렇게 해서 API를 통해 대규모 언어 모델에 연결하는 기본 설정이 완료되었습니다. 이제 기본 설정만큼이나 중요한 주제인 **프롬프트 엔지니어링과 프라이밍**priming[1]을 주로 알아보겠습니다. 이는 이러한 모델과 효과적으로 소통하는 기술입니다.

8.3 프롬프트 엔지니어링과 GPT 초기 설정

코드 부분에 앞서 먼저 배경을 알아보겠습니다.

프롬프트 엔지니어링은 자연어 처리에서 대규모 언어 모델과 효과적으로 상호작용하기 위해 프롬프트나 지시를 설계하는 기술입니다. 이 기술은 모델이 원하는 출력을 생성할 수 있도록 입력을 신중하게 구성하는 것을 포함합니다. 프롬프트에 특정한 단서나 맥락, 제약을 제공함으로써, 프롬프트 엔지니어링은 모델의 동작을 유도하고 더 정확하고 관련성 높은, 또는 특정 목적에 맞는 응답을 생성하도록 도와줍니다. 이 과정은 반복적인 수정, 실험, 그리고 모델의 강점과 한계를 이해하는 작업을 포함하며, 질문 응답, 요약, 대화 생성 등 다양한 작업에서 성능을 최적화하는 것을 목표로 합니다. 효과적인 프롬프트 엔지니어링은 언어 모델의 잠재력을 최대한 활용하고 사용자의 특정 요구에 부합하는 출력을 얻는 데 중요한 역할을 합니다.

---

1 옮긴이_ 프라이밍이라는 용어는 원래 심리학에서 나온 개념으로, 특정 자극이나 정보가 나중에 인식이나 행동에 영향을 미치는 현상을 설명합니다. 이 개념이 인공지능과 자연어 처리 분야로 확장되어, 모델에게 특정한 맥락이나 예시를 제공함으로써 모델의 반응을 원하는 방향으로 유도하는 것을 의미하게 되었습니다. 한국어로 대체하면 사전 설정 혹은 초기 설정, 맥락 제공 등의 의미로 볼 수 있습니다.

이제 프롬프트 엔지니어링에서 매우 중요한 도구인 **프라이밍**에 대해 알아보겠습니다. API를 통해 GPT를 프라이밍하는 것은 모델이 응답을 생성하기 전에 초기 맥락을 제공하는 작업을 의미합니다. 이 프라이밍 단계는 생성되는 콘텐츠의 방향과 스타일을 설정하는 데 도움을 줍니다. 모델에게 원하는 출력과 관련된 정보나 예시를 제공함으로써, 모델의 이해를 유도하고 더 집중적이고 일관된 응답을 생성할 수 있습니다. 프라이밍은 특정 지시사항, 맥락, 또는 원하는 결과와 일치하는 부분적인 문장을 포함시키는 방식으로 이루어집니다. 효과적인 프라이밍은 모델이 사용자의 의도나 특정 요구에 더 잘 맞는 응답을 생성하도록 도와줍니다.

프라이밍은 GPT에게 여러 유형의 메시지를 제공하여 수행됩니다.

첫 번째 메시지는 **시스템 프롬프트** system prompt입니다. 이 메시지는 모델에게 그 역할role, 질문에 답하는 방식, 제약 조건 등을 지시합니다.

두 번째 메시지는 **사용자 프롬프트** user prompt입니다. 사용자 프롬프트는 프라이밍 단계에서 모델에게 보내지는 예시 프롬프트로, 이는 챗GPT의 웹 인터페이스에서 입력할 수 있는 프롬프트와 유사합니다. 프라이밍 시에는 이 메시지를 모델에게 예시로 제시하여 그러한 프롬프트를 어떻게 처리해야 하는지 보여 줄 수 있습니다. 개발자는 사용자 프롬프트를 제공한 다음, 모델에게 해당 프롬프트에 어떻게 응답해야 하는지를 예시로 보여 줍니다.

예를 들어 다음과 같은 프라이밍 코드를 살펴보겠습니다.

```
response = client.chat.completions.create(
    model="gpt-4o-mini",
    messages=[
        {"role": "system",
         "content": "당신은 도움이 되는 어시스턴트입니다. 간단한 답변을 제공하며, 답변은 Markdown 문법으로 포맷합니다."},
        {"role": "user",
         "content": "Python 라이브러리 pandas를 어떻게 임포트하나요?"},
        {"role": "assistant",
         "content": "다음과 같이 pandas를 임포트할 수 있습니다:  \n'''\nimport pandas as pd\n'''"},
        {"role": "user",
         "content": "Python 라이브러리 numpy를 어떻게 임포트하나요?"}
    ])
text = response.choices[0].message.content.strip()
print(text)
```

이 코드는 다음과 같은 출력을 생성합니다.

```
다음과 같이 numpy를 임포트할 수 있습니다:
'''python
import numpy as np
'''
```

여기서 모델이 마크다운 형식으로 간결한 답변을 제공하도록 프라이밍하고 있음을 볼 수 있습니다. 모델을 학습시키기 위해 사용한 예시는 질문과 답변의 형태입니다. 질문은 사용자 프롬프트를 통해 이루어지며, 모델에게 잠재적인 답변이 무엇인지 알려 주는 방식은 어시스턴트 프롬프트를 통해 제공됩니다. 그 다음 모델에게 실제로 다루기를 원하는 사용자 프롬프트를 제공하면, 출력에서 볼 수 있듯이 모델은 이를 이해하고 적절하게 응답합니다.

오픈AI의 프롬프트 엔지니어링 문서를 참고하면, GPT 모델을 프라이밍할 수 있는 추가적인 프롬프트 유형들이 있음을 알 수 있습니다.

이제 노트북과 코드로 돌아가, 이번 절에서는 **GPT-4o-mini**를 활용해 보겠습니다. 우리는 가장 단순한 방식으로 모델을 프라이밍하는데, 시스템 프롬프트만을 제공하여 모델이 특정한 지시사항을 따르도록 설정합니다. 이를 통해 시스템 프롬프트에서 어떤 추가적인 기능이 파생될 수 있는지를 보여 주려고 합니다. 우리는 모델에게 프롬프트에서 오타를 감지하고 수정하도록 지시합니다.

이후 사용자 프롬프트 섹션에 우리가 원하는 내용을 입력하되, 의도적으로 몇 개의 오타를 포함시킵니다. 이제 이 코드를 실행해 보고, 모델이 어떻게 반응하는지 직접 확인해 보세요.

8.3.1 오픈AI의 GPT 모델 실험하기

이 단계에서 우리는 모델에 프롬프트를 전송합니다.

다음의 간단한 예제 코드는 Ch8_Setting_Up_Close_Source_and_Open_Source_LLMs.ipynb 노트북에서 한 번 실행됩니다. 이 코드를 함수로 감싸서 여러분의 코드에서 반복적으로 사용할 수도 있습니다.

여기서 주목할 몇 가지 사항은 다음과 같습니다.

- **출력 처리 및 파싱**: 모델이 반환한 응답을 사용자에게 읽기 쉽게 구조화합니다.

  ```
  print(f"프롬프트: {user_prompt_oai}\n\n{openai_model}의 응답:
  \n{response_oai}")
  ```

- **오류 처리**: API 사용 중 실패가 발생할 경우 여러 번 재시도할 수 있도록 코드를 설계했습니다.

  ```
  except Exception as output:
      attempts += 1
      if attempts >= max_attempts:
          [...]
  ```

- **속도 제한 및 비용 관리**: 이 예제에서는 이러한 제한을 구현하지 않았지만, 실험 환경이나 실제 운영에서는 이를 고려하는 것이 좋습니다.

위 코드의 실행 결과는 다음과 같습니다.

프롬프트: 신경과학이 사람이 죽기 전 마지막 생각을 추출할 수 있다면, 세상은 어떻게 달라질까요?

gpt-4o-mini의 응답:
신경과학이 사람이 죽기 전 마지막 생각을 추출할 수 있다면, 세상은 여러 면에서 크게 변화할 수 있습니다.

1.
윤리적 논의: 마지막 생각을 추출하는 기술이 개발된다면, 이는 개인의 사생활과 윤리에 대한 심각한 논의를 촉발할 것입니다.
사람들은 자신의 마지막 생각이 공개되는 것에 대해 어떻게 느낄지, 그리고 그것이 유족에게 어떤 영향을 미칠지에 대한 우려가 커질 것입니다.

2.
심리적 영향: 죽음에 대한 인식이 변화할 수 있습니다.
사람들이 자신의 마지막 생각이 기록될 수 있다는 사실을 알게 된다면, 죽음을 바라보는 태도나 준비 방식이 달라질 수 있습니다.
이는 죽음에 대한 두려움을 줄이거나, 반대로 더 큰 불안을 초래할 수 있습니다.

3.
법적 및 사회적 변화: 마지막 생각이 범죄 사건의 증거로 사용될 수 있다면,

법적 시스템에 큰 변화가 필요할 것입니다.
이는 범죄 수사와 재판 과정에 새로운 차원을 추가할 수 있습니다.

4.
의료 및 치료: 마지막 생각을 통해 환자의 고통이나 불안감을 이해하고, 이를
바탕으로 더 나은 치료 방법을 개발할 수 있는 기회가 생길 수 있습니다.

5.
철학적 질문: 마지막 생각이 무엇을 의미하는지에 대한 철학적 질문이 제기될
것입니다.
마지막 순간의 생각이 개인의 삶을 어떻게 요약하는지, 그리고 그것이 개인의 정체성과
어떤 관계가 있는지에 대한 논의가 활발해질 것입니다.

이러한 변화들은 사회 전반에 걸쳐 깊은 영향을 미칠 수 있으며, 인간 존재에 대한
이해를 새롭게 할 수 있습니다.

오타 수정 사항:
- "주출" → "추출"
- "달아질까요?" → "달라질까요?"

모델은 정확하고 간결한 응답을 제공했고, 프롬프트 내 오타를 감지해 알려 주었습니다. 이는 우리가 설정한 시스템 프롬프트와 잘 부합합니다.

이 예제는 원격 비공개 대규모 언어 모델을 활용한 사례를 보여 줍니다. 오픈AI 같은 유료 API를 사용하면 편리하게 최첨단 성능을 경험할 수 있지만, 무료 오픈 소스 대규모 언어 모델에도 상당한 잠재력이 있습니다. 이제 이러한 비용 효율적인 대안들을 살펴보겠습니다.

8.4 대규모 언어 모델 애플리케이션 설정: 로컬 오픈 소스 모델

이제 비공개 소스 모델의 대안으로, 오픈 소스 모델을 로컬에서 구현하는 방법에 대해 살펴보겠습니다.

앞에서 다룬 비공개 소스 모델과 유사한 기능을 제공하면서도 계정 등록, 비용 지불, 또는 오픈AI 같은 제3자와 민감한 정보를 공유하지 않고도 구현할 수 있는 방법을 알아보겠습니다.

8.4.1 오픈 소스와 비공개 소스 간의 차이점에 대한 이해

LLaMA와 GPT-J 같은 오픈 소스 대규모 언어 모델과 오픈AI의 GPT 같은 비공개 소스 API 기반 모델을 선택할 때는 몇 가지 중요한 요소를 고려해야 합니다.

첫째, 비용입니다. 오픈 소스 대규모 언어 모델은 일반적으로 라이선스 비용이 없지만, 훈련과 추론에 상당한 컴퓨팅 자원이 필요하며, 이는 비용이 많이 들 수 있습니다. 반면, 비공개 소스 모델은 구독료나 사용료가 발생할 수 있지만, 대규모 하드웨어 투자의 부담을 덜어 줍니다.

처리 속도와 유지 관리 측면에서도 차이가 있습니다. 오픈 소스 대규모 언어 모델은 강력한 시스템에서 배포될 경우 높은 처리 속도를 제공할 수 있지만, 이를 유지 관리하고 업데이트하는 데에는 추가적인 노력이 필요합니다. 반면, 제공업체가 관리하는 비공개 소스 모델은 지속적인 유지보수와 모델 업데이트를 제공하지만, 처리 속도는 제공업체의 인프라와 네트워크 지연에 영향을 받을 수 있습니다.

모델 업데이트 측면에서는 오픈 소스 모델이 더 많은 제어권을 제공하지만, 최신 연구와 개선 사항을 반영하려면 적극적인 관리가 필요합니다. 비공개 소스 모델은 제공업체가 정기적으로 업데이트를 제공해, 사용자가 별도의 노력을 기울이지 않고도 최신 기술을 활용할 수 있습니다.

보안과 프라이버시도 중요한 고려 사항입니다. 오픈 소스 모델은 개인 서버에서 실행할 수 있어 데이터 프라이버시를 보장할 수 있지만, 강력한 내부 보안 체계가 필요합니다. 반면, 외부 제공업체가 관리하는 비공개 소스 모델은 내장된 보안 기능을 제공하지만, 제3자가 데이터를 처리하는 과정에서 프라이버시 문제가 발생할 가능성이 있습니다.

결국, 오픈 소스와 비공개 소스 대규모 언어 모델을 선택할 때는 비용, 제어권, 편의성 간의 균형을 고려해야 하며, 각각의 옵션은 고유한 장점과 과제를 가지고 있습니다.

8.4.2 허깅페이스 모델 허브에 대해 알아보기

이제 허깅페이스로 돌아가서 무료로 접근할 수 있는 가장 큰 대규모 언어 모델 허브를 살펴보겠습니다. 다음 예제에서는 허깅페이스의 간편하고 무료로 제공되는 라이브러리인 `transformers`를 활용해 보겠습니다.

허깅페이스의 모델 허브 작업에 적합한 대규모 언어 모델을 선택할 때는 허깅페이스의 모델 페이지를 참조하는 것이 좋습니다. 이 페이지에서는 수많은 파이썬 기반 오픈 소스 대규모 언어 모델을 제공합니다. 각 모델에는 전용 페이지가 있으며, 그 페이지에서 해당 모델을 파이썬 코드로 사용하는 방법과 관련된 구문 정보를 확인할 수 있습니다.

로컬 환경에서 모델을 실행하기 위해서는 인터넷 연결이 필수적입니다. 그러나 기업 네트워크 정책이나 방화벽 설정으로 인해 외부 접속이 제한되는 경우가 있습니다. 이런 상황에서는 허깅 페이스의 모델 저장소를 미리 클론해 두는 것이 좋습니다. 각 모델의 웹페이지에서 클론에 필요한 명령어를 쉽게 찾을 수 있어, 인터넷 접근이 제한된 환경에서도 모델을 효과적으로 사용할 수 있습니다.

모델 선택하기

모델 선택 모델을 선택할 때는 여러 가지 요소를 고려해야 합니다. 예를 들어, 설정 속도, 처리 속도, 저장 공간, 계산 자원, 법적 사용 제한 등이 중요한 요소가 될 수 있습니다. 또한 모델의 인기도도 중요한 요소 중 하나입니다. 모델의 인기도는 해당 모델이 커뮤니티 내에서 얼마나 자주 선택되는지를 보여 주며, 다른 개발자들이 얼마나 신뢰하는지를 간접적으로 나타냅니다. 예를 들어, 제로샷 분류[Zero-shot classification]로 레이블링된 언어 모델을 검색하면 다양한 모델이 나타나겠지만, 이를 뉴스 기사 데이터를 기반으로 학습된 모델로 범위를 좁히면 선택할 수 있는 모델의 수가 줄어들게 됩니다. 이 경우, 각 모델의 인기도를 참고하여 가장 많이 사용된 모델부터 탐색을 시작하는 것이 좋습니다.

또 다른 고려 사항으로 해당 모델에 대한 논문, 모델 개발자, 모델을 출시한 회사나 대학, 모델이 학습된 데이터셋, 모델 설계에 사용된 아키텍처, 평가 지표 등도 고려할 수 있습니다. 이러한 정보들은 허깅페이스 웹사이트의 각 모델 페이지에서 확인할 수 있습니다.

8.5 허깅페이스의 대규모 언어 모델을 파이썬으로 활용하기

이제 허깅페이스의 무료 리소스를 활용해 대규모 언어 모델을 로컬에서 구현하는 코드 노트북을 살펴보겠습니다. 앞 절에서 사용한 `Ch8_Setting_Up_Close_Source_and_Open_Source_LLMs.ipynb` 노트북을 계속 사용할 것입니다.

1. **필요한 파이썬 라이브러리 설치**: 허깅페이스의 오픈 소스 모델과 다양한 리소스를 자유롭게 사용하려면 필요한 파이썬 라이브러리를 설치해야 합니다. 터미널에서 pip 명령어를 사용하여 다음을 실행합니다.

   ```
   pip install –upgrade transformers
   ```

   또는 주피터 노트북에서 직접 실행할 경우 명령어 앞에 !를 추가합니다.

2. **마이크로소프트의 DialoGPT-medium 사용해 보기**: 이 대규모 언어 모델은 대화형 애플리케이션에 특화된 모델로, 마이크로소프트에서 개발했으며, 일반적인 벤치마크에서 다른 모델과 비교해 높은 점수를 기록했습니다. 이러한 이유로 허깅페이스 플랫폼[2]에서도 매우 인기가 많아 머신러닝 개발자들이 자주 다운로드합니다. 하지만 한국어를 제대로 지원하지 않아 여기에서는 영어로 질문하고 답을 얻어 보겠습니다.

3. **설정**: 노트북의 설정 코드 섹션에서 이 코드를 위한 매개변수를 정의하고, 모델과 토크나이저를 가져옵니다.

   ```
   from transformers import AutoTokenizer, AutoModelForCausalLM

   hf_model = "microsoft/DialoGPT-medium"
   max_length = 1000
   tokenizer = AutoTokenizer.from_pretrained(hf_model)
   model = AutoModelForCausalLM.from_pretrained(hf_model)
   ```

   이 코드를 실행하려면 인터넷 연결이 필요합니다. 모델을 로컬에서 실행하더라도, 처음 모델을 다운로드할 때는 인터넷 접속이 필요합니다. 하지만 오프라인 환경에서 작업해야 한다면, 허깅페이스에서 모델 저장소를 미리 클론해 두면 인터넷 없이도 모델을 사용할 수 있습니다.

4. **프롬프트 정의**: 다음 코드 블록에서 볼 수 있듯이, 여기서는 GPT-4o-mini 모델의 사용자 프롬프트와 유사한 간단한 프롬프트를 선택했습니다.

5. **모델 실험**: 여기에서는 이 코드에 맞는 구문을 사용합니다. 이 모델로 대화를 지속적으로 이어가고 싶다면, 이 코드를 함수로 감싸고 반복하여 실시간으로 사용자로부터 프롬프트를 수집할 수 있습니다.

---

[2] 옮긴이_ 해당 모델의 허깅페이스 페이지 링크 https://huggingface.co/microsoft/DialoGPT-medium

6. **결과**: 만약 공룡이 오늘날 살아있다면, 사람들에게 위협이 될까요?(If dinosaurs were alive today, would they possess a threat to people?)라는 프롬프트 질문의 응답은 다음과 같습니다.

```
microsoft/DialoGPT-medium의 응답:
I think they would be more afraid of the humans.
("저는 그들이 인간을 더 두려워할 것 같아요.")
```

> ⚠️ **옮긴이 노트**
> 한국어 지원 모델을 찾아서 실행해 보기 위해서는 허깅페이스 사이트에서 ko 혹은 korean이라는 키워드로 검색을 통해 한국어로 학습된 모델을 찾아보고 추천이나 다운로드를 많이 받은 모델을 가져와 사용할 수 있습니다. 모델 크기에 따라 로컬 CPU로는 다운로드와 추론에 시간이 많이 걸릴 수 있기 때문에 작은 모델을 가져와 사용해야 빠르게 추론해 볼 수 있습니다. 다만 모델이 작다면 제대로 된 답변을 얻기는 어렵습니다. 다음의 코드로 한국어 모델로 실행이 가능합니다.
>
> ```python
> hf_model = "lcw99/ko-dialoGPT-korean-chit-chat"
> max_length = 1000
>
> tokenizer = AutoTokenizer.from_pretrained(hf_model)
> model = AutoModelForCausalLM.from_pretrained(hf_model)
>
> user_prompt_hf = "만약 공룡들이 오늘날 살아있다면, 그들은 인류에게 위협이 될까요?"
>
> print("\n* 참고사항: 위에 표시된 모델 다운로드 경고는 무시하셔도 됩니다.")
> user_input_ids = tokenizer.encode(user_prompt_hf + tokenizer.eos_token, return_tensors='pt')
> response_hf_encoded = model.generate(user_input_ids,
>                          max_length=max_length,
>                          pad_token_id=tokenizer.eos_token_id)
> response_hf = tokenizer.decode(response_hf_encoded[:, user_input_ids.shape[-1]:][0],
> skip_special_tokens=True)
> print(f"\n\n프롬프트: {user_prompt_hf}\n\n{hf_model}의 응답: \n{response_hf}")
> ```
>
> 응답 결과는 다음과 같습니다.
>
> ```
> lcw99/ko-dialoGPT-korean-chit-chat의 응답:
> 네그럴거같아요. ㅋㅋㅋ
> ```

이번 절에서는 대규모 언어 모델이 가져올 수 있는 엄청난 가치를 확인했습니다. 이제 우리는 효율적인 대규모 언어 모델 애플리케이션 개발을 위한 새로운 접근 방식을 탐구할 준비가 되었습니다. 랭체인 같은 도구를 사용하여 파이프라인을 구축하는 고급 접근 방식을 살펴보겠습니다.

8.6 RAG와 랭체인으로 고급 시스템 설계 탐구

검색 증강 생성 Retrieval-Augmented Generation(RAG)은 대규모 언어 모델과의 원활한 상호작용을 위해 설계된 개발 프레임워크입니다. 대규모 언어 모델은 다방면에서 뛰어난 성능을 발휘할 수 있지만, 일반적인 특성으로 인해 특정 분야의 전문 지식이나 심도 있는 통찰이 필요한 질문에 대해 세부적이고 정교한 응답을 제공하는 데는 한계가 있을 수 있습니다. 예를 들어 법률이나 의학과 같은 특정 분야에 대한 질문을 대규모 언어 모델에 제기할 때, 일반적인 질문에는 만족스러운 답변을 할 수 있지만, 최신 정보나 깊이 있는 지식을 요구하는 질문에는 정확한 응답을 하지 못할 가능성이 큽니다.

RAG 설계는 대규모 언어 모델 처리에서 흔히 발생하는 이러한 한계를 종합적으로 해결합니다. RAG 프레임워크에서는 텍스트 코퍼스가 사전 처리 과정을 거쳐 요약되거나 개별 청크로 분할된 후, 벡터 공간에 임베딩됩니다. 질문이 들어오면, 모델은 이 데이터 중에서 가장 관련성 높은 부분을 찾아내 이를 활용해 응답을 생성합니다. 이 과정은 오프라인 데이터 사전 처리, 온라인 정보 검색, 그리고 대규모 언어 모델을 이용한 응답 생성의 조합으로 이루어집니다. 이러한 접근 방식은 코드 생성이나 의미적 검색을 포함한 다양한 작업에 유연하게 적용될 수 있습니다. RAG 모델은 이러한 과정을 조율하는 추상화 계층으로 작동하며, 대규모 언어 모델이 발전하고 프롬프트 처리 시 더 풍부한 문맥적 데이터를 요구함에 따라 이 방법의 효율성도 지속적으로 향상되고 있습니다. 10장에서는 RAG 모델과 이들이 대규모 언어 모델 솔루션의 미래에서 차지하는 역할에 대해 더 자세히 논의할 것입니다.

이제 RAG 모델의 개념과 기능을 소개했으니, 특정 예시인 랭체인에 초점을 맞춰 그 설계 원칙과 데이터 소스와의 상호작용 방식을 살펴보겠습니다.

8.6.1 랭체인의 설계 개념

이번 절에서는 랭체인이 주목받게 된 핵심 방법론과 아키텍처적 결정들을 분석할 것입니다. 이를 통해 랭체인의 구조적 프레임워크, 데이터 처리의 효율성, 그리고 대규모 언어 모델과 다양한 데이터 소스를 통합하는 혁신적인 접근 방식을 이해할 수 있을 것입니다.

8.6.2 데이터 소스

랭체인의 큰 장점 중 하나는 임의의 대규모 언어 모델을 특정 데이터 소스와 연결할 수 있다는 점입니다. 여기서 임의라는 것은, 우리가 연결하려는 데이터와 특별한 관련이 없는, 일반적인 목적으로 설계되고 훈련된 대규모 언어 모델을 의미합니다. 랭체인을 사용하면 이를 도메인에 맞게 맞춤 설정할 수 있습니다. 이 데이터 소스는 사용자 프롬프트에 대한 답변을 구성할 때 참고 자료로 활용됩니다. 이 데이터는 회사가 소유한 독점적인 데이터일 수도 있고, 개인 컴퓨터에 저장된 개인 정보일 수도 있습니다.

하지만 랭체인은 단순히 대규모 언어 모델을 데이터에 연결하는 것 이상을 수행합니다. 랭체인은 특정한 처리 방식을 통해 데이터 처리를 빠르고 효율적으로 진행하며, 벡터 데이터베이스를 생성합니다.

원시 텍스트 데이터를 주면, 그것이 .txt 파일의 자유 텍스트이든, 형식화된 파일이든, 혹은 다른 다양한 텍스트 데이터 구조이든 간에, 지정된 모델을 사용하여 텍스트를 적절한 길이로 분할하고 수치적 텍스트 임베딩을 생성함으로써 벡터 데이터베이스가 만들어집니다. 이때 임베딩 모델로 선택된 대규모 언어 모델은 프롬프트에 사용되는 대규모 언어 모델과 반드시 같을 필요는 없습니다. 예를 들어, 임베딩 모델은 무료이지만 최적화되지 않은 오픈 소스 대규모 언어 모델을 선택하고, 프롬프트 모델은 성능이 뛰어난 유료 대규모 언어 모델을 사용할 수 있습니다. 생성된 임베딩은 벡터 데이터베이스에 저장됩니다. 이 접근 방식은 텍스트를 유한한 수치로 변환하여 매우 효율적인 저장 방식을 제공합니다.

사용자가 프롬프트를 입력하면, 검색 메커니즘이 임베드된 데이터 소스에서 관련 데이터 청크를 식별합니다. 프롬프트 역시 동일한 임베딩 모델로 임베드됩니다. 이후, 검색 메커니즘은 코사인 유사도와 같은 유사성 측정 지표를 적용해 정의된 데이터 소스에서 가장 유사한 텍스트 청크를 찾아냅니다. 그리고 이 청크의 원본 텍스트가 검색됩니다. 그런 다음, 원본 프롬프트는 다시 프롬프트 대규모 언어 모델로 전송되는데, 이때는 원본 사용자 프롬프트뿐만 아니라 참조 자료로서 검색된 텍스트도 포함됩니다. 이를 통해 대규모 언어 모델은 질문과 함께 참조할 수 있는 풍부한 텍스트 자료를 제공받게 됩니다.

이 설계가 없었다면, 사용자는 자신의 질문에 대한 답을 찾기 위해 방대한 자료를 직접 읽고 관련된 부분을 찾아야 했을 것입니다. 예를 들어, 그 자료가 여러 PDF 문서로 이루어진 회사의 전체 제품 방법론일 수 있습니다. 이 프로세스는 스마트한 자동 검색 메커니즘을 활용하여 프롬프트에 담길 수 있는 텍스트 양으로 관련 자료를 좁힙니다. 그런 다음, 대규모 언어 모델은 질문에 대한 답을 구성하여 사용자에게 즉시 제시합니다. 원한다면, 파이프라인을 설계해 답변을 구성하는 데 사용된 원본 텍스트를 인용하도록 하여 투명성과 검증을 제공할 수도 있습니다.

이 접근 방식은 [그림 8-1]에 설명되어 있습니다.

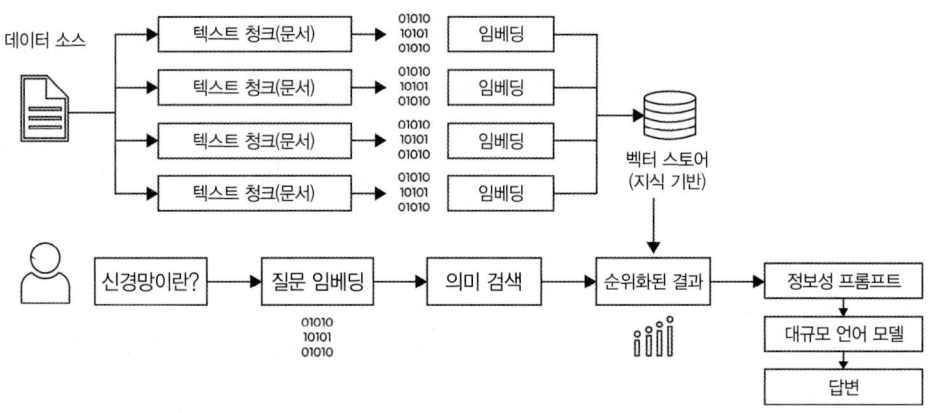

그림 8-1 일반적인 랭체인 파이프라인의 패러다임

랭체인 파이프라인에서 프롬프트 엔지니어링을 설명하기 위해 금융 정보 사례를 살펴보겠습니다. 데이터 소스는 미국의 상장 기업들이 제출한 증권거래위원회 Securities & Exchange Commission(SEC) 보고서 모음입니다. 이 사례에서 여러분은 주주들에게 배당금을 지급한 기업과 그 연도를 식별하려고 합니다.

프롬프트를 다음과 같이 작성합니다.

2023년에 배당금을 지급한 기업이 언급된 보고서는 무엇입니까?

파이프라인은 주어진 질문을 벡터화하여 임베딩합니다. 만약 배당금 지급에 대한 내용을 물었다면, 시스템은 이와 유사한 맥락을 가진 텍스트 청크를 데이터베이스에서 검색합니다. 이 과정에서 여러 관련 텍스트 청크가 발견되며, 그중 한 예는 다음과 같습니다.

```
"배당 정책. 배당금은 이사회 재량에 따라 지급됩니다. 2023 회계연도에 우리는 주당
$8.79의 분기별 현금 배당금을 지급했습니다 [...]"
```

랭체인 파이프라인은 식별된 청크의 텍스트를 포함한 새로운 프롬프트를 생성합니다. 이 예제에서는 프롬프트된 대규모 언어 모델이 오픈AI의 GPT라고 가정합니다. 랭체인은 오픈AI의 GPT 모델에 보내는 시스템 프롬프트에 이 정보를 임베딩합니다.

```
"prompts": [ "System: 사용자 질문에 답하기 위해 다음 문맥을 사용하세요. 답을 모르면
모른다고 말하세요. 답을 지어내려고 하지 마세요.\n----------------\n 배당 정책. 배당
금은 [...]" ]
```

위에서 볼 수 있듯이, 시스템 프롬프트는 모델에게 어떻게 행동해야 할지를 지시하고, 문맥을 제공하는 데 사용됩니다.

이제 랭체인의 기본적인 접근 방식과 이점에 대해 이해했으니, 랭체인이 어떻게 대규모 언어 모델을 다양한 데이터 소스와 효율적으로 연결하는지에 대한 복잡한 설계 개념을 더 자세히 살펴보겠습니다.

8.6.3 사전 임베딩되지 않은 데이터

앞서 설명한 내용은 벡터 데이터베이스 형태로 전처리된 데이터를 다루었지만, 또 다른 접근법으로는 임베딩 형태로 처리되지 않은 외부 데이터 소스에 접근하는 방법이 있습니다. 예를 들어, SQL 데이터베이스를 활용해 다른 데이터 소스를 보완할 수 있습니다. 이러한 접근법은 **다중 검색 소스**multiple retrieval source라고 불립니다.

이제 랭체인이 다양한 데이터 소스와 효율적으로 상호작용하는 방법을 살펴보았으므로, 랭체인의 기능을 가능하게 하는 핵심 구조 요소인 **체인**Chain과 **에이전트**Agent를 이해하는 것이 중요합니다.

8.6.4 체인

랭체인 내에서 기본적인 구성 요소는 **컴포넌트**component라고 불립니다. 일반적인 컴포넌트로는 프롬프트 템플릿, 다양한 데이터 소스에 대한 접근, 그리고 대규모 언어 모델에 대한 접근이 포함됩니다. 여러 컴포넌트를 결합해 시스템을 구성할 때 우리는 '체인'을 형성하게 됩니다. 체인은 완전한 대규모 언어 모델 기반 애플리케이션을 나타낼 수 있습니다.

이제 에이전트의 개념을 소개하고, 체인과 에이전트가 어떻게 결합되어 최근까지는 상당히 복잡했던 기능을 구현할 수 있었는지 보여 주는 코드 예제를 살펴보겠습니다.

8.6.5 에이전트

에이전트는 체인의 개념을 한 단계 더 발전시킨 구조입니다. 체인이 기본적인 요청에 대한 응답을 제공한다면, 에이전트는 이를 바탕으로 추가적인 분석과 의사결정을 수행합니다. 에이전트는 체인의 결과를 받아 처리하고, 정해진 규칙에 따라 추가적인 분석과 의사결정 과정을 거쳐 더 심도 있는 결과를 도출합니다.

에이전트는 도구tool를 사용하는 추론 메커니즘으로 볼 수 있습니다. 도구는 대규모 언어 모델을 다른 데이터나 기능과 연결해 이를 보완합니다.

대규모 언어 모델의 멀티태스킹 능력 한계를 극복하기 위해, 에이전트는 체계적인 방식으로 도구를 활용합니다. 이 과정에서 에이전트는 필요한 정보를 검색하고 이를 맥락으로 활용하며, 기존 솔루션을 적용해 작업을 수행합니다. 그런 다음 결과를 분석하고, 미리 정의된 로직에 따라 후속 프로세스를 진행합니다.

지역 내 초급 프로그래머들의 평균 급여 상승 추이를 계산하는 과정을 예로 들어 보겠습니다. 이 작업은 크게 세 단계로 나눌 수 있습니다. 먼저 평균 초봉을 조사하고, 그 다음 급여 인상에 영향을 주는 요인들(물가 상승, 정기 성과급 등)을 분석합니다. 마지막으로 이 정보를 토대로 미래 급여를 예측합니다. 이상적인 대규모 언어 모델이라면 이 모든 과정을 간단한 명령만으로 수행할 수 있어야 합니다. 하지만 현실의 모델들은 환각hallucination 현상이나 제한된 학습 데이터 등의 문제로 인해 이 작업을 상용화 수준으로 완벽하게 수행하기 어렵습니다. 따라서 이 과정을 세부 단계로 나누고 에이전트를 통해 각 단계를 면밀히 관리하는 것이 가장 효과적인 접근 방식입니다.

가장 기본적인 구조를 생각해 볼 때, 우리는 다음과 같은 주요 단계들을 고려해야 할 수 있습니다.

1. 인터넷에서 관련 정보를 수집하고 다양한 성장 요인을 분석하여 미래의 시계열 값을 예측할 수 있는 웹 접근성과 데이터 분석 능력을 갖춘 에이전트를 설계
2. 에이전트에게 구체적인 프롬프트 제공
3. 에이전트는 프롬프트를 여러 하위 작업으로 나눕니다.
    ① 인터넷에서 평균 급여 검색
    ② 성장 요인 검색
    ③ 성장 요인을 초봉에 적용하여 급여의 미래 시계열 생성

에이전트 방식의 이해를 돕기 위해, 웹에서 특정 정보를 찾아 이를 바탕으로 계산을 수행하는 간단한 예제를 살펴보겠습니다.

먼저, 다음 패키지를 설치합니다.

```
!pip install openai
!pip install wikipedia
!pip install langchain
!pip install langchain-openai
```

다음 단계로 아래의 코드를 실행해 보겠습니다.

```
from langchain.agents import load_tools, initialize_agent
from langchain_openai import openai
import os
os.environ["OPENAI_API_KEY"] = "<여러분의 API 키>"
llm = OpenAI(model_name='gpt-3.5-turbo-instruct')
tools = load_tools(["wikipedia", "llm-math"], llm=llm)
agent = initialize_agent(tools, llm=llm, agent="zero-shot-react-description",
verbose=True)
agent.run("동물 농장 책에 몇 페이지가 있는지 알아보고, 내가 한 페이지를 읽는 데 2분이 걸린다면 이 책을 읽는 데 몇 분이 걸릴지 계산해 보세요.")
```

다음과 같은 결과를 볼 수 있습니다.

```
> Finished chain.
'동물 농장을 읽는 데 약 224분 또는 3시간 44분이 걸릴 것입니다.'
```

여기서 대규모 언어 모델이 정확히 같은 응답을 반복하도록 하는 방법은 적용하지 않았다는 점에 유의하세요. 이 코드를 다시 실행하면 약간 다른 답변이 나올 수 있습니다.

다음 장에서는 여러 코드 예제를 더 깊이 다루겠습니다. 특히, 여러 에이전트가 협력하여 공동 프로젝트를 수행하는 멀티 에이전트 프레임워크를 프로그래밍할 것입니다.

8.6.6 장기 메모리 및 이전 대화 참조

장기 기억은 또 다른 중요한 개념입니다. 앞서 랭체인이 대규모 언어 모델의 지식을 보완하기 위해 외부 데이터 소스를 연결하는 방법을 살펴봤습니다. 이러한 추가 데이터는 특정 요구 사항에 맞춰 조정될 수 있습니다. 하지만 여전히 중요한 기능이 빠져 있습니다. 바로 이전 대화를 참조하고 학습하는 능력입니다. 예를 들어, 프로젝트 관리자를 위한 어시스턴트를 설계한다고 가정해 보겠습니다. 사용자가 매일 작업 진행 상황, 상호작용, 문제점 등을 어시스턴트에게 알려줄 수 있습니다. 이때 어시스턴트가 이 새로운 정보를 모두 이해하고 기억할 수 있다면 굉장히 유용할 것입니다. 이렇게 되면 다음과 같은 대화가 가능해집니다.

- **사용자**: 짐의 팀 작업은 어디까지 진행되었나요?
- **어시스턴트**: 원래 계획대로라면 짐의 팀은 현재 프로토타입 설계에 대한 고객 피드백을 반영하는 단계에 있어야 합니다. 하지만 지난주 보고에 따르면, 고객으로부터 일부 피드백만 받은 상태라 팀이 본격적인 작업을 시작하기에는 아직 정보가 부족한 상황입니다.

다음 장에서 우리는 기억의 개념에 대해 더 깊이 다루겠습니다.

8.6.7 지속적인 관련성을 유지하기 위한 점진적 업데이트와 자동 모니터링

대규모 언어 모델이 변화하는 정보 환경에서도 정확하고 관련성 높은 출력을 유지하려면, 벡터 데이터베이스를 지속적으로 업데이트하고 관리하는 전략이 필요합니다. 지식 영역이 확장되고 진화함에 따라 모델 응답의 토대가 되는 임베딩도 함께 개선되어야 합니다. 새로운 데이터가 유입될 때마다 데이터베이스의 임베딩을 단계적으로 업데이트하면, 언어 모델이 언제나 최신의 정확한 정보를 바탕으로 응답할 수 있습니다.

점진적 업데이트는 기존 데이터 소스를 최신 정보로 주기적으로 재임베딩하는 과정을 포함합니다. 이 과정은 자동화될 수 있으며, 데이터 소스의 업데이트를 자동으로 검색하고 새로운 또는 수정된 내용을 재임베딩한 후, 시스템 전체를 다시 구축할 필요 없이 이 새로운 임베딩을 기존 벡터 데이터베이스에 통합합니다. 이를 통해 데이터베이스가 언제나 가장 최신의 지식을 반영하도록 보장하며, 대규모 언어 모델이 더욱 관련성 높고 섬세한 응답을 제공할 수 있는 능력을 강화합니다.

자동 모니터링은 대규모 언어 모델 출력의 품질과 관련성을 지속적으로 평가하는 데 중요한 역할을 합니다. 이를 위해 대규모 언어 모델의 성능을 추적하고, 정보가 최신이 아니거나 문맥이 부족하여 응답이 미흡한 부분을 식별하는 시스템을 구축해야 합니다. 이런 간극이 발견되면, 모니터링 시스템은 점진적 업데이트 과정을 시작하여 데이터베이스가 현재의 지식 환경을 정확하고 견고하게 반영하도록 보장합니다.

이러한 전략을 통해 랭체인과 같은 RAG 프레임워크의 효과를 지속적으로 유지할 수 있습니다. 이 접근 방식은 대규모 언어 모델 애플리케이션의 관련성을 높일 뿐만 아니라, 빠르게 변화하는 정보 환경에 적응하여 자연어 처리 기술의 최전선에 머무를 수 있도록 도와줍니다.

이제 랭체인을 직접 사용해 볼 수 있습니다.

8.7 주피터 노트북에서 간단한 랭체인 설정 검토하기

이제 다양한 자연어 처리 애플리케이션에 활용할 수 있는 완전한 파이프라인을 설정할 준비가 되었습니다.

Ch8_Setting_Up_LangChain_Configurations_and_Pipeline.ipynb 노트북을 참고하세요. 이 노트북은 랭체인 프레임워크를 구현하고 있습니다. 우리는 이 노트북을 단계별로 살펴보면서 각 구성 요소를 설명할 것입니다. 이번 코드의 주요 목적은 랭체인 파이프라인을 어떻게 설정하는지를 보여 주는 것이므로, 간단한 사용 사례를 선택했습니다.

이번 시나리오에서는 의료 분야에서의 사례를 다룹니다. 여러 명의 의료 제공자가 있으며, 각각 많은 환자들을 돌보고 있습니다. 병원장이 모든 의사들을 대신해 그들의 메모를 스마트하게 검색할 수 있는 도구를 요청했습니다. 그들은 대규모 언어 모델의 새로운 기능에 대해 들었고, 자신들이 작성한 의료 보고서를 검색할 수 있는 도구를 원합니다.

예를 들어, 어떤 의사는 이렇게 말했습니다.

> "몇 달 전에 귀 통증을 호소하고 편두통 가족력이 있는 환자를 봤던 기억이 나는데, 누군지 기억이 나지 않습니다. 그 환자를 찾을 수 있는 도구가 있었으면 좋겠습니다."

따라서 이번 프로젝트의 목표는 다음과 같습니다.

> "CTO는 우리에게 주피터 노트북 형태로 빠른 프로토타입을 만들라는 임무를 맡겼습니다. 우리는 병원의 데이터베이스에서 여러 임상 보고서를 수집하고, 의사가 언급한 방식으로 이를 검색할 수 있도록 랭체인을 사용할 것입니다."

이제 파이썬을 사용해 솔루션을 설계해 보겠습니다.

8.7.1 파이썬으로 랭체인 파이프라인 설정하기

파이썬을 사용한 랭체인 파이프라인 설정 랭체인의 실용적인 측면을 살펴보며, 이번 절에서는 필요한 라이브러리 설치부터 정교한 유사도 검색 실행까지 파이썬을 사용하여 랭체인 파이프라인을 설정하는 과정을 단계별로 안내합니다.

```python
import requests
from langchain.document_loaders import TextLoader
import textwrap
from langchain.text_splitter import CharacterTextSplitter
from langchain.embeddings import HuggingFaceEmbeddings
from langchain.vectorstores import FAISS


# 우리가 사용하는 데이터 파일에서는 이 짧은 문자열이 서로 다른 임상 보고서들을
# 구분하는 구분자입니다.
split_text_by = '"Title: Mocked up record'
```

```python
chunk_size = 2000
chunk_overlap = 0


text_file_path = "mocked_up_physician_records.csv"
url = "https://raw.githubusercontent.com/PacktPublishing/Mastering-NLP-from-Foundations-to-LLMs/main/Chapter8_notebooks/" + text_file_path
res = requests.get(url)
with open(text_file_path, "w") as f:
    f.write(res.text)


# 문서 로드
text_loader = TextLoader(text_file_path)
documents = text_loader.load()

# 텍스트 분할
text_splitter = CharacterTextSplitter(chunk_size=chunk_size, chunk_overlap=chunk_overlap, separator=split_text_by)

splitted_docs = text_splitter.split_documents(documents)

embeddings = HuggingFaceEmbeddings(model_name="sentence-transformers/all-mpnet-base-v2")
vector_db = FAISS.from_documents(splitted_docs, embeddings)

# 질문 #1: 8월에 출산 예정인 임산부 환자가 있나요?
query1 = "Are there any pregnant patients who are due to deliver in August?"
docs = vector_db.similarity_search(query1)
print(textwrap.fill(str(docs[0].page_content), width=100, replace_whitespace=False))

# [오류의 예!] 질문 #2: 출산 예정일이 9월인 임산부가 있나요?
query2 = "Are there any pregnant patients who are due to deliver in September?"
docs = vector_db.similarity_search(query2)
print(textwrap.fill(str(docs[0].page_content), width=100, replace_whitespace=False))

# 질문 #3: 최근에 여행을 다녀온 환자는 누구인가요?
query3 = "Which patients have travelled recently?"
docs = vector_db.similarity_search(query3)
print(textwrap.fill(str(docs[0].page_content), width=100, replace_whitespace=False))

# 질문 #4: 검사실 검사가 필요한 환자는 누구인가요?
query4 = "Which patients require lab work?"
docs = vector_db.similarity_search(query4)
```

```
print(textwrap.fill(str(docs[0].page_content), width=100, replace_whitespace=False))
```

필요한 파이썬 라이브러리 설치

항상 그렇듯이, 설치해야 할 라이브러리 목록이 있습니다. 주피터 노트북에서 코드를 작성하고 있으므로, 코드 내에서 직접 설치할 수 있습니다.

1. **가상의 의사 메모가 담긴 텍스트 파일 로드**: 우리는 몇 가지 가상의 의사 메모를 준비했습니다. 이 메모들은 랭체인 패러다임에 따라 처리될 예정입니다. 주의할 점은 이 기록들이 실제 의료 기록이 아니며, 언급된 인물들 또한 실존 인물이 아니라는 것입니다.

2. **임베딩을 위한 데이터 처리**: 여기서는 임베딩 모델의 요구 사항에 맞게 텍스트를 분할합니다. 이전 장에서 언급했듯이, 임베딩에 사용되는 것과 같은 언어 모델은 한 번에 처리할 수 있는 입력 텍스트의 크기가 제한되어 있습니다. 이 크기는 모델의 설계 구조에 하드코딩되어 있으며 각 특정 모델에 대해 고정되어 있습니다.

3. **벡터 데이터베이스에 저장될 임베딩 생성**: 벡터 데이터베이스는 랭체인 패러다임의 핵심 요소 중 하나입니다. 여기서는 텍스트를 가져와 각 항목에 대한 임베딩을 생성합니다. 이 임베딩은 전용 벡터 데이터베이스에 저장됩니다. 랭체인 라이브러리를 사용하면 여러 다른 벡터 데이터베이스와 작업할 수 있습니다. 우리는 특정 데이터베이스를 선택했지만, 다양한 선택지에 대해 자세히 알아보려면 벡터 저장소 vector store 페이지를 참조할 수 있습니다.

4. **벡터 데이터베이스 생성**: 여기서 벡터 데이터베이스를 생성합니다. 이 과정은 각 데이터베이스 선택에 따라 약간 다를 수 있습니다. 그러나 이러한 데이터베이스의 제작자들은 모든 어려운 작업을 제거하고, 적절한 벡터 형태의 임베딩이 주어지면 데이터베이스를 생성하는 간단한 턴키 함수만 남겨둡니다. 우리는 간단하고, 빠르게 배포할 수 있으며, 무료인 메타의 FAISS Facebook AI Similarity Search 데이터베이스를 활용합니다.

5. **내부 문서를 기반으로 유사도 검색 수행**: 이는 파이프라인의 핵심 부분입니다. 여러 질문을 도입하고 랭체인의 유사도 검색을 사용하여 우리의 질문에 가장 잘 답할 수 있는 의사 메모를 식별합니다.

유사도 검색 기능은 대부분의 질문에 대해 상당히 효과적인 결과를 보여 줍니다. 이 방식은 질문을 임베딩하고 유사한 임베딩을 가진 보고서를 찾아내는 방식으로 작동합니다. 그러나 정확한 답변을 제공하는 데 있어서는 유사도 검색만으로는 한계가 있습니다.

예를 들어, 메모의 주제와 매우 유사하지만 미묘한 차이가 있는 질문의 경우, 유사도 검색 메커니즘이 혼란을 겪을 수 있습니다. 실제로 두 번째 질문에서 유사도 검색 과정이 다른 월과 혼동하여 부정확한 답변을 제공하는 경우가 있었습니다.

이러한 문제를 해결하기 위해서는 단순한 유사도 검색을 넘어서는 접근이 필요합니다. 유사도 검색 결과를 검토하고 정확한 판단을 내릴 수 있는 대규모 언어 모델의 도입이 해결책이 될 수 있습니다. 다음 장에서는 이러한 방법을 어떻게 구현할 수 있는지 자세히 살펴보겠습니다.

지금까지 파이썬에서 랭체인을 실용적으로 적용하기 위한 기초를 다졌습니다. 이제 클라우드 컴퓨팅이 현대적인 컴퓨팅 패러다임, 특히 대규모 언어 모델의 잠재력을 최대한 활용하는 데 어떻게 중요한 역할을 하는지 알아보겠습니다.

8.8 클라우드에서의 대규모 언어 모델 활용

클라우드 플랫폼은 빅데이터와 컴퓨팅이 중심이 된 시대에서 대규모 컴퓨팅을 관리하는 데 필수적인 도구로 자리 잡았습니다. 클라우드는 인프라, 스토리지, 서비스를 신속하게 제공하고 최소한의 관리 노력으로 활용할 수 있는 능력을 제공합니다.

이번 절에서는 클라우드에서의 컴퓨팅 환경에 대해 집중적으로 다룹니다. 오늘날 클라우드는 많은 선도 기업과 기관에서 주요 선택지가 되고 있습니다. 조직이 클라우드cloud에 컴퓨팅 환경을 두느냐, 온프레미스On-premise에 두느냐에 따라 자원 공유, 관리, 유지보수, 비용 효율성에 큰 차이가 발생합니다. 물리적 기기를 소유하는 대신 클라우드 서비스를 사용하는 데는 여러 가지 장단점이 있습니다. 이러한 차이점은 인터넷 검색이나 대규모 언어 모델을 활용한 질문을 통해 쉽게 파악할 수 있습니다.

클라우드 컴퓨팅의 큰 장점 중 하나는 제공업체들이 구축한 생태계입니다. 클라우드 공급자를 컴퓨팅 허브로 선택하면, 인프라뿐만 아니라 다양한 추가 제품과 서비스에 접근할 수 있어, 기존에는 접근하기 어려웠던 새로운 기능을 쉽게 활용할 수 있습니다.

이번 절에서는 이러한 클라우드 서비스 중에서 대규모 언어 모델과 관련된 부분에 초점을 맞추겠습니다.

주요 클라우드 플랫폼으로는 AWS, 마이크로소프트 애저, GCP가 있습니다. 이들 플랫폼은 비즈니스와 개발자의 다양한 요구를 충족시키기 위해 수많은 서비스를 제공합니다. 특히 자연어 처리와 대규모 언어 모델과 관련하여 각 플랫폼은 실험, 배포, 운영을 지원하는 전용 자원과 서비스를 제공합니다.

이제 각 플랫폼이 특정 요구를 어떻게 충족시키는지 살펴보겠습니다.

8.8.1 AWS

AWS는 클라우드 컴퓨팅 분야에서 지배적인 위치를 유지하고 있으며, 머신러닝과 인공지능 개발에 필요한 종합적이고 지속적으로 발전하는 서비스 생태계를 제공하고 있습니다. AWS는 견고한 인프라, 광범위한 서비스 제공, 그리고 머신러닝 도구 및 프레임워크와의 깊은 통합으로 잘 알려져 있으며, 대규모 언어 모델을 활용해 혁신하려는 개발자와 데이터 과학자들에게 특히 선호되는 플랫폼입니다.

AWS에서 대규모 언어 모델 실험하기

AWS는 대규모 언어 모델의 개발과 실험을 지원하기 위해 다양한 도구와 서비스를 제공하여 연구자와 개발자가 가장 앞선 머신러닝 기능을 활용할 수 있도록 합니다.

- **Amazon SageMaker**: AWS의 머신러닝 중심 서비스인 SageMaker는 전체 머신러닝 워크플로를 간소화하는 완전 관리형 서비스입니다. 실험을 위한 주피터 노트북 인스턴스, 텐서플로 및 파이토치를 포함한 다양한 프레임워크 지원, 모델 빌딩, 학습, 디버깅을 위한 도구들을 제공합니다. SageMaker는 대규모 언어 모델의 학습과 미세 조정의 복잡성을 지원하도록 지속적으로 기능을 개선시켜 왔으며, 확장 가능한 컴퓨팅 옵션과 최적화된 머신러닝 환경을 제공합니다.

- **AWS 딥러닝 컨테이너와 딥러닝 AMI**: 머신러닝 환경을 맞춤화하려는 사용자들을 위해 AWS는 인기 있는 머신러닝 프레임워크가 미리 설치된 딥러닝 컨테이너와 AMI(Amazon Machine Images)를 제공합니다. 이러한 리소스는 대규모 언어 모델 실험을 위한 설정 과정을 단순화하여, 개발자가 인프라 구성보다는 혁신에 집중할 수 있도록 합니다.

- **사전 학습된 모델과 SageMaker JumpStart**: AWS는 SageMaker JumpStart를 통해 다양한 자연어 처리 작업에 대규모 언어 모델을 신속하게 실험할 수 있는 사전 학습된 모델의 라이브러리를 확장했습니다. JumpStart는 솔루션 템플릿과 실행 가능한 예제 노트북도 제공하여, 개발자가 머신러닝 프로젝트를 시작하고 확장하는 데 도움을 줍니다.

AWS에서 대규모 언어 모델 배포와 운영

AWS는 대규모 언어 모델을 효율적으로 배포하고 관리할 수 있는 다양한 서비스를 제공하여, 모델이 다양한 부하 하에서도 쉽게 접근 가능하고 높은 성능을 유지할 수 있도록 합니다.

- **SageMaker 엔드포인트**: 대규모 언어 모델을 배포하기 위해 SageMaker 엔드포인트는 자동 스케일링 기능을 갖춘 완전 관리형 호스팅 서비스를 제공합니다. 이 서비스를 통해 개발자는 학습된 모델을 신속하게 운영 환경에 배포할 수 있으며, 인프라는 애플리케이션의 수요에 맞춰 자동으로 조정됩니다.

- **Elastic Inference와 Amazon EC2 Inf1 인스턴스**: 추론 비용을 최적화하기 위해 AWS는 SageMaker 인스턴스에 GPU 기반 추론 가속을 추가하는 Elastic Inference를 제공합니다. 더 나아가, AWS Inferentia 칩으로 구동되는 Amazon EC2 Inf1 인스턴스는 딥러닝 모델에 대해 고처리량과 저지연 추론을 제공하여 성능과 비용 효율성을 극대화합니다.

- **AWS Lambda와 Amazon Bedrock**: 서버리스 배포를 위해 AWS Lambda는 서버를 프로비저닝[3]하거나 관리할 필요 없이 추론을 실행할 수 있도록 지원하며, 수요가 변동하는 애플리케이션에 적합합니다. Amazon Bedrock은 기본 모델에 대한 서버리스 접근을 API를 통해 제공하며, 모델 커스터마이징과 조직 네트워크 내의 원활한 통합을 지원하여 데이터 프라이버시와 보안을 보장합니다.

이제 다음 주제인 마이크로소프트 애저로 넘어가겠습니다.

8.8.2 마이크로소프트 애저

마이크로소프트 애저는 클라우드 컴퓨팅 서비스의 선두주자로, 머신러닝과 대규모 언어 모델의 개발, 배포, 관리를 위한 강력한 플랫폼을 제공합니다. 애저는 오픈AI와의 전략적 파트너십을 통해 GPT 모델에 대한 독점적인 클라우드 접근을 제공하며, 이를 통해 고급 자연어 처리 기술을 활용하려는 개발자와 데이터 과학자들에게 중요한 자원이 되고 있습니다. 최근의 기능 확장으로 애저는 인공지능과 머신러닝 애플리케이션의 한계를 뛰어넘으려는 이들에게 더욱 매력적인 선택이 되고 있습니다.

---

3 옮긴이_ 서버 프로비저닝은 애플리케이션 실행에 필요한 컴퓨팅 자원을 준비하고 구성하는 과정입니다. 하드웨어 할당, 소프트웨어 설치, 네트워크 및 보안 설정 등을 포함하며, 서버리스 환경에서는 이 과정이 자동화됩니다.

애저에서 대규모 언어 모델 실험하기

애저는 대규모 언어 모델 연구와 실험을 지원하기 위해 다양한 도구와 플랫폼을 제공하여 AI 개발 커뮤니티의 다양한 요구를 충족시킵니다.

- **애저 오픈AI 서비스**: 이 서비스는 최신 GPT 버전, DALL · E, Codex 등 오픈AI의 최첨단 모델을 Azure 생태계에 직접 통합합니다. 이를 통해 개발자는 애저의 확장성과 관리 도구를 활용하여 고급 AI 기능을 애플리케이션에 쉽게 통합할 수 있습니다.

- **애저 머신러닝**: 애저 머신러닝은 특정 데이터셋에 대한 대규모 언어 모델의 맞춤형 학습과 미세 조정을 위한 고급 환경을 제공하여 특화된 작업에서 모델 성능을 향상시킵니다. 애저 머신러닝 스튜디오는 다양한 프로그래밍 언어와 프레임워크를 지원하는 사전 구성된 주피터 노트북 템플릿을 제공하여 원활한 실험 과정을 도와줍니다.

- **애저 Cognitive Services**: 이 서비스는 텍스트 분석, 음성 서비스, 의사 결정 기능 등 대규모 언어 모델로 구동되는 AI 기능을 사전 구축된 형태로 제공합니다. 이를 통해 개발자는 깊은 머신러닝 전문 지식 없이도 애플리케이션에 복잡한 AI 기능을 빠르게 추가할 수 있습니다.

애저에서 대규모 언어 모델 배포 및 운영화

애저의 인프라와 서비스는 대규모 언어 모델 애플리케이션의 배포 및 운영화를 위한 포괄적인 솔루션을 제공하여 확장성, 성능, 보안을 보장합니다.

- **배포 옵션**: 애저는 경량 배포가 필요한 경우 **애저 컨테이너 인스턴스**Azure Container Instance(ACI)를, 대규모 확장이 필요한 복잡한 애플리케이션의 경우 **애저 쿠버네티스 서비스**Azure Kubernetes Service (AKS)를 통해 다양한 배포 시나리오를 지원합니다. 이러한 서비스는 대규모 언어 모델 애플리케이션을 효율적으로 확장하여 사용자 수요를 충족시킬 수 있습니다.

- **모델 관리**: 애저 머신러닝을 통해 개발자는 모델의 라이프사이클을 관리할 수 있으며, 버전 관리, 감사, 거버넌스를 포함합니다. 이를 통해 배포된 모델이 성능을 유지하는 동시에 산업 표준 및 규제 요구 사항을 준수하도록 보장할 수 있습니다.

- **보안 및 준수**: 애저는 모든 서비스에서 보안 및 준수를 강조하며, 데이터 암호화, 접근 제어, 포괄적인 준수 인증과 같은 기능을 제공합니다. 이러한 노력은 애저에서 구축되고 배포된 애플리케이션이 데이터 보호와 프라이버시를 위한 최고 수준의 표준을 충족하도록 보장합니다.

8.8.3 GCP

GCP는 클라우드 컴퓨팅 분야에서 계속해서 강력한 위치를 유지하고 있으며, 인공지능과 머신러닝 개발의 진화하는 요구 사항을 충족시키는 광범위한 서비스 도구를 제공합니다. 인공지능과 머신러닝 분야의 최첨단 혁신으로 잘 알려진 GCP는 대규모 언어 모델의 개발, 배포, 확장을 용이하게 하는 풍부한 도구와 서비스 생태계를 제공하여, 최신 인공지능 기술을 활용하고자 하는 개발자와 연구자들에게 이상적인 플랫폼이 되고 있습니다.

GCP에서 대규모 언어 모델 실험하기

GCP는 대규모 언어 모델 실험 및 개발을 위한 기능을 더욱 강화하여, 데이터 수집부터 모델 훈련, 하이퍼파라미터 튜닝, 평가에 이르는 전체 머신러닝 워크플로를 지원하는 종합적인 도구 세트를 제공합니다.

- **Vertex AI**: GCP의 머신러닝 제품군의 핵심인 Vertex AI는 머신러닝 워크플로를 간소화하는 통합 도구 및 서비스 도구를 제공합니다. 최적의 모델 아키텍처와 하이퍼파라미터 선택을 자동화하는 AutoML 기능을 포함하여 대규모 언어 모델 훈련 및 미세 조정을 위한 고급 기능을 제공합니다. Vertex AI는 GCP의 강력한 데이터 및 분석 서비스와 통합되어 대규모 언어 모델 훈련에 필수적인 대규모 데이터셋을 더 쉽게 관리할 수 있게 합니다.

- **IDE**: Vertex AI 내의 내장 노트북 서비스는 완전 관리형 JupyterLab 환경을 제공하여 개발자가 머신러닝 코드를 원활하게 작성, 실행, 디버깅할 수 있게 합니다. 이 환경은 머신러닝 개발에 최적화되어 있으며, 대규모 언어 모델 구축 및 실험에 중요한 텐서플로, 파이토치와 같은 인기 있는 프레임워크를 지원합니다.

- **인공지능 및 머신러닝 라이브러리**: GCP는 자연어 처리와 이해를 위해 특별히 설계된 것들을 포함하여 사전 훈련된 모델과 머신러닝 API 라이브러리를 계속 확장하고 있습니다. 이러한 도구들은 개발자들이 고급 자연어 처리 기능을 신속하게 애플리케이션에 통합할 수 있게 해 줍니다.

GCP에서 대규모 언어 모델 배포와 제품화하기

GCP는 대규모 언어 모델을 배포하고 제품화하기 위한 강력하고 확장 가능한 솔루션을 제공하여, 이 플랫폼에서 구축된 애플리케이션이 실제 사용 환경의 요구 사항을 충족할 수 있도록 보장합니다.

- **Vertex AI 예측**: 대규모 언어 모델이 훈련되면, Vertex AI의 예측 서비스를 통해 모델을 완전 관리형, 자동 확장 엔드포인트로 쉽게 배포할 수 있습니다. 이 서비스는 대규모 언어 모델을 애플리케이션에서 접근 가능하게 만드는 과정을 간소화하며, 인프라가 작업 부하 요구에 따라 자동으로 조정됩니다.
- **GKE**^{Google Kubernetes Engine}: 고가용성과 확장성이 필요한 더 복잡한 배포 시나리오의 경우, GKE는 컨테이너화된 대규모 언어 모델 애플리케이션을 배포할 수 있는 관리형 환경을 제공합니다. GKE의 글로벌 인프라는 모델의 높은 가용성을 보장하고 엔터프라이즈 수준 애플리케이션의 요구 사항을 충족하도록 확장할 수 있습니다.

8.8.4 클라우드 서비스 결론

클라우드 컴퓨팅 환경은 빠르게 진화하고 있으며, AWS, 애저, GCP는 각각 대규모 언어 모델의 개발과 배포에 있어 고유한 장점을 제공합니다. AWS는 광범위한 인프라와 머신러닝 도구와의 깊은 통합으로 두각을 나타내며, 다양한 범위의 머신러닝 및 인공지능 프로젝트에 이상적입니다. 애저는 오픈AI의 모델에 대한 독점적 접근과 마이크로소프트 생태계 내의 깊은 통합으로, 최첨단 인공지능 기술을 활용하고자 하는 기업들에게 타의 추종을 불허하는 기회를 제공합니다. 인공지능과 머신러닝 분야의 혁신으로 인정받는 GCP는 구글의 내부 인공지능 발전을 반영하는 도구와 서비스를 제공하여, 최신 인공지능 연구 및 개발을 추구하는 이들에게 매력적입니다. 이러한 플랫폼의 기능이 계속 확장됨에 따라, 특정 프로젝트 요구 사항, 조직의 목표, 전략적 파트너십에 따라 선택이 달라질 것이며, 클라우드 기반 AI와 머신러닝의 현재와 미래를 고려한 신중한 평가가 중요해질 것입니다.

8.9 요약

자연어 처리와 대규모 언어 모델의 세계가 빠르게 확장됨에 따라, 시스템 설계 방식도 함께 진화하고 있습니다. 이번 장에서는 대규모 언어 모델을 활용한 애플리케이션과 파이프라인의 설계 과정을 살펴보았습니다. API 기반의 비공개 소스 솔루션과 로컬 오픈 소스 솔루션을 모두 다루며, 각 접근 방식의 주요 구성 요소를 논의하고 실습 코드로 경험을 쌓았습니다.

이어, 시스템 설계 과정을 더욱 심층적으로 다루며 랭체인을 소개했습니다. 랭체인의 구성 요소와 그 작동 방식을 살펴보고, 코드로 예제 파이프라인을 구축해 보았습니다.

또한, 시스템 설계 과정을 보완하기 위해 대규모 언어 모델을 활용한 솔루션을 실험하고 개발하며 배포할 수 있는 주요 클라우드 서비스를 검토했습니다.

다음 장에서는 실질적인 사용 사례와 함께 코드를 통해 대규모 언어 모델을 더욱 자세히 알아볼 예정입니다.

CHAPTER 9 대규모 언어 모델이 주도하는 고급 응용 프로그램 및 혁신의 최전선

자연어 처리 기술의 비약적인 발전과 함께 대규모 언어 모델은 획기적인 진보를 이루었습니다. 이러한 모델들은 우리가 정보를 다루고, 작업을 자동화하며, 복잡한 데이터에서 의미를 추출하는 방식을 혁신적으로 변화시키고 있습니다. 이번 장에서는 자연어 처리 기술의 진화 과정을 종합적으로 분석하며, 앞서 학습한 이론적 개념들이 실제 응용 분야에서 어떻게 구현되고 있는지 자세히 살펴봅니다. 특히, 적절한 도구와 기술을 결합할 때 대규모 언어 모델이 보여 주는 놀라운 능력과 그 실질적인 영향력에 중점을 둡니다.

우리는 대규모 언어 모델의 최신 응용 사례를 탐구하며, 이를 실제 파이썬 코드로 구현해 봅니다. 이 접근 방식은 대규모 언어 모델의 강력함을 보여 줄 뿐만 아니라, 실제 상황에서 이 기술들을 구현할 수 있는 역량을 길러줍니다. 이번 장에서 다루는 주제들은 고급 기능과 응용 프로그램을 다채롭게 선보이기 위해 신중하게 선정되었습니다.

이번 장은 자연어 처리의 최첨단 기술을 반영할 뿐만 아니라, 이러한 기술들이 일상적인 솔루션에 자연스럽게 반영되는 미래를 제시하는 중요한 부분입니다. 이번 장을 마치면, 최신 대규모 언어 모델 기술과 혁신을 실무에 적용하는 방법에 대한 포괄적인 이해를 갖추게 될 것이며, 이를 통해 자연어 처리와 그 이상에서 가능한 것들의 경계를 넓힐 수 있는 힘을 얻게 될 것입니다. 대규모 언어 모델의 잠재력을 최대한 활용할 수 있도록 하는 이 흥미로운 여정에 함께하길 바랍니다.

이 장에서 다룰 주요 주제는 다음과 같습니다.

- RAG와 랭체인을 활용한 대규모 언어 모델 성능 향상: 고급 기능 탐구
- 체인을 활용한 고급 방법
- 다양한 웹 소스에서 정보 자동 검색
- 프롬프트 압축과 API 비용 절감
- 다중 에이전트: 협력하는 대규모 언어 모델 팀 구성

9.1 기술 요구 사항

이 장을 효과적으로 학습하고 따라하기 위해서는 다음 사항들이 필요합니다.

- **프로그래밍 지식**: 파이썬 프로그래밍에 대한 기본 지식이 필요합니다. 이 장에서는 오픈 소스 모델, 오픈AI의 API, 랭체인을 파이썬 코드로 설명합니다.
- **오픈AI API 접근**: 비공개 소스 모델을 다루기 위해 오픈AI의 API 키가 필요합니다. 오픈AI 계정을 생성하고 이용 약관에 동의하면 API 키를 받을 수 있습니다.
- **오픈 소스 모델**: 이 장에서 언급된 특정 오픈 소스 모델에 접근할 수 있어야 합니다. 이 모델들은 해당 저장소에서 다운로드하거나 pip 또는 conda 같은 패키지 관리자를 통해 설치할 수 있습니다.
- **로컬 개발 환경**: 파이썬이 설치된 로컬 개발 환경이 필요합니다. **파이참, 주피터 노트북**, 또는 간단한 텍스트 에디터와 같은 **통합 개발 환경**(IDE)을 사용할 수 있습니다. 모든 요구 사항을 충족할 수 있는 무료 구글 코랩 노트북을 사용하는 것도 좋은 선택입니다.
- **라이브러리 설치 권한**: **넘파이, 사이파이, 텐서플로, 파이토치** 같은 필요한 파이썬 라이브러리를 설치할 수 있는 권한이 있어야 합니다. 제공된 코드에는 이러한 라이브러리의 설치가 포함되어 있으므로, 미리 설치할 필요는 없습니다. 다만, 라이브러리 설치 권한은 필요할 수 있으며, 대부분의 경우 이미 권한이 있을 것입니다. 특히, 무료 구글 코랩 노트북을 사용하면 이 부분이 쉽게 해결됩니다.
- **하드웨어 요구 사항**: 작업하는 모델의 복잡도와 크기에 따라 적절한 처리 능력(예: 머신러닝 작업을 위한 GPU 포함)과 메모리를 갖춘 컴퓨터가 필요할 수 있습니다. 이는 구글 코랩을 사용하지 않는 경우에 해당됩니다.

이제 API와 로컬 환경을 설정하여 대규모 언어 모델 애플리케이션을 활용할 준비가 되었습니다.

9.2 RAG 및 랭체인으로 대규모 언어 모델 성능 향상: 고급 기능 탐구

검색 증강 생성을 하는 **RAG** 프레임워크는 대규모 언어 모델(LLM)을 특정 도메인이나 작업에 맞춤화하는 데 중요한 역할을 하며, 프롬프트 엔지니어링의 단순함과 모델 파인튜닝의 복잡성 사이의 간극을 메워 줍니다.

프롬프트 엔지니어링은 대규모 언어 모델을 커스터마이징하는 가장 기본적이고 접근이 쉬운 방법으로, 모델이 입력된 프롬프트를 바탕으로 질문을 해석하고 응답하는 능력을 활용합니다. 예를 들어, 엔비디아Nvidia가 최근 발표한 실적에서 기대치를 초과했는지 묻고자 할 때, 프롬프트에 실적 발표 내용을 직접 포함시키면 대규모 언어 모델이 최신 정보를 즉시 파악하지 못하는 문제를 보완할 수 있습니다. 이 방법은 간단하지만, 모델이 주어진 정보를 단일 프롬프트나 일련의 프롬프트에서 효과적으로 소화하고 분석할 수 있는 능력에 크게 의존합니다.

하지만 분석의 범위가 프롬프트 엔지니어링만으로 해결할 수 없을 정도로 넓어지는 경우, 예를 들어 10년간의 기술 부문 실적 발표를 분석해야 할 때, RAG는 필수적인 도구가 됩니다. RAG가 도입되기 전에는 모델 파인튜닝이 유일한 대안이었으나, 이는 대규모 언어 모델의 아키텍처를 상당히 조정해야 하는 자원 소모적인 과정으로, 방대한 데이터셋을 필요로 했습니다. RAG는 이러한 문제를 효율적으로 해결합니다. 데이터를 벡터 데이터베이스에 사전 처리하여 저장한 후, 쿼리와 관련된 데이터만을 지능적으로 선별하고 검색합니다. 이를 통해 모델이 처리할 수 있는 크기의 프롬프트로 압축하여 제공합니다. 결과적으로 방대한 데이터를 다루는 데 필요한 시간, 자원, 그리고 전문 지식을 크게 줄일 수 있습니다.

8장에서 우리는 RAG의 기본 개념과 함께, 고급 기능으로 차별화된 랭체인이라는 RAG 프레임워크를 소개했습니다.

이제 랭체인이 대규모 언어 모델 응용 프로그램의 성능을 향상시키기 위해 제공하는 다양한 고유 기능들을 살펴보겠습니다. 이를 통해 복잡한 자연어 처리 작업에서 랭체인을 어떻게 효과적으로 구현하고 활용할 수 있는지에 대한 실질적인 통찰을 얻을 수 있을 것입니다.

9.2.1 파이썬으로 랭체인 파이프라인 구축: 대규모 언어 모델 성능 향상 방법

이번 절에서는 8장에서 다룬 예제를 바탕으로 더 발전된 사례를 살펴보겠습니다. 이번 시나리오에서는 의료 분야에서 병원의 의료진이 환자나 상태에 대한 간단한 설명을 바탕으로 환자 기록을 빠르게 찾아야 하는 상황입니다. 예를 들어, '작년에 삼둥이를 임신한 환자가 누구였죠?', '부모 양쪽 모두 암 병력이 있었고 임상 시험에 관심을 가진 환자가 있었나요?'와 같은 질문을 할 수 있습니다.

> ⚠️ **참고 사항**
> 이 예시에서 사용된 메모는 실제 의료 기록이 아니며, 등장하는 인물도 실존 인물이 아닙니다.

8장의 예시에서는 임상 기록의 임베딩을 벡터 데이터베이스에 저장하여 파이프라인을 최대한 간단하게 구성했습니다. 그리고 유사도 검색을 통해 간단한 요청에 맞는 기록을 찾아보았습니다. 하지만 이 과정에서 두 번째 질문에 대해 유사도 검색 알고리즘이 부정확한 답변을 제공하는 문제점을 발견했습니다.

이제 이 파이프라인을 개선하려고 합니다. 단순히 유사도 검색 결과를 제공하는 대신, 검색된 결과 중 요청과 내용이 유사한 것들을 대규모 언어 모델을 통해 검토하고, 실제로 의사에게 적합한 정보를 선별해 제공할 것입니다. 이를 통해 검색 결과의 정확도를 높이고, 의사들이 필요한 정보를 더 신뢰 있게 얻을 수 있게 할 것입니다.

유료 대규모 언어 모델과 무료 대규모 언어 모델 비교

이 파이프라인을 통해 유료와 무료 대규모 언어 모델의 장점을 예시로 살펴보겠습니다. paid_vs_free 변수를 사용해 오픈AI의 유료 GPT 모델을 사용할지, 무료 대규모 언어 모델을 사용할지 선택할 수 있습니다. 유료 모델을 선택하면 오픈AI API를 사용하게 되며, 이를 위해 API 키가 필요합니다. 반면, 무료 대규모 언어 모델은 파이썬 코드가 실행되는 로컬 환경에 설치되어 인터넷 연결과 충분한 컴퓨팅 자원만 있으면 누구나 사용할 수 있습니다.

이제 직접 코드를 실행하고 실험해 보겠습니다.

고급 랭체인 구성 및 파이프라인 적용

다음 노트북을 참조하세요. Ch9_Advanced_LangChain_Configurations_and_Pipeline.ipynb

노트북의 첫 부분은 8장에서 사용한 것과 동일하므로 해당 부분은 설명을 생략하겠습니다.

필요한 파이썬 라이브러리 설치

이 단계에서는 필요한 라이브러리를 추가로 설치해야 하며, openai와 gpt4all을 설치해야 합니다. 또한, gpt4all을 사용하려면 웹에서 .bin 파일을 다운로드해야 합니다.

이 과정은 노트북을 통해 간단하게 진행할 수 있습니다.

대규모 언어 모델설정: 유료(오픈AI의 GPT)와 무료 (허깅페이스 제공) 중 선택

앞서 설명한 것처럼, 이 예제를 실행할 때 오픈AI의 유료 API를 사용할지, 무료 대규모 언어 모델을 사용할지 선택할 수 있습니다.

오픈AI의 서비스는 대규모 언어 모델을 호스팅하고 프롬프트를 처리하기 때문에 기본적인 인터넷 연결만 있으면 적은 자원과 시간으로 실행이 가능합니다. 다만, 프롬프트에 포함된 정보는 실제 환경에서 민감한 데이터를 포함할 수 있으므로, 데이터를 오픈AI API로 보내는 것에 대해 보안상의 결정을 신중히 내려야 합니다. 이는 지난 10년 동안 기업들이 온프레미스[1]에서 클라우드로 전환할 때도 중요한 고려 사항이었습니다.

반면, 무료 대규모 언어 모델을 사용할 경우, 로컬 환경에서 모델을 실행하게 되어 외부로 데이터를 보내지 않으며, 모든 처리를 자체적으로 관리할 수 있습니다. 하지만 이 경우에는 컴퓨팅 자원과 처리 성능에 대한 부담을 감수해야 합니다.

또한, 각 대규모 언어 모델의 사용 약관을 고려해야 합니다. 무료로 제공되는 모델이라도 상업적 목적으로 사용하려면 제한이 있을 수 있으므로 주의해야 합니다.

실행 시간과 컴퓨팅 자원의 제약을 고려할 때, 이 예제에서는 유료 대규모 언어 모델을 선택하는 것이 더 빠른 응답을 얻는 데 유리할 수 있습니다.

---

1 옮긴이_ 온프레미스(On-premises 또는 On-prem)는 기업이 자체적으로 보유한 서버나 데이터센터 내에 솔루션을 설치하여 운영하는 방식을 의미합니다.

무료 대규모 언어 모델로 실험하고자 할 경우, 구글 코랩에서 무료로 빠르게 실행할 수 있도록 구글의 제한된 메모리(RAM) 내에서 실행할 수 있는 모델을 사용해야 합니다. 이를 위해 정밀도를 낮춘 양자화 대규모 언어 모델을 선택했습니다.

API 기반 대규모 언어 모델과 무료 로컬 대규모 언어 모델 중 무엇을 선택하는지에 따라, 선택한 모델이 llm 변수에 할당됩니다.

QA 체인 생성

이번 절에서는 RAG 프레임워크를 설정합니다. 이 프레임워크는 다양한 텍스트 문서를 받아 검색할 수 있도록 구성됩니다.

대규모 언어 모델을 임베딩 유사도 대신 두뇌로 사용하는 검색

8장에서 진행했던 것과 동일한 요청을 실행해 보겠습니다. 동일한 임베딩이 저장된 벡터 데이터베이스와 동일한 임상 기록을 사용합니다. 이 부분은 변경된 것이 없습니다. 차이점은 이번에 대규모 언어 모델이 답변 처리 과정을 관리하게 된다는 점입니다.

8장에서 두 번째 질문에 잘못된 답변이 나온 것을 기억할 것입니다. 질문은 '9월에 출산 예정인 임산부가 있나요?'였습니다.

당시 답변은 8월에 출산 예정인 환자에 대한 내용이었는데, 이는 유사도 알고리즘의 한계 때문이었습니다. 해당 환자의 기록이 질문과 유사한 내용을 담고 있었지만, 출산 예정일이 다른 달이라는 중요한 세부 사항을 놓친 것이 문제였습니다.

이번에는 오픈AI의 대규모 언어 모델을 적용한 파이프라인에서 올바른 답변을 제시하며, '9월에 출산 예정인 환자는 없다'는 답을 줍니다.

반면, 무료 대규모 언어 모델을 사용할 경우 여전히 잘못된 답변을 제공하는데, 이는 해당 모델이 메모리 RAM 절약을 위해 양자화되어 성능이 저하된 모습을 보여 줍니다.

이 예제를 통해 우리는 의사가 특정 기준에 따라 환자 기록을 검색할 수 있는 맞춤형 검색 메커니즘을 구축했습니다. 이 시스템의 독특한 점은 대규모 언어 모델이 학습된 데이터에만 의존하지 않고, 외부 데이터 소스에서 관련 정보를 검색할 수 있다는 것입니다. 이러한 접근 방식이 바로 RAG의 핵심입니다.

다음 절에서는 대규모 언어 모델의 더 다양한 활용 사례를 살펴보겠습니다.

9.3 체인을 활용한 고급 방법

이번 절에서는 대규모 언어 모델 파이프라인을 더욱 심화하여 활용하는 방법을 살펴보겠습니다. 이번 주제는 체인입니다.

Ch9_Advanced_Methods_with_Chains.ipynb 노트북을 참고하세요. 이 노트북에서는 체인 파이프라인이 어떻게 발전하는지를 보여 주며, 각 단계에서 랭체인이 제공하는 다양한 기능을 어떻게 활용할 수 있는지 설명합니다.

최소한의 컴퓨팅 자원, 메모리, 시간을 사용하기 위해 오픈AI의 API를 사용하고 있지만, 무료 대규모 언어 모델을 사용할 수도 있습니다. 무료 모델을 사용하는 방법은 이 장의 앞선 예시에서 설명한 방식과 유사합니다.

기본 설정은 항상 동일하므로, 이번에는 노트북의 주요 내용을 바로 살펴보겠습니다.

9.3.1 대규모 언어 모델에게 일반적인 지식 질문하기

이 예제에서는 대규모 언어 모델을 사용해, 기본적으로 알고 있을 만한 간단한 일반 지식 질문에 답하게 해 보겠습니다.

```
from langchain.chat_models import ChatOpenAI
from langchain.prompts import ChatPromptTemplate
from langchain.chains import LLMChain

simple_question = "메탈리카(Metallica) 멤버는 누구인가요? 쉼표로 구분해 나열해 주세요. 멤버 이름 외 다른 텍스트는 생성하지 마세요."

chat = ChatOpenAI(model_name="gpt-4o-mini")  # 또는 사용 가능한 다른 챗GPT 모델
chat_prompt = ChatPromptTemplate.from_template(simple_question)
llm_chain = LLMChain(llm=chat, prompt=chat_prompt)

print(llm_chain.run({}))
```

간단한 체인인 LLMChain을 정의하고, 대규모 언어 모델 변수와 프롬프트를 입력합니다.

대규모 언어 모델은 자체 지식 베이스를 활용해 정확한 답을 찾아 다음과 같이 반환합니다.

> 제임스 헷필드, 라르스 울리히, 키스 햇필드, 로베르트 트루조, 트리스타나 스카이워커

9.3.2 특정 데이터 형식으로 출력을 제공하도록 대규모 언어 모델에 요청하기

이번에는 대규모 언어 모델이 출력 결과를 특정한 형식으로 제공하도록 요청해, 이후의 작업에서 계산 목적으로 활용할 수 있는 형식을 만들고자 합니다.

예를 들어 다음과 같은 질문을 해 봅니다.

```python
request_list_format = """주기율표에서 처음 10개의 원소를 쉼표로 구분하여 작성해 주세요.
원소 외에 다른 텍스트는 생성하지 마세요."""

output_parser = CommaSeparatedListOutputParser()
conversation = LLMChain(
    llm = ChatOpenAI(    # 챗GPT 모델을 사용할 경우 ChatOpenAI로 변경
        model="gpt-4o-mini",    # 또는 "gpt-4o"
        temperature=0.1,
    ),
    output_parser=output_parser,
    prompt=PromptTemplate(template=request_list_format, input_variables=[])
)

print(conversation.predict())
```

이제 이를 구현하기 위해 새로운 기능을 추가합니다. output_parser 변수를 정의하고, 출력 생성을 위해 predict_and_parse()라는 다른 함수를 사용합니다.

결과는 다음과 같습니다.[2] 이전 질문처럼 쉼표로 구분했으나 파이썬의 리스트 형태로 생성이 되었습니다.

> ['수소', '헬륨', '리튬', '베릴륨', '붕소', '탄소', '질소', '산소', '플루오르', '네온']

---

[2] 옮긴이_ 생성모델이기 때문에 원소명이 영문과 한국어가 혼재한 답변이 나올 수도 있으며 답변의 형태가 달라질 수도 있습니다.

9.3.3 이전 대화를 기억하여 맥락에 맞는 적절한 답변을 생성하기

이 기능은 체인의 활용도를 한 단계 높여 줍니다. 이전까지는 프롬프트가 서로 연관 없이 독립적으로 처리되었기 때문에, 후속 질문을 할 때도 이전 프롬프트나 답변을 참조할 수 없었습니다. 예를 들어, 후속 질문을 하고 싶어도 이전에 입력한 프롬프트나 그에 대한 응답을 참조할 수 없었습니다. 파이프라인 자체에 이전 프롬프트와 그 응답을 기억하고 활용하는 기능이 없었기 때문입니다.

이러한 분리된 질문 방식에서 벗어나 자연스럽게 이어지는 대화형 경험을 제공하기 위해, 랭체인은 ConversationChain() 기능을 제공합니다. 이 함수에는 memory 매개변수가 포함되어 있어, 이전 상호작용을 현재 프롬프트와 연결해 줍니다. 이렇게 해서 프롬프트 템플릿이 그 메모리가 저장되는 장소가 되는 것입니다.

기본 프롬프트 템플릿 대신 다음과 같이 입력합니다.

```
# Chat LLM 구성
llm = ChatOpenAI(
    model="gpt-4o-mini",   # 또는 "gpt-4o"
    temperature=0.3,
)
```

이제 메모리 기능을 적용한 템플릿은 다음과 같이 설정됩니다.

```
# 대화 프롬프트 설정
request_for_continuous_conversation = """
현재 대화 내용:
{history}

다음 질문에 답변해 주세요:
{input}"""
```

여기서 {history}와 {input}은 파이썬의 f-string처럼 변수로 처리됩니다. ConversationChain() 함수는 이 템플릿을 처리하여 이전 대화 내용을 기억하고 이를 프롬프트에 반영합니다. {input} 변수는 사용자가 후속 질문을 할 때 입력하게 됩니다. 다음과 같이 {input} 변수에 값을 넣어 줍니다.

```
conversation = ConversationChain(
    llm=llm,
    prompt=PromptTemplate(template=request_for_continuous_conversation,
                          input_variables=["history", "input"]),
    memory=ConversationBufferMemory()
)

# 대화 예측 실행
result = conversation.predict_and_parse(input="알고 있는 공휴일 10가지를 쉼표로 구분된 목록으로 작성해 주세요.")
print(result)
```

결과는 다음과 같습니다.

> 1월 1일 (신정), 3월 1일 (삼일절), 5월 5일 (어린이날), 6월 6일 (현충일),
> 8월 15일 (광복절), 10월 3일 (개천절), 10월 9일 (한글날), 12월 25일 (크리스마스),
> 설날, 추석

이제 앞서 생성된 공휴일 목록을 바탕으로 후속 질문을 해 보겠습니다.

```
conversation.predict_and_parse(input="방금 나열한 공휴일 목록에서 종교적이지 않은 공휴일을 제거해 주세요.")
```

결과는 다음과 같이 정확하게 반환됩니다.

> 종교적이지 않은 공휴일 목록은 다음과 같습니다: 3월 1일 (삼일절),
> 5월 5일 (어린이날), 6월 6일 (현충일), 8월 15일 (광복절), 10월 3일 (개천절),
> 10월 9일 (한글날).

이 예제를 마무리하기 위해, 공휴일 이름과 설명을 포함한 테이블을 빠르게 생성한다고 가정해 보겠습니다. 이를 위해 JSON 형식으로 출력하도록 요청합니다.

```
advanced_data_structure = """각 공휴일에 대해 두 문장으로 설명하세요. 출력은 JSON 형식의 표로 작성해 주세요.
표의 이름은 "holidays"이고, 필드는 "name"과 "description"입니다. 각 행에서 "name"은 공휴일의 이름이고,
"description"은 생성된 설명입니다. 출력의 구문은 줄 바꿈 없이 JSON 형식이어야 합니다.
```

```
예시:
{"holidays": [
        {"name": "holiday_name",
         "description": "holiday_description"
        }
        ]}
"""

output = conversation.predict(input=advanced_data_structure)
print(output)
```

결과는 다음과 같이 체인으로부터 JSON 형식의 문자열로 반환됩니다.

```
{"holidays": [
        {"name": "삼일절", "description": "삼일절은 1919년 3월 1일에 일어난 한국의 독립운동을 기념하는 날입니다. 이 날은 한국의 독립과 자유를 위해 희생한 이들을 기억하는 중요한 의미를 지닙니다."},
        {"name": "어린이날", "description": "어린이날은 어린이의 행복과 권리를 기념하는 날로, 매년 5월 5일에 기념됩니다. 이 날은 어린이들에게 사랑과 관심을 쏟고, 그들의 꿈과 희망을 응원하는 의미를 가지고 있습니다."},
        {"name": "현충일", "description": "현충일은 전사자와 순국선열을 기리기 위해 매년 6월 6일에 기념됩니다. 이 날은 국가를 위해 희생한 이들의 숭고한 정신을 되새기고, 그들의 희생에 감사하는 날입니다."},
        {"name": "광복절", "description": "광복절은 1945년 8월 15일에 한국이 일본의 식민지에서 해방된 것을 기념하는 날입니다. 이 날은 민족의 독립과 자유를 되찾은 역사적 의미를 되새기는 중요한 날입니다."},
        {"name": "개천절", "description": "개천절은 고조선의 건국을 기념하는 날로, 매년 10월 3일에 기념됩니다. 이 날은 한국의 역사와 전통을 되새기고, 민족의 단합을 다짐하는 의미를 가지고 있습니다."},
        {"name": "한글날", "description": "한글날은 한글의 창제를 기념하는 날로, 매년 10월 9일에 기념됩니다. 이 날은 한국어의 소중함과 한글의 우수성을 알리고, 언어의 중요성을 되새기는 날입니다."}
]}
```

이제 팬더스를 사용해 이 JSON 데이터를 테이블로 변환할 수 있습니다.

```
pd.set_option('display.max_colwidth', None)

dict = json.loads(output)
pd.json_normalize(dict["holidays"]).style.set_properties(**{'text-align': 'left'})
```

팬더스를 통해 이 데이터를 데이터프레임DataFrame으로 변환한 후, [표 9-1]과 같이 표 형식으로 확인할 수 있습니다.

표 9-1 팬더스가 후속 데이터 처리를 위해 딕셔너리 형식을 데이터프레임으로 변환

	name	description
0	삼일절	삼일절은 1919년 3월 1일에 일어난 한국의 독립운동을 기념하는 날입니다. 이 날은 한국의 독립과 자유를 위해 희생한 이들을 기억하는 중요한 의미를 지닙니다.
1	어린이날	어린이날은 어린이의 행복과 권리를 기념하는 날로, 매년 5월 5일에 기념됩니다. 이 날은 어린이들에게 사랑과 관심을 쏟고, 그들의 꿈과 희망을 응원하는 의미를 가지고 있습니다.
2	현충일	현충일은 전사자와 순국선열을 기리기 위해 매년 6월 6일에 기념됩니다. 이 날은 국가를 위해 희생한 이들의 숭고한 정신을 되새기고, 그들의 희생에 감사하는 날입니다.
3	광복절	광복절은 1945년 8월 15일에 한국이 일본의 식민지에서 해방된 것을 기념하는 날입니다. 이 날은 민족의 독립과 자유를 되찾은 역사적 의미를 되새기는 중요한 날입니다.
4	개천절	개천절은 고조선의 건국을 기념하는 날로, 매년 10월 3일에 기념됩니다. 이 날은 한국의 역사와 전통을 되새기고, 민족의 단합을 다짐하는 의미를 가지고 있습니다.
5	한글날	한글날은 한글의 창제를 기념하는 날로, 매년 10월 9일에 기념됩니다. 이 날은 한국어의 소중함과 한글의 우수성을 알리고, 언어의 중요성을 되새기는 날입니다.

이로써 이 노트북에서 소개한 다양한 체인 기능을 마무리합니다. 체인과 대규모 언어 모델이 제공하는 기능을 어떻게 활용했는지 살펴볼 수 있습니다. 예를 들어, 메모리와 구문 분석은 체인에서 처리되지만, JSON과 같은 특정 형식으로 응답을 제공하는 기능은 대규모 언어 모델 덕분입니다.

다음 예제에서는 대규모 언어 모델과 랭체인을 활용한 새로운 기능을 계속 소개하겠습니다.

9.4 다양한 웹 소스에서 자동으로 정보 검색하기

이 예제에서는 대규모 언어 모델을 활용해 웹에서 정보를 자동으로 추출하는 방법이 얼마나 간단한지 살펴보겠습니다. 특정 주제를 조사할 때, 몇몇 웹 페이지와 관련된 유튜브 영상의 정보를 통합하고 싶을 수 있습니다. 하지만 이런 작업은 콘텐츠 양이 많을 경우 시간이 오래 걸릴

수 있습니다. 예를 들어 여러 유튜브 영상을 검토하는 데만 몇 시간이 소요될 수 있으며, 영상을 상당 부분 본 다음에서야 유용한지 알게 되는 경우도 많습니다.

또 다른 활용 사례로는 실시간으로 트렌드를 추적하는 경우가 있습니다. 여기에는 뉴스 소스나 유튜브 영상 등을 실시간으로 추적하는 것이 있으며, 이때는 속도가 핵심입니다. 앞서 설명한 시간 절약과는 달리, 여기서는 실시간으로 떠오르는 트렌드를 빠르게 파악하기 위해 속도가 필수적입니다.

이번 절에서는 간단한 예제를 통해 이 과정을 설명하겠습니다.

9.4.1 유튜브 영상의 콘텐츠를 검색하고 요약하기

유튜브 영상에서 콘텐츠를 추출하고 요약하기

Ch9_Retrieve_Content_from_a_YouTube_Video_and_Summarize.ipynb 노트북을 참조하세요. 랭체인을 사용해 애플리케이션을 구축할 것입니다.

예를 들어, 특정 TED 유튜브 영상[3]을 선택하고, 그 내용을 랭체인으로 처리할 것입니다. 그런 다음 대규모 언어 모델에 이 영상의 내용을 바탕으로 질문을 던지고 관련된 과제를 요청하여, 영상을 보지 않고도 필요한 정보를 추출할 수 있게 됩니다.

이 방법의 중요한 특징은 많은 유튜브 동영상이 음성 내용을 받아쓰기 자막으로 제공한다는 점입니다. 이를 통해 동영상의 자막 텍스트를 쉽게 가져와 RAG 프로세스에 통합할 수 있습니다. 만약 자막이 없는 영상에 이 방법을 적용하려면, 무료로 제공되는 고품질 음성-텍스트 변환 모델을 사용하면 됩니다. 동영상의 오디오를 처리해 자막을 추출한 후, 이를 RAG 프로세스에 넣으면 됩니다.

설치, 라이브러리 임포트 및 설정

이전 노트북과 마찬가지로, 여기서도 필요한 패키지를 설치하고, 관련된 모든 패키지를 가져오며, 오픈AI API 키를 설정합니다.

---

[3] https://www.youtube.com/watch?v=8KkKuTCFvzI&ab_channel=TED

그리고 다음의 작업을 수행합니다.

1. 모델을 선택합니다.
2. 프롬프팅을 위한 대규모 언어 모델을 선택합니다. 반환되는 최대 토큰 수나 온도와 같이 모델의 출력을 제어하는 추가 매개변수를 설정할 수 있습니다.
3. 이 코드를 적용하고 싶은 유튜브 동영상을 선택하고 동영상의 URL을 사용하여 문자열 변수를 설정합니다.

```
import os
import textwrap
from youtube_transcript_api import YouTubeTranscriptApi
from langchain.prompts import PromptTemplate
from langchain_OpenAI import ChatOpenAI

video_url = "https://www.youtube.com/watch?v=8KkKuTCFvzI&ab_channel=TED"

# 유튜브 비디오 ID 추출
video_id = video_url.split("v=")[-1]

# 자막 추출
try:
    transcript_list = YouTubeTranscriptApi.get_transcript(video_id,
                                                          languages=['en'])
    english_text = " ".join([entry['text'] for entry in transcript_list])
    print(english_text[:1000])
except Exception as e:
    print(f"자막을 가져오는 중 오류 발생: {e}")
    english_text = ""
```

검토, 요약 및 번역

대규모 언어 모델에게 내용을 검토하고, 요약을 작성한 다음, 그 요약을 영어, 한국어, 러시아어, 독일어로 제시하도록 요청합니다.

```
# 모델 설정
llm = ChatOpenAI(model="gpt-4o-mini")

summary_prompt_template = """
전체 내용을 검토하고, 4문장 길이의 영어로 요약한 다음 한국어, 러시아어, 독일어로 번
```

역해 주세요.
요약이 내용과 일치하는지 확인하세요.
답변의 영어와 한국어 부분 사이에 '\n----\n' 문자열을 넣어 주세요.
답변의 한국어와 러시아어 부분 사이에 '\n****\n' 문자열을 넣어 주세요.
답변의 러시아와 독일어 부분 사이에 '\n====\n' 문자열을 넣어 주세요.
영어 텍스트:
{content}
"""

# 프롬프트 정의
summary_prompt = PromptTemplate(template=summary_prompt_template, input_variables=["content"])

# 체인 구성
summary_chain = summary_prompt | llm

# 요약 및 번역 수행
prompt_input = summary_prompt.format(content=english_text)   # 프롬프트 텍스트로 변환
original_answer = summary_chain.invoke(prompt_input)   # 텍스트 입력
print(original_answer.content)

# 결과 출력
print("\n요약 및 번역 결과:\n")
print(textwrap.fill(
    str(original_answer.content), width=50, replace_whitespace=True
).replace("\\n ", "\n\n").replace("----", "\n한국어:\n").replace("****", "\n러시아어:\n").replace("====", "\n독일어:\n"))
```

반환된 출력은 TED 강연의 핵심 내용을 매우 정확하게 요약했습니다. 구분 문자열을 제거하고 편집하면 다음과 같은 결과를 얻습니다.

> The content emphasizes the importance of good relationships in keeping us happy and healthy throughout our lives. It discusses how social connections, quality of close relationships, and avoiding conflict play crucial roles in our well-being. The study follows the lives of 724 men over 75 years, highlighting the significance of relationships over wealth and fame in leading a fulfilling life.
>
> **한국어:**
> 하버드 성인 발달 연구는 75년에 걸쳐 강한 관계가 행복과 건강의 핵심임을
```

> 보여 줍니다. 다양한 배경을
> 가진 참가자들은 사회적 연결이 더 길고 건강한 삶으로 이어지며, 외로움이 해로운 영향을 미친다는 것을 보여 주었습니다. 이 연구는 명성이나 부를 추구하기보다는 관계를 키우는 것이 중요하다고 강조합니다. 궁극적으로, 만족스러운 삶은 가족, 친구 및 지역 사회와의 의미 있는 연결을 통해 구축됩니다.
>
> **러시아어:**
> Содержание подчеркивает
> Важность [...]
>
> **독일어:**
> Die Harvard-Studie zur Entwicklung von [...]

이제 예를 들어 한국어 사용자를 위해 내용을 간단하게 만들기 위해, 대규모 언어 모델에게 한국어 요약을 동영상 내용을 가장 잘 설명하는 여러 개의 글머리 기호로 만들어달라고 요청합니다.

```
# 주요 요점 추출 프롬프트 템플릿 정의
key_points_prompt_template = """
당신은 간결하고 명확한 요점을 제공하는 전문가입니다.
이전 질문에 대한 답변은 다음과 같습니다: <{original_answer}>
이 한국어 답변을 3-5개의 주요 요점으로 정리해 주세요. 각 요점은 글머리 기호로 시작하는 한국어로만 작성해 주세요.
"""
key_points_prompt = PromptTemplate(template=key_points_prompt_template, input_variables=["original_answer"])

# 체인 구성 (RunnableSequence 사용)
key_points_chain = key_points_prompt | llm

# 요점 추출 수행
key_points = key_points_chain.invoke({"original_answer": original_answer})  # .invoke 사용

# 결과 출력
print("\n한국어 주요 요점:\n")
print(key_points.content)
```

모델은 이를 잘 수행하며, 출력은 다음과 같습니다.

> 한국어 주요 요점:
>
> - 좋은 관계는 행복하고 건강한 삶에 필수적이다.
> - 하버드 성인 발달 연구는 사회적 연결이 웰빙을 향상시키고 외로움이 건강에 해롭다고 밝혀냈다.
> - 가까운 관계의 질이 양보다 더 중요하다.
> - 관계에 만족하는 사람들은 나이가 들어서도 더 건강하다.
> - 관계를 키우는 데 시간과 에너지를 투자하면 더 만족스러운 삶을 누릴 수 있다.

이 프로토타입 코드는 랭체인을 활용한 기본적인 개념 증명을 위한 것으로, 실용적인 확장이 가능합니다. 랭체인의 모듈화된 구조 덕분에 추가 데이터 소스 통합, 비동기 처리, 자동화된 실행 환경 구축이 용이하며, 검색-번역-요약-응답 생성과 같은 워크플로를 체계적으로 확장할 수 있습니다. 초기 설정 과정에서는 체인 구성과 적절한 프롬프트 설계가 중요하며, 모델 의존성 및 벡터 데이터베이스 통합 시 복잡성이 증가할 수 있습니다. 이러한 구조는 테스트 및 모니터링 시스템과 쉽게 통합되어 실제 환경에서도 안정적으로 동작하며, 식별된 콘텐츠를 활용한 후속 애플리케이션 개발에 강력한 기반을 제공합니다.

지금까지 대규모 언어 모델의 다양한 기능을 살펴보았습니다. 이제 한 걸음 뒤로 물러서서 이러한 모델들을 더욱 효율적으로 활용하는 방법을 모색해 보겠습니다. 다음 절에서는 대규모 언어 모델 처리를 줄여 API 비용을 절감하거나, 로컬 대규모 언어 모델을 사용할 때 추론 계산을 줄이는 방법의 예시를 알아보겠습니다.

9.5 프롬프트 압축과 API 비용 절감

이번 절에서는 오픈AI와 같은 API 기반 대규모 언어 모델을 사용할 때 자원 최적화와 관련된 최신 개발을 다룹니다. 원격 대규모 언어 모델을 서비스로 사용하는 것과 로컬에서 직접 호스팅하는 것 사이에는 여러 트레이드오프가 있지만, 그중 하나의 중요한 요소는 비용입니다. 특히, 응용 프로그램의 사용량이 많아지면 API 비용이 크게 증가할 수 있습니다. 이러한 API 비용은 주로 대규모 언어 모델과 주고받는 토큰의 수에 따라 결정됩니다.

이 결제 모델이 비즈니스 계획에 미치는 영향을 설명하기 위해, 오픈AI의 GPT 같은 API 호출에 의존하는 서비스를 제공하는 비즈니스를 예로 들어 보겠습니다. 예를 들어, 소셜 네트워크에서 사용자가 게시물에 댓글을 달 때 대규모 언어 모델의 도움을 받는 기능이 있다고 가정해 봅시다. 사용자는 댓글을 직접 작성하는 대신, 게시물에 대한 느낌을 3~5단어로 간단히 설명하면, 백엔드에서 이를 기반으로 완성된 댓글을 생성해 줍니다.

이 경우, 엔진은 사용자가 입력한 3~5단어와 함께 댓글이 달릴 게시물의 내용도 수집합니다. 또한, 소셜 네트워크의 전문가들이 댓글 생성에 필요하다고 생각하는 사용자 프로필 정보나 최근 댓글 기록 같은 추가 정보도 함께 포함됩니다.

따라서 사용자가 댓글 생성을 요청할 때마다 소셜 네트워크 서버는 제3자 대규모 언어 모델로 이 모든 세부 정보가 포함된 프롬프트를 API를 통해 전송하게 되고, 이로 인해 비용이 빠르게 누적될 수 있습니다.

이번 절에서는 API를 통해 대규모 언어 모델로 보내는 토큰 수를 줄여 비용을 절감하는 방법을 다룹니다. 기본적으로 전송되는 단어 수를 줄이면 비용을 줄일 수 있지만, 그에 따라 성능이 저하될 수 있습니다. 우리의 목표는 성능을 유지하면서도 비용을 절감하는 것입니다. 여기서 중요한 것은 필요한 단어들만 선택적으로 보내고 불필요한 단어는 제외할 수 있는지입니다. 이는 파일 압축과 비슷한 개념으로, 스마트한 알고리즘을 사용해 파일 크기를 줄이면서도 그 목적과 가치를 유지하는 것과 같습니다.

9.5.1 프롬프트 압축

이번에는 마이크로소프트에서 개발한 **LLMLingua**를 소개합니다. 이 기술은 정보가 적은 프롬프트를 압축해 효율성을 높이는 데 중점을 둡니다.

LLMLingua[4]는 LLaMA-7B와 같은 소형이지만 잘 훈련된 언어 모델을 사용하여 프롬프트에서 불필요한 토큰을 제거합니다. 이를 통해 대규모 언어 모델의 추론 효율성을 극대화하며, 최대 20배까지 압축하면서도 성능 저하는 최소화합니다.

저자들이 발표한 논문[5]에서는 이 알고리즘의 작동 방식과 그 장점을 설명합니다. 비용 절감 효과 외에도, 압축된 프롬프트는 핵심 정보에 집중하게 하여 대규모 언어 모델의 성능을 향상시

---

[4] https://github.com/microsoft/LLMLingua

[5] https://arxiv.org/abs/2310.05736 및 https://arxiv.org/abs/2310.06839

킵니다. 희소하고 노이즈가 많은 프롬프트를 피함으로써 모델의 성능이 더 나아진다는 사실을 저자들은 강조하고 있습니다.

이제 실제 사례를 통해 프롬프트 압축을 실험하고 그 효과와 트레이드오프를 평가합니다.

9.5.2 프롬프트 압축 실험 및 트레이드오프 평가

이번 실험에서는 실제 사례를 통해 프롬프트 압축의 효과를 살펴봅니다.

현재 우리가 개발 중인 기능은 학술 출판물 데이터베이스를 기반으로 합니다. 사용자가 특정 논문을 선택해 질문하면, 백엔드 엔진이 질문을 분석하고 논문을 검토한 뒤 답변을 도출하는 기능입니다.

이번 실험을 위해 실험 범위를 좁혔습니다. 실험 대상 논문은 인공지능 분야의 출판물이며, 사용자의 질문은 다음과 같이 설정했습니다.

> "이 논문에서 강화 학습을 다루고 있습니까?"

이 질문은 논문에 대한 깊이 있는 분석이 필요합니다. 강화 학습이라는 용어가 명시적으로 언급되지 않더라도, 알고리즘 설명을 통해 강화 학습 개념을 사용하는지 추론해야 하기 때문입니다.

다음 노트북을 참조하세요. Ch9_RAGLlamaIndex_Prompt_Compression.ipynb[6]

이 코드에서는 위 기능을 기반으로 일련의 실험을 진행합니다. 각 실험은 전체적인 RAG 작업을 수행하는 방식으로 이루어집니다. 이전 RAG 예제에서는 랭체인을 사용했지만, 이번에는 라마인덱스LlamaIndex를 도입합니다. 라마인덱스는 RAG 프레임워크를 활용하는 오픈 소스 파이썬 라이브러리로,[7] 랭체인과 유사한 방식으로 작동합니다.

마이크로소프트의 LLMLingua 코드는 라마인덱스에 통합되어 있습니다.

이제 이 코드를 자세히 살펴보겠습니다.

---

[6] 옮긴이_ 해당 실습에서 다루는 모델을 한국어로 적용해 보고 싶다면 다음의 모델을 추천합니다. https://huggingface.co/beomi/open-llama-2-ko-7b

[7] https://docs.llamaindex.ai/en/stable/index.html

```
# 비압축 RAG에서 사용할 프롬프트 모델 유형을 설정합니다.
# (압축 RAG의 프롬프트 모델은 기본값으로 "gpt-4o-mini"로 설정되어 있으며,
# 압축 모델은 기본값으로 "NousResearch/Llama-2-7b-hf"로 설정됩니다.)
gpt_type = "gpt-4o-mini"

# 실행할 실험 횟수입니다. 각 실험은 사용자가 특정 Arxiv 출판물에 대해 질문을 하는
RAG 작업을 나타냅니다.
num_of_iterations = 60

# 각 실험에서 Arxiv 출판물은 랜덤하게 선택되므로, 원래 결과의 재현성을 보장하기 위
해 고정된 시드를 설정합니다.
set_seed = 0

# 각 실험에서 RAG가 검색할 유사한 청크의 개수입니다.
similarity_top_k = 5

# 검색된 문맥을 압축할 때 목표로 하는 토큰 수입니다.
target_token = 2**9

OpenAI.api_key = "..."
```

코드 설정

이전 노트북들과 마찬가지로, 여기서도 다음과 같이 초기 설정을 진행합니다.

1. 주요 변수를 먼저 정의합니다.
2. 실험할 횟수를 설정합니다. 압축의 영향을 통계적으로 잘 반영하기 위해 충분한 횟수를 선택해야 합니다.
3. 프롬프트 컨텍스트를 위한 RAG 프레임워크에서 검색할 조각 수인 top-k 값을 설정합니다.
4. 압축을 통해 줄이고자 하는 토큰 수를 미리 설정합니다.
5. 마지막으로, 이전과 마찬가지로 오픈AI API 키를 설정합니다.

여기서 중요한 점은, 교육 목적으로 복잡성을 줄이기 위해 일부 매개변수를 고정했다는 것입니다. 실제 비즈니스나 학술 환경에서 이런 평가를 진행할 때는 선택한 값에 대해 질적 또는 양적 근거가 있어야 합니다. 예를 들어, '예산 문제로 인해 토큰 수를 999로 고정한다'는 질적 이유가 있을 수 있고, 반대로 양적인 이유는 특정값을 고정하지 않고 다른 트레이드오프를 최적화하는 과정의 일부로 설정할 수 있습니다. 이번 실험에서는 두 평가 방식 간의 일치율을 적절히 유지하면서도 압축률을 극대화할 수 있는 값으로 설정했습니다. 실험 횟수 역시 실행 시간, GPU 메모리 사용량, 통계적 신뢰성 사이의 균형을 고려해 선택되었습니다.

데이터 수집

먼저 논문 데이터셋을 수집한 후, 인공지능 관련 논문만 남기도록 필터링합니다.

```
dataset = load_dataset("ccdv/arxiv-classification")
dataset_train = dataset["train"]
dataset_train_df = pd.DataFrame(dataset_train)

# AI 관련 논문만 유지 (레이블이 #2로 분류된 것만 필터링):
dataset_train_df_ai = dataset_train_df[dataset_train_df["label"] == 2].reset_
index(drop=True)
dataset_train_df_ai.head(1).style.set_properties(**{'text-align': 'left'})
```

대규모 언어 모델 설정

여기서는 사용할 두 대규모 언어 모델을 설정합니다.

```
# llama_index의 문서 유형을 리스트로 정의합니다.
articles = [Document(text=content) for content in dataset_train_df_ai["text"]]
print("'articles'는 리스트이며, 각 요소는 다음과 같은 유형입니다.:",
type(articles[0]))

# 오픈AI의 LLM 초기화
llm = OpenAI(model=gpt_type)

# LongLLMLinguaPostprocessor 초기화
postprocessor = LongLLMLinguaPostprocessor(
    model_name="NousResearch/Llama-2-7b-hf",  # 후처리 작업에 사용할 모델 이름 설정
    # model_name = "beomi/open-llama-2-ko-7b", # 한국어를 지원하는 모델로 변경 가능
    target_token=target_token,  # 후처리에서 목표로 하는 특정 토큰 설정
    rank_method="longllmlingua",  # 긴 문서에서 중요 정보를 랭킹하는 방법 설정
    additional_compress_kwargs={  # 추가적인 후처리 매개변수 설정
        "condition_compare": True,  # 컨텍스트를 조건과 비교하여 중요 정보 선별
        "condition_in_question": "after",  # 질문 이후의 정보를 선호하여 처리
        "context_budget": "+100",  # 컨텍스트 길이를 추가로 확보(100 토큰 추가)
        "reorder_context": "sort",  # 컨텍스트를 재정렬하여 중요한 정보를 상위로 이동
        "dynamic_context_compression_ratio": 0.3,  # 컨텍스트를 30%로 압축
```

```
    },
)
```

압축 방식인 LLMLingua는 Llama2를 압축 모델로 사용합니다. 이 모델은 라마인덱스 RAG 파이프라인에서 검색된 컨텍스트와 사용자의 질문을 받아, 컨텍스트의 내용을 압축하고 크기를 줄입니다.

오픈AI의 GPT는 최종 답변을 생성하는 대규모 언어 모델로 사용됩니다. 이 모델은 강화 학습에 대한 질문과 관련된 추가 정보를 받아 답변을 생성합니다.

또한 이 단계에서는 사용자가 할 질문을 정의하고, 오픈AI GPT가 답변을 어떻게 구성해야 하는지에 대한 지침도 추가합니다.

실험

이 부분은 노트북의 핵심입니다. for 루프를 통해 여러 실험을 반복하며, 각 반복에서는 두 가지 시나리오를 평가합니다.

```
query = "Does this publication involve Reinforcement Learning? Answer in a single
word, either Yes or No"
# query = "이 출판물이 강화 학습(Reinforcement Learning)과 관련이 있나요? 단어 하나
로 대답하세요, Yes 또는 No 중 하나로."

# 결과를 기록할 딕셔너리 설정:
# 두 가지 분류 RAG 간의 일치 여부와 추적 중인 메트릭을 저장:
record = {
    "Yes,Yes": 0,    # 두 방식 모두 긍정
    "No,No": 0,      # 두 방식 모두 부정
    "Yes,No": 0,     # 비압축 방식 긍정, 압축 방식 부정
    "No,Yes": 0,     # 비압축 방식 부정, 압축 방식 긍정
    "original_tokens": [],   # 원래 문맥의 토큰 수
    "compressed_tokens": [], # 압축된 문맥의 토큰 수
    "ratios": [],    # 압축 비율
    "time_nc": [],   # 비압축 방식의 실행 시간
    "time_c": [],    # 압축 방식의 실행 시간
}

# GPU의 불필요한 캐시 공간을 정리하는 것은 좋은 습관입니다:
gc.collect()
torch.cuda.empty_cache()
```

```python
# 모든 문서를 반복하지 않기 위해 랜덤하게 문서를 선택합니다:
random.seed(set_seed)
random_iterations = random.sample(range(len(articles)), num_of_iterations)
iteration_counter = 1

# 이제 각 문서에 대해 독립적인 실험을 진행하며 반복합니다:
for document_index in random_iterations:
    # 검색을 위해 관련 문서만 참조하고 이를 벡터 데이터베이스로 처리:
    index = VectorStoreIndex.from_documents(articles[document_index:(document_index + 1)])
    print("\n\n        문서 인덱스:", document_index)
    print("           반복 횟수:", iteration_counter, "/", num_of_iterations)
    iteration_counter += 1

    # RAG 검색: 이 부분은 비압축 및 압축 방식 모두에서 공통:
    retrieval_start_time = time.time()
    # 벡터 DB에서 top_k 청크 검색:
    retriever = index.as_retriever(similarity_top_k=similarity_top_k)
    retrieved_context = retriever.retrieve(query)
    context_list = [chunk.get_content() for chunk in retrieved_context]
    retrieval_time = time.time() - retrieval_start_time

    # 비압축 RAG 방식:
    # 압축 없이 LLM에 프롬프트를 전달하며, 쿼리에 검색된 문맥 청크를 추가:
    start_time_nc = time.time()
    prompt = "\n\n".join(context_list + [query])
    response_nc = llm.complete(prompt)
    time_nc = time.time() - start_time_nc
    print("---------------------------------------------- 비압축 방식 응답: " + str(response_nc))

    original_contexts = "\n\n".join(context_list)
    original_tokens = postprocessor._llm_lingua.get_token_length(original_contexts)

    # 이 시점에서 GPU 메모리를 정리하는 것이 필요합니다:
    del prompt
    del context_list
    del original_contexts
    gc.collect()
    torch.cuda.empty_cache()

    # 압축 문맥 RAG 방식:
    # 압축된 문맥으로 LLM에 프롬프트 전달:
```

```python
    start_time_c = time.time()
    new_retrieved_context = postprocessor.postprocess_nodes(
        retrieved_context,
        query_bundle=QueryBundle(query_str=query)
    )

    response_c = CompactAndRefine().synthesize(query, new_retrieved_context)

    time_c = time.time() - start_time_c

    print("---------------------------------------------- 압축 방식 응답: " + str(response_c))

    compressed_contexts = "\n\n".join([chunk.get_content() for chunk in new_retrieved_context])

    compressed_tokens = postprocessor._llm_lingua.get_token_length(compressed_contexts)
    ratio = original_tokens / (compressed_tokens + 1)

    print("원래 토큰 수:", original_tokens)
    print("압축된 토큰 수:", compressed_tokens)
    print("압축 비율:", f"{ratio:.2f}배")

    record[str(response_nc).replace(".", "") + "," + str(response_c).replace(".", "")] += 1
    record["original_tokens"].append(original_tokens)
    record["compressed_tokens"].append(compressed_tokens)
    record["ratios"].append(ratio)
    record["time_nc"].append(time_nc + retrieval_time)
    record["time_c"].append(time_c + retrieval_time)

    # GPU의 불필요한 캐시 공간을 정리하는 것은 좋은 습관입니다:
    del compressed_contexts
    del new_retrieved_context
    del retrieved_context
    gc.collect()
    torch.cuda.empty_cache()
```

1. **첫 번째 시나리오**: 일반적인 RAG 작업이 수행되며, 컨텍스트는 압축 없이 검색됩니다. 프롬프트는 검색된 컨텍스트와 사용자의 질문으로 구성되고, 대규모 언어 모델이 반환한 답변과 전송된 토큰 수, 처리 시간이 기록됩니다.

2. 두 번째 시나리오: LLMLingua를 사용해 검색된 컨텍스트를 압축합니다. 압축된 컨텍스트와 사용자의 질문을 대규모 언어 모델에 전송하고, 반환된 답변과 전송된 토큰 수, 처리 시간을 기록합니다.

실험이 완료되면, 각 반복의 결과를 저장하는 record 딕셔너리가 생성됩니다. 이를 바탕으로 결과를 종합하고 결론을 도출합니다.

컨텍스트 압축의 영향 분석: 성능 저하와 자원 효율성의 균형

실험 결과를 종합해 프롬프트 압축이 대규모 언어 모델의 성능, 처리 시간, 그리고 API 비용에 어떤 영향을 미치는지 분석합니다.

```
num_of_iterations_in_practice = len(record["original_tokens"])
counts_of_agreements = record["Yes,Yes"] + record["No,No"]
counts_of_disagreements = record["Yes,No"] + record["No,Yes"]
reduction_in_tokens = round(100*(1 - sum(record["compressed_tokens"]) /
sum(record["original_tokens"])))
print("일치 횟수:", str(counts_of_agreements), "전체 사례", str(num_of_iterations_
in_practice), "중")
print("불일치 횟수:", str(counts_of_disagreements), "전체 사례", str(num_of_
iterations_in_practice), "중")
print(f"일치율: {round(100*counts_of_agreements / num_of_iterations_in_practice)}%")
```

위 코드의 실행 결과입니다.

```
일치 횟수: 56 전체 사례 60 중
불일치 횟수: 4 전체 사례 60 중
일치율: 93%
```

다음은 토큰 감소율을 출력합니다.

```
print(f"비압축 방식: {num_of_iterations_in_practice}번 호출에서 전송된 총 토큰 수:",
str(sum(record["original_tokens"])))
print(f"압축 방식:   {num_of_iterations_in_practice}번 호출에서 전송된 총 토큰 수:",
str(sum(record["compressed_tokens"])))
print(f"토큰 감소율: {reduction_in_tokens}%")
print("압축 비율:", f"{1 / (1 - reduction_in_tokens/100):.2f}배")
print(f"비압축 방식: {num_of_iterations_in_practice}번 호출 동안의 총 반복 시간:",
```

```
str(round(sum(record["time_nc"])))) 
print(f"압축 방식:    {num_of_iterations_in_practice}번 호출 동안의 총 반복 시간:", 
str(round(sum(record["time_c"])))) 
```

위 코드의 출력 결과입니다.

```
비압축 방식: 60번 호출에서 전송된 총 토큰 수: 327688
압축 방식:   60번 호출에서 전송된 총 토큰 수: 26743
토큰 감소율: 92%
압축 비율: 12.50배
비압축 방식: 60번 호출 동안의 총 반복 시간: 57
압축 방식:   60번 호출 동안의 총 반복 시간: 640
```

- 컨텍스트 길이 축소는 92%의 일치율을 보였습니다.
- 압축 과정은 처리 시간을 11배 증가시켰습니다.
- 컨텍스트 길이 축소는 전송된 토큰 수를 기준으로 전체 비용의 92%를 절감했습니다.

여기서 중요한 점은 비용 절감이 일치율과 반비례 관계에 있다는 것입니다. 비용 절감이 커질수록 일치율이 낮아질 가능성이 있습니다.

이 정도의 절감률은 상당히 크며, 경우에 따라 손실을 보고 있는 서비스를 수익성 있는 서비스로 전환할 수 있을 만큼 중요한 요소가 될 수 있습니다.

일치율 저하와 추가적인 트레이드오프와 관련된 몇 가지 참고 사항을 보겠습니다. 두 접근 방식 간의 일치율이 떨어지는 경우, 두 방식이 모두 옳다고 볼 수 있지만, 불일치는 다양한 이유로 발생할 수 있습니다. 예를 들어 두 번째 시나리오에서 압축이 컨텍스트를 왜곡해 모델이 정확히 분류하지 못할 수도 있습니다. 반대로, 압축이 불필요한 정보를 줄여 대규모 언어 모델이 핵심 정보에 더 집중하게 하여 오히려 정확한 답변을 도출할 가능성도 있습니다.

또 다른 트레이드오프를 고려할 때, 대규모 언어 모델의 성능, 처리 시간, API 비용뿐만 아니라 압축을 수행하는 데 필요한 계산 자원도 고려해야 합니다. 예를 들어, 이번 실험에서 사용된 Llama2 모델은 로컬 호스팅과 GPU 자원이 필요합니다. 이는 일반적인 노트북에서는 제공되지 않는 자원입니다. 반면, 첫 번째 시나리오에서는 이러한 자원이 필요하지 않습니다. 기본 RAG 방식에서는 BERT와 같은 소형 언어 모델을 사용하거나, API 기반 임베딩을 사용할 수 있습니다. 기본 가정대로라면, 프롬프트를 처리하는 대규모 언어 모델은 원격 API 기반으로 선택되어, 최소한의 컴퓨팅 자원만으로도 실행할 수 있습니다.

이번 실험의 평가를 통해 LLMLingua 프롬프트 압축 방법이 비용 절감에 매우 효과적이고 유용한 도구임을 확인할 수 있었습니다.

다음이자 마지막 코드 데모에서는, 실험 결과를 더욱 심도 있게 분석하기 위해 각 대규모 언어 모델이 전문가 역할을 맡는 전문가 팀을 구성해 분석 결론을 도출하는 과정을 개선하는 방법을 살펴보겠습니다.

9.6 다중 에이전트: 협력하는 대규모 언어 모델 팀 구성

이번 절에서는 최근 대규모 언어 모델 분야에서 주목받는 방법의 하나인 여러 대규모 언어 모델을 동시에 활용하는 방식을 다룹니다. 여기서는 여러 에이전트를 설정하고, 각각의 에이전트가 다른 역할을 수행하도록 설정합니다. 챗GPT처럼 사용자가 단일 대규모 언어 모델과 직접 상호작용을 하는 대신, 여러 대규모 언어 모델을 설정한 뒤 각 모델에 고유한 시스템 프롬프트를 부여해 각기 다른 역할을 맡깁니다.

9.6.1 다중 대규모 언어 모델 에이전트가 동시에 작업할 때의 잠재적 이점

여러 사람이 협업하듯이, 여러 대규모 언어 모델을 동시에 사용하면 다음과 같은 여러 이점이 있습니다.

검증 강화 및 환각 감소

대규모 언어 모델에게 피드백을 제공하고 자신의 응답을 재검토하도록 요청하면, 응답의 정확성이 향상된다는 연구 결과가 있습니다. 여러 대규모 언어 모델 에이전트 팀을 구성할 때, 한 에이전트의 역할로 다른 에이전트의 답변을 비판하고 검증하도록 지정할 수 있습니다.

사용자의 참여 정도 조절 가능

각 에이전트에 다른 역할을 부여할 때, 사용자가 원하는 만큼 참여할 수 있습니다. 예를 들어, 사용자가 대화에 직접 참여할 차례가 되면 다른 에이전트가 대기하고, 사용자가 입력을 제공할 수 있습니다. 반면, 사용자가 원하지 않으면 전혀 개입하지 않고 대규모 언어 모델들이 자동으로 작업을 진행하도록 설정할 수도 있습니다. 다음 사례는 후자의 경우입니다.

특정 대규모 언어 모델의 최적 활용

현재 여러 대규모 언어 모델이 존재하며, 일부는 로컬에서 무료로 실행되고, 일부는 API 기반으로 제공됩니다. 각 모델의 크기와 능력이 다르고, 특정 작업에 더 적합한 모델도 있습니다. 에이전트 각자에게 역할을 부여하고, 그 역할에 적합한 대규모 언어 모델을 선택함으로써, 예를 들어 특정 코딩 언어에 특화된 에이전트를 코딩 프로젝트에 할당해 해당 작업에 최적화된 대규모 언어 모델을 사용할 수 있습니다.

자원 최적화(여러 소형 대규모 언어 모델 활용)

예를 들어, 의료 분야 사용자 플랫폼을 구축하는 프로젝트에서는 프런트엔드 엔지니어, 백엔드 엔지니어, 디자이너, 의료 전문가가 필요하며, 이들 모두 프로젝트 관리자와 제품 관리자의 감독을 받습니다. 이 플랫폼을 여러 에이전트 프레임워크로 개발하려면, 각 역할에 맞는 에이전트를 설정하고, 그에 적합한 대규모 언어 모델을 선택해야 합니다. 만약 모든 에이전트에 동일한 대규모 언어 모델, 예를 들어 오픈AI의 최신 GPT를 사용한다면, 매우 범용적이기 때문에 모델이 크고 비용이 많이 들며 처리 속도가 느려질 수 있습니다. 하지만 특정 작업에 특화된 소형 대규모 언어 모델을 사용할 수 있다면, 의료 서비스에 특화된 대규모 언어 모델과 파이썬 백엔드 개발에 특화된 대규모 언어 모델을 각각 에이전트에 할당할 수 있습니다.

이 방식은 여러 전문화된 대규모 언어 모델의 조합이 단일 범용 대규모 언어 모델보다 크기가 작아 자원을 절감할 수 있습니다.

자원 최적화(단일 대규모 언어 모델의 최적 배치)

여러 대규모 언어 모델을 동시에 사용하는 대신, 특정 작업에 맞게 하나의 대규모 언어 모델을 최적화하는 방법도 있습니다. 이 경우에는 여러 대규모 언어 모델이 동시에 작동하는 것이 아니라, 라우팅 알고리즘이 현재 상황과 조건에 맞는 대규모 언어 모델을 선택합니다. 여기에는 다음과 같은 요소들이 고려될 수 있습니다.

- 각 컴퓨팅 시스템의 현재 부하 상태
- 시간에 따라 달라질 수 있는 비용 제약
- 프롬프트의 출처(다른 지역이나 고객의 우선순위에 따라 다를 수 있음)
- 프롬프트의 목적(비즈니스 우선순위에 따라 작업이 달라질 수 있음)
- 프롬프트의 요구 사항(코드 생성 작업은 작고 효율적인 대규모 언어 모델로 충분할 수 있지만, 법적 문서를 검토하고 선례를 제안하는 작업에는 다른 모델이 필요할 수 있음)
- 이처럼 여러 대규모 언어 모델을 동시에 사용하거나 특정 작업에 맞는 대규모 언어 모델을 최적화하는 방법은 자원을 효율적으로 활용하고 성능을 극대화할 수 있는 새로운 접근 방식을 제공합니다.

AutoGen

이번 절에서 사용하는 프레임워크는 **AutoGen**[8]으로, 마이크로소프트에서 제공하는 도구입니다.

[그림 9-1]은 AutoGen 프레임워크의 개요를 보여 줍니다. 아래 설명은 깃허브 저장소에 명시된 내용을 기반으로 작성되었습니다.

AutoGen은 여러 에이전트가 대화를 통해 문제를 해결할 수 있도록 돕는 대규모 언어 모델 애플리케이션을 개발할 수 있는 프레임워크입니다. AutoGen의 에이전트는 사용자 정의가 가능하며, 대화를 나눌 수 있고, 사람의 참여도 자연스럽게 통합할 수 있습니다. 대규모 언어 모델, 사람의 입력, 도구 등을 조합하여 다양한 모드에서 동작할 수 있습니다.

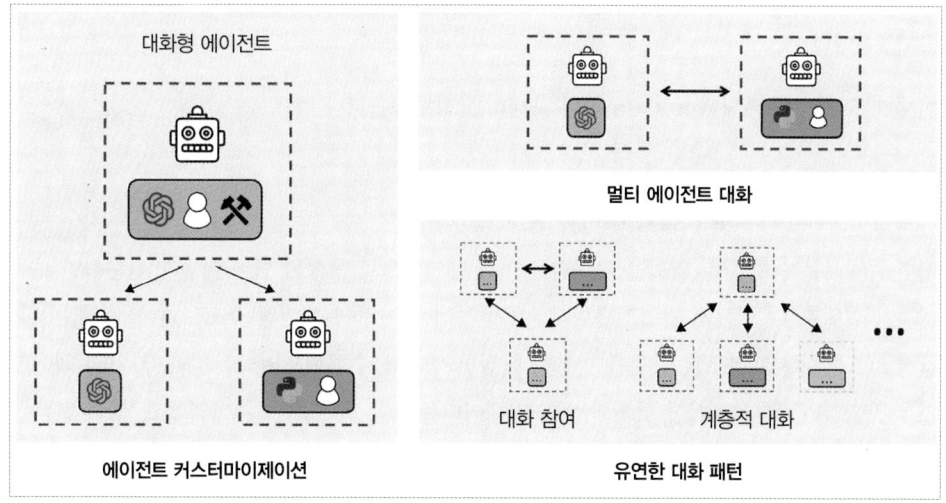

그림 9-1 AutoGen 기능

[그림 9-1]의 왼쪽에서는 각 에이전트에게 역할과 기능을 할당하는 과정을 볼 수 있으며, 오른쪽에서는 사용할 수 있는 여러 대화 구조의 예시를 확인할 수 있습니다.

깃허브 저장소에서 소개된 AutoGen의 주요 기능은 다음과 같습니다.

- **차세대 대규모 언어 모델 애플리케이션 개발을 쉽게 지원**: AutoGen은 여러 에이전트 간의 대화를 기반으로 복잡한 LLM 워크플로를 간편하게 조정, 자동화, 최적화할 수 있습니다.

---

[8] https://github.com/microsoft/autogen/tree/main

이를 통해 대규모 언어 모델의 성능을 극대화하고 약점을 보완할 수 있습니다.

- **복잡한 워크플로를 위한 다양한 대화 패턴 지원**: AutoGen은 사용자 지정이 가능한 대화형 에이전트를 통해 대화의 자율성, 에이전트 수, 대화 구조 등 다양한 패턴을 구축할 수 있습니다.
- **다양한 복잡성의 시스템 제공**: AutoGen은 여러 도메인과 복잡성을 아우르는 시스템을 제공하여, 다양한 대화 패턴을 쉽게 지원할 수 있는 방법을 보여 줍니다.
- **향상된 대규모 언어 모델 추론 제공**: AutoGen은 API 통합 및 캐싱, 오류 처리, 다중 설정 추론, 컨텍스트 프로그래밍 등 고급 유틸리티와 사용 패턴을 제공합니다.

AutoGen은 마이크로소프트, 펜실베이니아 주립대학교, 워싱턴대학교의 공동 연구를 통해 개발되었습니다.

실제 코드 예제를 통해 AutoGen을 더 자세히 살펴보겠습니다.

복잡한 분석 마무리하기: 결과 시각화 및 결론 도출

이번 절에서는 서로 다른 역할을 부여받은 여러 에이전트로 구성된 팀이 어떻게 전문적인 분석 팀처럼 협업할 수 있는지 알아겠습니다. 이번 사례는 이전에 실행했던 코드의 연장선입니다. 앞선 코드에서는 프롬프트 압축을 사용한 복잡한 평가를 수행했으며, 그 결과 두 가지 데이터가 나왔습니다. 하나는 실험 결과의 수치적 데이터를 담은 record 딕셔너리이고, 다른 하나는 일치율, 토큰 수 및 비용 절감, 처리 시간 변화에 대한 서술형 결과입니다.

이전 노트북에서는 일부러 중간에 멈췄습니다. 토큰 수와 비용 감소를 시각화하지 않았고, 프롬프트 압축을 적용할지에 대한 결론도 내리지 않았습니다. 하지만 실제 비즈니스나 학술 환경에서는 결과를 시각화하고, 이를 사용할지 여부에 대한 의견을 제시해야 합니다. 연구 결과를 이해관계자나 의사 결정자, 연구 커뮤니티에 발표할 때, 실험의 통계적 의미를 시각적으로 표현하는 것이 중요합니다. 또한 자연어 처리와 머신러닝 전문가로서, 실험한 방법을 채택할지에 대한 권고도 필요합니다.

이제 그 평가 결과를 바탕으로 에이전트 팀에게 이 작업을 맡겨 보겠습니다.

다음 노트북 Ch9_Completing_a_Complex_Analysis_with_a_Team_of_LLM_Agents.ipynb을 참조하세요. 이 노트북은 설치, 임포트, 설정 등 기본적인 내용으로 시작됩니다. AutoGen은

딕셔너리 형식으로 설정이 이루어지며, 세부 내용은 노트북에서 확인할 수 있습니다.

```
import autogen

gpt_type = "gpt-4o-mini"  # 사용할 GPT 모델 유형을 설정

config_list = autogen.get_config_list(
    [api_key],  # API 키 목록을 전달
    base_urls=None,  # 필요한 경우 API 기본 URL을 지정할 수 있음 (예: localhost:8000)
    api_type="openai",  # API 유형을 지정 (예: "openai " 또는 "aoai")
    api_version=None,  # 필요한 경우 API 버전을 지정할 수 있음
)
config_list[0]["model"] = gpt_type  # 설정 목록에서 사용할 모델을 지정
llm_config = {"config_list": config_list}  # LLM 구성 정보를 딕셔너리로 저장
```

이제 본격적으로 흥미로운 부분으로 넘어가보겠습니다.

실험 결과의 유의미성 시각화

record.pickle 파일은 딕셔너리 형식의 데이터로, 이전 평가 노트북에서 도출된 수치 결과가 담겨 있습니다. 이번 목표는 각 실험에서 수집된 토큰 수 분포를 시각화하는 것입니다. 여기에는 원본 프롬프트와 압축된 프롬프트의 토큰 수, 그리고 두 값 간의 비율도 포함됩니다.

이번 절에서는 세 가지 분포를 시각화하는 코드를 작성하는 작업을 에이전트 팀에 맡깁니다.

팀에게 부여할 작업 정의

우선 팀이 수행할 작업의 범위를 설정합니다. 데이터 파일의 위치와 딕셔너리 구조에 대한 정보를 제공하여 팀원들이 과제를 정확히 이해하도록 도와줍니다. 이어서 데이터 분포 시각화에 대한 구체적인 지시를 내립니다. 이 모든 내용은 하나의 포괄적인 작업 설명서에 담깁니다. 이는 애자일 스크럼 방식에서 사용자 스토리의 역할과 비슷합니다.

```
plot_task = """다음 URL에 있는 Python 딕셔너리를 참조하세요: <https://raw.githubusercontent.com/PacktPublishing/Mastering-NLP-from-Foundations-to-LLMs/main/Chapter9_notebooks/record.pickle>. 이 딕셔너리의 변수명은 'record'입니다.

딕셔너리의 세 필드('original_tokens', 'compressed_tokens', 'ratios')를 분석해 주세요.
```

```
이 세 컬럼을 딕셔너리에서 Pandas DataFrame으로 변환하여 다음 작업을 수행하세요.

각 행은 프롬프트 토큰이 압축되는 실험을 나타냅니다.
각 실험에서 딕셔너리에 기록되는 3가지 값은 다음과 같습니다:
- 'original_tokens': 원본 프롬프트의 토큰 수
- 'compressed_tokens': 압축 후 프롬프트의 토큰 수
- 'ratios': 두 값의 비율 (original_tokens/(compressed_tokens + 1))

Python으로 다중 플롯을 설계하는 것이 당신의 임무입니다.
다중 플롯은 상단과 하단, 두 개의 그림으로 구성됩니다:
- 상단: 'original_tokens'와 'compressed_tokens' 두 데이터 필드의 빈도 분포
- 하단: 'ratios'의 빈도 분포

각 서브플롯의 축, 범례, 제목을 적절히 레이블링하세요."""
```

이런 상세한 가이드라인을 통해 기대하는 결과물이 명확해집니다. 예를 들어, 그래프에 레이블을 추가하라고 요청하지만, 구체적인 레이블 내용은 지정하지 않습니다. 에이전트들은 주어진 작업 내용과 데이터 구조를 바탕으로 적절한 레이블을 자체적으로 결정할 것입니다.

에이전트 정의 및 팀 구성원 역할 할당

이번 작업에서는 세 명의 팀원이 필요합니다. 코드를 작성할 프로그래머, 코드를 실행하고 피드백을 제공할 QA 엔지니어, 그리고 작업 완료 여부를 확인할 팀 리드입니다.

```python
programmer = autogen.AssistantAgent(
    name="programmer",
    llm_config=llm_config,
    system_message="""
        당신은 경험 많고 전문적인 Python 프로그래머입니다. 잡담은 금지입니다.
        모든 대화는 매우 짧고 간결하게 유지하세요!
        """,
)

qa_engineer = autogen.AssistantAgent(
    name="qa_engineer",
    llm_config=llm_config,
    system_message="""
        당신은 경험 많고 전문적인 Python 프로그래머입니다.
        특히 코드를 실행하고 오류와 버그의 원인을 파악하는 데 능숙합니다.
        문제를 해결할 수 있도록 다른 에이전트들에게 이를 명확히 전달합니다.
```

```
            작업이 모두 완료되면 단 한 단어, "TERMINATE"만 답변하세요. 잡담은 금지입니다.
            모든 대화는 매우 짧고 간결하게 유지하세요!
            """,
    code_execution_config={
        "last_n_messages": 10,
        "work_dir": "tasks",
        "use_docker": False,
    },)


lead = autogen.UserProxyAgent(
    name="lead",
    human_input_mode="NEVER",
    is_termination_msg=lambda x: x.get("content", "").find("TERMINATE") >= 0,
    code_execution_config={
        "last_n_messages": 10,
        "work_dir": "tasks",
        "use_docker": False,
    },)
```

각 역할에 맞는 시스템 프롬프트를 설정합니다. 8장에서 배운 것처럼, 이 시스템 프롬프트는 대규모 언어 모델의 기능에 큰 영향을 미칩니다. 특히, QA 엔지니어와 팀 리드에게도 독립적으로 코드를 실행할 수 있는 권한을 부여하여, 그들이 프로그래머의 코드를 직접 검증하고 객관적인 피드백을 제공할 수 있도록 합니다. 만약 동일한 에이전트가 코드를 작성하고 그 코드가 올바른지 확인하는 역할까지 맡는다면, 초안만 작성하고 실행 및 검증을 생략한 채 작업을 완료했다고 결론지을 가능성이 있습니다.

다중 에이전트 대화 설정

이번에는 다중 에이전트 대화를 정의합니다. 이는 AutoGen의 주요 기능 중 하나로, 두 명의 에이전트가 대화하는 방식과는 달리 더 많은 에이전트가 함께 참여하는 대화입니다.

그룹 대화를 정의할 때, 대화를 관리할 매니저도 함께 지정합니다.

```
groupchat_0 = autogen.GroupChat(agents=[programmer, qa_engineer],
                                speaker_selection_method='auto',
                                allow_repeat_speaker=False,
                                messages=[],
                                max_round=10)
```

```python
manager_0 = autogen.GroupChatManager(
    groupchat=groupchat_0,
    name="manager_0",
    llm_config={"config_list": config_list},
    is_termination_msg=lambda x: x.get("content", "").find("TERMINATE") >= 0,
    code_execution_config={
        "last_n_messages": 1,
        "work_dir": "tasks",
        "use_docker": False,
    },
)
```

팀 운영 시작

팀 리드는 매니저에게 우리가 정의한 작업을 할당합니다. 그러면 매니저는 프로그래머와 QA 엔지니어에게 각각 작업을 배정합니다.

```
lead.initiate_chats(
    [
        {"recipient": manager_0, "message": plot_task, "summary_method": "reflection_with_llm", "clear_history": True},
    ]
)
```

다음은 화면에 나타난 자동화된 대화의 주요 내용입니다.

```
lead (to manager_0):
이 파이썬 딕셔너리를 참조하세요 [...]

programmer (to manager_0):
'''python
import pandas as pd
import matplotlib.pyplot as plt
# Load the record dict from URL
import requests
import pickle
[...]

qa_engineer (to manager_0):
```

```
exitcode: 0 (execution succeeded)
Code output:
Figure(640x480)

programmer (to manager_0):
TERMINATE(종료)
```

이 대화는 총 네 번의 상호작용으로 구성되어 있으며, 각각 두 명의 에이전트가 대화에 참여했습니다. 각 상호작용은 어떤 에이전트가 누구에게 말하고 있는지를 알려 주는 것으로 시작되며, 이러한 부분은 앞서 출력된 내용에서 굵은 글씨로 표시되었습니다.

두 번째 상호작용에서 프로그래머는 완전한 파이썬 스크립트를 제공했습니다. 코드가 길기 때문에 앞부분의 네 줄만 봤지만, 전체 스크립트는 노트북에서 확인할 수 있습니다. QA 엔지니어는 해당 스크립트를 실행한 후 성공적으로 작동했다고 보고했습니다. 만약 실행이 실패했다면 exitcode: 1이 반환되었을 것이며, 프로그래머에게 오류 메시지가 전달되어 코드를 수정하게 되었을 것입니다. 대화는 해결책이 나올 때까지 이어지며, 만약 해결되지 않으면 팀이 실패를 보고하고 대화를 종료하게 됩니다.

이번 작업에서는 우리가 원하는 시각화를 위한 코드를 얻었습니다. 에이전트에게 코드를 실행해 결과를 시각화하라고 요청하지 않고, 단지 코드를 요청했을 뿐입니다. 만약 원한다면 대규모 언어 모델을 설정해 코드를 실행하고, 결과 이미지를 제공하도록 설정할 수 있습니다. AutoGen의 저장소에서 다양한 예시와 기능을 확인할 수 있습니다.

다음 코드 셀에서는 팀이 작성한 코드를 붙여 넣었습니다. 이 코드는 정상적으로 실행되며, 우리가 요청한 대로 세 가지 분포를 정확히 시각화합니다([그림 9-2] 참조).

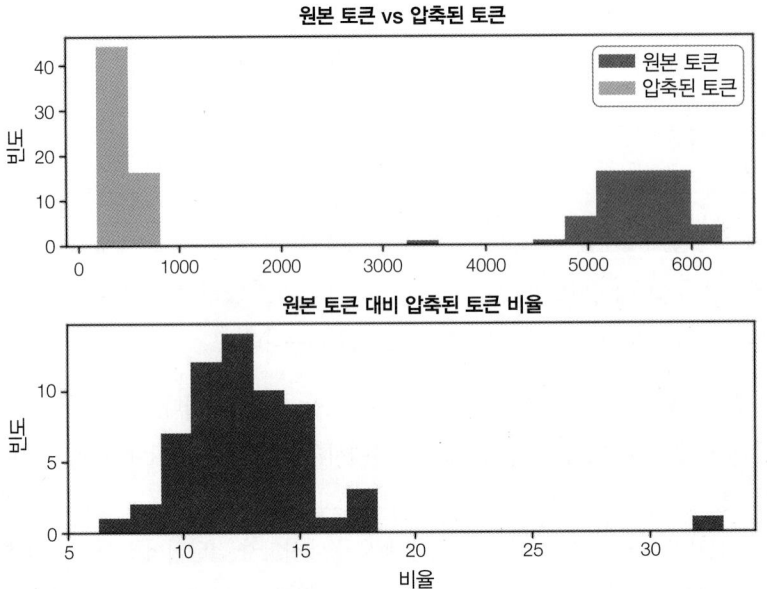

그림 9-2 프롬프트 압축의 효과 시각화[9]

그림의 상단에는 원본 프롬프트(하늘색)와 압축된 프롬프트(주황색)의 토큰 수 분포가 나타나 있으며, 하단에는 각 프롬프트 쌍 간의 비율 분포가 표시되어 있습니다. [그림 9-2]는 토큰 감소율이 얼마나 효과적인지, 그리고 그로 인해 API 비용이 얼마나 절감되는지를 잘 보여 줍니다.

이로써 실험 결과의 유의미성을 시각화하는 작업이 완료되었습니다.

팀 작업에서의 인간 개입

이번 작업에서는 세 명의 에이전트 모두 대규모 언어 모델로 작동하여, 인간의 개입 없이 자동으로 수행되었습니다. 그러나 만약 팀 리드 역할을 인간 사용자인 당신으로 설정한다면, 직접 개입하여 QA 엔지니어에게 추가 검증을 요청하거나 프로그래머에게 추가 기능을 요구할 수 있습니다.

이는 특히 QA 엔지니어 에이전트가 자체 환경에서 코드를 실행하는 대신, 여러분이 직접 자

---

[9] 컬러 이미지는 부록 416쪽 참조

신의 환경에서 코드를 실행하고 싶을 때 유용할 수 있습니다. 각자의 환경이 다르기 때문에, 코드가 로컬 데이터 파일을 로드해야 하는 상황에서는 당신이 코드를 실행하는 것이 더 적합할 수 있습니다. 예를 들어, 에이전트에게 특정 데이터 파일을 로드하는 코드를 작성하게 했을 때, QA 엔지니어 에이전트의 환경에 해당 파일이 없다면 코드가 실패했다는 보고를 받게 될 것입니다. 이 경우, 당신이 직접 프로그래머와 협업하여 코드를 실행하고 피드백을 제공할 수 있습니다.

또한 QA 엔지니어가 프로그래머의 코드에서 오류나 버그를 발견했지만 두 에이전트가 해결책을 찾지 못하는 경우에도 여러분의 개입이 필요할 수 있습니다. 이때 여러분은 개입하여 통찰력을 제공할 수 있습니다. 예를 들어, for 루프가 딕셔너리의 값 대신 키를 반복하는 경우, **코드는 실행되지만 for 루프가 딕셔너리의 키를 반복하고 있습니다. key1 키의 값을 반복해야 합니다.**라고 개입하여 수정 방향을 제시할 수 있습니다.

이제 평가를 마무리하는 두 번째 단계로 넘어가겠습니다.

실험 결과 검토 및 결론 도출

특정 기능의 영향을 평가하는 복잡한 실험을 진행한 후, 이제 그 결과를 요약하고 결론을 제시해야 합니다. 이 결론은 회사의 의사 결정자나 학계 연구 커뮤니티와 같은 대상에게 전달될 수 있습니다.

이번 단계에서 특이한 점은 결론 도출 과정이 그동안 수학적 또는 알고리즘적 모델에만 의존하지 않았다는 것입니다. 인간이 평가 과정을 주도하며, 가능한 많은 부분을 자동화하려 하지만, 최종적인 인상과 결론을 내리는 것은 여전히 우리의 역할입니다.

이제 그 마지막 결론 도출 과정을 자동화해 보려 합니다. 전문가 에이전트 팀을 구성해 실험 결과에 대한 요약을 제공받고, 프롬프트 압축 기능을 도입할지에 대한 권고안을 받으려고 합니다. 처음에는 실제 평가 결과를 제공하고, 그 신뢰성을 확인하기 위해 이번에는 성능이 더 나쁜 모의 결과를 제공해 팀이 상황에 맞는 결론을 도출하는지 확인해 볼 것입니다. 이 모든 과정은 인간의 개입 없이 이루어집니다.

먼저, 팀이 수행할 작업을 정의하는 것부터 시작하겠습니다.

팀이 수행할 작업 정의

목표는 앞 절에서 얻은 평가 노트북의 출력 내용을 팀에게 제공하는 것입니다. 출력 내용에는 LLMLingua 프롬프트 압축 방법이 일치율, 프롬프트 토큰 수, 처리 시간에 미친 영향이 서술되어 있습니다.

```
description_of_true_results = """
LLMLingua를 사용한 프롬프트 압축의 품질과 영향을 평가하기 위한 실험이 완료되었습니다.
다음은 결과에 대한 기술적 요약입니다:

1. 분류 성능
압축된 컨텍스트가 분류 성능에 미치는 영향을 측정했습니다.
다른 모든 조건은 동일하게 유지하면서, 동일한 프롬프트와 동일한 LLM을 사용하여 원본 컨텍스트를 활용한 경우와 압축된 컨텍스트를 활용한 경우의 일치율을 비교했습니다:
- 일치: 총 60건 중 55건
- 불일치: 총 60건 중 5건
- 일치율: 92%

2. 자원 절감: 전송된 토큰 수 감소는 비용($) 절감으로 직결됩니다.
이번 실험에서 반환된 응답은 단일 단어(즉, 단일 토큰)로, RAG의 두 경우에서 반환된 토큰 수는 동일하므로 이를 평가할 필요는 없습니다:
- 압축되지 않은 경우: 60번 호출에서 전송된 총 토큰 수: 327,654
- 압축된 경우: 60번 호출에서 전송된 총 토큰 수: 26,473
- 토큰 감소율: 92%
- 압축 비율: 12.50배

3. 처리 시간:
- 압축되지 않은 경우: 60번 호출의 총 실행 시간: 76초
- 압축된 경우: 60번 호출의 총 실행 시간: 839초
"""


description_of_bad_results = """
LLMLingua를 사용한 프롬프트 압축의 품질과 영향을 평가하기 위한 실험이 완료되었습니다.
다음은 결과에 대한 기술적 요약입니다:

1. 분류 성능
압축된 컨텍스트가 분류 성능에 미치는 영향을 측정했습니다.
다른 모든 조건은 동일하게 유지하면서, 동일한 프롬프트와 동일한 LLM을 사용하여 원본 컨텍스트를 활용한 경우와 압축된 컨텍스트를 활용한 경우의 일치율을 비교했습니다:
- 일치: 총 60건 중 14건
```

- 불일치: 총 60건 중 46건
- 일치율: 23%

2. 자원 절감: 전송된 토큰 수 감소는 비용($) 절감으로 직결됩니다.
이번 실험에서 반환된 응답은 단일 단어(즉, 단일 토큰)로, RAG의 두 경우에서 반환된 토큰 수는 동일하므로 이를 평가할 필요는 없습니다:
- 압축되지 않은 경우: 60번 호출에서 전송된 총 토큰 수: 327,654
- 압축된 경우: 60번 호출에서 전송된 총 토큰 수: 264,730
- 토큰 감소율: 19%
- 압축 비율: 1.23배

3. 처리 시간:
- 압축되지 않은 경우: 60번 호출의 총 실행 시간: 76초
- 압축된 경우: 60번 호출의 총 실행 시간: 839초
"""

conclusion_task_template = """아래에 출력된 결과를 참고하세요.
이 결과는 대화의 이전 부분에서 실행된 실험에서 나온 결과입니다.
이 실험은 프롬프트 압축이 다양한 지표에 미치는 영향을 조사한 것입니다.
txt 파일에 나타난 결과를 읽고, 작성자가 프롬프트 압축 사용의 가치와 장단점에 대해 결론 형식의 간략한 요약을 작성하게 하세요.
결론은 여러 문장으로 구성되며, 각 문장은 새 줄로 구분되어야 합니다.
마지막 줄에는 프롬프트 압축 방법이 추천되는지 아니면 추천되지 않는지를 명시적으로 언급해야 합니다!
작성자는 주요 논점과 핵심 결론을 간결한 불릿 포인트 형식으로 작성해야 합니다.
principal_engineer는 비평가로서 높은 기준을 설정해야 합니다.
여기 결과가 있습니다:
{
<results>
}"""
conclusion_task_true_results = conclusion_task_template.replace("<results>", description_of_true_results)
conclusion_task_bad_results = conclusion_task_template.replace("<results>", description_of_bad_results)
```

이 내용을 복사하여 텍스트 문자열로 팀에 전달합니다.

일치율이 낮고, 압축으로 인한 토큰 수 감소도 적은 모의 결과를 생성했습니다. 이를 통해 성능이 저하된 상황에서도 팀이 올바른 결론을 도출할 수 있는지 확인하려 합니다.

앞서 시각화 작업에서 했던 것처럼, 이번에도 작업 지침을 작성하여 팀에게 전달할 것입니다. 각 결과를 작업 설명에 포함해 팀이 이를 바탕으로 결론을 도출하도록 합니다. 두 가지 작업 설
```

명을 준비해, 하나는 실제 결과를, 다른 하나는 모의 결과를 사용해 두 번 실행할 것입니다.

이제 각 역할을 할당하겠습니다.

에이전트 정의 및 팀원 역할 할당

이번 작업을 위해 세 명의 팀원이 필요합니다. 기술적인 경험이 풍부한 수석 엔지니어, 수석 엔지니어의 피드백을 바탕으로 결론을 작성할 기술 작가, 그리고 작업 완료 여부를 확인하는 팀 리드입니다. 팀 리드는 앞서 작업에서 정의된 역할을 이어받습니다.

```
principal = autogen.AssistantAgent(
    name="principal_engineer",
    llm_config=llm_config,
    system_message="""
        당신은 경험 많고 전문적인 머신러닝 엔지니어입니다.
        새로운 기능과 알고리즘을 분석하고, 이를 기반으로 최고기술책임자(CTO)에게
        심도 있는 의견을 제출합니다.
        모든 결론은 분석과 실험에서 도출된 수치와 기술적 근거를 바탕으로 작성됩니다.
        Python 코딩 기술을 사용해 파일을 가져올 수 있습니다.
        txt 파일을 가져올 때는 그 내용을 다른 사람들이 볼 수 있도록 출력합니다!
        요약이 완전히 작성되고 당신의 기준을 충족하기 전까지는 작업이 완료되지
        않습니다!
        작업 완료 여부를 판단하려면 체크리스트를 검증해야 합니다: 모든 주장은
        간결하고 명확하며, 각 주장은 실험 또는 결과에서 계산된 수치로 뒷받침되어야
        합니다.
        모든 대화는 매우 짧고 간결하게 유지하세요!
        작업이 완료되고 기준을 충족하면 "TERMINATE"라고 응답하세요!
    """,
)

writer = autogen.AssistantAgent(
    name="writer",
    llm_config=llm_config,
    system_message="""
        당신은 통찰력 있고 매력적인 요약 작성으로 유명한 전문 작가입니다.
        principal_engineer와 협력하여 통찰력 있는 콘텐츠를 만듭니다.
        principal_engineer가 실험 결과를 출력하기 전까지는 요약 작성을 시작하지 않습니다!
        필요한 파일이나 데이터가 있을 경우, principal_engineer에게 요청합니다.
        복잡한 개념을 설득력 있는 서술로 변환하는 데 능숙합니다.
    """,
)
```

그룹 대화 정의

앞서 시각화 작업에서 했던 것처럼, 이번에도 그룹 대화를 정의합니다. 이번에는 새로운 그룹 대화 매니저가 지정되며, 각 에이전트는 서로 다른 역할을 맡아 팀을 구성합니다.

```python
groupchat_1 = autogen.GroupChat(agents=[writer, principal],
                                speaker_selection_method='auto',
                                messages=[],
                                max_round=50)

manager_1 = autogen.GroupChatManager(
    groupchat=groupchat_1,
    name="manager_1",
    llm_config={"config_list": config_list},
    is_termination_msg=lambda x: x.get("content", "").find("TERMINATE") >= 0,
    code_execution_config={
        "last_n_messages": 1,
        "work_dir": "tasks",
        "use_docker": False,
    },
)
```

팀 활동 시작

팀 리더가 우리가 정의한 작업을 관리자에게 전달합니다. 그러면 관리자는 작가와 수석 엔지니어에게 각각의 역할을 할당합니다.

```python
lead.initiate_chats(
    [
        {"recipient": manager_1,
         "message": conclusion_task_true_results,
         "summary_method": "reflection_with_llm"},
    ]
)
```

화면에 나타난 자동화된 대화의 주요 내용은 다음과 같습니다.

```
lead (to manager_1):
아래 제시된 결과를 참고해 주세요. 이 결과는 [...]에서 도출된 것입니다.
```

```
writer (to manager_1):
LLMLingua를 이용한 프롬프트 압축 실험 결과는 다음과 같습니다:
분류 성능: 일치율 [...]

principal_engineer (to manager_1):
[상세 분석 내용]
```

에이전트들은 열띤 토론을 통해 종합적인 결론을 도출합니다. 그들은 프롬프트 압축이 자원 효율성을 높일 수 있지만, 처리 속도에 영향을 줄 수 있다고 지적합니다.

> 프롬프트 압축은 자원 절약 가능성과 함께 처리 효율성에 영향을 미칠 수 있습니다. 따라서 이로 인한 득실을 신중히 고려해야 합니다. 프롬프트 압축 도입 여부는 이러한 트레이드오프를 철저히 이해한 후에 결정해야 합니다.

팀은 다양한 장단점을 균형 있게 제시하는 신중한 접근을 취하며, 명확한 결정을 내리라는 요청에도 불구하고 특정 방향으로의 결론을 피합니다.

이런 상황에서, 방법 도입 여부에 대한 명확한 결정이 가능할까요?

팀의 판단력 평가

이번에는 팀에게 압축 방법의 효과가 현저히 낮고 비압축 방법과의 분류 일치도가 크게 감소한 모의 결과를 제공하여 동일한 분석을 요청했습니다.

```
lead.initiate_chats(
    [
        {"recipient": manager_1, "message": conclusion_task_bad_results, "summary_method": "reflection_with_llm"},
    ]
)
```

팀은 논의를 거친 후 다음과 같은 최종 합의 요약을 제시합니다.

> 전반적으로 결과는 프롬프트 압축이 비용과 자원 절감 효과는 있지만, 분류 성능 저하와 처리 시간의 상당한 증가를 초래한다는 점을 보여 줍니다.
> **권장사항**: LLMLingua를 이용한 프롬프트 압축은 **권장되지 않습니다**. 이는 분류 성능에 부정적 영향을 미치고 처리 시간을 크게 증가시켜, 잠재적인 비용 절감 효과를 상쇄하기 때문입니다.

이번에는 팀이 훨씬 더 명확한 결론을 내렸습니다. 이는 인간의 개입 없이 오직 주어진 수치 결과만을 바탕으로 이루어진 판단입니다.

9.6.2 다중 에이전트 팀에 대한 결론적 고찰

여러 대규모 언어 모델을 동시에 활용하는 이 새로운 방식은 인공지능 분야에서 점점 더 많은 관심을 받고 있습니다. 이번 절의 코드 실험은 AutoGen의 그룹 대화 기능이 전문적인 환경에서 실제로 가치 있는 결과를 제공할 수 있음을 입증했습니다. 에이전트 역할을 설정하고 작업을 구체적으로 설명하는 과정에서 몇 번의 시행착오가 있었지만, 이 프레임워크는 점차 인간의 개입을 최소화하는 방향으로 발전하고 있습니다. 그럼에도 불구하고 여전히 중요한 요소는 인간의 감독, 피드백, 그리고 에이전트 팀이 수행한 작업에 대한 최종 평가입니다.

이 책에서 소개한 여러 애플리케이션과 혁신 중, 다중 에이전트 프레임워크는 가장 성장 가능성이 높고, 널리 사용될 것으로 예상됩니다. 이는 인공지능이 산업 전반에서 자동화와 인간 수준의 전문성을 구현할 것이라는 기대가 크기 때문입니다. 마이크로소프트의 AutoGen과 이후에 등장할 Autodev 같은 혁신들이 이러한 가능성을 점점 더 실현 가능하게 합니다.

9.7 요약

이번 장에서는 대규모 언어 모델의 최신 혁신적 애플리케이션을 깊이 있게 탐구했습니다. 다양한 파이썬 코드 예제를 통해, 먼저 RAG 프레임워크와 랭체인을 사용하여 도메인 특화 작업에 맞춰 대규모 언어 모델의 성능을 향상시키는 방법을 살펴보았습니다. 이어서 고급 체인 방식을 통해 복잡한 형식화 및 처리 방법을 소개하고, 다양한 웹 소스에서 정보를 자동으로 수집하는 방법도 다뤘습니다. 또한 프롬프트 압축 기술을 활용하여 API 비용을 크게 절감하는 최적화 방법을 설명했고, 마지막으로 여러 대규모 언어 모델이 협력하여 복잡한 문제를 해결하는 협업 가능성에 대해서도 논의했습니다.

이러한 주제들을 마스터함으로써 이제 여러분은 다양한 애플리케이션에서 대규모 언어 모델의 강력한 성능을 활용할 수 있는 탄탄한 기술적 역량을 갖추게 되었습니다. 이 능력은 자연어 처리 분야의 현재 과제를 해결하는 데 그치지 않고, 혁신적인 통찰력으로 기술의 한계를 뛰어넘어 새로운 가능성을 탐구할 수 있는 기반이 됩니다. 이번 장에서 얻은 실용적인 지식은 대규모 언어 모델 기술을 실제 문제에 적용하여 효율성, 창의성, 문제 해결 능력을 극대화할 수 있는 기회를 열어줄 것입니다.

다음 장에서는 인공지능과 대규모 언어 모델 기술이 이끄는 최신 동향을 다룹니다. 최근 알고리즘의 성과를 분석하고, 이를 기반으로 다양한 산업에서 발생할 수 있는 변화를 평가합니다. 또한, 인공지능의 향후 발전 방향에 대한 논의를 통해 기술적 비전을 제시하고 혁신의 흐름을 이해할 수 있도록 도와줍니다.

CHAPTER 10 대규모 언어 모델과 인공지능이 주도하는 과거, 현재, 미래 트렌드 분석

자연어 처리와 대규모 언어 모델은 언어학과 인공지능의 교차점에 위치하며, 인간과 컴퓨터 간 상호작용에 대한 이해에서 중요한 이정표가 되어 왔습니다. 이들의 역사는 초기의 규칙 기반 시스템에서 출발했는데, 당시에는 혁신적이었으나 인간 언어의 복잡하고 방대한 특성 앞에서 종종 한계를 드러냈습니다. 이러한 한계는 변화를 요구하며, 데이터와 패턴 인식을 통해 설계되는 머신러닝 시대를 여는 계기가 되었습니다.

이번 장에서는 자연어 처리와 대규모 언어 모델 영역에서 부상하는 주요 트렌드를 다룹니다. 이들 중 일부는 인공지능 전체의 흐름을 보여 줄 만큼 광범위한 영향력을 지니고 있습니다. 우리는 각 트렌드의 의미와 가치를 질적으로 평가하고, 그 영향력을 심도 있게 논의할 예정입니다. 또한 이 분야의 미래 전망을 공유하며, 독자 여러분의 지적 호기심을 자극하고 함께 새로운 가능성을 모색하고자 합니다.

이번 장에서 다룰 주요 주제는 다음과 같습니다.

- 대규모 언어 모델과 인공지능의 주요 기술적 트렌드
- 대규모 언어 모델의 핵심 엔진인 컴퓨팅 파워
- 자연어 처리와 대규모 언어 모델에 큰 영향을 미친 대규모 데이터셋
- 대규모 언어 모델의 발전에 대한 목적, 가치, 영향
- 자연어 처리와 대규모 언어 모델의 문화적 트렌드
- 비즈니스 세계에서의 자연어 처리와 대규모 언어 모델
- 사회적 측면에서 인공지능과 대규모 언어 모델에 의해 유도된 행동 변화

이제 기술적 트렌드를 시작으로 우리가 목격하고 있는 다양한 트렌드를 심층적으로 살펴보겠습니다.

10.1 대규모 언어 모델과 인공지능 관련 주요 기술 트렌드

이번 절에서는 우리가 자연어 처리와 대규모 언어 모델 분야에서 중요한 트렌드라고 식별한 내용을 다룹니다.

먼저 기술적 트렌드에 대해 살펴본 후, 이후에는 좀 더 부드러운 문화적 트렌드를 논의할 것입니다.

10.1.1 컴퓨팅 파워: 대규모 언어 모델의 핵심

기술이 발전함에 따라, 특히 컴퓨팅 분야에서 많은 기술 영역이 성장했으며, 그중에서도 자연어 처리와 대규모 언어 모델은 눈에 띄는 성과를 이루었습니다. 이는 단순히 계산 속도가 빨라지고 매개변수 공간이 커졌다는 것만이 아니라, 새로운 가능성이 열리고 디지털 세계를 재편하는 데 중요한 역할을 했기 때문입니다. 이번 절에서는 컴퓨팅 파워의 성장이 어떻게 오늘날 자연어 처리와 대규모 언어 모델의 발전을 뒷받침하게 되었는지, 그 목적, 가치, 그리고 영향에 대해 살펴보겠습니다.

10.1.2 목적: 발전을 위한 기반을 마련

인공지능과 머신러닝의 초기에는 모델이 단순했는데, 이는 상상력이나 의도가 부족해서가 아니라, 당시에는 컴퓨팅 자원이 한정되어 있었기 때문입니다. 오늘날 기본적으로 여기는 간단한 패턴 인식 작업조차도 당시에는 복잡한 알고리즘을 필요로 했고, 가능한 한 계산 복잡도를 낮추는 것이 중요했습니다. 컴퓨터 과학 수업에서 우리는 선형을 넘어서는 복잡도를 가진 알고리즘은 지속 가능성이 떨어지고 실용적인 확장성이 부족하다고 배웠습니다.

하지만 컴퓨팅 파워가 발전하면서 연구자들의 야망도 커졌습니다. 더 이상 이론적 문제나 작은 모형에 국한되지 않고, 이제는 훨씬 더 복잡하고 심도 있는 모델을 설계하고 테스트할 수 있게 되었습니다. 이는 고급 자연어 처리와 대규모 언어 모델을 가능하게 한 필수적인 진전이었습니다.

병렬 처리 기술이 발전하고 그래픽 처리 장치(GPU)가 등장하면서 근본적인 변화가 일어났습니다. **GPU**는 여러 작업을 동시에 처리하도록 설계되었기 때문에, 자연어 처리와 같은 대규모 작업에 딱 맞는 기술로 자리 잡았습니다. 이를 통해 신경망과 같은 복잡한 모델 훈련이 가능해졌고, 실시간 처리를 비롯한 많은 계산 작업이 더욱 효율적으로 수행될 수 있었습니다.

10.1.3 가치: 잠재력과 효율성의 증대

컴퓨팅 파워의 발전은 단순히 기술적으로 가능한 것을 확장하는 것에 그치지 않고, 실질적인 효용성을 크게 변화시켰습니다. 대규모 모델을 훈련하는 것이 경제적으로 가능해지면서, 연구 기관과 기업들이 비용에 대한 부담 없이 자유롭게 실험하고, 반복하며 모델을 정교하게 다듬을 수 있게 되었습니다.

디지털 시대는 방대한 양의 데이터를 쏟아냈습니다. 이러한 정보의 홍수 속에서 데이터를 효율적으로 처리하고 분석하여 유의미한 통찰을 얻는 것이 가능해진 것은 컴퓨팅 파워의 폭발적인 성장 덕분입니다. 이 성장은 대규모 언어 모델이 거대한 데이터셋에서 미묘한 언어적 패턴을 스스로 학습하고, 이를 예측이나 지원 같은 다양한 작업에 활용할 수 있게 한 핵심 요소였습니다.

오늘날 사용자들은 점점 더 빨라지는 처리 속도에 익숙해지고 있으며, 즉각적인 반응을 기대합니다. 디지털 비서가 실시간으로 제안을 하거나, 인공지능 기반 고객 서비스가 즉각적인 응답을 제공하는 것이 표준이 되었으며, 컴퓨팅 능력의 향상 덕분에 과거에는 몇 분이나 몇 시간이 걸리던 복잡한 자연어 처리 작업이 이제는 몇 초 만에 끝납니다.

10.1.4 영향: 디지털 상호작용과 통찰의 변화

컴퓨팅 파워의 발전은 인공지능 기반 인터페이스가 일상이 되는 데 중요한 역할을 했습니다. 웹사이트의 챗봇부터 음성 인식 가정용 비서까지, 자연어 처리와 대규모 언어 모델이 고도화된 처리 능력으로 우리의 일상 속에 깊이 자리 잡았습니다.

또한, 예술, 문학, 엔터테인먼트 분야에서도 인공지능이 큰 변화를 가져왔습니다. 인공지능 기반 콘텐츠 제작자나 음악 생성 도구와 같은 혁신적인 도구들이 자연어 처리와 대규모 언어 모델의 발전, 그리고 컴퓨팅 역량의 결합 덕분에 가능해졌습니다.

다양한 언어 데이터를 처리할 수 있는 능력이 향상되면서, 자연어 처리 모델은 다국어 지원을 통해 언어 장벽을 허물고, 글로벌 디지털 환경에서 포용성을 촉진하고 있습니다. 2023년 메타가 발표한 SeamlessM4T는 다국어 대규모 언어 모델의 획기적인 사례로, 하나의 모델이 최대 100개의 언어를 대상으로 음성-텍스트, 음성-음성, 텍스트-음성, 텍스트-텍스트 번역을 수행합니다. 이에 대한 자세한 내용은 메타의 웹페이지[1]에서 확인할 수 있습니다.

결론적으로, 컴퓨팅 파워와 자연어 처리 및 대규모 언어 모델의 관계는 상호 성장과 발전의 역사입니다. 이는 하드웨어 발전과 소프트웨어 혁신의 긴밀한 상호작용을 보여 주는 좋은 사례입니다. 앞으로 양자 컴퓨팅이나 뉴로모픽 칩과 같은 새로운 컴퓨팅 기술이 등장하면서 자연어 처리와 대규모 언어 모델이 또 어떤 혁신을 불러올지 기대됩니다. 현재 우리가 목격하고 있는 컴퓨팅 기술의 발전은 인공지능 기반 언어 혁명의 핵심 동력임을 증명하고 있습니다.

이제 앞으로의 방향을 살펴보겠습니다.

10.2 자연어 처리에서 컴퓨팅 파워의 미래

앞으로 인공지능, 특히 자연어 처리에 활용될 컴퓨팅 파워의 발전을 이끌 몇 가지 주요 흐름을 소개합니다.

10.2.1 기하급수적인 속도 증가

전통적으로 무어의 법칙은 마이크로칩의 트랜지스터 수가 약 2년마다 두 배로 증가한다고 말해왔습니다. 이 법칙이 계속 유지될지에 대한 의문이 있지만, 컴퓨팅 성능의 성장을 예측하는 유용한 기준이 되고 있습니다. 3D 스태킹과 혁신적인 트랜지스터 설계 같은 칩 아키텍처의 발

---

[1] https://about.fb.com/news/2023/08/seamlessm4t-ai-translation-model/#:~:text=SeamlessM4T%20is%20the%20first%20all,languages%20depending%20on%20the%20task

전은 이러한 성장을 지속시키거나 가속화할 수 있는 가능성을 제공합니다.

번역 서비스나 음성 비서와 같은 실시간 자연어 처리 애플리케이션에 대한 수요는 점점 더 빠른 컴퓨팅 속도를 요구하고 있습니다. 이에 따라 인공지능 전용 하드웨어의 등장이 가속화되고 있습니다. 구글은 2015년에 텐서 프로세싱 유닛(TPU)을 출시했으며, 이후 메타와 엔비디아 같은 대기업뿐만 아니라 신생 스타트업에서도 여러 인공지능 전용 하드웨어가 등장하고 있습니다.

10.2.2 규모의 경제와 비용 효율성

인공지능과 자연어 처리가 더욱 보편화되면서 대기업과 스타트업 모두 더 효율적이고 확장 가능한 비용 효율적인 컴퓨팅 인프라에 투자할 동기를 강하게 느끼고 있습니다.

클라우드 컴퓨팅의 도입으로 방대한 컴퓨팅 자원을 작은 스타트업들도 이용할 수 있게 되었습니다. 이러한 추세는 계속될 것이며, 계산 비용은 점점 더 저렴해져 자연어 처리 애플리케이션을 더욱 쉽게 접근할 수 있고 비용 효율적으로 만들 것입니다.

10.2.3 양자 컴퓨팅

양자 컴퓨팅은 컴퓨팅 파워를 이해하고 활용하는 방식에 있어 근본적인 변화를 가져올 수 있는 기술입니다. 양자 비트(큐비트)는 중첩 현상을 통해 0과 1을 동시에 표현할 수 있어, 특정 문제에 대해 기하급수적인 속도 향상을 기대할 수 있습니다.

비록 양자 컴퓨팅은 아직 초기 단계에 있지만, 그 잠재력은 매우 큽니다. 현재 며칠 또는 몇 주가 걸리는 복잡한 모델 훈련이 양자 컴퓨팅을 통해 몇 시간, 혹은 몇 분으로 단축될 수 있을 것입니다.

구글은 양자 컴퓨팅 분야에서 중요한 선두주자로 자리 잡고 있습니다.[2]

---

2 https://quantumai.google/learn/map

약 100개의 물리적 큐비트를 출발점으로 삼아, 우리는 논리적 큐비트 구현의 다양한 전략을 모색합니다. 이 논리적 큐비트는 오류 없는 양자 데이터 보존을 가능케 하여, 복잡한 연산 수행에 필요한 시간 동안 정보를 안정적으로 유지합니다. 이를 통해 우리는 양자 컴퓨팅의 획기적인 전환점, 즉 이 기술의 확장성과 상용화 준비가 완료되었음을 입증하는 순간에 도달할 것입니다.

구글은 이러한 주요 이정표들의 달성 시기를 예측한 로드맵을 제시했습니다. [그림 10-1]에서 확인할 수 있듯이, 구글이 이 야심찬 계획을 성실히 이행하고 있다는 점은 매우 고무적입니다.

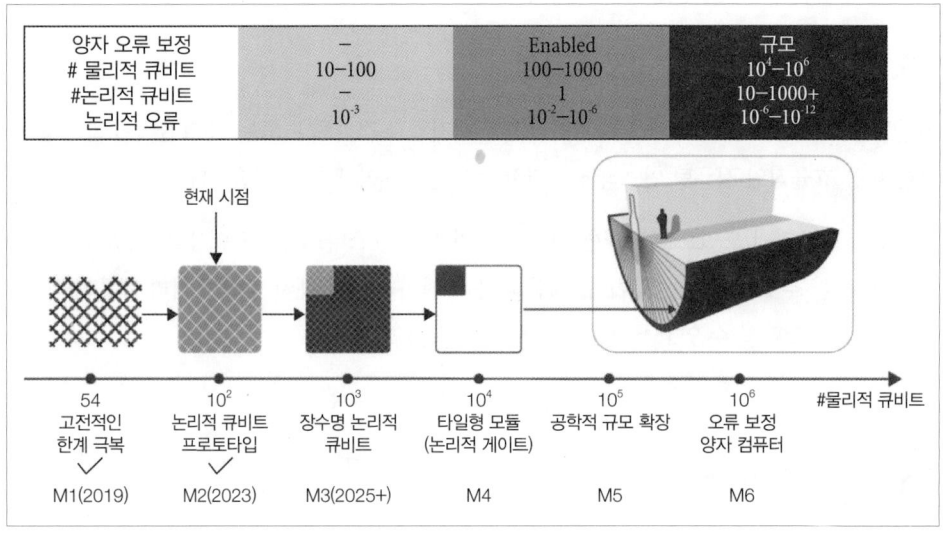

그림 10-1 오류 보정 양자 컴퓨터 개발의 핵심 단계

암호화는 클라우드 기반 자연어 처리 서비스에 필수적인 안전한 데이터 전송의 핵심 요소입니다. 양자 컴퓨팅이 여러 기존 암호화 방식을 해독할 잠재력이 있어, 암호화 분야도 대대적인 변화를 겪게 될 것입니다. 이러한 상황에서 양자 내성 암호화 방식의 연구와 발전은 그 어느 때보다 중요한 과제가 되고 있습니다.

10.2.4 에너지 효율성과 지속 가능성

컴퓨팅 파워에 대한 수요가 증가함에 따라 데이터 센터의 에너지 소비도 증가합니다. 에너지 효율적인 계산 방식과 이러한 컴퓨팅 노력을 위한 지속 가능한 에너지원 확보를 위한 이중 노력이 있을 것입니다.

자연어 처리 맥락에서, 이는 훈련과 실행에 더 적은 에너지가 필요한 효율적인 모델 아키텍처와 함께 와트당 연산을 최대화하는 하드웨어 혁신을 의미할 수 있습니다.

10.2.5 자연어 처리를 위한 특화된 하드웨어

딥러닝을 위한 **텐서 처리 유닛**(TPU)과 같은 특화된 하드웨어가 이미 등장했듯이, 앞으로는 자연어 처리 작업에 최적화된 하드웨어가 개발되어 더 빠르고 효율적인 언어 모델 운영이 가능해질 것입니다.

뉴로모픽 컴퓨팅은 인간 뇌의 구조를 모방한 기술로, 논리와 직관이 필요한 자연어 처리 작업에 독특한 이점을 제공할 수 있습니다. 마이크 데이비스Mike Davies 등의 논문 「Advancing Neuromorphic Computing With Loihi: A Survey of Results and Outlook」에서 이러한 뉴로모픽 컴퓨팅의 주요 기회를 검토했습니다.

10.2.6 고성능 컴퓨팅의 대중화

에지 컴퓨팅과 일상 기기에 강력한 프로세서가 도입되면서 고급 자연어 처리 작업이 항상 중앙 데이터 센터에 의존할 필요가 없어질 것입니다. 앞으로는 스마트폰, 스마트 홈 기기, 심지어 스마트워치에도 고급 자연어 처리 기능이 기본적으로 탑재되어, 대규모 언어 모델을 로컬에서 실행해 즉각적인 응답을 받을 수 있을 것입니다. 계산기처럼 개인 기기에서 로컬로 실행되고 즉시 응답하는 대규모 언어 모델을 사용할 수 있게 될 것입니다.

10.2.7 클라우드 컴퓨팅: 자연어 처리와 대규모 언어 모델 진화의 촉매제

클라우드 플랫폼은 컴퓨팅 리소스 측면에서 전례 없는 유연성을 제공하여, 더 크고 복잡한 자연어 처리 모델을 훈련하기 쉽게 만듭니다.

AWS의 SageMaker, 마이크로소프트의 애저 머신러닝 스튜디오, 구글의 Vertex AI와 같은 플랫폼들은 협업에 도움을 주어, 연구자와 개발자들이 모델, 데이터셋, 도구를 원활하게 공유할 수 있게 합니다.

로컬, 에지, 클라우드 컴퓨팅의 결합은 자연어 처리 작업을 효율적으로 처리하며, 지연 시간과 컴퓨팅 파워 간의 균형을 맞추는 데 중요한 역할을 합니다.

클라우드 플랫폼은 고성능 컴퓨팅 자원을 더욱 쉽게 접근할 수 있도록 발전하고 있으며, 사용량 기반 요금제와 고성능 컴퓨팅을 저렴하게 제공하는 모델도 등장하고 있습니다.

자연어 처리를 위한 컴퓨팅 파워는 앞으로도 빠르게 발전할 것입니다. 에너지 소비 문제와 기존 칩 기술의 한계 같은 도전 과제는 여전히 남아 있지만, 양자 컴퓨팅과 같은 혁신적인 기술이 새로운 가능성을 열어줄 것입니다. 이러한 혁신은 자연어 처리 분야에서 또 다른 변혁을 가져올 수 있으며, 이 자체로 별도의 연구 주제가 될 만큼 중요한 요소가 될 것입니다.

자연어 처리의 엔진인 컴퓨팅 파워의 미래는 밝아 보입니다. 이제 또 다른 중요한 요소인 데이터에 대해 논의해 보겠습니다.

10.3 대규모 데이터셋과 자연어 처리 및 대규모 언어 모델에 미친 영향

빅데이터 시대와 이에 따른 자연어 처리 및 대규모 언어 모델의 부상은 밀접하게 연관되어 있습니다. 오늘날의 강력한 발전으로 자연어 처리와 대규모 언어 모델의 변화를 논할 때, 사용 가능해진 방대한 데이터셋을 언급하지 않을 수 없습니다. 이 관계를 살펴보겠습니다.

10.3.1 목적: 훈련, 벤치마킹, 도메인 전문 지식

대규모 데이터셋의 등장은 점점 더 정교해지는 모델을 훈련하는 데 필요한 원재료를 제공해왔습니다. 일반적으로 데이터셋이 클수록 모델이 학습할 수 있는 정보가 더욱 풍부하고 다양해집니다.

대규모 데이터셋은 훈련뿐만 아니라 모델 성능을 평가할 벤치마크도 제공합니다. 이를 통해 연구자들은 명확한 목표를 설정하고, 서로 다른 모델을 객관적으로 비교할 수 있습니다. 대규모 언어 모델을 평가하는 여러 벤치마크 중 하나로, 구글이 개발한 **빅 벤치**BIG-bench가 있습니다. 이 벤치마크는 독해, 요약, 논리적 추론, 사회적 추론 등 200개 이상의 과제를 통해 대규모 언어 모델의 성능을 평가하고, 미래 가능성을 추론하는 데 사용됩니다.

의료나 법률 텍스트와 같은 특정 도메인을 다루는 대규모 데이터셋은 틈새 분야에서 높은 정확도로 이해하고 작동할 수 있는 전문화된 모델의 길을 열어 줍니다. 예를 들어, BERT는 구글에 의해 개발되었고 후에 허깅페이스에 의해 무료로 제공되었습니다. BERT의 설계는 전이 학습을 사용합니다. 따라서 특정 도메인에 전념하는 새로운 버전의 모델을 사용자 정의하고 만드는 데 매우 적합합니다. 가장 성공적인 버전 중 일부는 일본어 데이터로 사전 훈련된 BERT-base-japanese, 영어 트윗으로 사전 훈련된 BERTweet, 금융 데이터로 사전 훈련된 FinBERT 등입니다.

10.3.2 가치: 강인성, 다양성, 효율성

더 많은 데이터를 활용하면, 모델은 인간 언어의 미묘한 뉘앙스와 복잡성을 더 잘 포착할 수 있습니다. 방대한 정보 덕분에 모델은 더 다양한 작업에 대해 일반화 능력이 향상됩니다.

다양하고 방대한 데이터셋은 여러 언어, 방언, 문화적 맥락을 모델이 학습하게 하여, 자연어 처리가 더 포용적이고 다양한 사용자 층을 이해하고 대응할 수 있도록 도와줍니다.

또한 대규모 데이터셋 덕분에 수작업으로 레이블링하는 작업이 줄어들고, 비지도 학습이나 자기 지도 학습 모델들이 이 방대한 데이터를 활용해 시간과 비용을 절감할 수 있게 되었습니다.

10.3.3 영향: 민주화, 능숙함, 새로운 우려

대규모 데이터셋에 대한 개방된 접근성은 자연어 처리 연구 분야의 진입 장벽을 낮추어 더 많은 개인과 조직이 혁신에 참여할 수 있는 기회를 열었습니다. 이는 자연어 처리의 민주화를 촉진하여 더 많은 사람들이 기술 개발에 기여하게 했습니다.

GPT-3와 BERT와 같은 대규모 언어 모델은 방대한 데이터를 통해 그들의 뛰어난 성능을 발휘할 수 있었으며, 이는 자연어 처리의 다양한 작업에서 새로운 기준을 세웠습니다. 이러한 성과는 풍부한 데이터셋 덕분에 가능해졌습니다.

한편, 자연어 처리가 오랫동안 연구 중심 분야였던 만큼, 상업적 영역에서 중요해진 법적 문제들은 상대적으로 덜 다뤄졌습니다. 그러나 대규모 언어 모델이 널리 사용되고 상업화됨에 따라, 웹에서 수집된 방대한 데이터셋은 개인정보 보호, 데이터 소유권, 편향성에 대한 윤리적 문제를 야기했습니다. 이에 따라 규제 기관들은 데이터의 윤리적 수집 및 사용에 대한 가이드라인을 마련하기 시작했습니다. 예를 들어, 일본은 온라인 데이터를 기반으로 모델을 훈련하는 데 비교적 자유로운 정책을 채택했지만, 유럽연합은 더 엄격한 접근을 취하고 있습니다. 미국은 저작권 문제에 대한 명확한 규제를 피하는 경향을 보이고 있습니다.

이제 데이터와 대규모 언어 모델 개발의 미래에 대한 전망을 살펴보겠습니다.

10.3.4 자연어 처리에서 데이터 가용성의 미래

앞으로 데이터는 계속해서 증가하고, 그에 따른 다양한 문제와 도전 과제도 해결될 것입니다. 다음은 그 핵심 요점입니다.

도메인 전문성 및 특화

대규모 언어 모델이 점점 더 그 능력을 입증함에 따라, 특정 분야에서 모델의 전문성을 강화하는 것이 중요한 과제로 떠오르고 있습니다. 대규모 언어 모델을 특정 도메인에 맞게 더욱 정교하게 만들기 위해서는 해당 분야에 특화된 데이터셋을 제공해, 그 분야의 전문가처럼 작동하게 해야 합니다. 앞으로 헬스케어, 법률, 금융 등 특정 분야에 맞춘 특화된 데이터셋이 많이 등장할 것으로 예상됩니다. 이러한 데이터셋은 풍부하고 구체적인 정보를 제공하여 모델이 해당 도메인에서 뛰어난 전문성을 발휘할 수 있게 할 것입니다. 이미 헬스케어나 금융 분야에서는 대규모 언어 모델을 특정 비즈니스 도메인에 맞춤화하는 비즈니스 사례가 주목받고 있습니다.

반면, 여러 분야가 중첩되는 곳에서는 통합 데이터셋이 등장할 가능성도 큽니다. 이러한 데이터셋은 다양한 분야의 전문 지식을 결합해 새로운 통찰을 제공합니다. 예를 들어, 법률과 인공지능 윤리를 결합한 데이터셋은 인공지능 규제를 촉진할 수 있는 새로운 통찰을 제시할 수 있으며, 컴퓨터 코드와 주식 거래 데이터를 결합해 알고리즘 트레이딩 전략을 개발하는 것도 좋은 예가 될 수 있습니다.

다양성 확대

기술이 계속 발전함에 따라, 데이터셋은 더 많은 언어와 지역 방언을 포함하게 될 것입니다. 이를 통해 자연어 처리는 더 넓은 글로벌 사용자층을 대상으로 더 포용적인 디지털 소통을 가능하게 할 것입니다. 앞서 언급한 메타의 SeamlessM4T는 여러 언어 간 소통을 가능하게 하는 대규모 언어 모델의 훌륭한 사례입니다.

또한 언어의 선택뿐만 아니라, 문화적 맥락이나 특정 문화에 내재한 표현 방식도 중요해질 것입니다. 미래의 텍스트 생성 모델에서는 이런 문화적 뉘앙스와 맥락을 정확하게 반영하는 것이 중요해질 것입니다. 이를 통해 더 문화적으로 민감하고 맥락을 이해하는 모델이 개발될 것입니다.

편향 문제 해결

디지털 콘텐츠에 내재한 편향을 인식하면서, 데이터셋의 편향을 감지하고 수정하는 도구와 방법론이 크게 발전할 것입니다. 연구자들은 크고 공정한 데이터셋을 만들기 위해 노력할 것이며, 무작위로 웹에서 데이터를 수집하는 대신, 더 신중하게 데이터를 선별하고 대표성을 확보하며 명백한 편견을 배제하는 데 중점을 두게 될 것입니다. 이를 위해 소외된 목소리를 적극적으로 반영하거나, 잠재적으로 유해한 편향을 걸러내는 작업도 강화될 것입니다.

규제 환경

데이터 프라이버시 문제가 커짐에 따라, 유럽연합의 GDPR$^{General\ Data\ Protection\ Regulation}$(일반 데이터 보호 규정)이나 캘리포니아의 CCPA$^{California\ Consumer\ Privacy\ Act}$(캘리포니아 소비자개인정보보호법)처럼 데이터 수집과 활용에 대한 규제가 점점 더 강화될 것으로 예상됩니다.

프라이버시 외에도 데이터를 더 윤리적으로 수집하려는 움직임이 활발해질 것입니다. 이는 데이터를 수집할 때 착취 없이, 적절한 동의를 받고, 개인과 커뮤니티의 권리를 존중하는 방식이 필요하다는 것을 의미합니다.

또한 연구의 재현성을 보장하기 위해, 벤치마킹이나 주요 모델에 사용되는 데이터셋을 더 투명하고 공개적으로 만드는 노력이 이어질 가능성이 큽니다. 물론, 이러한 투명성은 프라이버시 문제와의 균형이 필요할 것입니다.

증강 데이터셋

새롭고 독창적인 데이터를 만드는 것이 점점 더 어려워지는 디지털 환경에서, 증강 데이터셋은 유용한 대안이 될 수 있습니다. 기존 데이터를 인위적으로 확장하거나 변형함으로써 증강 데이터는 새로운 데이터를 수집하는 복잡한 과정을 거치지 않고도 다양한 데이터에 대한 수요를 충족시킬 수 있습니다. 증강 데이터셋은 다음 네 가지 주요 문제를 해결하는 데 도움이 됩니다.

- **도메인 전문성 강화**: 특정 도메인에 특화된 데이터셋은 규모가 작아 충분하지 않을 수 있습니다. 증강 데이터셋을 활용하면 이러한 데이터를 인위적으로 확장해 깊이와 폭을 동시에 제공할 수 있습니다. 예를 들어, 희귀한 질병에 대한 실제 데이터가 부족한 경우, 증강 데이터를 통해 더 강력한 모델을 훈련할 수 있습니다.
- **다양성 확대**: 전 세계 언어와 문화의 미묘한 차이를 반영하는 것은 매우 어려운 과제입니다. 역 번역이나 동의어 대체 같은 기법을 통해 언어적 다양성을 높이고, 문맥 기반 수정을 통해 문화적 차이를 모방함으로써, 모델이 진정으로 글로벌한 이해력을 가질 수 있게 만들 수 있습니다.
- **편향 교정**: 증강 데이터는 데이터셋의 편향을 완화하는 데 중요한 역할을 할 수 있습니다. 데이터셋에서 과소 대표된 목소리나 주제를 인위적으로 강화함으로써 더 균형 잡힌 데이터를 제공할 수 있습니다. 또한, 적대적 훈련adversarial training과 같은 기법을 통해 모델이 도전적이거나 모순된 데이터를 학습함으로써 편향을 줄일 수 있습니다.
- **규제 준수**: 데이터 규제가 강화됨에 따라, 증강 데이터셋은 규제 요구를 준수하면서도 충분한 훈련 데이터를 제공하는 이점을 갖습니다. 예를 들어, 의료 데이터를 기반으로 한 검색 엔진을 개발할 때, 실제 환자 기록을 사용하는 대신 챗GPT로 생성된 모의 의료 기록을 활용해 규제를 피하면서도 모델을 훈련할 수 있습니다.

그러나 증강 데이터셋이 모든 문제를 해결하는 것은 아닙니다. 과도하게 증강된 데이터에 의존할 경우, 모델이 인위적인 패턴에 익숙해져 실제 데이터의 변동성에 적응하지 못할 수 있습니다. 또한 원본 데이터셋에 편향이 포함되어 있다면, 증강 과정에서 그 편향이 강화될 위험도 있습니다. 모든 증강 기법이 모든 데이터셋에 적용되는 것은 아니며, 어떤 경우에는 오히려 데이터를 왜곡할 수 있습니다. 마지막으로, 민감한 분야에서는 실제 데이터와 인위적으로 생성된 데이터를 구분하기 어려워 윤리적 문제가 발생할 수 있습니다.

자연어 처리와 인공지능 분야에서 대규모 데이터셋의 가용성은 혁신의 핵심이 되어 왔습니다. 이 데이터셋은 현대 자연어 처리의 기반을 다지며, 그 목적을 확립하고 가치를 확대하며 연구와 응용, 사회 전반에 걸쳐 깊은 영향을 미치고 있습니다.

앞으로도 대규모 데이터셋은 자연어 처리 분야를 계속 발전시킬 것입니다. 하지만 단순히 데이터가 풍부한 미래뿐만 아니라, 윤리적이고 도메인에 특화되며 전 세계적으로 포용적인 데이터 활용이 더 중요해질 것입니다. 이러한 트렌드는 현재의 웹 기사와 연구에서 도출된 통찰로, 데이터 중심의 자연어 처리 발전이 더 밝은 미래를 예고하고 있습니다.

우리가 알고리즘을 구동하는 컴퓨팅 파워와 대규모 언어 모델의 지능을 이끄는 데이터를 살펴본 만큼, 이제 대규모 언어 모델 자체에 대해 논의해 보겠습니다.

10.4 대규모 언어 모델의 진화

대규모 언어 모델의 발전은 더 나은 알고리즘을 향한 인간의 끊임없는 노력의 산물입니다. 이 거대한 언어 모델들은 처음 등장한 이후로 그 규모뿐만 아니라 성능 면에서도 크게 발전해 왔습니다. 대규모 언어 모델의 목적, 가치, 그리고 영향을 살펴보면, 이 모델들의 진화는 기계가 인간의 언어를 이해하고 소통할 수 있는 잠재력을 실현하려는 우리의 열망과 깊이 연결되어 있음을 알 수 있습니다.

10.4.1 목적: 더 크고 더 나은 대규모 언어 모델의 필요성

대규모 언어 모델 개발의 핵심 목적은 인간과 기계 간의 소통 격차를 줄이는 데 있습니다. 인간의 복잡한 언어를 기계가 정확하게 이해하고 처리할 수 있는 시스템에 대한 수요는 디지털 시대가 시작되면서 점점 더 분명해졌습니다. 대규모 언어 모델의 기반은 딥러닝에 있으며, 컴퓨팅 성능이 향상됨에 따라 딥러닝 모델의 깊이와 복잡성도 커져 자연어 처리 작업에서 성능이 극적으로 향상되었습니다.

초기의 딥러닝 모델들은 레이블링 된 데이터가 있어야 하는 지도 학습에 의존했는데, 이는 많은 자원과 비용이 필요했습니다. 하지만 자기 지도 학습과 인간 피드백을 활용한 강화 학습(RLHF)과 같은 새로운 방법들이 등장하면서, 명시적인 레이블링의 필요성이 줄어들었고, 모델이 인간처럼 더 자연스럽게 학습할 수 있게 되었습니다.

처음의 자연어 처리 모델들은 질문에 답하거나 특정 작업을 수행하는 데 한정적이었지만, 대규모 언어 모델의 진화는 모델이 논리적 추론을 하고, 생각의 흐름을 따라가며, 일관성 있는 긴 응답을 생성하는 능력으로 전환되었습니다. 이는 인간과 비슷한 대화 능력을 재현하는 데 있어 큰 진전이었습니다. 초기 모델의 일반적인 접근 방식에는 한계가 있었지만, 기술이 성숙하면서 대규모 언어 모델을 특정 작업에 맞게 조정할 수 있는 능력이 생겼습니다. 사전 훈련된 모델을 미세 조정하거나 특정 데이터를 검색해 활용하는 방법을 통해, 모델의 정확성과 유용성을 더욱 높일 수 있게 되었습니다.

10.4.2 가치: 대규모 언어 모델의 이점

대규모 언어 모델의 발전은 다양한 분야에 전례 없는 가치를 가져왔습니다. 모델들은 점점 더 정확해지고, 효율적이며, 적응력이 뛰어나고, 맞춤화할 수 있게 되었습니다.

더 큰 모델들은 맥락을 파악하는 능력이 향상되었으며, 이는 해석과 출력에서 발생하는 오류를 줄였습니다. 이러한 정확성은 챗봇이나 콘텐츠 생성과 같은 응용 분야에서 효율성을 높이는 데 기여했습니다. 또한 RLHF와 같은 기법을 통해 상호작용과 피드백에서 학습하고 적응할 수 있어 시간이 지날수록 더 탄력적이고 역동적인 모델로 발전하고 있습니다. 맞춤화 가능성 덕분에 대규모 언어 모델은 특정 산업이나 작업에 맞게 조정될 수 있어, 다양한 분야에서 필수적인 도구로 자리 잡았습니다.

또한 대규모 언어 모델은 다국어를 이해하고 생성할 수 있는 능력을 갖추면서, 언어 장벽을 허물고 전 세계적인 소통의 가능성을 열어 주고 있습니다.

10.4.3 영향: 변화하는 기술 환경

대규모 언어 모델의 등장은 기술 환경과 인간-기계 간 상호작용에 큰 변화를 불러왔습니다. 헬스케어, 금융, 엔터테인먼트, 교육 등 다양한 분야에서 대규모 언어 모델은 운영 방식, 고객과의 상호작용, 데이터 분석 등을 혁신하고 있습니다. 특히 이 모델들이 점점 더 복잡해지면서도, 사용이 더욱 간편해졌다는 점이 주목할 만합니다. 직관적이고 자연스러운 언어 인터페이스 덕분에, 기술적 배경이 부족한 사람들도 이제 고급 컴퓨팅 도구를 손쉽게 활용할 수 있게 되었습니다.

이러한 변화는 더 통합된 디지털 생태계로 이어지고 있습니다. 대규모 언어 모델이 다양한 플랫폼과 서비스에 통합되면서, 사용자들에게 더 매끄럽고 일관된 디지털 경험을 제공하는 유기적인 생태계가 만들어지고 있습니다.

대규모 언어 모델의 미래는 매우 흥미롭습니다. 앞으로 어떤 발전이 이어질지 기대됩니다.

10.4.4 대규모 언어 모델 설계의 미래

대규모 언어 모델의 빠른 발전은 앞으로 수많은 혁신을 예고하고 있습니다. 현재의 연구 동향, 온라인 출판물, 전문가들의 예측을 바탕으로, 대규모 언어 모델 설계가 나아갈 몇 가지 방향을 살펴볼 수 있습니다.

학습 체계와 딥러닝 아키텍처의 정교화

자기 지도 학습과 인간 피드백을 활용한 강화 학습(RLHF)은 대규모 언어 모델의 발전에 중요한 변화를 불러왔습니다. 앞으로는 여러 학습 방법을 결합하거나 새로운 학습 방식을 도입하는 것이 다음 단계가 될 수 있습니다. 딥러닝 기술이 계속 발전함에 따라, 성능, 일반화 능력, 그리고 효율성을 높이기 위해 다양한 아키텍처의 장점을 결합한 하이브리드 모델이 등장할 가능성이 큽니다.

예를 들어, 팔란티어Palantir의 CTO인 샴 샹카Shyam Sankar는 여러 대규모 언어 모델을 동시에 사용하는 K-LLMs 접근 방식을 소개하며, 대규모 언어 모델을 전문가로 비유했습니다. 단일 전문가에게 질문을 던지는 대신 여러 전문가들이 협력해 더 신중한 답을 도출할 수 있듯이, 서로 다른 강점을 가진 여러 대규모 언어 모델을 결합하여 더 깊이 있고 균형 잡힌 답변을 생성할 수 있다는 개념입니다. 이 접근에서는 각 대규모 언어 모델이 동일한 작업을 수행하지만, 반드시 그럴 필요는 없습니다. 다른 방식으로는 각 모델에 역할을 나누어 부여할 수도 있습니다. 자세한 내용은 팔란티어 CTO 샴 샹카의 AIPCon 강연 영상[3]을 참조하십시오.

또 다른 접근 방식은 전문가 팀을 시뮬레이션하는 것입니다. 이 경우 각 대규모 언어 모델에 특정 역할을 부여하고, 각 모델이 순차적으로 작업을 수행하면서 다른 역할의 결과물을 검토합니

---

[3] https://youtu.be/4aKN5mCPF5A?si=kThpx8h0ok1i0QWC&t=327

다. 이를 통해 복잡한 문제를 해결하는 과정에서 더욱 신중한 해결책을 만들어낼 수 있습니다. 9장에서 소개한 마이크로소프트 AutoGen의 사례에서 이 흥미로운 과정을 확인할 수 있습니다.

10.4.5 프롬프트 엔지니어링의 부상

대규모 언어 모델을 효과적으로 프롬프트 하는 기술은 이제 **프롬프트 엔지니어링**prompt engineering 이라는 중요한 과학으로 자리 잡고 있습니다. 모델이 커짐에 따라 모든 쿼리를 수동으로 작성하는 것은 비효율적일 수 있으며, 미래에는 자동화된 또는 반자동화된 프롬프트 생성 방법이 등장할 가능성이 큽니다. 이는 대규모 언어 모델을 더 사용하기 쉽게 만들어, 특별한 기술 지식 없이도 원하는 결과를 도출할 수 있도록 도울 것입니다.

8장에서 우리는 프롬프트 엔지니어링의 핵심 요소를 다루었으며, 오픈AI GPT 모델에서 시스템 프롬프트 같은 기술적 기능을 어떻게 활용할 수 있는지 설명했습니다. 흥미로운 점은, 비기술적인 요소가 대규모 언어 모델 최적화에 있어 매우 중요하다는 것입니다. 예를 들어, 사람에게 요청할 때처럼 프롬프트에서 명확하고 일관된 설명을 제공하는 것이 중요한 역할을 합니다.

앞으로는 프롬프트 체인과 소프트 프롬프트 같은 더 세밀한 프롬프트 기술이 더 많이 활용될 것으로 예상됩니다. 프롬프트 체인은 복잡한 작업을 여러 단계로 나누고, 단계마다 별도의 프롬프트를 적용해 작업의 정확성과 일관성을 높이는 방법입니다. 소프트 프롬프트는 프롬프트의 벡터를 미세 조정해 모델 성능을 최적화하는 기술입니다.

예를 들어, C. Yang 등이 연구한 '대규모 언어 모델을 최적화 도구로 사용하기Large Language Models as Optimizers'[4]는 매우 흥미로운 사례입니다. 연구에 따르면, 대규모 언어 모델이 문제 해결 과정에 더 신중하게 접근하도록 유도했을 때 더 나은 결과를 얻을 수 있었다고 합니다. 이는 모델이 문제를 해결하는 방법 자체를 개선하는 방식입니다. 연구에서는 대규모 언어 모델이 단순히 결과를 도출하는 것뿐만 아니라, 그 과정에서 문제를 단계별로 해결하도록 유도했을 때 성과가 향상되었다고 설명합니다. 그들이 제시한 예시는 다음과 같습니다.

- 문제에 대해 신중히 생각하고 함께 해결해 봅시다.
- 계산을 통해 해결책에 도달해 봅시다.
- 이 문제를 단계별로 풀어 봅시다.

---

[4] https://arxiv.org/abs/2309.03409

이 모든 문구는 해당 논문에서 가져온 것입니다. 특히 눈에 띄는 문구는 다음과 같습니다.

- 깊이 숨을 쉬고 이 문제를 단계별로 풀어 봅시다.

연구에 따르면, 대규모 언어 모델이 실제로 숨을 쉬지 않지만, 이러한 추가 문구를 통해 대규모 언어 모델이 인간의 문제 해결 방식을 모방하고 더 신중한 접근을 취하도록 유도하는 효과적인 방법일 수 있습니다.

검색 증강 생성 모델: RAG

이번 기회를 통해 자연어 처리 분야에서 중요한 새로운 패러다임으로 떠오르고 있으며, 앞으로 더 크게 발전할 것으로 예상되는 RAG에 대해 다시 논의하고자 합니다.

대규모 언어 모델을 기반으로 한 생성형 인공지능은 방대한 데이터를 학습해 상세하고 이해하기 쉬운 텍스트 응답을 생성하는 데 능숙합니다. 하지만 이러한 응답은 학습된 데이터에만 의존하기 때문에, 데이터가 오래되었거나 특정 주제에 대한 정보가 부족할 경우 정확하거나 적절한 답변을 제공하지 못할 수 있습니다.

RAG 재조명

검색 증강 생성 Retrieval-Augmented Generation(RAG)은 대규모 언어 모델의 성능을 향상하는 방법으로, 모델 자체를 변경하지 않고 최신 정보나 동적인 데이터를 통합할 수 있게 합니다. 이 방법은 2020년 패트릭 루이스Patrick Lewis 등이 발표한 논문「Knowledge-Intensive NLP Tasks를 위한 검색 증강 생성(Retrieval-Augmented Generation for Knowledge-Intensive NLP Tasks)」에서 처음 소개되었습니다. 자세한 내용은 Arxiv[5]에서 확인할 수 있습니다.

8장과 9장에서 우리는 RAG를 실무적인 관점에서 다루며, 독자들이 직접 실험하고 구현할 수 있도록 필요한 도구와 지식을 제공했습니다. 이번에 RAG를 다시 논의할 때는 자연어 처리 및 대규모 언어 모델의 발전 맥락에서 그 중요성에 주목하고자 합니다. RAG는 단순한 기술적 도구가 아니라, 인공지능 솔루션의 차세대를 이끌어 갈 핵심 요소입니다. 이 논의에서는 RAG가 대규모 언어 모델의 발전에 어떻게 기여하고, 인공지능 연구 및 응용의 역동적인 흐름에서 어떤 영향을 미치는지 살펴봅니다.

---

5 https://arxiv.org/abs/2005.11401

쉽게 이해할 수 있도록, 프로그래밍 언어를 예로 들어 보겠습니다. 파이썬, R, C++ 같은 범용 프로그래밍 언어에는 기본적으로 내장된 라이브러리와 함수가 있습니다. 기본적인 수학 계산이나 리스트 정렬 같은 작업은 이러한 내장 라이브러리만으로 충분합니다. 하지만 외국어 번역, 푸리에 변환 계산, 이미지 분류와 같은 더 복잡한 작업을 해야 할 때는 어떻게 해야 할까요? 새로운 프로그래밍 언어를 만들어 모든 기능을 내장할 수도 있지만, 보통은 필요에 맞는 전용 라이브러리를 추가로 가져와 사용하는 것이 더 효율적입니다. 이렇게 필요한 기능을 검색해 가져오는 방식은 범용 프로그래밍 언어의 장점이며, 가장 확장 가능한 해결책입니다. RAG는 이와 같은 개념을 대규모 언어 모델에 적용한 것입니다. 대규모 언어 모델은 프로그래밍 언어와 같고, 외부 데이터에서 필요한 정보를 검색해 오는 것은 전용 라이브러리를 가져오는 것과 같은 역할을 합니다.

이제 [그림 10-2]를 보면서 RAG를 더 자세히 살펴보겠습니다.

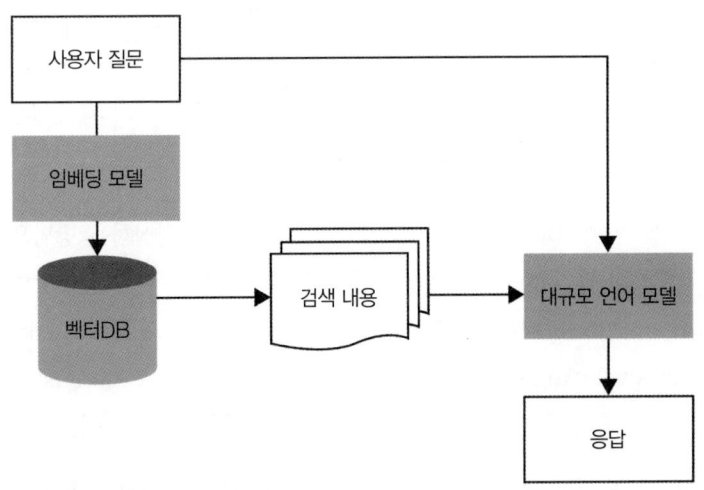

그림 10-2 일반적인 RAG의 흐름도

RAG의 작동 원리

검색 증강 생성 모델인 RAG의 기능은 다음 세 가지 주요 요소로 구성됩니다.

- **데이터 통합**: 조직은 데이터베이스, 파일, 내부 및 외부 통신 등 다양한 형태의 데이터를 보유하고 있습니다. RAG는 이러한 데이터를 하나로 통합하여 지식 라이브러리를 만듭니다.

- **데이터 변환**: 임베딩 된 언어 모델(LM/대규모 언어 모델)을 사용해 지식 라이브러리의 데이터를 숫자 벡터로 변환한 후, 이를 빠르게 검색할 수 있도록 벡터 데이터베이스에 저장합니다.
- **사용자 상호작용**: 사용자가 질문을 입력하면, 그 질문은 벡터로 변환됩니다. 이 벡터는 벡터 공간에서 가장 유사한 정보를 찾아내며, 검색된 정보를 대규모 언어 모델의 지식과 결합해 종합적인 답변을 생성합니다.

이 메커니즘은 익숙할 수 있습니다. 8장과 9장에서 랭체인을 활용해 외부 파일에서 텍스트를 검색하는 파이프라인을 설계하며 이와 비슷한 방식의 패러다임을 구현한 바 있습니다.

이제 RAG의 장점과 단점을 살펴보면서 좀 더 깊이 이해해 보겠습니다.

RAG의 장점

RAG의 주요 장점은 다음과 같습니다.

- RAG는 일반적인 대규모 언어 모델보다 **더 문맥에 맞는 데이터**를 제공합니다.
- RAG는 대규모 언어 모델이 학습한 데이터 외에도 **최신 데이터**를 검색해 사용할 수 있습니다.
- RAG는 새로운 데이터를 쉽게 추가하고 자주 업데이트할 수 있어, 비용을 크게 들이지 **않고도 최신 정보를 반영**할 수 있습니다.
- 사용자가 대규모 언어 모델이 접근할 데이터를 제어할 수 있으므로, **결과의 정확성을 모니터링**하고 관리하는 스키마를 개발할 수 있습니다. 이를 통해 대규모 언어 모델이 자주 범하는 환각이나 오류를 줄일 수 있어, RAG는 이러한 문제에 대한 효과적인 해결책이 될 수 있습니다.
- RAG는 **쉽게 구축**할 수 있습니다. 공용 코드를 사용하고 노트북 정도의 저장 용량만 있으면 무료로 구현이 가능하며, 기본적으로는 기존의 계산 자원과 데이터 자원을 연결하는 방식으로 구성됩니다.

RAG의 도전 과제

RAG는 대규모 언어 모델이라는 또 다른 신기술을 기반으로 하는 새로운 기술이기 때문에 여러 가지 도전 과제가 있습니다.

그중 하나는 검색된 데이터의 구조 설계 선택입니다. 이는 RAG의 성능에 큰 영향을 미칩니다. 일반적으로 원시 데이터를 사전에 대량으로 처리하여, 대규모 언어 모델 사용 시 데이터가 이미 검색 프로세스에 적합한 형식으로 준비되어 있도록 합니다. 이러한 오프라인 처리 과정은 검색 또는 프롬프트 수와 관계없이 일정한 시간 복잡도($O(1)$)를 가집니다. 이를 위해 벡터 데이터베이스가 주목받고 있습니다. 이는 대규모 언어 모델이 프롬프트를 처리할 때 사용하는 형식과 유사하거나 동일한 형식으로 데이터의 최소 표현을 캡처하는 수치 데이터베이스입니다. 이 형식이 바로 우리가 책 전체에서 다룬 임베딩입니다.

임베딩은 일종의 손실 압축 메커니즘이라는 점을 주목해야 합니다. 임베딩 공간이 특정 목적에 최적화되어 있지만, 두 가지 측면에서 완벽하지 않습니다. 첫째, 특정 손실 함수를 최적화하는데, 이는 한 목적에는 적합하지만, 다른 목적에는 그렇지 않을 수 있습니다. 둘째, 저장 공간과 실행 시간 같은 다른 측면을 희생하면서 이를 수행합니다. 최근 임베딩 공간에서 임베딩 벡터의 크기인 차원 성이 높아지는 추세가 관찰되고 있습니다. 높은 차원 성은 벡터 당 더 넓은 맥락을 수용할 수 있어, 법률이나 저널리즘과 같이 깊고 복잡한 통찰력이 필요한 분야에서 더 나은 검색 메커니즘을 가능하게 합니다.

또 다른 문제는 외부 데이터 소스에서 추가된 정보를 처리하기 위해, 대규모 언어 모델에 전달되는 프롬프트의 크기가 커진다는 점입니다. 물론 프롬프트에 전체 데이터베이스 텍스트를 포함하는 것이 아니라, 관련 텍스트를 좁히는 예비 메커니즘을 먼저 적용합니다. 이는 우리가 의료 분야에서 사용한 코드 예시에서 확인할 수 있었습니다. 하지만 여전히 프롬프트에 보낼 데이터양을 제한해야 하므로, 대규모 언어 모델이 참조할 수 있는 문맥이 제한될 수 있습니다.

RAG의 응용 사례

RAG의 즉각적인 사용 사례는 특정 목적에 특화된 엔진을 구현하는 것과 관련이 있습니다. 몇 가지 예를 살펴보겠습니다.

- **고객 서비스 챗봇**: 고객에게 맞춤형 서비스를 제공하려는 기업에 유용합니다.
- **기업 내부 지식 기반**: 직원들을 위한 내부 서비스로 활용됩니다. 일반적으로 기업은 다양한 필요에 맞춘 여러 내부 시스템을 운영합니다. 예를 들어, 내부 웹사이트, 급여 앱, 서비스 요청 앱, 데이터 탐색 도구, 교육 서비스, 법률 및 규제 자료 등이 있습니다. RAG는 이러한 다양한 정보를 통합해 회사 챗봇의 백엔드로 사용할 수 있습니다. 예를 들어 다음과 같은 직원들은 다양한 질문에 대해 이를 활용할 수 있습니다.
    - 정규직 직원의 유급 휴가 정책은 무엇인가요?
    - 고객 이름과 고유 고객 식별자 간 매핑을 제공하는 SQL 테이블은 무엇이며, 이 테이블에 대한 접근 권한은 누가 가지고 있나요?

- **도메인 특화 대규모 언어 모델**: RAG를 활용하면 특정 도메인의 데이터를 별도로 훈련할 필요 없이 연구, 마케팅, 교육 등 다양한 분야에서 사용할 수 있습니다. 예를 들어, 특정 책이나 연구 논문을 기반으로 학습할 때, 해당 문서를 검색할 수 있게 설정하고 대규모 언어 모델에 요약, 질문에 대한 답변, 설명을 요청할 수 있습니다.

RAG가 기업 내 맞춤형 개발을 주도할 핵심 기술로 부각됨에 따라, 이제 대규모 언어 모델 자체를 맞춤화하는 더 복잡하고 포괄적인 접근 방식에 대해 논의해 보겠습니다.

대규모 언어 모델 맞춤화

대규모 언어 모델 맞춤화는 점점 더 중요해질 것이며, 맞춤형 대규모 언어 모델은 해당 기업이나 조직에 독점적으로 완성된 제품으로 자리 잡을 것입니다. 앞으로는 산업별 또는 작업별로 특화된 대규모 언어 모델이 표준이 될 가능성이 높습니다. 법률 용어에 특화된 모델부터 의료 진단에 특화된 모델까지, 미래는 특화된 대규모 언어 모델의 시대가 될 것입니다. 이를 위해 모델 사전 훈련, 미세 조정, 검색 기반 설계 등의 다양한 설계 선택을 통해 전용 데이터셋을 활용하게 될 것입니다.

일반적인 RAG는 내부 데이터나 비공개 데이터를 활용하는 데 적합하지만, 맞춤형 대규모 언어 모델은 전체 도메인을 학습하고 통달해야 할 때에 더 적합합니다. 예를 들어, 자연어 처리와 인공지능 솔루션을 구상하고 종합하는 도구로서, 관련 데이터를 학습한 대규모 언어 모델이 더 유리합니다. 예를 들어, 출판물, 학습 자료, 특허 등 관련 데이터를 학습한 모델이 더 적합합니다. RAG는 이러한 데이터를 일반적인 대규모 언어 모델에 제공하는 역할을 하지만, 맞춤형 대규모 언어 모델은 학습한 데이터를 바탕으로 고유한 사고 흐름을 형성합니다. RAG는 일반적인 대규모 언어 모델의 사고 흐름에 추가 데이터를 제공하는 방식에 불과합니다.

우리는 이제 대규모 언어 모델의 성능 향상을 위한 네 가지 핵심 요소를 다뤘습니다. 프롬프트 최적화부터 맞춤형 대규모 언어 모델 구축에 이르기까지, 성능 개선과 비용 및 복잡성 간의 절충을 고려해야 합니다. [그림 10-3]은 이러한 복잡성의 단계를 보여 줍니다.

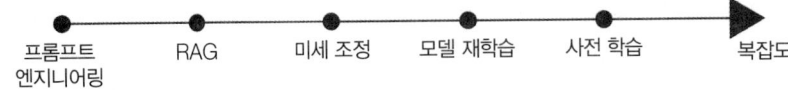

그림 10-3 복잡성의 단계

대규모 언어 모델을 활용한 프로그래밍: 코드 생성기

영어가 새로운 프로그래밍 언어가 되어가고 있습니다. 대규모 언어 모델이 코딩 분야에서 보여주는 잠재력은 매우 흥미롭습니다. 전통적으로 코딩은 세밀한 주의와 광범위한 훈련이 필요한 전문 기술로 여겨졌습니다. 그러나 대규모 언어 모델의 발전으로, 소프트웨어 개발이 더욱 민주화될 가능성이 커지고 있습니다. 이제 개발자들이 코드의 세부 사항에 매달리기보다는 대규모 언어 모델에게 고수준의 지시를 내리면 필요한 코드를 생성할 수 있는 비전을 실현하고 있습니다. 이는 마치 사람이 의도한 내용을 기계가 이해할 수 있는 명령어로 자연스럽게 변환하는 능숙한 번역가를 갖춘 것과 같습니다. 9장에서 대규모 언어 모델이 여러 전문적인 역할을 맡아 사용자를 위한 프로그래밍 프로젝트를 완성한 예시를 보았습니다.

이러한 변화는 코딩 과정을 단순화할 뿐만 아니라, 소프트웨어 개발의 주체에도 근본적인 변화를 불러올 수 있습니다. 비기술적인 사람들도 직접 소프트웨어 개발에 참여할 수 있게 되어, 아이디어와 실행 간의 격차가 줄어들 것입니다. 예를 들어, 스타트업은 비전을 신속하게 프로토타입으로 전환해 혁신의 속도를 높이고, 더 포용적인 기술 생태계를 조성할 수 있을 것입니다. 이러한 변화는 기술 제품 관리와 같은 여러 비즈니스 분야에서 큰 영향을 미칠 것입니다. 물론, 이것이 전통적인 코딩 기술이 사라진다는 의미는 아닙니다. 오히려 복잡하고 세밀한 작업을 수행할 때는 여전히 프로그래밍 언어에 대한 깊은 이해가 필요할 것입니다. 하지만 대규모 언어 모델은 버그 수정, 최적화 제안, 반복적인 작업 처리와 같은 영역에서 귀중한 도우미가 될 수 있습니다. 인간 개발자와 대규모 언어 모델 간의 이러한 협업은 창의성을 중심에 두고 기술적 장벽을 낮추는 소프트웨어 개발의 황금기를 이끌 수 있습니다. 또한, 대규모 언어 모델이 코드를 이해하고 생성하는 능력이 향상됨에 따라, 새로운 알고리즘, 프레임워크, 도구의 개발이 가속화될 가능성도 있습니다. 이는 대규모 언어 모델이 방대한 데이터와 패턴을 학습한 독특한 문제 해결 방식 덕분에 가능할 것입니다.

결론적으로, 코딩 분야에서 대규모 언어 모델의 미래는 협업, 포용성, 혁신을 약속하고 있습니다. 도전 과제는 분명 존재하겠지만, 숙련된 개발자와 초보자 모두에게 제공될 잠재적인 이점은 매우 큽니다.

LLMOps를 통한 운영 및 유지보수

DevOps가 소프트웨어 개발을 혁신한 것처럼, 대규모 언어 모델 운영(LLMOps)은 대규모 언어 모델의 확장 가능한 배포, 모니터링, 유지보수에 중요해지고 있습니다. 기업들이 대규모 언어 모델에 더 많이 의존함에 따라 원활한 운영, 지속적인 학습, 시의적절한 업데이트를 보장하는 것이 매우 중요해질 것입니다. LLMOps는 이러한 프로세스를 간소화하여 대규모 언어 모델이 효율적이고 관련성을 유지하도록 하는 관행을 도입할 수 있습니다. 우리는 유료 도구와 서비스 형태로 이를 위한 큰 노력이 이루어지는 것을 보고 있습니다. 기업들은 운영과 모니터링의 스펙트럼을 아우르는 솔루션을 설계하고 있습니다. 스펙트럼의 한쪽 끝에는 대규모 언어 모델의 기본적인 기능 모니터링을 제공하는 도구가 있고, 다른 쪽 끝에는 입력 데이터, 출력 데이터, 모델 특성에 대한 시각적 및 통계적 인사이트를 제공하는 도구가 있습니다.

LLMOps 분야의 새로운 트렌드는 모니터링 피드에서 모델 튜닝 메커니즘으로 피드백 루프를 만드는 것입니다. 이는 아폴로 11호를 달에 착륙시키는 데 기여한 칼만 필터와 같은 실시간 적응형 모델의 개념을 모방합니다. 모니터링 스트림은 증가하는 편차를 인식하고, 이를 모델의 매개변수를 조정하는 훈련 메커니즘에 다시 피드백합니다. 이렇게 함으로써 사용자에게 모델이 최적 상태에서 벗어났을 때 경고를 제공할 뿐만 아니라 모델에 적절한 조정도 적용됩니다.

이 리뷰를 요약하면, 딥러닝의 도약, 혁신적인 학습 기술, 맞춤화 능력으로 특징지어지는 대규모 언어 모델의 여정은 우리 세계를 이해하고 향상시키는 기계를 만들려는 인류의 더 큰 야망을 반영합니다. 대규모 언어 모델의 진화는 이러한 탐구를 하고 계속 성숙해 감에 따라 그 목적, 가치, 영향력은 틀림없이 디지털 미래의 윤곽을 형성할 것입니다.

대규모 언어 모델 설계의 미래는 기술 혁신, 사용자 중심 설계, 윤리적 고려사항의 교차점에 있습니다. 연구가 진행되고 사용자 요구가 진화함에 따라 미래의 대규모 언어 모델은 오늘날 우리가 상상하는 것보다 훨씬 더 다르고, 더 능력 있고, 더 통합될 수 있습니다.

우리는 대규모 언어 모델의 출현과 성장의 핵심에 있는 다양한 기술적 트렌드에 대해 논의했습니다. 이제 핵심에서 더 멀리 떨어져 있고 이러한 모델들이 미쳤고 앞으로 미칠 것으로 예상되는 영향을 반영하는 트렌드들에 대해 살펴보겠습니다.

자연어 처리와 대규모 언어 모델의 문화적 트렌드

이번 절에서는 대규모 언어 모델과 인공지능이 비즈니스와 사회에 미친 일부 트렌드와 영향 점에 대해 논의할 것입니다. 대규모 언어 모델과 인공지능이 제공하는 가치 덕분에 가장 번창할 것으로 예상되는 일부 산업에 대해 다룰 것입니다. 기업들이 경쟁 우위를 확보하고 시대의 흐름을 앞서가기 위해 취하고 있는 내부 변화에 관해 이야기할 것입니다. 마지막으로, 대규모 언어 모델과 인공지능을 둘러싼 문화적 측면 일부를 다룰 것입니다.

10.5 비즈니스 세계에서의 자연어 처리와 대규모 언어 모델

자연어 처리와 대규모 언어 모델은 비즈니스 분야에서 획기적인 변화를 이끌고 있습니다. 이 기술들은 업무 효율성을 향상하고, 새로운 비즈니스 모델을 가능하게 하며, 반복적인 업무를 자동화하고 데이터로부터 인사이트를 도출하며, 고도화된 고객 지원을 제공하는 등 다양한 방식으로 활용되고 있습니다.

처음에는 자연어 처리가 주로 학계와 특정 전문 분야에 국한되어 있었습니다. 그러나 디지털화의 확산, 데이터의 급증, 그리고 오픈소스 머신러닝 기술의 발전으로 인해 기업들이 자연어 처리의 잠재력을 인식하기 시작했습니다. 컴퓨팅 파워의 비용이 적어지고 방대한 데이터셋에 대한 접근성이 향상되면서, 기업들이 대규모 언어 모델을 도입해 더 정교한 자연어 처리 애플리케이션을 구현하는 것이 가능해졌습니다. 자연어 처리가 비즈니스 세계에 본격적으로 도입된 시기는 2018년에서 2019년 사이로, 처음에는 텍스트 분류와 같은 제한된 작업을 위해 자연어 처리와 전통적인 머신러닝 모델이 결합되어 비즈니스 운영과 분석에 사용되었습니다.

2019년에는 허깅페이스가 구글의 혁신적인 언어 모델인 BERT의 무료 버전을 출시하면서 큰 변화를 불러왔습니다. BERT는 전이학습 transfer learning 을 통해 비교적 적은 양의 레이블 데이터만으로도 뛰어난 성능을 발휘할 수 있었고, 이를 통해 텍스트 중심의 비즈니스 모델에서 널리 채택되었습니다(BERT 모델에 대한 자세한 내용은 허깅페이스 BERT 모델 페이지[6]를 참조해 주세요).

일부 산업은 고유한 특성 덕분에 자연어 처리 기반의 자동화를 더 쉽게 수용하며, 이를 통해 큰 성과를 거둘 수 있습니다. 자연어 처리가 특정 산업 또는 비즈니스에 미칠 잠재적 영향을 평가할 때 고려해야 할 몇 가지 중요한 특성은 다음과 같습니다.

---

6 https://huggingface.co/bert-base-uncased

- **풍부한 데이터**: 자연어 처리는 주로 텍스트 데이터를 처리하므로, 방대한 텍스트 데이터를 보유한 산업에서 특히 효과적입니다.
- **디지털화 준비도**: 데이터가 이미 디지털화되고 구조화되어 있다면, 인공지능과 자연어 처리 기술을 더 쉽게 도입할 수 있습니다.
- **컴퓨팅 인프라**: 자연어 처리 모델, 특히 대규모 언어 모델은 많은 컴퓨팅 자원이 필요하므로, 이러한 요구를 처리할 수 있는 인프라나 클라우드 기반 솔루션을 보유해야 합니다.
- **반복적인 작업**: 고객 서비스 문의 처리나 문서 검토와 같은 반복적인 업무가 많은 산업은 자연어 처리를 통해 자동화하여 큰 이점을 얻을 수 있습니다.
- **인사이트 기반 의사 결정**: 소셜 미디어의 시장 감정 분석 등 텍스트 데이터로부터 도출된 인사이트를 바탕으로 의사 결정을 내리는 산업에서는, 자연어 처리가 의사 결정 과정을 더 효율적으로 만들어 줍니다.
- **고객과의 상호작용**: 디지털 채널을 통해 고객과 직접 소통하는 산업에서는 챗봇, 피드백 분석, 맞춤형 마케팅 등에서 자연어 처리를 효과적으로 활용할 수 있습니다.
- **개인화 서비스 요구**: 고객의 선호도와 피드백에 따라 맞춤형 서비스나 제품을 제공해야 하는 경우, 자연어 처리는 맞춤형 제안을 더 쉽게 만들 수 있습니다.
- **지속적인 학습 및 업데이트 필요**: 최신 정보나 연구 결과를 지속적으로 반영해야 하는 산업에서는 자동화된 콘텐츠 집계, 요약, 분석을 통해 자연어 처리의 큰 혜택을 볼 수 있습니다.
- **다국어 환경**: 글로벌 시장 또는 다언어 지역에서 운영되는 산업은 자연어 처리를 통해 번역 서비스와 다국어 고객 지원을 제공할 수 있습니다.
- **규제 준수와 문서 관리**: 정기적으로 규제를 준수하거나 문서를 검토해야 하는 산업에서는 자연어 처리를 통해 자동화된 규제 검토와 문서 생성을 수행할 수 있습니다.
- **파이프라인의 유연성**: 자연어 처리는 처리 시간과 컴퓨팅 자원이 필요하므로, 실시간 처리 시스템이 이러한 요구 사항을 수용할 수 있는 유연성이 필요합니다.

이제 인공지능과 대규모 언어 모델이 각 산업에 어떤 영향을 미치고 있는지 구체적으로 살펴보겠습니다.

10.5.1 비즈니스 부문

헬스케어 산업

헬스케어는 구조화되지 않은 비정형 자연어 텍스트에 크게 의존하는 산업입니다. 병원, 클리닉, 보험사 등 환자 치료와 관련된 모든 기관은 다양한 형식의 텍스트를 포함한 데이터를 다루고 있습니다. 예를 들어, 의료 기록의 전사본, 환자 질의응답, 약물 상호작용 기록 등 다양한 정보 소스가 이에 해당합니다. 대부분의 데이터는 이미 디지털화되어 있어 기계가 처리할 수 있는 상태로 저장되고, 이는 후속 데이터 처리에 적합합니다. 이러한 데이터는 방사선 보고서에서 진단을 추출하거나, 환자 정보를 치료 목적으로 분류하거나, 의사의 기록을 기반으로 임상 시험을 계획하는 등 다양한 방식으로 활용될 수 있습니다.

최근 헬스케어에서 주목받는 또 다른 활용 사례는 생성형 인공지능 도구를 통해 환자들이 의료 상담을 받는 것입니다. 챗GPT와 같은 대규모 언어 모델이 방대한 데이터를 학습함에 따라, 환자들은 이러한 모델이 의료 질문에 답변을 제공할 수 있다고 믿고 있습니다. 그러나 그 잠재력이 큰 만큼 위험성도 큽니다.

앞으로 몇 년 안에 대규모 언어 모델이 헬스케어에서 중요한 역할을 할 것으로 기대됩니다. 특히 환자 치료와 관련해, 핵심 의료 역량을 보완하는 방식으로 개선이 이루어질 것입니다. 의료 상담, 진단, 예후 등에서 전문가와 인공지능의 조언이 적절하게 조합될 것입니다. 예를 들어, 역사적으로 환자들은 발진이나 통증과 같은 경미한 상태를 자가 진단하거나 비전문가의 조언을 구해왔습니다. 더욱이 요즘에는 온라인 기사와 게시물에서 조언을 구하는 환자들을 볼 수 있습니다. 이와 같이 위험이 낮다고 인식되는 상태에 대해 환자들이 대규모 언어 모델을 통해 조언을 구할 것으로 예상합니다. 공식 정책에 관해서는, 임상 시스템이 어떤 사례를 인공지능이 다룰 것인지, 그리고 어느 정도까지 다룰 것인지에 대한 지침을 제시할 것입니다.

금융 산업

금융은 텍스트 정보에 크게 의존하는 광범위한 산업입니다. 금융 보고서, 실적 발표, 뉴스피드, 규제 업데이트, 거래 명세, 신용 보고서 등이 이에 포함됩니다. 금융 부문은 인공지능이 다른 산업에 미칠 영향을 미리 보여 주는 선구자 역할을 하고 있습니다. 데이터 처리에 대한 높은 의존성 덕분에 인공지능이 자연스럽게 도입되었으며, 이는 다른 산업에서도 어떻게 인공지능이 활용될지에 대한 좋은 사례가 될 수 있습니다.

우리는 금융 전반에서 자연어 처리와 대규모 언어 모델이 활용되는 모습을 보고 있습니다. 최근 주목받는 트렌드는 특정 주제나 개별 기업을 대상으로 맞춤형 챗봇을 개발하여 고객에게 상호 작용형 서비스를 제공하는 것입니다.

미래의 금융 산업은 인공지능과 금융 전문가가 협력하는 환경으로 발전할 것으로 예상됩니다. 이 비전의 좋은 예시는 엑셀과 금융 분석가들 사이의 협력입니다. 전통적인 인공지능 모델이 재무 예측을 설정하고, 생성형 인공지능은 데이터를 심층 분석하여 차이점을 강조하고, 다양한 예측 모델에 기반한 전략적 선택을 제안하는 환경을 상상할 수 있습니다.

이커머스 산업

이커머스는 항상 고객과 기술이 만나는 교차점에 있는 산업입니다. 이커머스 분야의 대표적인 활용 사례 중 하나는 개인화된 쇼핑 경험입니다. 자연어 처리 기술이 발전함에 따라, 이커머스 플랫폼은 새로운 트렌드를 예측하고, 실시간으로 개인화된 할인 혜택을 제공하며, 교차 판매 및 업셀링 전략을 강화할 수 있습니다. 제품 검색 측면에서 대규모 언어 모델은 자연어 쿼리를 이해하여 사용자가 더 쉽게 원하는 제품을 찾을 수 있게 해 줍니다.

미래의 이커머스는 큰 변화를 겪을 것입니다. 인공지능 기반 메타버스 쇼핑이 등장하면서 가상 세계가 확장되고, 시각적 인공지능, 증강현실(AR), 가상현실(VR) 기술이 결합해 가상으로 제품을 체험할 수 있게 될 것입니다. 예를 들어, 의류나 가구를 가상으로 착용해 보는 등 실제와 유사한 쇼핑 경험을 제공하게 됩니다. 또한 AI 기반 예측 분석은 공급망 관리의 복잡성을 해결하고 재고 관리 프로세스를 최적화할 것입니다. 인공지능은 이커머스 산업의 효율적이고 역동적인 미래를 이끄는 핵심 요소로 자리 잡게 될 것입니다.

교육 산업

교육 분야에서도 개인화가 중요한 트렌드로 자리 잡고 있습니다. 자연어 처리를 통해 학생 개개인의 학습 속도와 스타일에 맞춘 적응형 학습 플랫폼이 등장하고 있으며, 이러한 플랫폼은 맞춤형 자료와 퀴즈를 제공합니다. 또한 자연어 처리 기반 플랫폼은 학생들의 입력, 에세이, 피드백을 분석해 개인에게 맞춘 학습 경로를 제시할 수 있습니다. 언어 학습에서는 대규모 언어 모델이 실시간 번역, 문법 교정, 문화적 맥락을 제공하여 더 몰입도 높은 학습 환경을 지원합니다.

생성형 인공지능 도구의 발전이 교육 분야에 깊숙이 스며들면서, 전통적인 교육 방식은 큰 변화를 겪을 것입니다. 우리는 인공지능이 교실에 자연스럽게 통합되어, 교육의 효율성을 높이고, 학습 경험을 개인화하는 미래를 기대할 수 있습니다. 또한 학생들은 컴퓨터 기반 개인 교사와 같은 학습 경험을 누리게 될 것입니다. 이 교사는 학생의 학습 속도와 이해 수준에 맞춰 학습 내용을 조정하고, 맞춤형 방식으로 교육을 진행하게 될 것입니다. 현재의 아이들은 혁신적이고 한계를 모르는 흥미로운 교육 경험을 누리게 될 것으로 기대됩니다.

엔터테인먼트 산업

엔터테인먼트 산업과 콘텐츠 소비 분야는 마지막으로 언급되지만, 그 중요성은 작지 않습니다. 최근 몇 년 동안 인공지능과 미디어 산업 간의 상호작용이 두드러지게 증가했습니다. 대규모 언어 모델과 인공지능이 발전하면서, 미디어 플랫폼은 콘텐츠 제작, 배포, 소비 방식을 최적화하는 데 이 기술들을 활용하고 있습니다.

음악 산업에서는 딥러닝 모델이 기존의 음악 패턴을 학습하여 고유한 음악을 생성하고, 스포티파이 같은 플랫폼은 머신러닝을 기반으로 사용자 취향에 맞춘 추천 목록을 제공합니다. 또한 전통적으로 전문가가 필요했던 오디오 마스터링 작업도 LANDR와 같은 인공지능 솔루션을 통해 누구나 손쉽게 음악을 제작할 수 있게 되었습니다.

영화 제작자들은 대규모 언어 모델을 사용해 시나리오 작성을 돕고, 시나리오의 잠재적인 불확실성을 평가할 수 있습니다. 워너 브라더스, 20세기 폭스, 소니 픽처스는 각각 Cinelytic, Merlin, ScriptBook과 같은 플랫폼을 통해 인공지능의 예측 능력을 활용하고 있습니다.

게임 산업에서도 인공지능은 비플레이어 캐릭터(NPC)의 현실감 있는 행동을 시뮬레이션하고, 동적으로 콘텐츠를 생성합니다. 또한 맞춤형 게임 추천을 제공하며, 실시간 플레이어의 행동을 분석해 난이도를 조정하는 적응형 난이도 시스템으로 균형 잡힌 게임 경험을 제공합니다.

출판 산업에서는 원고 제출 과정이 인공지능을 통해 간소화되고, 시장 수요를 예측할 수 있습니다. 또한 인공지능 기반 도구는 편집 과정에서 명확성, 일관성, 스타일 가이드 준수를 보장하며, 대규모 언어 모델은 작가가 서사를 구성하는 데 도움을 줍니다. 콘텐츠 추천 알고리즘은 사용자의 취향에 맞춰 개인화된 콘텐츠를 추천해 몰입도를 높입니다. 구글 애드센스와 같은 플랫폼은 인공지능을 활용해 온라인 광고를 정밀하게 타깃팅하고, 캠페인 도달 범위를 극대화합니다. 인공지능은 사용자 인구 통계에 맞춰 콘텐츠를 필터링하고, 방송 규정을 준수하도록 지원하는 규제 역할도 맡고 있습니다. 마지막으로, 스트리밍 플랫폼은 인공지능을 사용해 콘텐츠를 분류하여 사용자가 더 쉽게 원하는 콘텐츠를 발견할 수 있는 원활한 콘텐츠 탐색 경험을 제공합니다.

이처럼 엔터테인먼트 산업에서 인공지능과 대규모 언어 모델의 혁신적인 활용은 앞으로도 지속적으로 성장하며, 창작 과정에 큰 변화를 불러올 것입니다. 창작 과정은 더 빠르고 짧아질 것입니다. 이에 따라 점점 더 자주 제기될 질문은 컴퓨터 모델이 주도하는 예술 창작이 그 매력을 잃게 만들 것인지에 대한 고민입니다.

다음으로 특정 비즈니스 분야에서 한 발 물러서 고객 대면 비즈니스 전반에 걸쳐 보편적으로 나타나는 활용 사례를 논의해 보겠습니다.

10.5.2 고객 상호작용 및 서비스: 초기 수용자

자연어 처리가 비즈니스에 미친 가장 눈에 띄는 영향 중 하나는 고객 상호작용 분야입니다. 대규모 언어 모델은 반응성 높은 챗봇을 구현하고, 감정 분석을 지원하며, 실시간 솔루션을 제공하여 사용자 경험을 크게 향상합니다. 초기 챗봇은 규칙 기반으로 작동하여 제한된 질문만 처리할 수 있었습니다. 하지만 대규모 언어 모델의 도입으로 챗봇은 맥락을 이해하고, 복잡한 질문을 처리하며, 심지어 일상적인 대화도 가능하게 되었습니다. 이러한 발전은 고객 만족도 증가, 대기 시간 감소, 기업의 상당한 비용 절감으로 이어졌습니다.

앞으로 몇 년 동안, 우리는 인공지능과 대규모 언어 모델이 챗봇, 추천 시스템, 선제적 고객 참여 시스템, 고객 서비스 분석 시스템 등 다양한 고객 서비스 애플리케이션에서 더욱 광범위하게 활용되는 것을 볼 수 있을 것입니다. 이러한 기술을 기반으로 한 애플리케이션은 기업과 고객 모두에게 다양한 이점을 제공할 것입니다. 챗봇은 현재 인간 상담원의 개입이 필요한 복잡한 사례까지 처리할 수 있을 정도로 더욱 정교해질 것입니다. 추천 시스템은 개별 고객의 관심사를 더욱 세밀하게 파악하고 반영하여, 현재는 극소수만이 누리는 개인 비서 수준의 서비스를 제공할 수 있게 될 것입니다. 더 나아가, 고객 서비스 분석 시스템은 방대한 고객 데이터를 분석하여 트렌드와 패턴을 식별하고, 이를 통해 고객 서비스 운영을 지속적으로 개선하는 데 활용될 것입니다.

전반적으로, 고객 서비스 분야에서 인공지능과 대규모 언어 모델의 전망은 매우 밝습니다. 이러한 기술들은 기업과 고객 간의 상호작용을 혁신적으로 변화시켜, 더욱 개인화되고, 예측할 수 있으며, 몰입도 높은 서비스 경험을 제공할 것입니다.

고객 서비스에서 인공지능과 대규모 언어 모델의 변혁적 역할을 살펴보았으니, 이제 또 다른 중요한 측면인 조직 구조의 변화에 주목해 봅시다. 기업들이 인공지능 시대에 대비하면서, 이러한 기술적 혁신을 효과적으로 통합하기 위해 내부 구조를 어떻게 재편하고 있는지 이해하는 것이 중요합니다.

10.5.3 인공지능 도입에 따른 변화 관리

인공지능, 특히 대규모 언어 모델의 능력이 급속도로 발전함에 따라, 전 세계 기업들은 이로 인한 광범위한 영향을 체감하고 있습니다. 경쟁력을 유지하고 이러한 혁신적 기술의 잠재력을 최대한 활용하기 위해, 많은 조직이 내부 구조와 운영 방식에 대대적인 변화를 꾀하고 있습니다. 이러한 변화는 업무 프로세스의 재설계부터 최고 인공지능 책임자$^{\text{Chief AI Officer}}$(CAIO)와 같은 새로운 핵심 역할의 신설에 이르기까지 다양합니다. 이제 인공지능이 현대 비즈니스 패러다임의 근본적인 구조를 어떻게 재편하고 있는지 자세히 살펴보겠습니다.

기업이 최고 인공지능 책임자(CAIO)를 필요로 하는 이유

인공지능은 더 이상 먼 미래의 기술이 아닌, 우리 일상에 깊이 자리 잡은 현실입니다. 오픈AI의 챗GPT와 구글의 제미나이 같은 생성형 AI 도구의 등장으로, 이제 모든 규모와 유형의 기업이 인공지능의 능력을 활용할 수 있게 되었습니다. 인공지능의 변혁적 잠재력은 혁신적인 서비스 창출, 운영 효율성 개선에서부터 전체 산업 구조의 재편에 이르기까지 광범위합니다.

인공지능의 영향력이 이토록 크기 때문에, 이를 핵심 비즈니스 전략에 통합하는 것은 필수적입니다. CAIO의 필요성은 바로 이 지점에서 대두됩니다. 인공지능을 전략적 의사결정 과정에 효과적으로 포함하고, 기업이 인공지능이 제공하는 기회를 최대한 활용할 수 있도록 보장하는 역할을 담당하기 때문입니다.

CAIO의 핵심 책임과 필요 역량

CAIO의 가장 중요한 책임은 조직의 인공지능 전략을 전반적인 비즈니스 목표에 맞게 조율하는 것입니다. 구체적으로 다음과 같은 역할을 수행합니다.

- **전략적 인공지능 비전 수립**: 조직의 운영에 통합될 뿐만 아니라, 고객 경험 개선이나 공급망 최적화와 같은 핵심 영역에서 인공지능이 혁신적 변화를 이끌 수 있는 비전을 수립합니다. 이 비전은 조직의 전반적인 목표와 긴밀히 연계되어야 합니다.
- **기회 식별 및 활용**: 기존 프로세스를 최적화하기 위한 인공지능 통합 기회를 찾아내고, 인공지능 기반의 새로운 비즈니스 방향을 모색하며, 자동화에 적합한 업무 영역을 파악합니다.
- **인공지능 전략의 실행**: 단순한 구상을 넘어, 부서 간 협력을 촉진하여 인공지능 비전을 실제로 구현합니다. 이는 인공지능의 역할, 잠재력, 그리고 효과적인 확장 방법에 대한 조직 전체의 합의를 포함합니다.
- **인재 및 자원 관리**: 조직이 인공지능 이니셔티브를 효과적으로 실행하고 관리하는 데 필요한 기술, 인력, 자원을 확보하도록 합니다.
- **인공지능 이해 증진**: 조직의 주요 인공지능 교육자이자 옹호자로서, 오해를 해소하고 모든 조직 계층에서 인공지능의 이점과 특성에 대한 깊은 이해를 촉진합니다.
- **인공지능 중심 문화 조성**: 인공지능 기반 혁신 문화를 주도하여, 최신 인공지능 연구, 도구, 실무 사례의 지속적인 탐구와 적용을 장려합니다.
- **인공지능 발전 동향 파악**: 빠르게 변화하는 인공지능 분야에서 최신 연구, 도구, 실무 사례를 적극적으로 습득합니다. 조직이 경쟁 우위를 유지하기 위해 인공지능 혁신의 최전선에 있도록 보장합니다.
- **이해관계자 참여**: 다양한 조직 이해관계자와 정기적으로 소통하여 목표 일치를 확인하고, 우려 사항을 해결하며, 인공지능 이니셔티브의 실질적인 이점을 명확히 합니다.
- **윤리적 인공지능 사용 감독**: 조직을 잠재적인 인공지능 관련 위험으로부터 보호하고, 인공지능 실무가 사용자의 기대에 부합하도록 보장하여 고객과 이해관계자의 신뢰를 구축합니다.
- **윤리 및 규정 준수 감독**: 인공지능 도입에 있어 조직의 안전장치 역할을 합니다. 인공지능 솔루션이 윤리적 기준을 준수하고, 사용자 개인정보를 존중하며, 편견 없이 운영되고, 변화하는 기술 규제를 준수하도록 보장합니다.

CAIO는 기술적 전문성과 소프트 스킬을 균형 있게 갖추어야 합니다. 인공지능 도구와 인프라에 대한 깊은 이해는 물론, 뛰어난 의사소통 능력, 팀워크, 문제 해결 능력, 시간 관리 능력이 필요합니다.

또한, 인공지능의 비즈니스 영향에 대한 깊은 이해, 현재 상황 파악, 미래 발전 예측 능력이 필수적입니다. 특히 특정 인공지능 기술이 자사 산업에 미칠 수 있는 영향을 정확히 분석할 수 있어야 합니다.

인공지능의 윤리적 고려 사항이 더욱 중요해지는 시대에, CAIO는 편견, 개인정보 보호, 사회적 영향과 관련된 문제를 해결하는 윤리적 리더십을 발휘해야 합니다. 이를 위해 회사의 컴플라이언스 팀과 법무팀 간의 직접적이고 유연한 의사소통 채널 구축이 필요할 것입니다.

결론적으로, 기업이 점점 더 인공지능을 핵심 운영에 통합함에 따라 CAIO의 역할은 필수 불가결해지고 있습니다. CAIO는 조직이 인공지능의 잠재력을 윤리적이고 효과적으로 활용할 수 있도록 이끄는 길잡이 역할을 합니다. 비즈니스 세계에서 인공지능의 중요성이 계속 증가함에 따라, CAIO는 현대 기업 경영진의 핵심 구성원으로 자리 잡을 것입니다.

인공지능과 대규모 언어 모델이 비즈니스 환경을 혁명적으로 변화시키고 있음은 분명하지만, 그 영향력은 기업 영역을 넘어 사회 전반으로 확대되고 있습니다. 다음 절에서는 이러한 기술들이 우리 사회와 개인의 행동에 미치는 심오한 영향을 탐구하고, 우리 사회의 근간에 어떤 변화를 불러오고 있는지 살펴보겠습니다.

10.6 인공지능과 대규모 언어 모델이 유도한 행동 트렌드(사회적 측면)

인공지능, 특히 대규모 언어 모델과 같은 고급 모델의 보급은 사회적 행동에 깊은 영향을 미치고 있습니다. 이 영향은 일상적인 작업부터 광범위한 의사소통 패턴에 이르기까지 다양합니다. 인공지능이 일상생활에 깊이 스며들면서, 우리의 행동을 형성하고, 새로운 규범을 만들어내며, 때로는 우려를 불러일으키기도 합니다. 이러한 행동 변화를 자세히 살펴보겠습니다.

10.6.1 필수적인 개인 비서로서의 발전

시리Siri, 알렉사Alexa, 구글 어시스턴트와 같은 인공지능 기반 가상 비서의 증가로, 사람들은 일상적인 작업을 위해 이러한 도구에 점점 더 의존하고 있습니다. 약속 잡기, 날씨 확인, 스마트홈 기기 제어 등 다양한 일상 업무에서 인공지능 비서는 많은 사람들에게 필수품이 되어가고 있습니다. 이는 우리가 기술과 상호작용을 하는 방식을 변화시키고 있으며, 때로는 이러한 도구를 마치 살아있는 존재처럼 대하기도 합니다.

앞으로 인공지능 개인 비서는 우리의 삶에 더욱 깊숙이 통합되어 없어서는 안 될 필수적인 존재로 자리 잡을 것입니다. 이를 설명하는 좋은 비유는 우리의 삶에서 디지털 캘린더가 차지하는 역할입니다. 캘린더는 우리가 일정을 효율적으로 계획하고 조정할 수 있도록 도와주며, 개인적인 약속과 업무 일정을 균형 있게 관리하게 해 줍니다. 자동 알림과 여러 기기 간 동기화 덕분에 모든 일정을 기억해야 하는 부담이 줄어들고, 우리는 더 중요한 일에 집중할 수 있게 됩니다.

개인 비서는 인공지능이든 사람이든 이러한 기능을 더 발전시킵니다. 다른 사람들과 일정을 동기화하고, 우선순위를 정하며, 정보를 수집하고, 다양한 일상 업무를 처리할 수 있습니다. 예전에는 이러한 기능을 믿고 맡길 수 있는 것은 사람 비서뿐이었지만, 곧 자동화된 인공지능이 적은 비용과 관리로 이러한 역할을 수행할 수 있을 것입니다. 안경을 착용하는 사람이라면, 인공지능 비서가 우리 삶에서 어떤 역할을 할지, 그리고 그것이 없어진다면 얼마나 불편할지 쉽게 상상할 수 있을 것입니다.

10.6.2 쉬워지는 의사소통과 언어 장벽 해소

대규모 언어 모델은 특히 문자 기반 의사소통 방식을 크게 개선했습니다. 사람들은 이제 문법 검사, 내용 제안, 심지어 전체 텍스트 생성을 위해 이 기술을 활용합니다. 이는 더 정제된 의사소통을 가능케 하지만, 동시에 표현의 진정성에 대한 새로운 질문을 제기하기도 합니다.

인공지능 기반의 실시간 번역 도구는 문화 간 소통 방식에 혁명을 일으키고 있습니다. 구글 번역과 같은 플랫폼 덕분에 개인들은 언어의 벽을 넘어 원활하게 상호작용을 할 수 있게 되었고, 이는 전 세계적인 연결을 촉진하고 있습니다. 다만, 이러한 도구에 대한 의존도가 높아지면서 새로운 언어를 직접 배우려는 동기가 줄어들 수 있다는 우려도 있습니다.

가까운 미래에는 고급 대규모 언어 모델과 인공지능 기술의 융합으로 의사소통의 경계가 더욱 확장될 것입니다. 예를 들어, 서로 다른 모국어를 사용하는 두 사람이 전화 통화를 할 때, 인공지능이 실시간으로 그들의 대화를 자연스럽게 번역해 주는 기술이 실현될 것입니다. 한 사람이 중국어로 말하면 상대방은 거의 지연 없이 스페인어로 그 내용을 들을 수 있게 되는 것입니다. 이러한 발전은 언어 장벽을 효과적으로 제거하여, 진정한 의미의 글로벌 소통을 가능하게 할 것입니다.

더 나아가 의사소통 기술은 단순히 말을 주고받는 것을 넘어설 것입니다. 최첨단 연구에서는 뇌의 신경 신호를 직접 음성으로 변환하는 기술을 개발 중입니다. 이 기술이 실현되면, 신경 센서가 뇌 활동을 감지하고 해석하여 사람들이 입을 움직이지 않고도 '말할' 수 있게 될 것입니다. 이는 언어 장애나 의사소통 장애가 있는 사람들에게 특히 큰 의미가 있을 것이며, 그들에게 전에 없던 새로운 방식의 소통 수단을 제공할 것입니다.

의사소통의 촉각적 측면도 혁신을 맞이할 것으로 예상됩니다. 메시지를 느낄 수 있게 해 주는 웨어러블 기기가 등장할 수 있습니다. 이기기는 단어나 감정을 특정 촉각적 감각으로 변환하여, 특히 시각이나 청각에 장애가 있는 사람들에게 새로운 이해와 소통의 채널을 열어줄 것입니다.

인공지능과 결합한 증강현실(AR) 기술은 우리의 존재감 개념을 완전히 새롭게 정의할 것입니다. 비록 메타의 메타버스가 아직 확고히 자리 잡지 못했지만, 가상 존재를 통한 상호작용 개념은 점차 현실화하여 수요를 창출할 것입니다. 사용자들은 자신의 아바타를 원격지에 투영하여, 마치 그곳에 실제로 있는 것처럼 다른 사람들과 소통할 수 있게 될 것입니다. 이 기술은 표정, 몸짓, 제스처의 미묘한 뉘앙스까지 포착하고 전달하여, 원격 대화에 실재감과 깊이를 더할 것입니다.

10.6.3 인공지능에게 결정을 위임했을 때의 윤리적 문제

쇼핑부터 독서에 이르기까지 사람들이 인공지능 추천에 익숙해짐에 따라, 결정을 과도하게 위임할 위험이 있습니다. 이는 비판적 사고력을 저하해 개인이 알고리즘의 편향이나 조작에 더 취약해질 수 있습니다.

인공지능 주도 시대로 나아갈수록, 개인들이 자동화 시스템에 과도한 신뢰를 부여할 가능성이 증가하고 있으며, 이는 잠재적으로 개인의 책임감과 주체성의 약화로 이어질 수 있습니다. 더 많은 결정이 자동화됨에 따라 사회가 알고리즘의 입력 없이 정보에 기반한 판단을 내리는 개인의 능력 감소를 목격할 수 있다는 우려가 커지고 있습니다. 더욱이 산업계가 중요한 결정을 인공지능에 더 많이 의존함에 따라, 의도치 않은 시스템적 편향을 방지하기 위해 이러한 알고리즘의 투명성과 이해가 매우 중요해질 것입니다. 인공지능이 데이터나 설계를 통해 기존의 사회적 편향을 영속화하거나 심지어 증폭시킬 수 있는 잠재력은 깊은 윤리적 함의를 제기합니다. 이에 대한 대응으로, 인공지능 시스템이 인간의 가치와 사회적 규범에 부합하도록 보장하기 위해 인공지능 윤리 과정, 투명한 알고리즘 프레임워크, 규제 감독에 대한 수요가 급증할 것으로 예상됩니다.

이러한 다양한 사회적 트렌드에 대한 우리의 검토를 요약하면, 인공지능과 대규모 언어 모델은 다면적인 방식으로 사회 환경을 재구성하고 있습니다. 이들은 편의성과 새로운 경험을 도입하는 동시에 사회가 해결해야 할 과제들도 제시합니다. 일상생활에서 인공지능의 역할이 계속 진화함에 따라 이점과 잠재적 위험을 균형 있게 조절하는 것이 중요할 것입니다.

이제 우리는 인공지능을 도입하려는 모든 개인과 조직이 주목할 만한 두 가지 중요한 주제인 윤리와 위험에 대해 더 깊이 탐구해 보겠습니다.

10.6.4 인공지능 도입에 따른 윤리적 우려와 위험성 확대

이 책 전반에 걸쳐 우리는 일반적인 인공지능과 특히 대규모 언어 모델에 관한 다양한 측면을 논의했습니다. 여러 새로운 우려 사항들을 간단히 다루었는데, 이번 절에서는 가장 큰 두 가지 논의 주제인 윤리와 위험에 초점을 맞추겠습니다.

대규모 언어 모델을 포함한 인공지능이 우리 삶에 통합되면서 전례 없는 편리함과 잠재력을 가져왔습니다. 그러나 이러한 발전과 함께 개인에서 사회적 수준에 이르는 다양한 윤리적 우려와 위험도 제기되고 있습니다. 이러한 기술이 성숙해 감에 따라 이러한 문제들을 이해하고 해결하는 것이 더욱 중요해지고 있습니다.

인공지능 윤리는 인공지능의 설계, 배포, 사용을 안내하는 도덕적 원칙을 의미합니다. 이는 인공지능 시스템의 공정성, 투명성, 개인정보 보호, 책임성을 보장하는 것을 중심으로 합니다. 초기 인공지능 애플리케이션은 단순했기 때문에 윤리적 딜레마가 적었습니다. 하지만 인공지능이 복잡해짐에 따라 그 결정의 영향력도 커져, 윤리 문제가 전면에 대두되었습니다. 특히 인간과 유사한 텍스트를 생성할 수 있는 대규모 언어 모델의 등장은 이러한 우려를 더욱 증폭시켰습니다.

이에 따라 다음과 같은 주요 윤리적 우려에 대한 고려가 필요합니다.

- **편향과 공정성**: 인공지능 모델은 학습 데이터에 존재하는 편향을 무의식적으로 학습할 수 있습니다. 이는 차별적인 결과를 낳아 개인이나 특정 집단에 부정적인 영향을 미칠 수 있습니다.
- **투명성과 설명 가능성**: 인공지능 모델이 복잡해짐에 따라 의사결정 과정을 이해하기 어려워집니다. 일부 모델의 '블랙박스' 특성은 책임성 측면에서 문제를 제기합니다.
- **개인정보 보호**: 인공지능의 방대한 데이터 처리 능력은 개인정보 유출과 오용에 대한 우려를 불러일으킵니다. 이는 민감한 정보를 무의식적으로 생성할 수 있는 대규모 언어 모델에서 특히 문제가 됩니다.
- **의존성과 자율성**: 인공지능에 대한 과도한 의존은 인간의 자율성을 약화시킬 수 있습니다. 예를 들어, 비판적 사고 없이 인공지능 추천을 맹목적으로 따르는 것은 윤리적 측면에서 문제가 될 수 있습니다.

또한 다음과 같은 주요 위험을 고려해야 합니다.

- **보안**: 인공지능 시스템은 악의적 행위자가 원하는 결과를 얻기 위해 조작된 입력을 제공하는 적대적 공격의 대상이 될 수 있습니다.
- **환각과 허위 정보**: 대규모 언어 모델은 설득력 있지만 사실이 아닌 정보를 생성할 수 있어, 잘못된 정보의 확산을 증폭시킬 수 있습니다.
- **사회경제적 영향**: 과도한 자동화는 특정 산업의 일자리 감소와 같은 다양한 부작용을 초래하여 경제적 안정성에 영향을 미칠 수 있습니다.

인공지능이 급속히 발전함에 따라 이러한 우려도 빠르게 증가하고 있습니다. 빠른 발전이 진보와 새로운 가능성을 의미하는 동시에, 정책 입안자와 윤리학자들에게 새로운 과제를 안겨줍니다. 인공지능 시스템이 더 복잡하고 강력해지면서, 종종 윤리적 지침과 규제의 발전 속도를 앞지르고 있습니다. 이는 우리가 최신 인공지능 기술을 활용하면서도 적절한 윤리적 가이드라인이나 안전장치 없이 미지의 영역으로 나아갈 수 있다는 것을 의미합니다. 인공지능의 빠른 진화는 기업과 정부에도 도전 과제를 제시합니다. 그들은 자신들의 관행, 규제, 표준이 최신 기술 발전을 따라잡을 수 있도록 지속적으로 적응해야 합니다.

이러한 우려를 바라보는 또 다른 관점은 사회적 규모입니다. 개인 수준에서는 프라이버시, 데이터 오용, 개인적 편향에 대한 우려가 중심이 됩니다. 개인들은 인공지능이 생성한 콘텐츠와 인간이 만든 콘텐츠를 구별하는 데 어려움을 겪고 있습니다. 우리가 목격하고 있는 증가하는 문제 중 하나는 의도적이든 우발적이든 허위 정보의 확산입니다. 이는 개인들이 선출직 공무원, 법적 절차, 그리고 사회의 다른 기본 제도들에 대해 가지고 있는 신뢰를 위협하고 있습니다.

기업 수준에서는 조직들이 자사의 인공지능 시스템이 공정하고, 투명하며, 규정을 준수하도록 보장하는 데 어려움을 겪고 있습니다. 또한 편향되거나 의문스러운 인공지능 결과로 인한 평판 손상의 위험에 직면하고 있습니다.

사회 전체적으로는 자동화로 인한 잠재적 일자리 손실부터 인공지능의 차별적 결정으로 인해 발생할 수 있는 사회적 분열에 이르기까지 인공지능이 가져올 수 있는 더 넓은 영향을 다루어야 합니다.

10.7 요약

이 장에서 우리는 인공지능 세계를 형성하는 주요 트렌드를 종합적으로 살펴보았으며, 특히 대규모 언어 모델에 초점을 맞추었습니다. 이러한 모델의 핵심에는 컴퓨팅 파워가 있으며, 이는 혁신적인 돌파구를 만들고 그 잠재력을 증폭시키는 원동력 역할을 합니다. 컴퓨팅 능력의 발전으로 우리는 더 빠른 진보를 이루고 있을 뿐만 아니라, 가능성의 영역을 새롭게 정의하는 효율성을 달성하고 있습니다.

이러한 컴퓨팅 능력을 뒷받침하는 것은 자연어 처리와 대규모 언어 모델에 깊은 영향을 미치는 방대한 데이터셋입니다. 우리는 이 장에서 이들의 중요성을 다루었고, 이들이 핵심적인 역할을 한다는 것을 확인했습니다. 앞으로 자연어 처리 분야에서의 데이터 활용은 이러한 과제들에 대응하며 끊임없이 진화하는 역동적인 모습을 보일 것입니다.

대규모 언어 모델 자체도 상당한 발전을 이루었습니다. 각 세대의 모델은 더 큰 규모와 능력을 달성하는 것을 목표로 했습니다. 우리는 이러한 모델들의 영향력을 검토했고, 그들이 비즈니스에서 사회적 상호작용에 이르기까지 다양한 분야를 확실히 변화시켰으며, 앞으로 올 혁신의 기반을 마련하고 있다는 것을 알게 되었습니다.

자연어 처리와 대규모 언어 모델의 문화적 영향은 비즈니스 세계에서 뚜렷이 나타나고 있습니다. 이들은 고객 상호작용을 재구성하고, 내부 비즈니스 구조를 재정의하며, 심지어 최고 인공지능 책임자와 같은 새로운 전문 역할의 출현을 이끌고 있습니다. 이러한 발전은 인상적이지만, 동시에 새로운 행동 변화의 시대를 예고합니다. 일상적인 작업에서부터 고위 경영진의 의사결정에 이르기까지, 인공지능이 사회 구조에 미치는 영향은 매우 깊고 광범위합니다.

그러나 이러한 발전과 함께 인공지능의 윤리적 구현과 관련된 위험에 대한 우려도 커지고 있습니다. 인공지능의 빠른 발전 속도, 의사결정 과정의 불투명성, 데이터 오용의 가능성은 윤리적 지침, 강력한 규제, 그리고 대중의 인식 제고가 시급히 필요함을 강조합니다.

결론적으로, 인공지능이 계속해서 발전해나가는 가운데, 우리는 그 잠재력에 대한 열정과 동시에 발생할 수 있는 문제에 대한 경계심을 가지고 접근해야 합니다. 이를 통해 기술이 가장 책임감 있고 유익한 방식으로 인류에 기여하는 미래를 만들어 갈 수 있을 것입니다.

CHAPTER 11 세계적 전문가들이 바라본 산업의 현재와 미래

자연어 처리와 대규모 언어 모델의 흥미진진한 여정에서, 우리는 이제 새로운 장을 열게 되었습니다. 이번 장은 앞서 다룬 주제와 논의의 단순한 정리를 넘어, 자연어 처리와 대규모 언어 모델 분야에서 앞으로 마주하게 될 잠재력과 도전 과제를 연결하는 가교 구실을 합니다. 지금까지 우리는 자연어 처리의 기본 개념부터 대규모 언어 모델의 혁신적 구조까지, 머신러닝 전략, 데이터 전처리, 모델 학습, 그리고 산업과 사회적 상호작용을 변화시키는 실용적 응용에 이르기까지 그 진화 과정을 살펴보았습니다.

이번 장의 집필 동기는 자연어 처리와 대규모 언어 모델 기술이 진화하는 속도와 이들이 디지털 사회의 근간에 미치는 다면적 영향력을 깊이 인식했기 때문입니다. 이러한 고급 모델의 복잡성과 이로 인한 트렌드를 탐구하면서, 혁신과 연구, 윤리적 성찰의 최전선에서 활동하는 전문가들의 안내가 필수적입니다. 법률, 연구, 경영 등 다양한 분야의 전문가들과의 대화는 대규모 언어 모델이 각 전문 분야와 어떻게 교차하는지, 그리고 미래의 발전 방향이 어떠할지를 이해하는 데 중요한 이정표가 됩니다.

여기서 다루는 주제들은 이 책의 전반적인 주제를 반영하면서도, 대규모 언어 모델이 제시하는 구체적인 도전 과제와 기회를 더 깊이 탐구합니다. 데이터셋의 편향성 완화부터 개방형 연구와 개인정보 보호의 조화, 인공지능에 따른 조직 재구성부터 대규모 언어 모델 내 학습 패러다임의 변화하는 지형까지, 각각의 논의는 현재 상황과 앞으로의 길을 종합적으로 그려내는 통찰의 모자이크입니다.

이번 장에서 다룰 주요 주제는 다음과 같습니다.

- 전문가 개요
- 질문과 전문가의 답변

11.1 전문가 소개

이번 장에서는 업계의 각 전문가를 소개하고 독보적인 통찰을 끌어내는 질의응답을 진행합니다. 먼저 각 전문가들의 소개를 살펴보겠습니다.

11.1.1 니잔 메켈-보브로브 박사

현재 이베이ebay의 최고 인공지능 책임자(CAIO)로, 전사적 인공지능 전략과 기술 혁신을 총괄하고 있습니다. R&D 과학자 출신인 그는 핵심 제품에 직접 통합되는 기계 지능 시스템 개발에 전념해왔습니다. 의료, 금융 서비스, 전자상거래 등 여러 산업 분야에서 기업 인공지능 조직을 이끌어 온 그는, 실시간 대규모 인공지능을 통해 기업의 비즈니스 모델과 고객 가치 제안을 혁신적으로 변화시키는 데 있어 선구자 역할을 해왔습니다. 시카고대학교에서 박사 학위를 받았으며, 현재 이베이 뉴욕 총괄 책임자로서 뉴욕시에 거주하고 있습니다.

11.1.2 데이비드 손태그 박사

MIT 전기공학 및 컴퓨터공학과 교수로, 의공학 연구소와 컴퓨터과학 및 인공지능 연구소에서 활동하고 있습니다. 그의 연구는 머신러닝과 인공지능의 발전 및 이를 통한 의료 분야의 혁신에 중점을 두고 있습니다. 이전에는 뉴욕대학교에서 컴퓨터과학 및 데이터과학 조교수로 재직하며 컴퓨터 지능, 학습, 비전, 로보틱스(CILVR) 연구실에 소속되어 있었습니다. 현재는 레이어 헬스Layer Health의 공동 창업자이자 CEO를 맡고 있습니다.

11.1.3 존 D. 할람카 박사

메이요 클리닉 플랫폼Mayo Clinic Platform의 대표로, 2023년 기준 4,500만 명에게 영향을 미치는 혁신적인 디지털 헬스 이니셔티브를 이끌고 있습니다. 40년이 넘는 의료정보 전략과 응급의학 분야의 경험을 바탕으로, 베스 이스라엘 디코니스 메디컬 센터Beth Israel Deaconess Medical Center(BID-MC) 근무, 조지 W. 부시부터 버락 오바마 행정부의 자문, 하버드 의과대학 교수직 등 폭넓은 활동을 해왔습니다. 스탠포드, UCSF, UC 버클리를 졸업했으며, 현재 메이요 클리닉 의과대학에서 응급의학 교수로도 활동하고 있습니다. 15권의 저서와 수백 편의 논문을 집필했으며, 2020년 미국 국립의학원 회원으로 선출되었습니다.

11.1.4 사비에르 아마트리아인 박사

최근까지 링크드인의 인공지능 제품 전략 부사장으로 재직하며, 플랫폼과 인프라에서부터 제품 기능에 이르기까지 회사 전반의 생성형 인공지능 프로젝트를 주도했습니다. 또한 그가 공동 창업하고 2022년까지 CTO로 재직했던 헬스케어/인공지능 스타트업 쿠라이 헬스Curai Health 이사회 멤버이기도 합니다. 이전에는 쿼라Quora의 엔지니어링을 이끌었고, 넷플릭스에서는 연구/엔지니어링 디렉터로서 유명한 넷플릭스 추천 시스템을 구축하는 알고리즘 팀을 창설하고 이끌었습니다. 학계와 산업계에서 연구원으로 경력을 시작했으며, 인용 횟수 6,000회 이상의 100편이 넘는 연구 논문을 발표했고, 특히 인공지능과 머신러닝 전반, 그리고 추천 시스템 분야에서 잘 알려져 있습니다.

11.1.5 멜라니 가슨 박사

토니 블레어 연구소의 사이버 정책 및 기술 지정학 책임자로, 사이버 정책, 지정학적 인공지능, 컴퓨팅과 인터넷, 기술 기업의 지정학적 행위자로서의 부상, 데이터 거버넌스, 그리고 혁신 기술과 외교 정책, 국방, 외교의 교차점을 연구하고 있습니다. 유니버시티 칼리지 런던의 부교수로서 신흥 기술이 분쟁, 협상, 기술 외교에 미치는 영향에 대해 강의하고 있습니다. BBC와 CNN을 비롯한 국제 포럼과 미디어에서 정기적으로 강연하며, 공인 중재자이자 프레쉬필즈 브룩하우스 데링거Freshfields Bruckhaus Deringer의 변호사로 일한 경력이 있습니다. 유니버시티 칼리지 런던에서 박사 학위를, 플레처 법학 외교 대학원에서 석사 학위를 받았습니다.

11.2 전문가와의 인터뷰

인공지능과 대규모 언어 모델이 접목되고 활용되는 분야를 살펴보겠습니다. 각 전문가만의 독특한 통찰과 관점을 끌어내기 위해 맞춤형 질문을 준비했습니다. 이 책을 읽는 모든 독자에게 도움이 될 만한 공통 주제들에 대해 유익한 논의가 이루어졌습니다. 지금부터 자세히 알아보도록 하겠습니다.

11.2.1 니잔 메켈-보브로브 박사와의 질의응답

질문 1.1

변화하는 학습 방식 속에서, 대규모 언어 모델에서 다양한 학습 패러다임을 결합하는 데 있어 다음 돌파구는 무엇이 될 것으로 생각합니까?

대규모 언어 모델에서 서로 다른 학습 패러다임을 결합하는 데 있어 다음 혁신에 대해 생각해 보면, 저는 다음과 같은 아이디어를 제시할 수 있습니다.

대규모 기초 모델(LFM)로의 전환

학습 패러다임의 다음 단계는 완전히 멀티모달 방식의 모델, 즉 대규모 기초 모델Transition to large foundation models(LFM)로의 전환입니다. 이 모델들은 텍스트, 이미지, 오디오 같은 다양한 데이터를 동시에 처리하여 더 풍부한 문맥을 이해하고 응답할 수 있습니다. 이러한 전환은 현재 모델의 아키텍처에서 큰 변화가 있기 전 먼저 이루어질 중요한 단계가 될 것입니다.

확장성과 모델 크기 최적화

대규모 언어 모델을 배포할 때 직면하는 큰 과제 중 하나는 확장성입니다. 앞으로의 발전은 높은 성능을 유지하면서도 모델 크기를 크게 줄이는 데 중점을 두게 될 것입니다. 이를 위해 하이퍼파라미터를 줄이고, 더 적은 컴퓨팅 자원으로도 효율적으로 작동할 수 있도록 모델을 최적화하는 방식이 필요합니다.

- **실시간 모델 선택 최적화**: 각 요청에 맞춰 실시간으로 최적의 모델을 선택할 수 있는 능력은 큰 개선이 기대되는 분야입니다. 이는 주어진 컴퓨팅 자원, 응답 속도, 성능 등의 제약 조건을 고려해, 작업에 가장 적합한 모델을 동적으로 선택하는 방법입니다. 단순히 가장 큰 모델에 의존하는 것이 아

니라, 상황에 맞는 모델을 즉시 선택할 수 있게 되는 것이죠.

- **여러 대규모 언어 모델을 통한 환각 완화**: 모델이 더 범용적으로 될수록 잘못된 정보나 허구적 응답을 할 환각의 위험이 커집니다. 이를 해결하는 한 가지 방법은 여러 대규모 언어 모델을 동시에 사용하여 서로의 답변을 검증하는 것입니다. 이를 통해 정확성이 향상될 뿐만 아니라, 각 모델이 서로 보완하는 역할을 하며 시너지를 발휘할 수 있습니다.
- **인간의 사고 능력 모방을 통한 활용성 향상**: 대규모 언어 모델이 더 널리 유용해지기 위해서는 인간의 지능을 더욱 정교하게 모방해야 합니다. 단순히 정확한 정보를 생성하는 것을 넘어, 보다 복잡하고 문맥적인 추론을 할 수 있어야 합니다. 인간이 모호한 상황에서도 논리적으로 사고하는 것처럼, 이러한 사고 과정을 이해하고 적용할 수 있는 모델로의 진화가 앞으로의 중요한 혁신이 될 것입니다.

이러한 아이디어들은 인공지능 모델이 더 효율적이고 확장 가능해질 뿐만 아니라, 인간처럼 정교한 이해와 추론 능력을 갖추게 될 미래를 보여 줍니다. 멀티모달 처리, 확장성, 실시간 최적화, 그리고 향상된 추론 능력은 인공지능이 인간에 더욱 가까운 지능과 실용성을 갖추기 위한 발전 방향을 제시합니다.

질문 1.2

전문가 모델들의 시너지를 최적화하여 더 정교하고 포괄적인 결과를 얻으려면 어떻게 해야 할까요?

여러 대규모 언어 모델의 활용은 단순한 검증이나 환각 현상 감소를 넘어설 수 있습니다. K-LLM이라 불리는 더 넓은 개념에서는, 여러 모델이 협력하여 질문에 답하거나 복잡한 문제를 해결할 수 있습니다. 앞서 언급했듯이 각 모델이 서로의 답변을 검증하는 방식이 한 가지 방법입니다. 또 다른 접근법으로는 마치 전문가 팀처럼 각 모델에게 특정 역할(예: 제품 관리자, 디자이너, 프런트엔드 엔지니어, 백엔드 엔지니어, QA 엔지니어)을 부여하여 해결책을 반복적으로 발전시키는 방식이 있습니다. 이렇게 작고 전문화된 모델들을 활용하면 학습 비용이 적게 들고, 처리 속도가 빠르며, 필요한 컴퓨팅 자원도 줄일 수 있다는 장점이 있습니다.

질문 2.1

최고 인공지능 책임자의 역할이 기업 조직에서 더욱 중요해지고 있는데, 인공지능의 잠재력을 실제 비즈니스에 적용하는 과정에서 어떤 특별한 과제들이 예상되나요? 또 이러한 과제들을 해결하기 위해 최고 인공지능 책임자의 역할은 어떻게 발전해야 할까요?

최고 인공지능 책임자로서 제 역할은 조직 전반에 걸친 인공지능의 광범위한 영향력을 이끄는 것입니다. 다음은 제가 가장 중요하게 생각하는 핵심 영역들입니다.

인공지능 영향력의 범위

대규모 기업에서 인공지능은 여러 부문에 걸쳐 막대한 영향을 미칩니다. 최고 인공지능 책임자는 백오피스와 프런트오피스 모두의 요구를 깊이 이해해야 하며, 회사 전반에 걸쳐 인공지능이 혁신을 일으킬 수 있는 기회를 발견하고, 이를 우선순위로 설정하는 것이 중요합니다.

효율적인 우선순위 설정

대규모 기업에서는 모든 부문에 관여하는 것이 불가능하기 때문에, 어디에 집중할지를 결정하는 것이 필수적입니다. 제한된 데이터 속에서도 투자 대비 가장 큰 효과를 기대할 수 있는 영역을 판단하고, 다른 기업에서의 경험과 내부 운영 상황을 바탕으로 인공지능이 큰 가치를 창출할 수 있는 부분을 찾아야 합니다.

빠른 성과에 대한 압박

기존의 기술, 프로세스, 인력 구조 안에서 신속하게 구체적인 성과를 보여줘야 한다는 큰 부담이 있습니다. 현재의 시스템을 완전히 뜯어고치지 않으면서도 인공지능 혁신을 효과적으로 통합하는 주요 도전 과제가 있습니다.

질문 2.2

최고 인공지능 책임자의 역할과 관련하여, 규제 측면에서는 어떤 역할을 수행하시나요?

법무팀, 컴플라이언스 담당자, 정보보안 담당자들과 많은 시간을 논의하며 보내고 있습니다. 인공지능 규제는 아직 미개척 분야라 할 수 있어, 선례가 거의 없는 상황에서 가이드라인과 안전장치를 마련해야 하는 상황입니다. 명확한 허용 사항과 금지 사항을 설정하는 것이 이상적이지만, 대부분은 여러 부서가 협력하여 이러한 지침을 정의해야 합니다. 이런 지속적인 논의는 위험 관리와 고객 보호를 강화하면서도 혁신을 추진하는 데 초점을 맞추고 있습니다.

우리는 '책임 있는 인공지능 사무국'을 설립하여 인공지능 응용의 적절한 비즈니스 맥락을 정의하는 임무를 부여했습니다. 이 작업의 상당 부분은 단순한 법적 준수를 넘어선 윤리적 고려 사항을 다루는 것입니다. 특히 규제가 주로 고위험 영역을 다루지만, 일반적인 기업 운영의 약

90%는 이러한 고위험 분야에 속하지 않아 규제의 회색 지대에 놓여있습니다. 이런 상황에서는 윤리적 판단이 매우 중요합니다. 새롭게 등장하는 글로벌 규제를 지지하지만, 이는 완전한 해결책이 아닌 하나의 기준점을 제공할 뿐입니다. 주로 고위험 영역에 초점을 맞춘 이러한 규제들은 실제 운영에서 더욱 세심한 적용이 필요합니다.

결론적으로, 최고 인공지능 책임자로서 제 역할은 기술적 전문성, 윤리적 통찰력, 전략적 계획을 균형 있게 조율하는 다면적인 접근을 요구합니다. 이는 인공지능의 잠재력을 책임감 있게 활용하고, 비즈니스 전반에 걸친 인공지능의 광범위한 적용과 진화하는 인공지능 윤리 및 규제 환경을 효과적으로 다루는 것을 의미합니다.

질문 3
기초 모델과 주요 기술 기업들의 오픈소스 전략이 데이터 소유권과 기업의 데이터 가치에 어떤 영향을 미치고 있다고 생각하십니까?

최고 인공지능 책임자로서, 현재의 인공지능 중심 비즈니스 환경에서 독점적 데이터 소유권의 변화하는 의미를 자주 고민하게 됩니다. 한편으로 기초 모델은 인공지능을 대중화하여, 방대한 독점 데이터가 없는 기업들의 진입장벽을 크게 낮추고 있습니다. 이러한 모델들은 특화된 독점 데이터로 학습한 것과 비슷한 수준의 성능을 보여 주고 있습니다. 이는 더 많은 기업이 대규모 데이터 자산 없이도 강력한 인공지능 기능을 활용할 수 있게 되면서, 고유 데이터셋 소유의 가치가 줄어들 수 있다는 것을 의미합니다.

하지만 상황은 더 복잡합니다. 미세 조정과 추가 사전 학습과 같은 기술들이 부각되면서, 이러한 일반 모델들을 특정 요구 사항에 맞게 조정할 수 있게 되었고, 이는 고유 데이터의 중요성을 새롭게 부각하고 있습니다. 이러한 맞춤화 능력은 데이터 소유권의 중요성이 감소하기보다는 새로운 형태로 진화하여, 또 다른 경쟁 우위나 진입장벽으로 작용할 수 있음을 시사합니다.

더욱이, 메타와 같은 주요 기업들의 인공지능 솔루션 오픈 소스화 전략은 순수한 이타주의가 아닌, 마이크로소프트와 구글 같은 거대 기업들의 영향력에 도전하고 현 상황을 바꾸려는 의도를 가지고 있습니다. 이러한 오픈소스화 흐름은 업계를 재편하고 있으며, 거대 기업들이 자사 모델을 중심으로 더 포괄적인 기업용 생태계를 구축하도록 만들고 있습니다. 이제 핵심 가치는 모델 자체가 아닌, 기업 활용에 적합한 전체 패키지, 즉 이를 지원하는 생태계 전반이 되고 있습니다.

이러한 상황에서 규제 기관의 역할과 데이터 프라이버시 및 공유에 대한 국가별 견해 차이가 시장을 다양한 방향으로 이끌 수 있습니다. 이는 기업들이 기술적 발전뿐만 아니라 데이터 소유권의 전략적 가치에 영향을 미칠 수 있는 규제 환경까지 고려해야 하는 복잡한 상황을 만들어내고 있습니다.

결론적으로, 기초 모델과 오픈소스 이니셔티브를 통한 인공지능의 대중화가 전통적인 데이터 소유권 개념에 도전하는 동시에, 새로운 경쟁 차별화 기회를 제공하고 있습니다. 기업들은 이러한 발전을 고려하여 데이터 전략을 재평가하고, 변화하는 환경의 규제와 전략적 특성을 파악하면서 인공지능을 효과적으로 활용할 수 있도록 민첩하게 대응해야 할 것입니다.

11.2.2 데이비드 손태그 박사와의 질의응답

데이비드는 오랜 학술 연구 경력을 가지고 있으며, 이를 산업계 활동과 협력으로 효과적으로 연결해 왔습니다. 이번 절에서는 대규모 언어 모델의 최신 발전 동향에 대한 그의 독창적인 통찰을 살펴보겠습니다.

질문 1

더 공정하고 편향 없는 데이터셋을 만드는 과정에서, 대규모 데이터셋 내의 암묵적 편향을 식별하고 완화하는 데 가장 효과적인 전략은 무엇이라고 생각하십니까?

의료 분야에서 머신러닝의 활용은 단순한 예측 분석을 넘어, 환자 치료와 결과를 근본적으로 개선할 수 있는 통찰을 제공합니다. 이 분야의 복잡성은 건강에 큰 영향을 미치는 사회적 요인들(예를 들어 주거 환경, 식량 보장, 교통 접근성)을 반영하는 데서 발생합니다. 하지만 현재의 데이터 수집과 모델 훈련 방식은 환자의 이러한 중요한 사회적 배경을 충분히 반영하지 못하고 있어, 맞춤형 예측의 적용에 한계가 있습니다.

주요 문제는 데이터셋이 개인의 복잡성을 충분히 담지 못하고 대체 지표나 대리 변수를 사용하는 데 있습니다. 이는 각 환자의 고유한 특성을 반영하지 못해, 머신러닝이 의료 현장에서 진정한 변화를 만들어내는 데 장애가 됩니다. 모델이 훈련된 데이터와 실제로 적용되는 상황 간의 차이는 이 문제를 더욱 복잡하게 만듭니다. 예를 들어, 대규모 언어 모델이 일반적인 텍스트 데이터로만 훈련될 경우, 개별 환자의 사회적 상황에 맞춘 의료 권고를 제공하는 데 필요한 섬세한 문맥을 놓칠 수 있습니다.

이러한 불일치는 모델의 활용도를 떨어뜨릴 뿐만 아니라, 의도치 않은 편향을 만들어냅니다. 이러한 편향은 모델이 맥락을 제대로 이해하지 못하거나 학습 데이터의 한계를 인식하지 못한 채 일반화된 예측을 개별 사례에 잘못 적용할 때 발생합니다. 이 문제를 해결하기 위해서는 환자의 사회적 결정 요인을 더 포괄적으로 수집하는 프로세스를 강화하고, 모델이 이 정보를 효과적으로 해석하고 적용할 수 있도록 하는 집중적인 노력이 필요합니다.

암묵적 편향을 줄이고 공정한 머신러닝 모델을 만들기 위해서는 데이터 수집, 분석, 모델 개선 등 다각적인 접근이 필요합니다. 먼저 '왜 이 모델이 특정 그룹에 대해 차별적 결과를 보이는가?'라는 구체적 질문으로 시작하여, 데이터 수집부터 모델 평가까지 각 단계별 편향, 분산, 노이즈로 차별 지표를 점검합니다. 또한 충분한 규모의 고품질 훈련 데이터를 확보하고, 다양한 맥락 정보를 포함시켜 모델의 공정성과 정확도를 동시에 개선할 수 있습니다.

데이터셋에 다양한 인구 집단의 특성과 주요 변수를 포함시켜 예측 모델의 편향성을 줄일 수 있습니다. 예를 들어, 보험사의 건강보험 심사 모델에서 특정 집단에 대한 불공정한 판단을 방지할 수 있죠. 이를 위해서는 모델의 결과를 지속적으로 모니터링하고, 새로운 편향이 생기지 않도록 철저히 관리해야 합니다. 데이터 윤리를 준수하고, 다양한 이해관계자의 의견을 반영하는 협력 체계가 필수적입니다. 이러한 노력을 통해 머신러닝은 우리 사회에 더 공정한 가치를 제공할 수 있을 것입니다.

또한, 데이터셋에 더 대표성 있는 샘플과 관련 변수를 추가해, 다양한 그룹 간의 예를 들어 '머신러닝의 편향 가능성과 건강 보험사의 대응 방안' 예측 성능 차이를 해소할 수 있습니다. 이러한 전략을 실행하기 위해서는 모델의 출력과 그 영향을 지속적으로 평가해, 기존 편향을 강화하거나 새로운 편향을 만들지 않도록 하는 것이 중요합니다. 알고리즘에 대한 감시와 민감한 데이터의 윤리적 사용, 그리고 다양한 관점을 모델 개발 과정에 반영하는 협력적인 산업적 노력이 필요합니다. 공정성을 모델 정확성의 필수 요소로 삼음으로써, 머신러닝을 통해 다양한 분야에서 더 공정하고 평등한 결과를 이끌어낼 수 있습니다.

결론적으로, 공정하고 편향 없는 데이터셋을 만드는 전략을 논의하기 전에, 먼저 의료 분야에서 머신러닝이 직면하고 있는 근본적인 문제를 인식하는 것이 중요합니다. 여기에는 환자의 사회적 배경을 더 깊이 이해하고, 데이터 모델이 훈련된 내용과 실제 적용되는 상황 간의 격차를 줄이는 것이 포함됩니다. 이러한 문제들을 해결하는 것이 머신러닝을 최대한 활용해 의료 결과를 개선하고, 의료 혁신이 환자 치료에 긍정적이고 공정하게 기여할 수 있도록 하는 전제 조건입니다.

질문 2

자연어 처리 기술의 발전에 따라 이러한 전략들이 어떻게 진화할까요? 그리고 대규모 언어 모델에서 서로 다른 학습 패러다임을 결합하는 데 있어 다음 돌파구는 무엇이 될 것으로 예상하십니까?

자연어 처리 기술이 발전함에 따라, 그 유용성과 공정성을 높이기 위한 전략도 함께 진화하고 있습니다. MIT에서 데이비드 손태그 박사가 이끄는 연구팀은 다음과 같은 세 가지 주요 연구 성과를 주도하고 있습니다.

1. **투명성 강화**: 이들의 연구 핵심은 자연어 처리 모델이 생성한 정보의 출처를 명확히 추적할 수 있는 방법론을 개발하는 것입니다. 이를 통해 모델이 예측한 결과가 어떤 훈련 데이터에서 비롯되었는지 추적할 수 있습니다. 이러한 접근은 자연어 처리 애플리케이션의 신뢰성과 신빙성을 강화하며, 사용자가 모델이 제시한 정보의 출처를 검증할 수 있게 합니다. 결과적으로, 사용자는 모델이 내린 결정의 근거를 명확히 이해할 수 있어, 자연어 처리 시스템에 대한 신뢰가 크게 높아집니다.

2. **범용 대규모 언어 모델의 특정 분야 적용**: 팀은 GPT-4와 같은 범용 대규모 언어 모델을 광범위한 재훈련이나 세밀한 파인튜닝 없이 의료와 같은 특정 분야에 적용할 수 있는 혁신적인 방법을 연구하고 있습니다. 이는 범용 모델의 일반적인 능력을 도메인 특화 모델과 결합해 더 정확하고 관련성 높은 출력을 생성하는 방식입니다. 이 전략은 기존의 자연어 처리 자원을 더 효율적으로 활용할 수 있도록 돕고, 고비용의 재훈련 없이도 다양한 전문 분야에 쉽게 적용될 수 있는 가능성을 열어 줍니다.

> ⚠️ **저자의 개인적인 의견**
>
> 이는 우리가 다뤘던 K-LLM 접근법의 특별한 사례입니다. 여러 모델이 상호작용을 해 전문가 집단처럼 역할을 나눠 협력하는 방식입니다. 각 모델은 예를 들어 소프트웨어 개발자와 품질 관리 엔지니어, 또는 프로젝트 관리자와 디자이너처럼 각각의 역할을 맡아 순차적으로 출력을 다듬습니다. 동일한 모델이 모든 역할을 수행할 수도 있고, 모델의 강점에 따라 역할을 나눌 수도 있습니다. 또 다른 경우로는, 속도가 빠르지만, 정확도가 낮은 모델과, 느리지만 정밀한 모델처럼 각각의 장점을 가진 모델들이 주어진 입력에 맞춰 최적화된 선택을 하도록 하는 방식이 있습니다. 예를 들어, 간단한 예/아니오. 판단이 필요한 경우는 간단한 대규모 언어 모델이 처리하고, 복잡한 법적 판단은 최신 GPT 버전이 처리하는 식입니다.

3. 효율적인 대규모 언어 모델 파인튜닝: 연구의 또 다른 핵심은 대규모 언어 모델을 데이터와 컴퓨팅 자원을 절약하면서도 효과적으로 파인튜닝하는 방법을 찾는 것입니다. 이는 모델의 하이퍼파라미터 중 가장 중요한 요소를 식별하고, 어떤 부분을 고정하고 어떤 부분을 조정할지를 결정해 모델을 특정 요구에 맞게 최적화하는 과정입니다. 목표는 기존 모델의 강점을 유지하면서도 다양한 분야에 적은 자원으로 효율적으로 적용할 수 있도록 하는 것입니다.

이러한 연구는 자연어 처리 기술의 유연성, 투명성, 그리고 다양한 적용 가능성을 크게 향상하려는 중요한 진전을 나타냅니다. 데이비드 손태그 팀의 연구는 자연어 처리 도구들이 더 강력해지고, 접근성이 좋아지며, 사용자들이 더 신뢰할 수 있고 윤리적으로 활용될 수 있도록 발전시키고 있습니다. 이 접근은 학문적, 실용적 우수성을 모두 반영하며, 향후 의료를 비롯한 다양한 분야에서 다음 세대의 자연어 처리 애플리케이션의 발전을 이끌 중요한 역할을 할 것입니다.

질문 3

인공지능의 학습 데이터와 모델 사용에 대한 규제가 계속 발전하고 있습니다. 이러한 규제가 대규모 언어 모델의 미래 발전에 어떤 영향을 미칠 것으로 보십니까?

인공지능을 둘러싼 규제 환경이 빠르게 변화하면서, 이는 대규모 언어 모델의 미래 발전에도 큰 영향을 미치고 있습니다. 인공지능 안전성, 국가 안보, 윤리적 사용 등과 관련된 규제가 계속 강화되면서 대규모 언어 모델이 개발되고 배포되는 방식 역시 규제의 틀 안에서 새롭게 정의되고 있습니다.

진화하는 규제

인공지능에 대한 규제는 더욱 강화될 전망이며, 특히 인공지능 기술의 안전성과 적절한 사용이 중요한 이슈로 부각될 것입니다. 이러한 변화하는 규제 환경 속에서 대규모 언어 모델 개발자들은 단순히 모델의 성능만 높이는 것이 아니라, 새로운 법적•윤리적 기준을 충족하는 방향으로 나아가야 합니다. 규제는 인공지능 관련 위험을 줄이고, 책임 있는 혁신을 유도하는 역할을 하고 있습니다.

데이터와 모델의 품질

학계와 산업계는 대규모 언어 모델 훈련에 사용되는 데이터의 품질을 지속적으로 개선하고 있습니다. 이는 더 정확하고 신뢰할 수 있는 모델 개발의 핵심 요소입니다. 연구에 따르면, 무조건 많은 양의 데이터를 사용하는 대신, 적절한 데이터를 선택하는 것이 모델 성능을 유지하면서도 데이터양을 줄이는 데 효과적일 수 있습니다. 이러한 효율성은 투명성과 책임성을 요구하는 규제와도 잘 맞아떨어지며, 더 지속 가능한 모델 개발을 가능하게 합니다.

메타데이터와 모델 모니터링

학습 과정에 메타데이터를 포함하는 것은 대규모 언어 모델의 책임성과 해석 가능성을 높이는 중요한 전환점입니다. 학습 데이터에 상세한 메타데이터를 첨부함으로써, 개발자들은 모델이 어떻게 결론에 도달했는지 명확히 추적할 수 있게 됩니다. 이는 모델 성능을 모니터링하고 윤리적, 법적 기준 내에서 작동하도록 보장하는 데 매우 중요합니다. 또한 이해관계자들이 의사결정 과정을 검토하고 이해할 수 있게 하는 머신러닝 해석 방법론을 받아들이는 업계의 큰 흐름을 반영합니다.

데이비드 손태그의 통찰에 따르면, 앞으로 대규모 언어 모델은 기술적 발전뿐만 아니라 규제와 윤리적 기준을 준수하는 방향으로 나아갈 것입니다. 대규모 언어 모델이 다양한 산업에 더 깊이 통합됨에 따라, 안전성, 공정성, 투명성을 우선시하는 방식으로 그 역할을 확대해 나갈 것입니다. 이러한 접근은 학문적 우수성을 충족시키는 동시에, 사회에 긍정적이고 책임 있는 영향을 미치는 중요한 역할을 할 것입니다.

11.2.3 존 D. 할람카 박사와의 질의응답

존 D. 할람카는 이번 장에서 경영적인 관점에서 인공지능의 발전을 어떻게 책임감 있게 이끌어갈 수 있는지에 대한 다양한 인사이트와 실천 방안을 제시합니다.

그럼 존 D. 할람카와의 질문과 답변을 살펴보겠습니다.

질문 1.1

메이요 클리닉은 자연어 처리 커뮤니티에서 개방적이고 재현 가능한 연구와 엄격한 프라이버시 보호를 어떻게 조화시키고, 국제적인 규제 환경을 어떻게 극복하고 있습니까?

메이요 클리닉 플랫폼Mayo Clinic Platform이 선도하는 투명 장막 데이터Data Behind Glass 모델은 자연어 처리 커뮤니티 내에서 개방적 연구와 개인 정보 보호를 동시에 실현할 수 있는 강력한 해결책을 제공합니다. 이 모델은 민감한 건강 데이터를 다루는 데 있어, 데이터 품질, 규제 준수, 그리고 무엇보다 데이터 생명주기 전반에서 환자 신뢰 유지를 보장하는 플랫폼 중심의 접근법을 구현합니다.

메이요 클리닉 플랫폼 커넥트는 연합 학습 아키텍처를 기반으로 한 분산 데이터 네트워크입니다. 이 네트워크 내에서 파트너들은 고유한 데이터를 제공하지만, 데이터를 각자의 IT 인프라 내에서 철저히 통제하여 프라이버시와 기밀성을 보호합니다. 이러한 연합적 접근 방식은 데이터 공유와 활용을 안전하게 할 수 있는 협력적 환경을 조성합니다.

이 모델의 성공적인 운영 핵심은 데이터 비식별화입니다. 메이요 클리닉은 프라이버시 법규를 준수하는 통계적 방법을 사용해 데이터를 익명화함으로써 개인 정보를 보호하면서도 연구와 개발을 위한 데이터의 가치를 유지합니다. 해싱, 날짜 변환, 토큰화와 같은 기술을 사용해 데이터를 보호하며, 이를 통해 환자의 프라이버시를 침해하지 않고도 데이터를 활용할 수 있는 환경을 제공합니다.

더욱이, 커넥트의 설계 단계부터 적용된 보안 철학은 데이터와 지적 재산권(IP)이 각 소유자의 통제 속에 있고 승인된 경우에만 접근 가능하도록 보장합니다. 이러한 접근 방식은 프라이버시를 보호할 뿐만 아니라, 메이요 클리닉 플랫폼 고객들이 비식별화된 데이터 코호트를 통해 알고리즘을 개발, 학습, 검증할 수 있게 함으로써 혁신을 촉진합니다. 코드 저장소 검토, 엄격한 접근 관리, 데이터 반출입 금지 등의 엄격한 통제는 플랫폼의 프라이버시와 보안에 대한 약속을 더욱 강화합니다.

'투명 장막 데이터' 모델은 급변하는 국제 규제 환경에서도 효과적으로 대응할 수 있도록 설계되었습니다. 국제적으로 인공지능과 머신러닝 응용 프로그램에 대한 규제와 감시가 강화됨에 따라, 메이요 클리닉 플랫폼의 적응형 프레임워크는 복잡한 글로벌 개인정보 보호 규제에 대응할 수 있도록 설계되었습니다. EU의 일반 데이터 보호 규정(GDPR), 브라질의 일반 데이터 보호법(LGPD), 중국의 보안 및 프라이버시 규칙 등에 대해서도 규정을 준수하면서 글로벌 협력을 가능하게 합니다.

결론적으로, '투명 장막 데이터' 모델은 자연어 처리 커뮤니티가 개방적 연구와 개인 정보 보호라는 두 가지 목표를 동시에 달성할 수 있는 혁신적 방안을 제시합니다. 메이요 클리닉 플랫폼은 데이터를 비식별화하고 안전하게 보호하며, 연합 학습을 통해 데이터를 공유하여 환자 프라이버시를 침해하지 않으면서도 연구를 촉진합니다. 이 모델은 기술 혁신과 윤리적 기준을 결합하여, 의료 분야를 비롯한 다양한 분야에서 책임감 있고 신뢰받는 데이터 활용의 길을 제시하며, 환자 신뢰를 기반으로 디지털 헬스케어의 발전을 이끌어가는 모범 사례로 자리 잡고 있습니다.

질문 1.2

규제된 환경에서 대규모 언어 모델(LLM)의 미래 발전에 어떤 영향이 있을까요?

먼저, 의료 분야에서 LLM과 인공지능(AI)의 활용을 위한 정책 수립을 촉진하는 중요한 지침 중 하나인 건강 인공지능 연합(CHAI™)을 살펴보겠습니다.

CHAI™는 웹사이트[1]를 통해 다음과 같은 목표를 밝히고 있습니다.

CHAI™은 신뢰할 수 있고 공정하며 투명한 의료 인공지능 시스템의 도입을 촉진하기 위한 지침을 개발하고 있습니다. 우리는 신뢰할 수 있는 인공지능 구현을 위한 가이드라인과 보장을 제공하는 초안 청사진 V1.0[2]을 공개하여 검토와 의견을 받고 있습니다.

CHAI™는 신뢰할 수 있고 공정하며 투명한 의료 인공지능 시스템의 도입을 위한 지침을 개발함으로써 의료 분야에 기여하고 있습니다. 이들이 제시한 신뢰할 수 있는 인공지능 구현을 위한 청사진 초안은 미국 상무부 산하 국립 표준 기술연구소 National Institute of Standards and Technology's(NIST)의 인공지능 위험 관리 프레임워크와의 연계를 강조하고, 이를 의료 분야에 적용하고 있습니다. 주요 내용은 다음과 같습니다.

- **프레임워크 정렬**: NIST 기준에 맞춰 지침을 구성하고, 인공지능 위험 관리를 위한 검증, 신뢰성, 그리고 대응, 측정, 관리, 통제 기능을 중점을 둡니다.
- **신뢰성 요소**: 인공지능의 설계, 개발, 구현 과정에서 전문가적 책임과 사회적 책임을 강조하여 사회에 긍정적이고 지속 가능한 영향을 미치도록 합니다.
- **의료 분야 실용성**: 인공지능 알고리즘이 검증되고 신뢰할 수 있을 뿐만 아니라, 실제로 환자와 의료 서비스 제공에 도움이 되어야 합니다. 이를 위해 임상 검증과 지속적인 모니터링이 필요합니다.
- **검증과 신뢰성**: 의료기기용 소프트웨어(SaMD)를 포함한 규제 대상 인공지능/머신러닝 기술의 소프트웨어 검증을 중요시하며, 인공지능 시스템의 정확성, 운용성, 목적 적합성을 보장합니다.
- **재현성과 일관성**: 하드웨어와 소프트웨어 변화에 따른 인공지능/머신러닝의 민감성을 고려하고, 다양한 의료 환경에서도 일관된 성능과 결과를 보장합니다.
- **모니터링 및 테스트**: 인공지능 도구의 신뢰성을 보장하고 입력 데이터 또는 출력 결과의 변화를 감지하며, 인간과 인공지능 협업의 품질을 유지하기 위해 지속적인 모니터링과 테스트가 필요합니다.
- **사용성과 효과**: 모델의 사용성은 맥락, 최종 사용자 관점, 단순성, 워크플로 통합에 따라 결정되며,

---

[1] https://coalitionforhealthai.org/
[2] https://coalitionforhealthai.org/insights

알고리즘이 목표하는 결과에 미치는 영향을 평가합니다.
- **안전장치**: 인공지능 시스템이 인간의 생명, 건강, 재산 또는 환경에 위험을 초래하지 않도록 하며, 현 상태보다 나쁜 결과를 방지하는 데 중점을 둡니다.
- **책임성과 투명성**: 감사 가능성을 강조하고, 해악을 최소화하며, 부정적 영향을 보고하고, 설계상의 트레이드오프와 수정 가능성을 명확히 제시합니다.
- **설명 가능성과 해석 가능성**: 인공지능 시스템이 어떻게 작동하고 그 결과가 무엇을 의미하는지 명확히 이해할 수 있도록 해, 사용자 신뢰를 구축하는 데 중요한 역할을 합니다.
- **공정성과 편향 관리**: 특정 그룹에 대한 성능이나 결과의 차이를 다루고, 인공지능이 편향을 악화시키지 않도록 보장합니다.
- **보안성과 회복력**: 인공지능 시스템이 역경을 견디고 기능을 유지하며, 기밀성, 무결성, 가용성을 보장할 수 있어야 합니다.
- **프라이버시 강화**: 미국의 의료정보보호법(HIPAA)과 같은 기존 의료 개인정보 보호 기준을 준수하면서도, EU의 GDPR과 같은 다른 지역의 규제에도 유연하게 대응할 수 있어야 합니다.

CHAI™의 노력은 의료 분야에서 인공지능 시스템이 윤리적 기준을 준수하면서 환자 치료를 향상하고, 공공의 신뢰를 유지할 수 있도록 하는 데 중점을 두고 있습니다.

질문 2

인공지능으로 인한 조직 구조의 변화 – 인공지능이 기업의 조직 구조를 어떻게 바꿀 것으로 예상하시며, 이를 통해 인공지능의 장점을 최대한 활용하려면 어떻게 해야 할까요?

"인공지능은 분명 기업을 변화시키고 있습니다. 메이요 클리닉에서도 '인공지능 운영을 중앙에서 통제할 것인가, 아니면 조직 내에 분산시킬 것인가?'라는 고민이 있었습니다. 여러 기업의 다양한 접근 방식을 지켜본 결과, 메이요는 인공지능 업무는 분산하되 데이터 거버넌스와 정책 수립은 중앙에서 관리하는 방식을 채택했습니다. 이를 통해 안전하면서도 혁신적인 발전이 가능해졌습니다."

이러한 업무 모델의 주요 장점을 살펴보겠습니다.

분산형 인공지능 업무 모델의 장점

- **혁신과 민첩성 향상**: 메이요 클리닉처럼 인공지능 운영을 분산시키면 각 부서가 자신들의 고유한

필요와 문제에 맞는 인공지능 솔루션을 개발하고 적용할 수 있습니다. 이러한 유연성은 인공지능 기술을 더 빠르게 도입하고 활용하는 데 도움이 됩니다.

- **자율성과 주인의식**: 인공지능 업무를 분산하면 각 팀과 부서가 자율적으로 인공지능 솔루션을 탐구할 수 있습니다. 이러한 주인의식은 팀원들의 참여도와 동기를 높여 혁신적인 해결책과 업무 개선으로 이어집니다.
- **다양한 활용**: 분산형 접근은 조직의 여러 영역에서 인공지능을 폭넓게 실험할 수 있게 합니다. 각 부서는 자신들의 고유한 문제 해결을 위해 인공지능을 활용할 수 있으며, 이는 조직의 다양한 요구를 충족시키는 폭넓은 솔루션 개발로 이어집니다.
- **빠른 실험과 학습**: 중앙 통제 없이 각 팀이 자율적으로 인공지능 프로젝트를 시도하고 검증할 수 있어 더 빠른 혁신이 가능합니다. 이를 통해 성공과 실패의 교훈을 신속하게 얻을 수 있습니다.

중앙집중형 데이터 거버넌스의 장점

- **데이터 보안과 개인정보 보호**: 데이터 거버넌스를 중앙에서 관리하면 민감한 정보 보호와 개인정보 보호 규정 준수를 위한 일관된 정책과 절차를 수립할 수 있습니다. 이는 의료 분야처럼 데이터 보안이 특히 중요한 영역에서 핵심적입니다.
- **데이터 품질 관리**: 중앙집중형 데이터 거버넌스는 조직 전체의 데이터 품질을 일관되게 유지하는 데 효과적입니다. 통일된 기준과 정책으로 인공지능 모델이 정확하고 신뢰할 수 있는 데이터로 학습되도록 보장할 수 있습니다.
- **자원의 효율적 활용**: 데이터 관리를 중앙화하면 중복을 피하고 조직의 데이터 자산을 최적으로 활용할 수 있습니다. 이는 데이터 저장과 처리에 드는 비용을 절감하고 컴퓨팅 자원을 더 효율적으로 사용하는 데 도움이 됩니다.
- **규제 대응**: 중앙집중형 데이터 거버넌스는 계속 변화하는 규제 요구 사항에 더 효과적으로 대응할 수 있게 합니다. 통합된 데이터 정책은 복잡한 법적 요구 사항을 충족하고 규정 위반 위험을 줄이는 데 유리합니다.

메이요 클리닉과 같은 조직은 인공지능 업무는 분산하면서 데이터 거버넌스와 정책은 중앙에서 관리하는 방식을 통해, 데이터의 안전성과 품질은 지키면서도 혁신과 유연성을 추구할 수 있습니다. 이러한 균형 잡힌 접근은 안전하면서도 효과적인 방식으로 인공지능 솔루션을 개발하고 적용할 수 있게 해 줍니다.

질문 3

과도한 위임에 대한 윤리적 우려와 대응 전략 – 인공지능이 일상적인 의사결정 과정에 더욱 깊이 관여하는 상황에서, 인공지능 시스템에 대한 과도한 의존을 막고 인간의 비판적 사고와 자율성을 건강하게 유지하려면 어떤 전략이 필요할까요?

메디케어 및 메디케이드 서비스 센터Centers for Medicare & Medicaid Services(CMS)가 제안한 규칙은 인공지능의 역할에 대한 유용한 지침을 제공합니다. 존의 설명처럼 이 제안은 모든 인공지능이 인간의 의사결정을 대체하는 것이 아니라 보완해야 한다는 점을 강조하고 있습니다.

공개된 제안서를 자세히 살펴보았고, 특히 '의사결정에서의 임상 알고리즘 사용' 절에서 다음과 같은 핵심 내용을 확인했습니다.

임상 알고리즘을 통한 차별 금지
CMS는 임상 알고리즘이 인종, 피부색, 출신 국가, 성별, 나이, 장애를 근거로 차별을 유발해서는 안 된다고 강조합니다. 임상 알고리즘의 사용은 허용되지만, 차별적 결과가 발생하지 않도록 면밀히 모니터링해야 합니다.

보완, 대체가 아닌 보완
CMS는 임상 알고리즘이 인간의 임상 판단을 대체하는 것이 아니라 보완하는 역할을 해야 합니다. 알고리즘에 지나치게 의존해 차별적 영향을 고려하지 않는 것은 기존 규정을 위반할 수 있습니다.

임상 알고리즘에 기반한 결정에 대한 책임
기관이 자체 개발하지 않은 알고리즘에 대해서는 책임이 없지만, 해당 알고리즘을 기반으로 내린 결정이 차별을 초래할 경우 그 결정에 대한 책임을 질 수 있습니다.

알고리즘 편향에 대한 경각심
CMS는 인종 보정이나 인종 규범화와 같은 관행이 임상 알고리즘에서 인종이나 민족에 따라 차별적 치료를 초래할 수 있음을 지적하며, 편향 없는 최신 도구의 사용을 권장합니다.

인종 및 민족 변수의 적절한 사용
인종과 민족 변수가 건강 격차 해소를 위해 필요할 수 있지만, CMS는 이러한 변수가 차별을 유발할 가능성에 대해 신중히 다룰 것을 경고합니다.

장애와 고령자에 대한 우려

알고리즘이 장애인이나 고령자를 차별할 가능성도 있으며, 특히 공중 보건 비상 상황에서 자원 배분이나 치료 기준 결정 시 문제가 될 수 있습니다.

제안 규칙 § 92.210

이 규정은 임상 알고리즘을 통한 차별을 명시적으로 금지하며, 알고리즘이 임상 판단을 대체하거나 차별적 결과를 초래하지 않도록 하는 것을 목표로 하고 있습니다.

지침 및 기술 지원

CMS는 시민권 의무 준수를 돕기 위한 기술 지원을 제공할 예정이며, 규정의 적용 범위, 차별 방지 방안, 필요한 기술 지원 등에 대한 의견을 수렴하고 있습니다.

결론적으로, CMS의 접근 방식은 의료 서비스 향상을 위한 인공지능 활용과 인간의 판단력 보호 및 차별 방지 사이의 균형을 강조합니다. 이러한 규칙 제안과 의견 수렴은 의료 현장에서 인공지능을 책임감 있게 활용하기 위한 지침을 마련하려는 지속적인 노력의 일환입니다.

11.2.4 사비에르 아마트리안 박사와의 질의응답

질문 1.1

하이브리드 학습 패러다임에 따른 대규모 언어 모델의 미래 – 학습 방식이 진화하는 상황에서, 대규모 언어 모델 내에서 서로 다른 학습 패러다임을 결합하는 데 있어 다음 돌파구는 무엇이 될 것으로 생각하십니까?

우선 주목할 점은 대규모 언어 모델 연구가 아직 초기 단계이며, 매우 빠르게 발전하고 있다는 것입니다. 어텐션 기반 트랜스포머가 큰 발전을 이루어냈지만, 여전히 다른 접근 방식의 가능성이 크게 남아있습니다. 예를 들어, 사전 학습 분야에서는 구조화된 상태 공간 모델Structured State Space Models(SSM 또는 S4)과 같은 포스트-어텐션 접근법에 대한 흥미로운 연구가 활발히 진행되고 있습니다. 또한 전문가 혼합mixture of experts(MoE) 방식은 새로운 개념은 아니지만, 최근 미스트랄 AIMistral AI의 믹스트랄Mixtral처럼 매우 효율적인 소형 모델을 구현하는 데 놀라운 성과를 보여 주고 있습니다. 이는 사전 학습 영역에서만의 이야기입니다. 정렬 측면에서는 직접 선호도 Direct Preference(DP)나 카너먼-트버스키 Kahneman Tversky(KT) 같은 접근법이 빠르게 가능성을 입증하고 있으며, 자가 학습을 통한 개선과 정렬도 주목할 만한 성과를 보이고 있습니다.

제가 강조하고 싶은 것은 앞으로 몇 년 안에 매우 빠른 혁신이 이루어질 것이라는 점입니다. 2년 후에는 GPT-4 구조가 구식이고 비효율적인 것으로 여겨질 수도 있습니다. 특히 주목할 점은, 이러한 발전이 대규모 언어 모델의 정확도를 높일 뿐만 아니라 비용과 크기 면에서도 훨씬 더 효율적으로 만들 것이라는 점입니다. 결국 GPT-4 수준의 모델을 휴대폰에서도 구동할 수 있게 될 것입니다.

질문 1.2

대규모 언어 모델의 미래-앙상블 접근법의 전문화: 서로 다른 강점을 가진 여러 대규모 언어 모델을 사용하는 K-대규모 언어 모델 접근법에서, 복잡한 작업 해결을 위해 모델들을 어떤 기준으로 선택하고 결합해야 할까요?

대규모 언어 모델의 앙상블 기법은 다양한 방식과 영역에서 활용될 수 있습니다. 모델의 선택과 결합 기준은 용도와 적용 시점에 따라 달라지는데, 크게 세 가지 영역에서 활용이 가능합니다.

- 사전 학습 단계에서 전문가 혼합(MoE) 방식은 여러 신경망을 결합해 출력을 개선하는 앙상블 기법입니다. 사전 학습 동안 다양한 전문가를 선택하고 그 가중치를 학습하게 되며, 일부 가중치는 0으로 설정되어 모든 작업에 모든 전문가가 필요하지 않게 되어 추론 효율성을 높일 수 있습니다.
- 지식 증류 distillation 단계에서는 교사-학생 증류 Teacher-Student Distillation 기법을 사용해 대규모 언어 모델이 데이터를 생성하고, 이를 통해 더 작거나 특정한 모델을 훈련합니다. 학생 모델의 훈련 과정에서 각 대규모 언어 모델의 선택과 가중치가 결정됩니다.
- 애플리케이션 단계에서는 각 대규모 언어 모델 인스턴스를 하나의 에이전트로 취급해 결합할 수 있습니다. 이를 통해 각 작업에 특화된 대규모 언어 모델 에이전트들이 협력하여 더 복잡한 작업을 수행하는 다중 에이전트 시스템을 구성할 수 있습니다.

이처럼 대규모 언어 모델을 다양한 방식으로 결합하면, 복잡한 문제를 해결하는 데 훨씬 더 효과적으로 접근할 수 있습니다.

질문 2

인공지능 기반의 조직 구조 – 인공지능이 기업 내부 비즈니스 운영을 어떻게 변화시킬 것이며, 특히 의사결정과 운영 효율성에서 인공지능의 장점을 최대한 활용하기 위해 조직 구조를 어떻게 준비해야 할까요?

생성형 인공지능은 조직의 모든 영역에서 혁신을 일으킬 것입니다. 저는 인공지능이 조직의 새로운 구성원이 될 것이라고 확신합니다. 예를 들어, 소프트웨어 엔지니어들은 일상 업무에서 하나 혹은 여러 인공지능과 협업하게 될 텐데, 이는 그들의 업무 효율을 10배가 아닌 100배까지 높여줄 것입니다.

당연히 이러한 혁신적인 변화는 팀 구성 방식, 인재 채용, 성과 평가 방식에도 큰 영향을 미칠 것입니다. 기업들은 조직 내에서 인공지능과 협력하고 함께 일할 수 있는 능력이 매우 중요한 역량으로 자리 잡을 세상을 준비해야 한다고 생각합니다. 이 변화는 아주 빠르게 다가올 것입니다.

11.2.5 멜라니 가슨 박사와의 질의응답

멜라니는 법률 및 규제 분야에서 풍부한 경험을 가지고 있습니다. 인공지능과 대규모 언어 모델이 정책과 지침을 주도하면서, 이러한 전문 지식의 중요성이 더욱 커지고 있습니다.

멜라니 가슨과의 인터뷰 내용을 살펴보겠습니다.

질문 1

이 책이 머신러닝과 인공지능 분야의 기술 실무자들을 대상으로 하는 만큼, 이들이 다양한 법적 및 규제적 측면을 인식하는 데 어떤 가치를 찾을 수 있을까요?

인공지능을 둘러싼 규제, 법률, 그리고 리스크 관리 같은 지정학적 환경을 이해하는 것은 개발자부터 분야별 전문가$^{\text{subject-matter experts}}$(SME)까지 모든 기술 실무자에게 매우 중요합니다. 인공지능 분야에서 기업들이 전략과 정책을 논의할 때, 기술적 통찰력을 가진 전문가들의 참여가 필수적입니다. 기술적 가능성과 한계를 정확히 이해하는 사람들이 논의에 참여해야 보다 균형 잡히고 정보에 기반한 결정을 내릴 수 있기 때문입니다.

법률과 규제를 잘 이해하는 기술 전문가는 기술적 잠재력과 경영진의 비전을 연결하는 중요한 역할을 할 수 있습니다. 이는 의사결정 과정을 더 효과적으로 만들어줄 뿐만 아니라, 전략이 규제와 맞물리고 변화하는 규제 환경에 유연하게 대응할 수 있도록 도와줍니다.

또한, 조직들이 규제 요구에 맞춰 운영을 조정하고 리스크를 관리하기 위해 노력할 때, 이를 해결할 기술적 솔루션을 개발하고 실행하는 팀을 구성할 가능성이 큽니다. 인공지능 산업에서 법적 및 규제적 측면을 잘 이해하는 기술 전문가는 이러한 팀에서 중요한 역할을 맡게 될 것이며, 그들의 전문성은 조직에 큰 가치를 더할 뿐만 아니라, 이러한 전략적 이니셔티브에서 리더십을 발휘할 기회도 얻게 될 것입니다. 이를 통해 그들은 규제 준수, 혁신, 경쟁력 확보에 중요한 기여를 할 것입니다.

질문 2

법률 전문가의 관점에서, 급속히 발전하는 인공지능 기술과 관련된 다양한 위험을 어떻게 분류할 수 있을까요?

법률적 관점에서 보면, 인공지능 기술의 빠른 발전은 여러 가지 위험을 초래하며, 이는 각기 다른 도전과 과제를 가진 다양한 범주로 나눌 수 있습니다. 이러한 위험은 다음과 같습니다.

기술적 위험

인공지능 알고리즘 자체의 결함에서 발생하는 위험입니다. 예를 들어, 채용 과정에서 편향이나 의도치 않게 부정적인 결과를 초래하는 시스템이 있습니다. 대표적인 사례로는 구글의 챗봇 제미나이 ^{Gemini}가 있습니다. 이 AI는 역사적 인물의 성별과 인종을 실제 사실과 다르게 표현한 잘못된 이미지를 생성했습니다. 또 다른 사례는 마이크로소프트의 챗봇 테이^{Tay}가 트위터에서 상호작용을 통해 인종차별적 발언을 학습하면서 원래 의도와는 크게 벗어난 행동을 보였던 것입니다. 이는 대규모 언어 모델이 잘못된 입력이나 악의적인 상호작용으로 인해 의도와는 다르게 작동할 수 있음을 보여 줍니다.

윤리적 위험

얼굴 인식 기술과 같은 인공지능은 개인 프라이버시에 큰 위협을 가할 수 있어 윤리적 고려가 필수적입니다. 또한, 대규모 인공지능 모델을 훈련하는 데 필요한 데이터를 제공하는 사람들이 적절한 보상 없이 기여하는 상황도 윤리적 문제를 야기합니다.

사회적 위험

인공지능이 허위 정보를 확산하거나 사회적 신뢰를 저하할 수 있다는 점은 중요한 사회적 위험입니다. 잘못된 정보의 확산과 신뢰할 수 있는 출처의 약화는 공공 담론과 사회적 결속에 심각한 영향을 미칠 수 있습니다.

경제적 위험

인공지능은 지식재산권(IP) 침해에서부터 시장 독점 강화와 실업률 증가에 이르기까지 광범위한 경제적 영향을 미칠 수 있습니다. 이는 인공지능이 경제와 경쟁 구도, 노동 시장에 미치는 영향을 보여 주는 중요한 부분입니다.

보안 위험

악의적인 목적으로 인공지능이 사용될 가능성도 커다란 보안 문제를 야기합니다. 여기에는 인공지능을 이용해 화학 무기를 만드는 것이나, 대규모 언어 모델을 통해 개인정보를 유출하는 데이터 추출 공격이 포함됩니다. 이는 데이터 프라이버시와 보안을 심각하게 위협할 수 있습니다.

존재적 위험

아마도 가장 심각한 위험은 인간의 지능을 넘어서는 인공지능 시스템이 발생시킬 수 있는 존재적 위협입니다. 이러한 시스템이 인간의 가치나 목표와 충분히 일치하지 않을 경우, 자신만의 목표를 추구하다가 인류에게 치명적인 결과를 초래할 수 있습니다.

이러한 다양한 위험을 이해하는 것은 국가, 개발자, 그리고 사회가 인공지능 기술을 도입할 때 책임감을 가지고 잠재적인 피해를 최소화하는 중요한 단계입니다. 이를 위해서는 적극적인 거버넌스, 개발 관행, 그리고 사회적 참여가 필수적이며, 인공지능 기술 발전의 복잡한 환경을 책임감 있게 관리해야 합니다.

질문 3

인공지능과 대규모 언어 모델의 개발 및 배포 과정에서 편향과 같은 윤리적 문제를 완화하고, 특히 고위험 및 규제 산업에서 책임감 있게 의사결정에 사용되도록 하려면 어떤 지침이 필요합니까?

편향과 같은 윤리적 문제를 해결하고, 고위험 및 규제 산업에서 인공지능과 대규모 언어 모델이 책임 있게 의사결정에 사용되도록 하려면 다각적인 접근이 필요합니다. 이는 인공지능 시스템을 사회와 비즈니스의 중요한 영역에 통합하는 데 있어 기술적, 사회적 문제 모두를 해결하는 방식이어야 합니다. 다음과 같은 전략이 인공지능 시스템의 개발 및 배포를 위한 지침이 될 수 있습니다.

개발 초점 전환

인공지능 시스템은 인간의 사고를 모방하는 것이 아니라 이를 보완하도록 설계되어야 합니다. 이러한 초점 전환은 인공지능이 인간의 결정을 지원하고 강화하는 역할을 한다는 점을 강조하여 공공의 신뢰를 유지하는 데 도움이 됩니다. 인공지능이 인간의 능력을 대체하기보다는 보완하는 역할을 한다는 점을 명확히 보여 주는 것이 장기적으로 인공지능이 의사결정 과정에 통합되는 데 필수적입니다.

규제 준수 및 편향 완화

2024년에 통과된 EU 인공지능법과 같은 규제를 준수하고, 고위험 사례에서 편향을 최소화하기 위한 표준을 따르는 것이 중요합니다. 개발자는 서구와 영어 중심의 인공지능 시스템이 가져올 수 있는 편향 문제를 인식하고, 단순한 규제 준수를 넘어서 세계적인 인구 통계를 반영한 데이터셋과 알고리즘을 다양화하는 노력을 기울여야 합니다.

스트레스 테스트와 보안 조치

특히 대규모 언어 모델을 포함한 인공지능 시스템은 고위험 사례에서도 확실한 결과를 제공할 수 있도록 철저한 스트레스 테스트를 거쳐야 합니다. 인공지능 실패에 대비한 보안 및 대응 전략을 마련해야 하며, 심각한 취약점으로 인한 대규모 실패를 예방하는 데 중점을 두어야 합니다.

인간의 개입

인공지능 의사결정 과정에서 의도치 않은 결과를 방지하기 위해 인간을 중요한 개입 지점으로 설정하는 것이 효과적인 안전장치가 될 수 있습니다. 이 전략은 인공지능 시스템이 지속적으로 인간의 판단에 의해 모니터링되고 통제되도록 하여, 특히 인공지능의 결정이 큰 영향을 미치는 상황에서 인간의 감독이 이루어지도록 합니다.

기반 인공지능 인프라 구축

정부와 조직은 윤리적이고 책임 있는 인공지능 배포를 지원할 수 있는 인공지능 인프라에 투자해야 합니다. 여기에는 민간, 학계, 정부 간의 협력을 통해 혁신적이면서도 사회적 가치를 반영한 인공지능 도구를 개발하는 것이 포함됩니다.

기술 및 조직 문화 개발

실무자들이 인공지능 기술을 안전하게 실험하고 사용할 수 있도록 하는 문화 조성이 중요합니다. 공무원과 산업 전문가들에게 인공지능의 윤리적 사용, 그 한계와 편향 가능성에 대한 교육을 제공하는 것도 포함됩니다.

장기적 전략 계획

인공지능 기술의 윤리적, 사회적, 경제적 영향을 고려하여, 최첨단 인공지능 애플리케이션을 식별하고 시범적으로 적용하며 배포할 수 있는 장기적인 메커니즘을 마련하는 것이 중요합니다. 이를 통해 인공지능이 공공의 이익을 위해 활용되면서도 시민과 사회에 미칠 수 있는 위험을 최소화할 수 있습니다.

이러한 전략을 채택함으로써 인공지능 개발자와 정책 입안자들은 편향 문제를 해결하고, 인공지능과 대규모 언어 모델이 특히 큰 영향을 미칠 수 있는 분야에서 책임감 있고 효과적으로 사용될 수 있도록 보장할 수 있습니다.

질문 4

전통적인 역할에서 인간-인공지능 협업 팀으로 전환하면서, 인공지능 통합과 함께 인간의 전문성을 발전시키기 위한 전략은 무엇일까요?

전통적인 역할에서 인간-인공지능 협업 팀으로 전환하고, 인공지능 통합과 함께 인간의 전문성을 발전시키기 위해서는 다각적인 접근이 필요합니다. 이 전략은 다음과 같은 요소들을 포함합니다.

새로운 기술 개발 경로 창출

자동화로 인해 초급 역할에서 발생할 수 있는 일자리 대체 위험을 해결하려면, 새로운 경력 개발 및 전문성 향상을 위한 경로를 마련해야 합니다. 생성형 인공지능(GenAI) 도구의 잠재력을 활용해 직원들의 생산성을 높이는 한편, 인공지능이 직무에 미치는 더 넓은 영향을 탐구할 필요가 있습니다. 이를 위해, 직원들이 더 높은 수준의 분석적, 전략적 역할에 대비할 수 있도록 교육 및 훈련 프로그램을 설계하는 것이 중요합니다. 이 과정을 통해 분야별 전문가(SME)들이 인공지능의 발전과 함께 성장할 수 있도록 해야 합니다.

인공지능 결과에 대한 비판적 참여 촉진

인공지능과 자동화에 대한 과도한 의존을 방지하기 위해, 직원들이 인공지능의 결정을 비판적으로 평가하는 문화를 조성해야 합니다. 인공지능의 결정 과정이 명확하게 설명되는 '투명 상자glass box' 시스템을 도입하면, 직원들이 인공지능 도구의 결정 과정을 이해하고, 질문하며, 효과적으로 협업할 수 있게 됩니다. 이는 인간의 인지 능력과 인공지능의 역량이 균형 있게 통합되어, 의사결정 과정과 인공지능 응용 프로그램에 대한 신뢰를 높일 수 있습니다.

인공지능 통합 평가 메커니즘 강화

인공지능을 업무에 효과적으로 통합하는 것은 단순히 성능 지표에 맞추는 것을 넘어섭니다. 실제 업무 흐름과 인공지능의 한계, 예외적인 상황을 관리하는 전략에 대한 깊은 이해가 필요합니다. 이를 위해, 인공지능 시스템이 인간의 역할을 어떻게 보완하는지 평가하는 방법론을 개발하고, 자동화가 일부 작업을 처리할 수 있지만, 인간의 복잡한 작업을 완전히 대체하지는 못한다는 사실을 인식하는 것이 중요합니다.

인간-인공지능 협업 팀워크 촉진

미래의 비즈니스는 인간과 인공지능이 협력하여 공동의 목표를 달성하는 새로운 패러다임을 요구합니다. 이 접근 방식은 인공지능의 효율성과 규모를 활용하면서도, 인간의 창의성, 윤리적 판단, 복잡한 문제 해결 능력을 결합하는 것이 핵심입니다. 이러한 시너지를 달성하려면 전략적 조직 계획, 지속적인 학습 기회, 그리고 기술이 인간의 기여를 대체하지 않고 강화하는 환경을 조성하는 것이 필요합니다.

이러한 핵심 요소들을 해결함으로써, 조직은 인공지능 기반 도구를 직장 내에 신중하게 통합할 수 있습니다. 이를 통해 인간의 전문성이 보존될 뿐만 아니라 더욱 발전할 수 있으며, 인간-인공지능 협업 팀이 혁신, 생산성, 지속 가능한 성장을 윤리적으로 끌어 나가는 미래를 만들어갈 수 있습니다.

11.3 요약

이번 장은 자연어 처리와 대규모 언어 모델의 역동적인 세계를 탐구하는 여정의 마무리로서, 여러 분야의 전문가들과 나눈 대화를 바탕으로 작성되었습니다. 이들의 통찰력 있는 논의를 통해 우리는 대규모 언어 모델의 발전, 법적 고려 사항, 운영 방식, 규제의 영향, 그리고 새로운 기술적 가능성에 대해 깊이 이해할 수 있었습니다. 전문가와의 대화를 통해 공정한 데이터셋 생성, 자연어 처리 기술의 발전, 연구에서의 프라이버시 보호, 인공지능을 중심으로 한 조직 재편, 학습 패러다임의 돌파구 등 중요한 이슈들을 탐구했습니다.

이 대화들은 하나의 공통된 주제를 강조합니다. 기술 혁신과 윤리적, 법적, 조직적 고려사항의 교차점입니다. 데이터셋에서 편향을 줄이는 전략, 하이브리드 학습 패러다임의 미래를 구상하는 방법, 그리고 기본 모델이 데이터 소유권에 미치는 영향을 평가하는 과정에서 자연어 처리와 대규모 언어 모델의 발전은 단순한 기술적 여정이 아닌, 학제적인 도전이라는 점이 분명해졌습니다. 우리는 이 발전이 가져올 더 넓은 의미와 영향을 깊이 생각하게 됩니다.

이번 장은 책 전체를 마무리하는 장으로서, 이전 장에서 다뤄진 광범위한 주제들을 연결합니다. 여기에는 자연어 처리의 기본 개념부터 인공지능과의 통합, 대규모 언어 모델의 복잡한 설계와 그 응용, 그리고 다가올 트렌드까지 포함됩니다. 이번 장은 학계와 산업계의 협력이 윤리적, 법적 이해를 바탕으로 어떻게 이루어져야 대규모 언어 모델의 잠재력을 최대한 활용할 수 있는지를 강조하며 우리의 여정을 마무리합니다.

이 책을 마무리하며, 우리는 자연어 처리와 대규모 언어 모델의 새로운 시대가 도래했음을 실감하게 됩니다. 전문가들이 공유한 통찰은 끝이 아니라, 앞으로의 탐구와 혁신을 위한 이정표로 작용할 것입니다. 이 책은 학계와 산업계의 독자들에게 자연어 처리와 대규모 언어 모델의 진화에 대한 포괄적인 이해와 통찰을 제공하고자 했으며 독자들이 자신의 연구, 개발, 그리고 윤리적 고려를 통해 이 끊임없이 변화하는 서사에 기여하기를 기대합니다.

APPENDIX A 부록

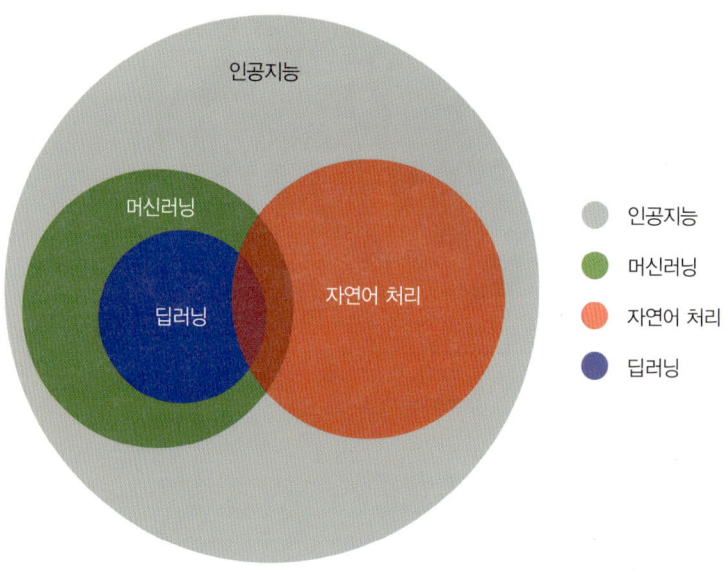

그림 1-2 다양한 분야 간의 관계

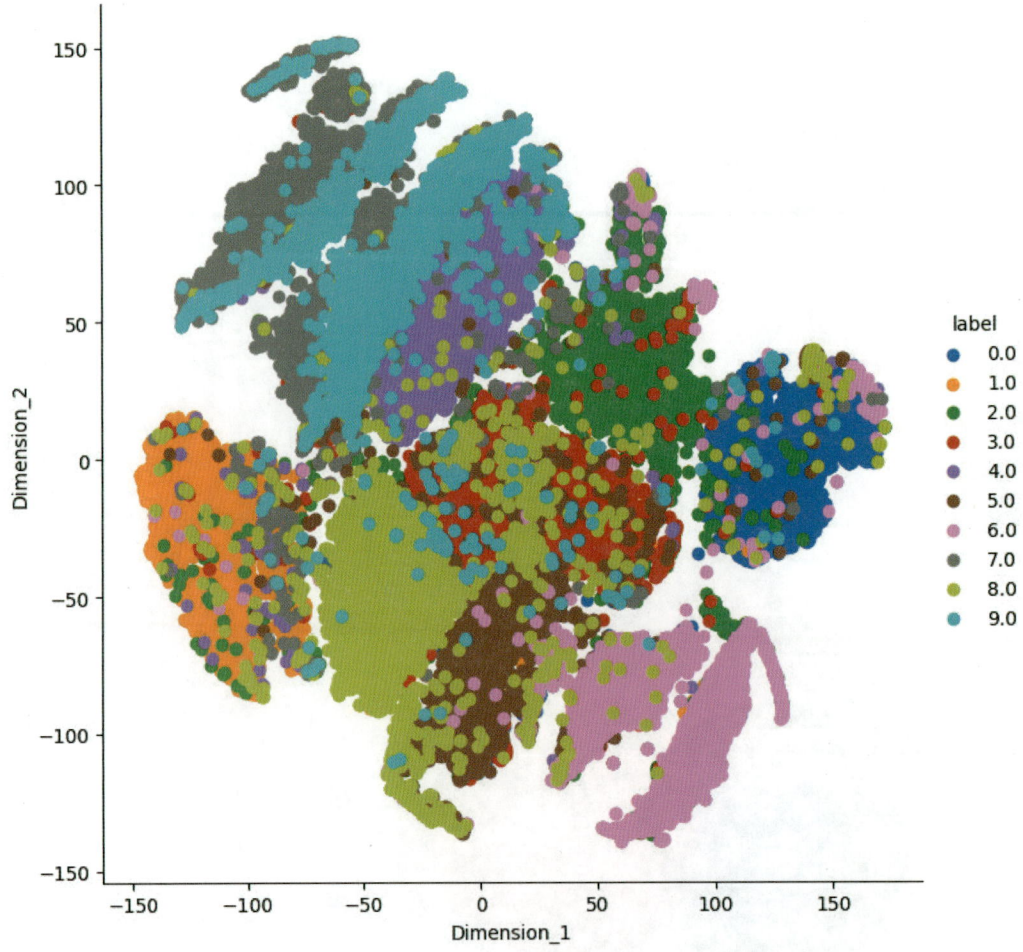

그림 3-1 MNIST 데이터셋에 대한 t-SNE

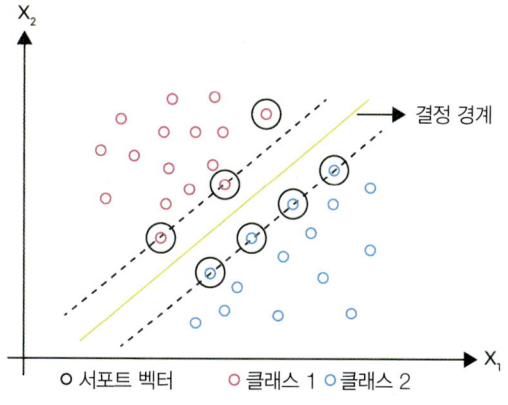

그림 3-2 SVM 마진

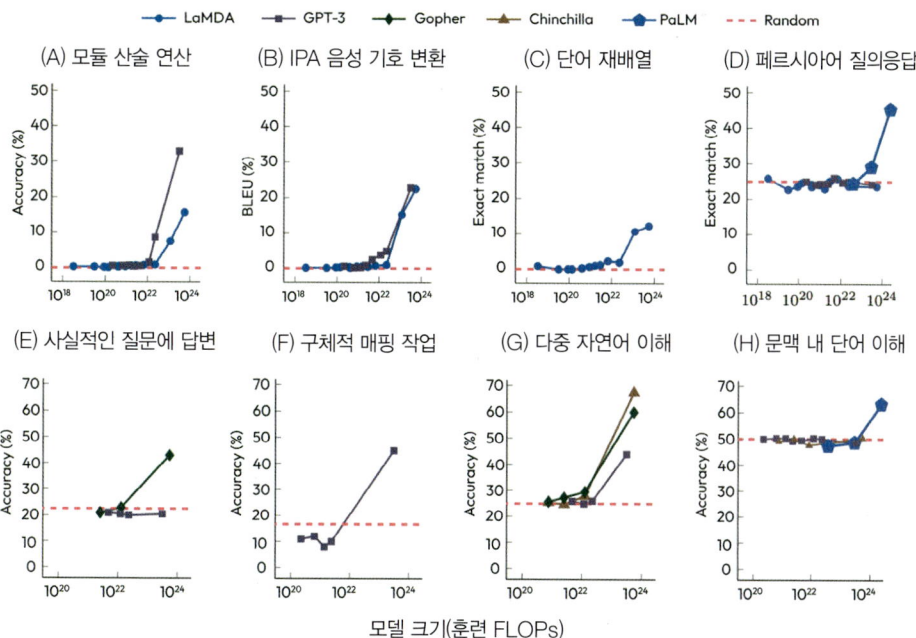

그림 7-1 언어 모델의 크기와 훈련에 따른 성능

부록 411

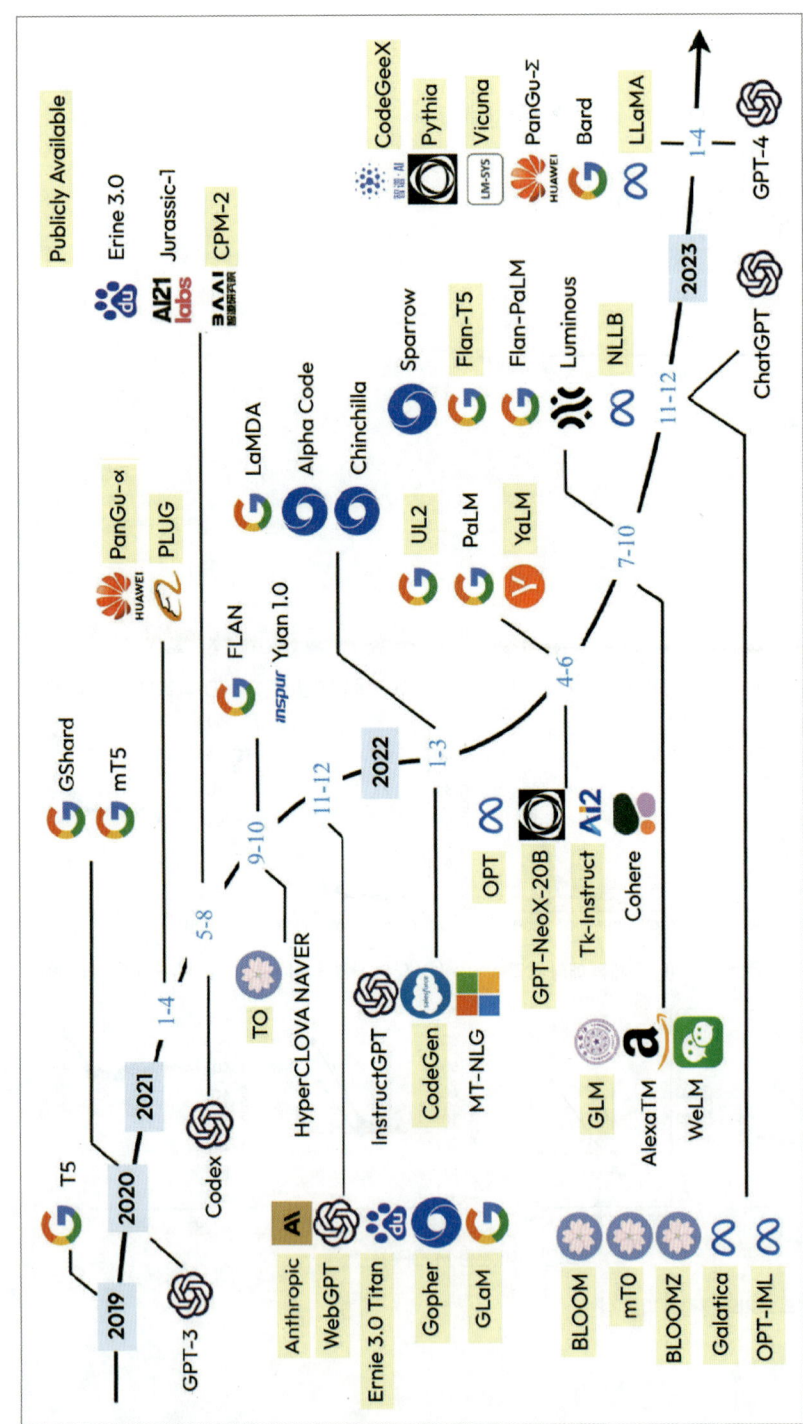

그림 7-2 2019년부터 2023년 사이에 출시된 언어 모델들(공개된 모델은 강조 표시됨)

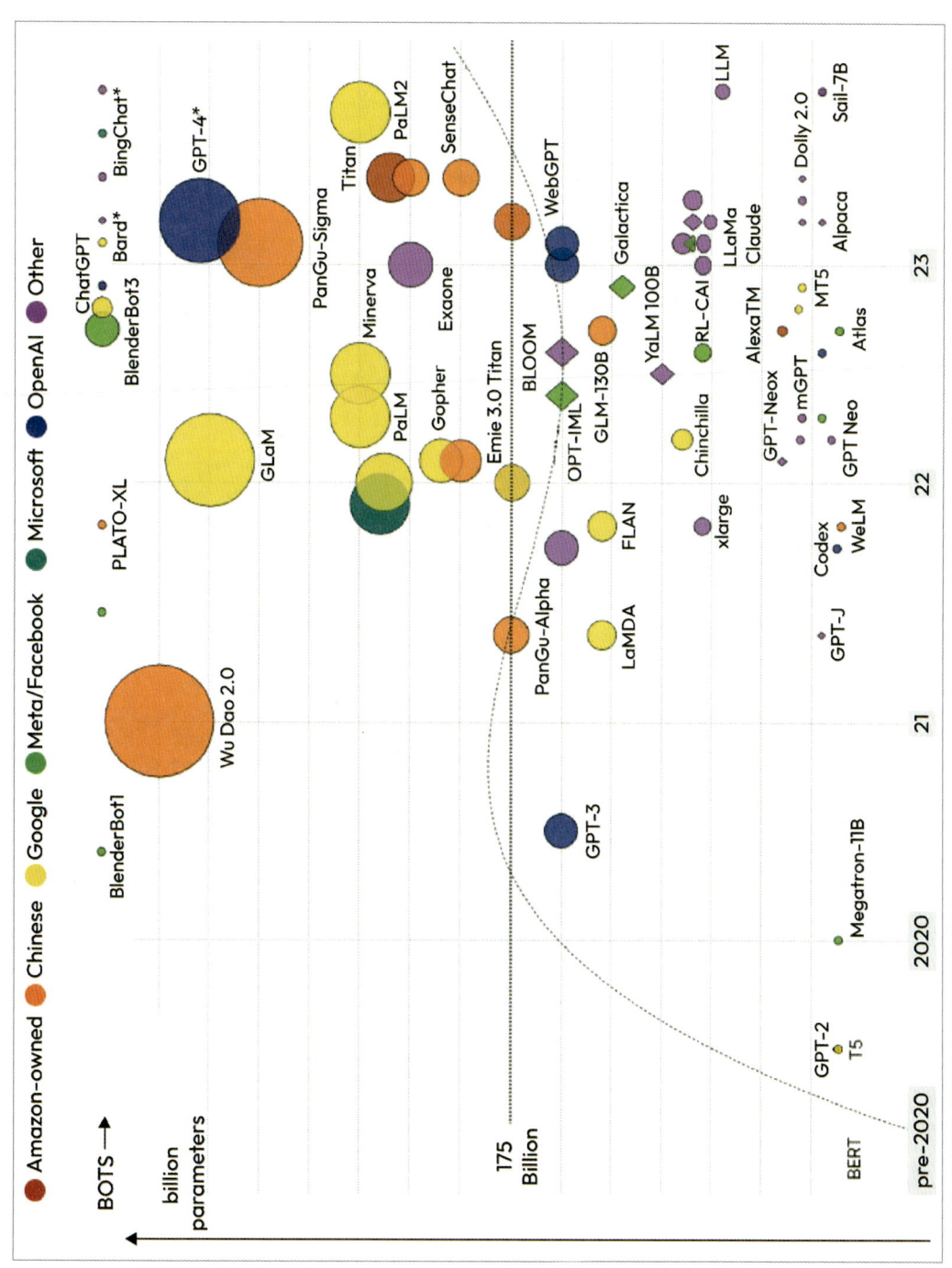

그림 7-3 최신 언어 모델과 그 크기, 개발사 정보

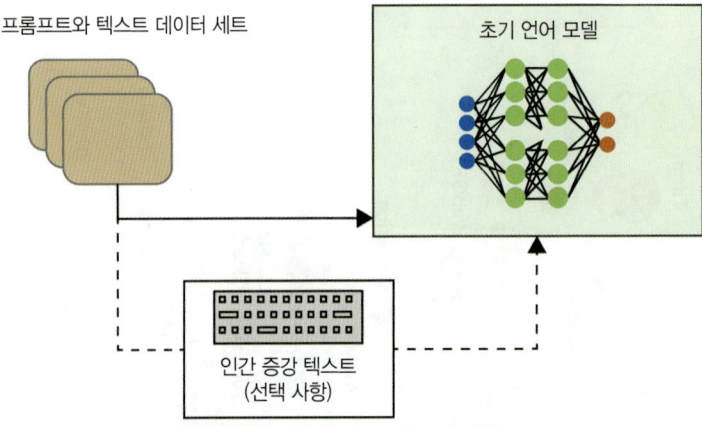

그림 7-4 언어 모델의 사전 훈련

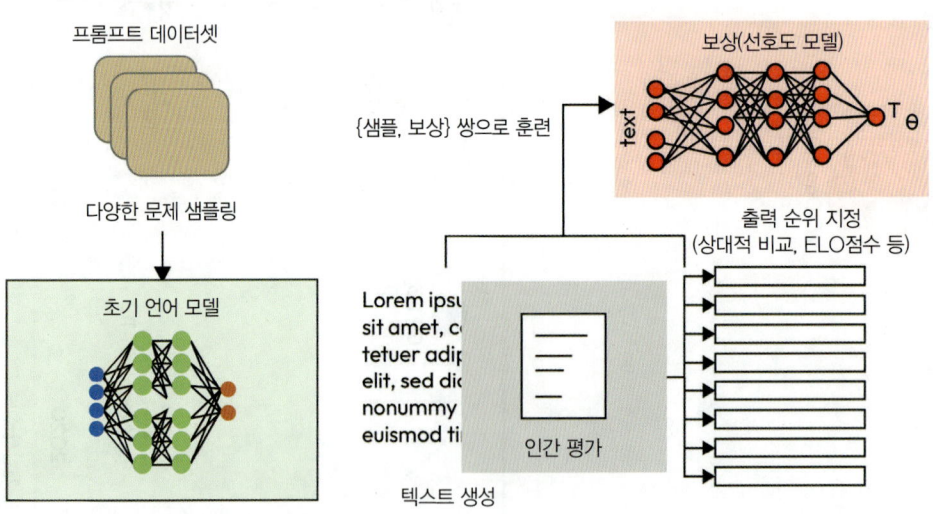

그림 7-5 강화 학습을 위한 보상 모델

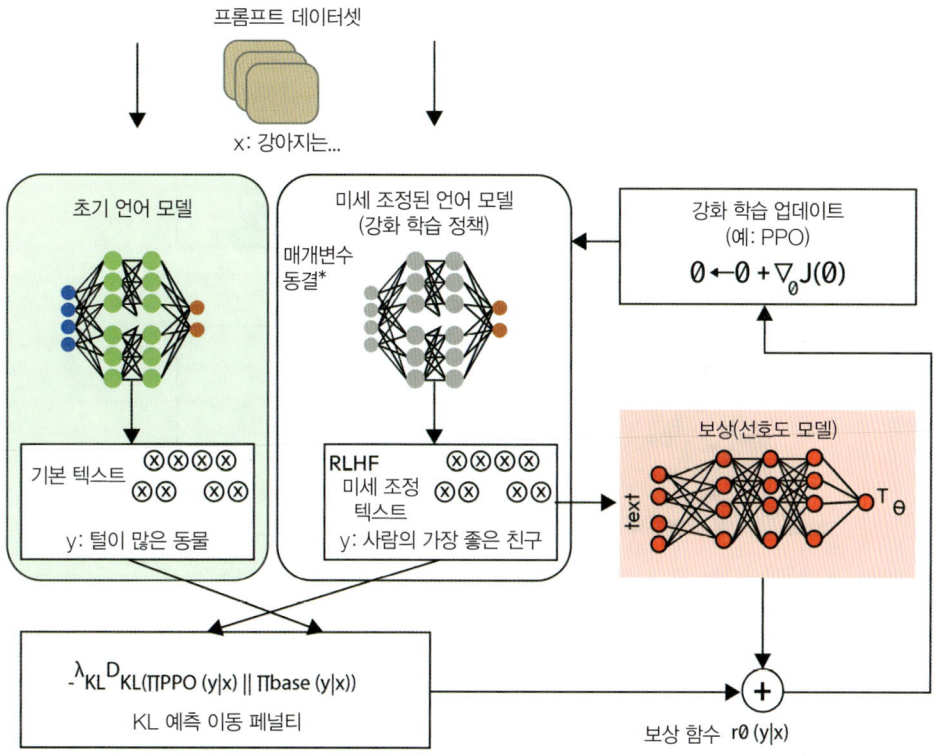

그림 7-6 강화 학습을 이용한 모델 미세 조정

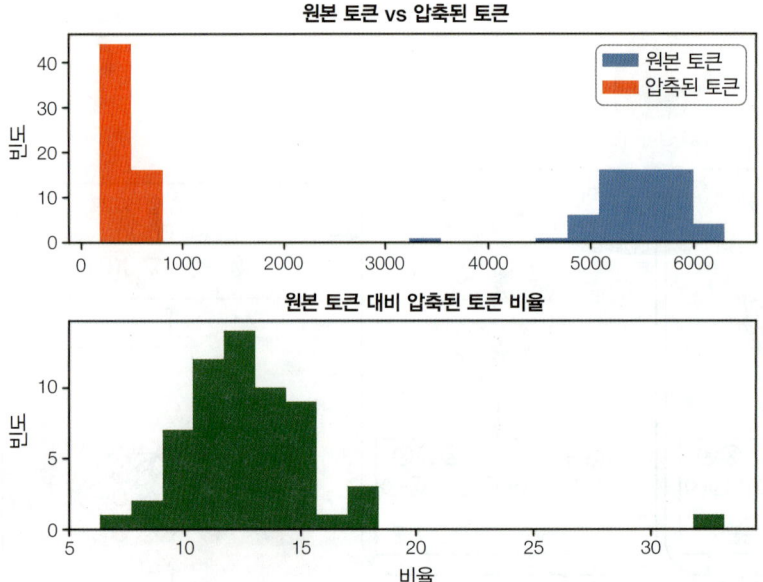

그림 9-2 프롬프트 압축의 효과 시각화

INDEX

ㄱ

가능도 215
가역 행렬 62
가우스 소거법 47, 62
감정 분석 127, 213
값 대체 72
강화 학습 238
개체명 인식 125, 130
거듭제곱 변환 85
검색 증강 생성 269, 282, 361
게이트 순환 유닛 201
결정 트리 92
결측치 68
고유 벡터 46
고윳값 46
고윳값 분해 47
공동 훈련 153
공분산 행렬 80
과대적합 100, 167, 206
과소적합 100, 168, 206, 212
교집합 52
교차 검증 104, 168
교차 엔트로피 손실 119
구글 어시스턴트 376
구문 분석 140
군집화 151
그레이디언트 부스팅 114
그리드 탐색 108
근접 정책 최적화 254
기계 번역 26, 213
기울기 소실 211
기울기 소실 문제 240

ㄴ

나이브 베이즈 150

누적 분포 함수(CDF) 54
니어미스 알고리즘 118

ㄷ

다양한 언어 이해 242
다중 에이전트 327
다중공선성 79
다층 퍼셉트론 208, 265
다항식 확장 85
단어 가방 156, 187
단어 빈도 159
단어 예측 57
대각 행렬 45
대규모 기초 모델 386
대칭 행렬 44
데이터 분할 105
데이터 시각화 67
데이터 정규화 30
데이터 정제 30, 67, 68
데이터 증강 105, 120
데이터 표준화 71
도메인 지식 활용 67
드롭아웃 105, 169
디코더 218
딥러닝 199

ㄹ

라마인덱스 319
라쏘 회귀 77
랜덤 탐색 108
랜덤 포레스트 93, 114, 194
랭체인 269
랭체인 파이프라인 304
레이블 전파 153
로그 변환 85, 87

찾아보기 **417**

INDEX

로그 우도　56,
로지스틱 회귀　90, 151
로짓　90
리샘플링　116, 170
릿지 회귀　78

ㅁ

마스크 언어 모델링　215
마이크로소프트 애저　270, 295
메모리 셀　209
미니 배치 경사 하강법　206
미세 조정　216, 227, 253
미스트랄 AI　400

ㅂ

바이트 페어 인코딩　223
배깅　110
배치 경사 하강법　206
베이즈 정리　60
베이지안 추정　60
벡터　40
벤치마크 데이터셋　136
부스팅　111
부트스트랩 샘플링　93
부트스트랩 집계　110
불용어　125, 127, 154, 171, 184
비등방성 스케일링　44
비용 민감 학습　119
비지도 학습　27, 151, 199
비터비 알고리즘　135
빅 벤치　264, 353

ㅅ

사전 분포　60
사전 확률　60

사전 훈련　227, 253
사후 분포　60
사후 확률 분포　60
삼각 행렬　45
상삼각 행렬　44
상호 정보량　75
상호작용 항　88
생성자　211
생성적 적대 신경망　211
생성형　374
서포트 벡터 머신　96, 151
선형 회귀　89
셀프 어텐션　99
셀프 어텐션 메커니즘　219
소프트맥스　205
손실 함수　103, 256
순차 모델 기반 최적화　109
순환 신경망　131, 136, 197, 209, 240, 251
스칼라　40
스케일드 점곱 어텐션　219
스킵그램　147, 152, 161
스태킹　113
스피어먼 순위 상관 계수　76
시계열 교차 검증　122
시리　376
신경망　98
쌍곡탄젠트　204

ㅇ

아파치 OpenNLP　137
알렉사　376
암시적 언어 Q-학습　267
앙상블　103, 105, 110, 120, 168, 171
앙상블 학습　94
양자 컴퓨팅　349

어간 추출   29, 129, 154, 171, 184
언더샘플링   116
에이전트   286
에폭   206
여사건   51
역문서 빈도   159
오토인코더   210
오픈AI   263, 374
완전 연결 순방향 신경망   219
워드피스   223
워크플로   330
원-핫 인코딩   154, 156, 187
원샷 학습   228
위치 인코딩   219
원저화   72
유니그램 언어 모델   223
은닉 마르코프 모델   135, 213, 240
은닉층   202
이산 확률 변수   52
이상치   72
이진 분류   119
인간 피드백을 통한 강화 학습   238
인코더   218
일반 언어 이해 평가   242
입력층   202

자기 지도 학습   215, 220
자기회귀 언어 모델   215, 227
잠재 디리클레 할당   148, 151
잠재 의미 분석   168
장단기 메모리   136, 201
재귀적 특성 제거   77
적응형 합성 샘플링   116
전문가 혼합   263, 400, 401

전방향 신경망   208
전이학습   216, 229
전처리   132
전치 행렬   43
정규화   103, 104, 167
정규 표현식   138
정보 검색   127
제로샷 분류   279
제로샷 학습   228
조건부 랜덤 필드   135
조건부 무작위장   131
조기 종료   104, 168
주성분 분석(PCA)   48, 68, 168
주제 모델링   127
준지도 학습   27, 152, 199
중복 제거   70
지도 학습   199
지역 최솟값   211
직사각 대각 행렬   44

차원 축소   80, 122
챗GPT   374
최대 우도 추정치(MLE)   56
최대 우도법   55
최소-최대 스케일링   71, 84
출력층   202

커널 밀도 추정   75
컴포넌트   286
켄달   76

텍스트 정제   140

찾아보기   419

INDEX

토멕 링크 116
토크나이저 143, 223
토큰화 142
토픽 모델링 172
통계 분석 67
통계적 언어 모델링 32
통계적 접근법 27
튜링 테스트 26
트랜스포머 99, 197, 217, 220, 238
트랜스포머 모델 251
트리 구축 94
특성 공학 67, 83, 122
특성 방정식 47, 49
특성 선택 94
특성 스케일링 84
특성 추출 84, 216,
특잇값 분해(SVD) 48

ㅍ

파이토치 229
판별자 211
퍼플렉시티 237
편향-분산 트레이드오프 101
평균 절대 오차 89
평균 제곱 오차 89
표제어 추출 29, 129, 154, 171, 184
품사 태깅 133, 136, 145
퓨샷 학습 227
프라이밍 274
프롬프트 압축 318
프롬프트 엔지니어링 270, 273, 360
피어슨 상관 계수 76

ㅎ

하삼각 행렬 44

하우스홀더 반사 행렬 61
하이퍼파라미터 169
하이퍼파라미터 튜닝 98, 108
합성 소수자 오버샘플링 기법 116
합성곱 신경망 197, 209
합집합 52
행렬 40
행렬의 대각화 47
허깅페이스 230, 238, 279
혼동 행렬 119, 166
확률 밀도 함수(PDF) 53
확률 질량 함수(PMF) 52
확률적 경사 상승법 255
확률적 경사 하강법 98, 162, 206

A

AdaBoost 111
ADASYN 116
AI 374
AllenNLP 133
anisotropic scaling 44
ARIMA 122
autoencoder 210
AutoGen 329, 360
AWS 270, 294

B

Bayesian estimation 60
BERT 136, 143, 187, 197, 222
bias-variance trade-off 101
BIG-bench 264

C

CBOW 147, 152, 161
CCPA 355

CHAI™ 396
characteristic equation 47, 49
clustering 151
CNN 197, 209
CRF 131, 135
cumulative distribution function (CDF) 54

D

data cleaning 30, 67, 68
data normalization 30
Decision Tree 194
diagonal matrix 45
diagonalization 47
discrete random variable 52
discriminator 211
DistilBERT Multilingual 246

E

eigenvalue 46
eigenvector 46
Elo 평점 시스템 259
ELU 205

F

F1 마이크로 165
F1 매크로 165
F1 macro 165
F1 micro 165
Flair 133
FNN 208

G

GAN 211
GATE 133
GCP 270, 297

GDPR 355
GeLU 265
generator 211
GLUE 242
GPT 187, 197, 215
GPT-3 227, 244
GPT-3.5 244
GPT-4 238, 244, 263
GPT-4o-mini 275, 280
GPT-J 278
gradient boosting 114
grid search 108
GridSearchCV 109
GRU 201, 240, 251

H

HMM 135, 213, 240

I

IDF 159
imputing 72
inverse document frequency 159
IOB Inside-Outside-Beginning 132

K

k-겹 교차 검증 169
k-최근접 이웃 70, 117
K-LLM 387, 392
KDE 75
Keras Tuner 109
KL 발산 261
KNN 117, 194
Kullback-Leibler Divergence 261

INDEX

L

L-BFGS   135
LangChain   269
LASSO   77, 193, 194
LDA   81, 148, 151, 172
Leaky ReLU   205,
lemmatization   29, 129, 154, 171, 184
LFM   386
likelihood   215
LLaMA   238, 263, 278
LlamaIndex   319
LLMLingua   318, 338
LoRA Low-Rank Adaptation   260
lower triangular matrix   44
LSA   168
LSTM   122, 136, 201, 209, 240, 251

M

MAE   89
MarianMT   245
matrix   40
matrix transpose   43
maximum likelihood   55
maximum likelihood estimate(MLE)   56
mBERT   245
min-max scaling   71, 84
mixture of experts   263, 400, 401
MLM   215
MLP   208
MSE   89

N

N-그램   147, 157, 169, 187
NER   130, 133
NLPO   267

NLTK   126, 133, 137
NLU   242

O

OOV   143
Optuna   109
outlier   72
overfitting   100, 167, 206

P

P-값   74
PaLM   238, 264, 266
PCA   68, 80, 122, 168
Pearson correlation coefficient   76
perplexity   237
PPO   254
principal component analysis(PCA)   48
probability density function(PDF)   53
probability mass function(PMF)   52
Prophet   122

Q

Q-러닝   238

R

RAG   269, 282, 361
random forest   93, 114, 194
random search   108
RandomizedSearchCV   109
rectangular diagonal matrix   44
ReLU   265
RFE   77
RL4LMs   267
RLHF   238, 266, 357
RNN   131, 136, 197, 209, 240, 251

RoPE 위치 임베딩 266

SARIMA 122
scala 40
SeamlessM4T 348, 355
self-attention 99
semi-supervised learning 27, 152, 199
SGD 162, 206
singular value decomposition(SVD) 48
Skip-Gram 147, 152, 161
SMBO 109
SMOTE 116, 117
spaCy 137, 145
Stanford CoreNLP 137
statistical language modeling 32
stemming 29, 129, 154, 171, 184
SVM 96, 194
SwiGLU 265
Swish 265
symmetric matrix 44

t-분포 확률적 이웃 임베딩 68
t-SNE 68, 82
T2T(T5) Multilingual 246
term frequency 159
TF 159
TF-IDF 147, 158, 187
TPU 351
Transformers 229, 238
triangular matrix 45
TRL 267

ULM 223
underfitting 100, 168, 206, 212
upper triangular matrix 44

vanishing gradient problem 240
vector 40

winsorizing 72
Word2Vec 147, 161
WordPiece 토크나이저 143

XLM 245
XLM-RoBERTa 245

Z-점수 정규화 71